底氣

逆境求生的藝術，從日本看見自己

Bending Adversity

Japan and the Art of Survival

凌大為 David Pilling

陳正芬 譯

滿懷愛及感謝，本書謹獻給

英格麗（Ingrid）、狄倫（Dylan）和崔維斯（Travis）

以及我的母親與父親

編者的話

本書原文書名為「*Bending Adversity: Japan and the Art of Survival*」，繁體中文首版於二〇一四年十月以《大和魂：日本人的求存意識如何改變世界》為名出版，作者凌大為（David Pilling）以二〇一一年日本三一一海嘯、地震與核災三重災難為起點，細緻地報導日本文化脆弱與韌性兼具的矛盾，以及實踐野心與逆境求生的策略，讓讀者理解這個國家反覆經歷危機與重建的過往，是解讀日本的一部經典之作。

新版書名《底氣：逆境求生的藝術，從日本看見自己》，「底氣」是指底蘊、韌性、根性、膽識與耐力，在脆弱的時刻仍然奮鬥不懈、渴求及追尋生命的出口。

歷史上，台灣歷經外族侵略、被殖民、戰爭、地震天災、黨國威權、經濟起落，為追求自由民主與人權而前仆後繼，直到現在，仍時刻面對來自對岸的壓力、國際外交的困境，跟島國日本一樣有著遭遇種種危機與重建的生命史。

但台灣以自身的「底氣」自信地存活下來，力爭上游。我們跟日本有著共通性，「身體愈沉重，鬥志更昂揚！」本書讀來定有似曾相識的感覺，彷彿是這十幾年來台灣的鏡像。我們從日本人逆境求生的意識反省自己，也看見人民的素養和堅忍。

凌大為在完成本書首版的五年後，於二〇一九年春天回到日本，感受到當地的變化，遂著手增訂新版，補充約兩萬字，讓這本佳評如潮的著作以更完整的面貌呈現，擴寫的內容從「平成」跨入「令和」，與現在（二〇二〇）緊密銜接。

新增的報導中，凌大為提到日本將舉辦二〇二〇年奧運，但始料未及的是，最後因全球新冠病毒的肆虐而延期。但編輯部決定保留凌大為的增補文字原貌，因為他追索日本一九六四年首度主辦東京夏季奧運的歷程，時空相隔六十六年，見解獨到，就是從第一次主辦奧運，才讓世界開始發現戰後的日本，日本人也開始發現世界。奧運是日本人展現「底氣」的關鍵之一，當然，二〇二〇年夏季奧運的延後，勢必造成日本經濟、政治和社會的重大影響，正好提醒讀者持續關注日本的「底氣」。

同時，凌大為增加了新近的觀察，包括日本的勞動力現況、厭女現象、首相安倍晉三對應美國總統川普的方式和態度，以及外交政策等，延續全書「呈現一種不同版本的日本」之觀點。

作家學者齊聲讚譽

無論是書寫泡沫及其過後揮之不去的通貨緊縮，還是二〇一一年的東北地震與福島核災，凌大為以親身經驗如實揭露了日本的真實狀況。

——村上龍／《寄物櫃的嬰孩》作者

本書對當代日本所謂（好幾個）失落的十年做了再一次的精采評估，作者結合歷史學家的視野廣度、人類學家的清晰頭腦、研究者對於問題意識的精熟了解、經濟學家對金錢流向的領悟，以及一流記者對於政治主張為人類帶來哪些影響的好奇心，最終成就了這本深入敏銳、內容豐富且具獨立思維的書，凡是想了解現代日本以及它在世界上不確定位置的讀者，都該讀讀本書。我毫不遲疑地推薦它。

——大衛．米契爾（David Mitchell）

《雲圖》（*Cloud Atlas*）作者

像凌大為這樣以鮮活方式和人道觀點記述日本的書，是我們所需要的。他把晴天霹靂的悲劇和靜謐的時刻做了無懈可擊的結合，展現他對自己深知的這個國家最核心的動態。他將精準分析配上低調的一手報導，讓他筆下的作家、農民和政治人物，在書頁當中以日本脆弱的力氣及其對新生的追尋而奮鬥不懈。

——歐逸文（Evan Osnos）
《紐約客》（*The New Yorker*）撰稿人

書寫日本的作者往往只觸及經濟或文化的皮相，而凌大為是少數深入兩者，並神奇地將它們喚醒的人——有時甚至在同一個句子中。在專業分工的年代，凌大為的文字令我們想起為何高水準的新聞報導無可替代。如果你只有時間讀一本關於日本的書，你應該從本書開始、本書結束。

——艾德華．盧斯（Edward Luce）／《印度的奇特崛起》
（*In Spite of the Gods: The Strange Rise of Modern India*）作者

凌大為是位饒富天分的作家。他從多年的報導經驗中，為當代日本及其人民打造了一幅有趣且鞭辟入裡的寫照，我對於他從訪談日本各行各業領導者與平民中獲得的精闢見解感到敬佩，如果你只能讀一本關於今日日本的書，這本就是了。

——肯尼斯．派爾（Kenneth Pyle）／華盛頓大學名譽教授本書是凌大為的重大成就。他用清晰動人的散文體帶領讀者深入日本，對於大眾普遍認為近代日本歷史充滿逆境與失敗，提出具體的反證。他對這個了不起的國家提出思慮周詳與平衡的評價。若想了解日本如何成為世界前幾大經濟體，以及為何未來仍將如此，我高度推薦本書。

——傑瑞德．寇蒂斯（**Gerald L. Curtis**）／哥倫比亞大學名譽教授

《日本政治之邏輯》（*The Logic of Japanese Politics*）作者

凌大為的著作讀來就像一本（寫得很好的）遊記，他不僅行遍日本，也進入日本的歷史，一再使我立即陷入他挑動的氣氛中。那是他透過數千日本人之口述說他們所見所思而營造的，一部分非常嚴肅，例如當他報導二〇一一年的海嘯浩劫和福島災難，以及日本人堅忍不拔的事例時。他有時會開開玩笑，有時又會用真憑實據來佐證，乍看會引發爭論，其實是讓讀者再次思考。這是高階的新聞處理方式，一場博學之旅，步調一致且永不乏味。讀完這本書，你會發現在透徹的調查中，凌大為已經包羅日本專家認為所有該了解的當今和近代的日本。

——卡爾．伍夫倫（**Karel van Wolferen**）

《日本國力之謎》（*The Enigma of Japanese Power*）作者

這是第一本說明日本失落的幾十年的突破性著作，凌大為是我們這個年代最敏銳的亞洲觀察家和記者，對這個時代做出了深刻且引人入勝的描述，讓人想起道爾（John Dower）的同類型巨著《擁抱戰敗》（*Embracing Defeat*）。

——船橋洋一／亞洲太平洋委員會（*Asia Pacific Initiative*）主席

各界媒體一致推薦

凌大為是優秀的作家，已經熟悉日本的讀者將會更了解日本，至少學會用不同的角度來思考日本這個國家。對不太熟悉日本的讀者來說，這本書是最好的入門。凌大為的《底氣》是重要且迫切必讀的作品。

——《洛杉磯書評》（*The Los Angeles Review of Books*）

一位訪日的北英格蘭議員對東京的燈火通明和車水馬龍感到目眩神迷，凌大為在書中引述了他的話道：「假如這叫不景氣，那我要。」這本關於日本的書充滿閱讀樂趣和出色觀點，最棒的是凌大為用日本的真實狀況和實際成就，針對外界宣稱的失落二十年提出反證。

——《金融時報》（*The Financial Times*）

《金融時報》的主編凌大為是讀者最佳的嚮導。當西方新聞工作者多半以膚淺的方式報導這個世界第三大經濟體，凌大為的洞察實屬稀有。書中的受訪者都經過精挑細選，再加上優秀的報導文學和實證的揀擇。……他確實讓人讚嘆。小說家村上春樹對他說：「我們富有的時候，我痛恨這個國家。」寫得真好，非常可貴。

——《每日電訊報》（*The Telegraph*）

具權威性與娛樂性……淩大為舉出一些軼事，巧妙說明歷史洪流……本書揭開了日本人令人好奇的魅力，幫助外人更了解日本人。

——《觀察家報》（*The Observer*）

最終是反轉逆境。這本書精彩描述了日本三一一地震，而這場地震既是日本經濟不振的託辭，本身也是個論題，因為作者的理論是，儘管令人驚懼，然而數年前的這場三重災難既沒有對日本經濟造成嚴重影響，也不是非常新奇的事，這會讓所有認為三一一地震將為日本現代歷史帶來第三次重大轉變的人感到失望。前兩次轉變，一是一八六〇年代大政奉還之後門戶洞開，一是一九四五年後的經濟和民主奇蹟，舊政權在這兩次轉變中都崩壞瓦解，導致新的開始變得勢不可免。而現代的三一一地震一如作者正確的觀察，與前兩次極為不同。日本是演化而非革命的文化，經由數不清的一步一腳印來展現進步，而不是大躍進。

——《經濟學人》（*The Economist*）

凌大為寫了一本關於當代日本的傑作，比我讀過的同類書籍更能讓讀者穿透日本社會的表面。

——《日本時報》（*Japan Times*）

凡是想多了解這個全世界第三大經濟體的人——包括它的歷史、變動中的社會形式，以及和鄰國的齟齬——這本書是必讀的。本書完美結合了資料分析、生動的對話以及個人軼聞。

——《泰晤士報》（*The Times*）

本書針對當代日本提出決定性的觀點，描繪其錯綜複雜和改變的可能性，作者的敘事清晰，並透過學者、青少年、家庭主婦和政治人物等多元的受訪者，生動且充滿熱情地證實了日本的文化矛盾、野心和生存策略。

——《柯克斯評論》（*Kirkus Reviews*）

凌大為對文章架構的掌握能力令人羨慕……書中的故事發人深省且文筆優美。

——《新政治家》（*New Statesman*）

在解釋日本令人不解之處方面，深具權威性與娛樂性。

——《衛報》（*The Guardian*）

淩大為對（日本的）經濟緊縮和社會與政治停滯不前，做了精闢的重新評價。

——《旁觀者》（*The Spectator*）

深度探索並以精闢洞見描繪當代的日本。

——《出版人週刊》（*Publishers Weekly*）

生動描述逆轉勝的過程。

——《書單》（*Booklist*）

目次

推薦序　他者的視線　李衣雲——16
推薦序　異於刻板印象的真日本　何思慎——20
照片明細——22
地圖明細——23
前言——30
第一部　海嘯
第一章　海嘯——50
第二章　轉危為安——61
第二部　上了雙重門閂的土地
第三章　島國——80
第四章　脫亞——109
第三部　找到與失落的數十年
第五章　魔術茶壺——134
第六章　陷落之後——160

第四部　成長後的生活
第七章　日本第三 176
第八章　捲髮的武士 198
第九章　成長後的生活 231
第十章　應許之路 254
第十一章　從幕後 280
第五部　漂移
第十二章　亞洲的前日本 298
第十三章　不正常的國家 318
第六部　海嘯過後
第十四章　福島的輻射塵 340
第十五章　公民 365
第十六章　海嘯過後 377
後記 390
新章　元年 408
謝詞 442
作者註 479
參考書目 485

推薦序

他者的視線

李衣雲（國立政治大學台灣史研究所副教授）

我們如何認識自己？又如何看待他者？

這是近代的主體論與心理學的重要課題。

我們並非出生於世就認識了自己，事實上，認識自己是一個複雜的、持續不斷的過程，而不是結果。我們也不是僅僅靠著自己就能認識自己，而是透過他者的眼睛，透過他們的眼中看到自己，看到、甚至形塑自己的模樣。

這本書，就是這樣的一個例子。透過一位西方主流英語世界的記者的眼睛，記述一個很不擅長英語的、非西方的日本。

我們生於這個社會，藉由我們的意識與身體去理解、體會這個社會，塑造出了一個我們習以為常、自然而然的生活世界，這個世界是我們所活著的地方，而不是我們觀察的對象。於是，當異國的他者進入我們的世界，將我們當成了他們的視線對象，他者的邏輯、他者的驚訝、他者的分析，把我們以為是當然的一切從我們的生活中拉出來，放在我們的面前，說：來看看，你是多麼奇特呀。

於是，我們從他者的眼中，看到了自己。

我們從生活的行為者，變成了他者與自己觀看的對象。我們發現，原來世界不是只有我們，還有他者的存在。然後，從這交錯的視線中，再次認識自己。

日本亦是如此。

作者在書中約略分析了日本西化的過程，也就是日本在近代遇到了西方的他者，產生自我變化的過程。文明與思想的衝擊，讓日本看到了一個從來沒有想過的自我像，於是，他們努力追求進步、脫出亞洲，希望能與所謂文明進步的白人世界站在平等的地位上，卻發現膚色是一道無法跨越的鴻溝，於是，失望讓日本轉向了另一種自我像，也就是侵略式的帝國主義。

書中提到日本脫出亞洲，卻沒有真正加入西方國家，結果反而在亞洲處於尷尬的位置，這個認知的背後，其實有著很深刻的意思：我們習慣把亞洲與西方當成兩個實質的全體，但這兩個全體事實上只是地理學分類下的歸屬，「脫亞」其實顯示了亞洲與日本之間存在的是關係，而不是實體，因此才會有「脫離」的可能。日本在與西方碰撞之前，也曾經經歷過他者的衝擊，隋、唐、朝鮮、愛奴都曾是日本的他者，亞洲並不是一個本質的「我群的」存在。而日本在與這些他者碰撞後，本身也發生了變化，產生新的自我認識。

也因此，西方不是日本最初的他者，也不會是最後的他者——當然，他者是一個相對的概念，也不必然來自外部，甚至可以來自於內部，就像本書中提到的那位在費盧傑被伊拉克軍人綁架為人質的少年今井，從日本的一分子，變成了日本的異質存在——他者。

那麼，脫亞是脫什麼亞？西化又是什麼？如果不是實質，或許可以用文化的角度去理解，文化並不是實體，而是一種精神價值、一種體系、甚至一種生活方式。當我們在思考西化，或者是唐化、隋化、日本化時，要先理解這並不是一個二擇一的問題，並非有了西方，就必須要撇除日本原有的；而反對西化，也不表示把西方去除了，就能恢復原貌的日本。

文化不是物質，無法切割，也無法取代，而是混揉、交纏、再生。

這個問題是明治以來的日本與西方文化衝撞後，許多學者關注的焦點，書中提及的福澤諭吉是其代表人物。戰後的近代論學者丸山真男，提出了一個很有意思的「執拗低音」的概念，指出傳統就像是交響樂裡的固定低音，外來的東西進來了，會與原來的文化交織出音樂，但傳統仍會像固定低音一樣存在於底層，作為樂曲的定音，而不可能被排除，也不可能不對樂曲產生影響。

這或許是我們在閱讀本書時，可以放在心裡的一個想法。

這本書從他者的眼光看日本的同時，也反過來從日本人的眼光看日本。書中提到了作者在這些年記者生涯中所採訪的諸多日本人，我們可以看到，即使是日本也不是一個本質的全體，而充滿著異質的視線。戰後的日本歷史學更突顯了這種異質性的存在。本書最後對日本的戰爭責任作了一番分析，作者一針見血地指出世界對日本人的刻板印象是「殘暴嗜血」，但對許多日本人來說，他們的國家「保持著獨特的和平與和諧」，德國人記得的是他們對猶太人的殘忍，而日本人記得的是廣島被爆的悲慘，造成這個悲劇的美國的殘暴，似乎抵消掉了日本戰爭的責任。

這從日本許多重要出版社——例如岩波——所出版的巨部日本史，可以窺見一斑。日本歷史反映了自我像，日本史反映了日本如何看待自己，又如何定位他者，而在這些日本史裡，殖民地史往往寫到了朝鮮甚至滿洲，卻沒有台灣，日本殖民最久的台灣，被分類在中國史的部分，似乎不曾被殖民過，也就不需要被道歉與正視。

最後一提，這本書的後半提到了日本近年來的發展，閱讀來總有似曾相識的感覺，彷彿是這十年來台灣的鏡像。八〇年代泡沫經濟崩壞後，日本政府無法決斷要如何應對，權宜之計即是為了鞏固戰後嬰兒潮世代的經濟狀態，犧牲年輕世代的工作安定，也使得年輕世代缺少能安心發揮創意的機會；九五年的神戶地震讓日本人發現，「日本是個人強大、國家弱小」，「以前日本社會的特徵是很標準地從上到下，但我們已經知道，沒有領導者也活得下去」——這不正是台灣現在的景象？當年輕人看不到生活與未來的希望，而把視線放在當下的每一個小確幸時，要談長遠的創意與發展，似乎不過是個太不實際的口號。

推薦序

異於刻板印象的真日本

何思慎（輔仁大學日文系教授兼日本研究中心主任）

日本三一一震災後，國人透過電視畫面見識到日本人面對百年天災的沉著與秩序。相對國人面對天災時的「憤怒」情緒，日本人的態度令人側目。而日本人在災難中的反應，除民族性使然外，更在於「居安思危」的生命態度所建構出之「防災體系」。日本為易受天災侵襲的國家，而這樣的地理條件鍛鍊出日本人與自然災害共處，且防範於未然的民族性。他們無法改變自然條件，杜絕地震、火山、颱風、暴雨與暴風雪等災害的發生，只能平時做好萬全的準備，將災害發生時的生命、財產損失降到最低。此種面對大自然威脅的態度，值得時時想著「人定勝天」的國人學習。

誠然，日本為台灣重要的鄰邦，在近代歷史上，台灣更淪為日本殖民地達半世紀，國人對日本應不陌生，但戰後台灣始終未從日語的學習走上對日本的深入研究，日本對國人而言，仍為奇異而陌生的國度。

此外，因歷史的不同際遇，戰後台灣交織著情感性的「親日」與「反日」的日本觀，惟奠基於客觀日本研究派生之「知日」卻仍缺席。然而，在台、日緊密互動之現實下，深入解讀日本，推動日本研究已成當務之急。

《金融時報》（*Financial Times*）主編凌大為（David Pilling）曾於二〇〇二年至二〇〇八年派駐東京，其間深入日本政治與市民社會，以客觀的筆觸，解構日本如何面對超過二十年的經濟逆境及三一一地震的無情打擊。書中的論述有別於一般的日本研究各自從政治、經濟及文化的視角來探索日本的方式，凌大為在觀察當下日本政經、社會諸多問題時，以記者的機敏直指問題的核心，但在思索問題的成因與答案時，卻帶領讀者走入日本歷史中，去尋求大和民族的文化與社會底蘊，回答日本人如何在逆境中找到機會，化險為夷（Bending Adversity），藉此深層的解構，使讀者發現異於過去刻板印象中的日本，但這樣的日本卻才是真實的日本。

本書迥異於一般記者的報導，它是一本具社會文化人類學（socio-cultural anthropology）高度的「日本論」，值得向國人推薦，期待本書的出版有助國人客觀地認識日本。

照片明細

1. 海軍准將培里的其中一艘黑船（© Denver Post/Getty Images）
2. 福澤諭吉（1835–1901）（© Keio University）
3. 江戶人民向鯰魚報仇
4. 海嘯席捲日本東北海岸（© Reuters）
5. 海嘯後的大船渡市（© Toshiki Senoue）
6. 2011 年的自衛隊隊員（© Toshiki Senoue）
7. 下館博美和木村靖子，大船渡市（© Toshiki Senoue）
8. 下館博美和木村靖子重建 Hy's Café（© Toshiki Senoue）
9. 佐藤清三郎位於家中的廢墟（© Toshiki Senoue）
10. 筆者位於首都飯店，陸前高田（© Toshiki Senoue）
11. 一株松：陸前高田倖存的一株孤獨的松樹（© Toshiki Senoue）
12. 東京在 1945 年大規模轟炸過的模樣（© Time & Life Pictures/Getty Images）
13. 熊本城牆邊的櫻花（© Ingrid Aaroe）
14. 口香糖和巧克力，橫須賀市，1959 年（© Shomei Tomatsu, c/o Tepper Takayama Fine Arts）
15. 作家村上春樹（© Per Folkver）
16. 京都的豆腐鍋（© Ingrid Aaroe）
17. 九州車站的足湯（© Ingrid Aaroe）
18. 銀座的夜晚（© Ken Straiton/Corbis Images）
19. 小泉純一郎的選戰，2005 年（© Noboru Hashimoto/Corbis Images）
20. 小泉純一郎與小布希同遊優雅園（Graceland）（© Christopher Morris/VII/Corbis Images）
21. 21 歲的酒店小姐（© Shiho Fukada/Pulitzer Cntr/Panos）
22. 作家桐野夏生（© Getty Images）
23. 藝術家草間彌生在其位於紐約的工作室（© Yayoi Kusama）
24. 今井紀明（© Reuters）
25. 札幌雪祭中的日本自衛隊隊員（© Reuters）
26. 湖北省武漢市的反日抗議群眾（© Reuters）
27. 福島爆炸後的輻射檢查（© Reuters）
28. 安倍晉三於坦克車上揮手致意，2013 年（© AFP/Getty Images）

地圖明細

圖 1　日本及其鄰國
圖 2　日本的主要城市
圖 3　日本本州東北部

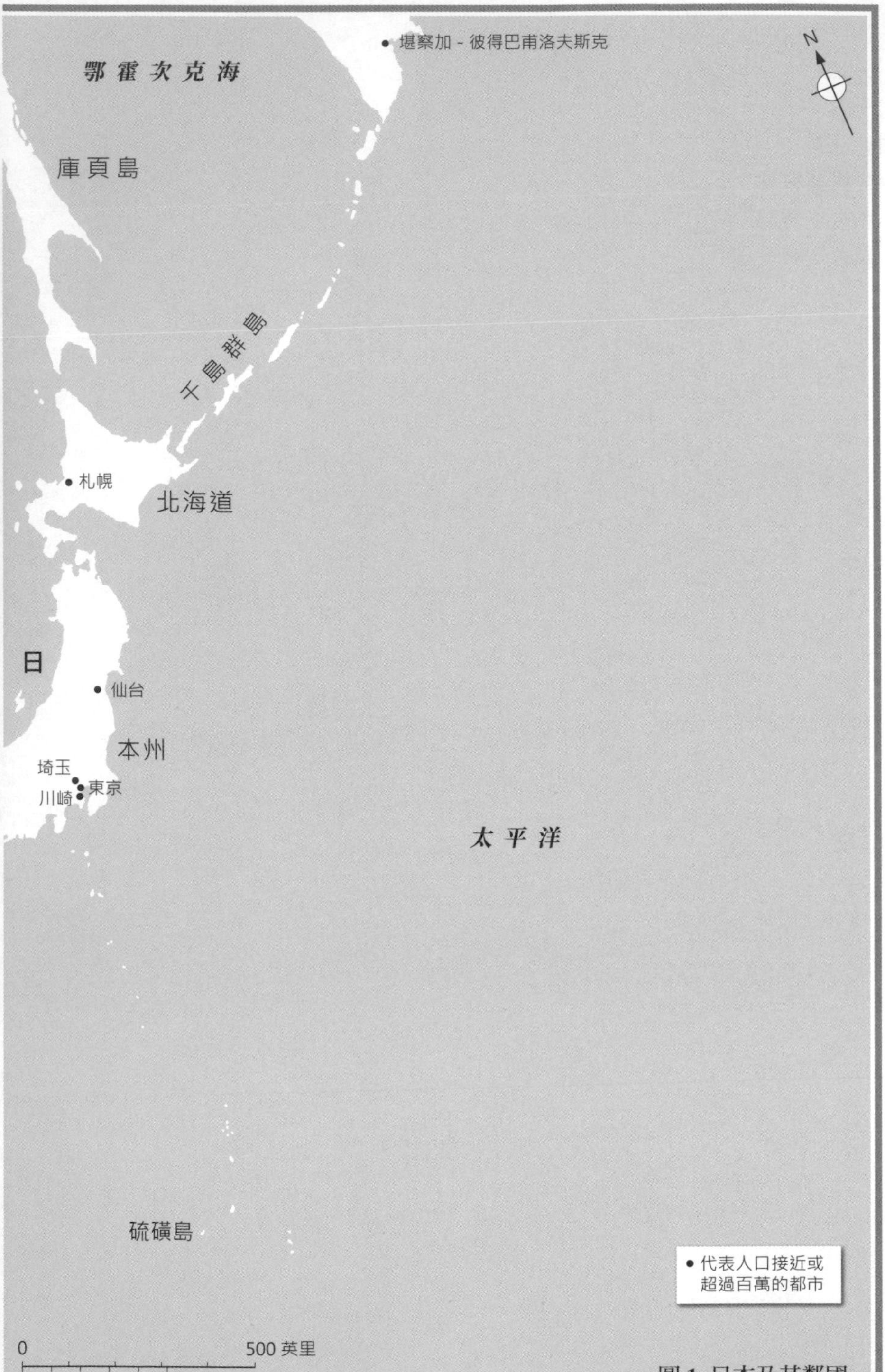

堪察加 - 彼得巴甫洛夫斯克
N
鄂霍次克海
庫頁島
千島群島
札幌
北海道
日
仙台
本州
埼玉
東京
川崎
太平洋
硫磺島
代表人口接近或超過百萬的都市
0
500 英里
0
500 公里

圖 1 日本及其鄰國

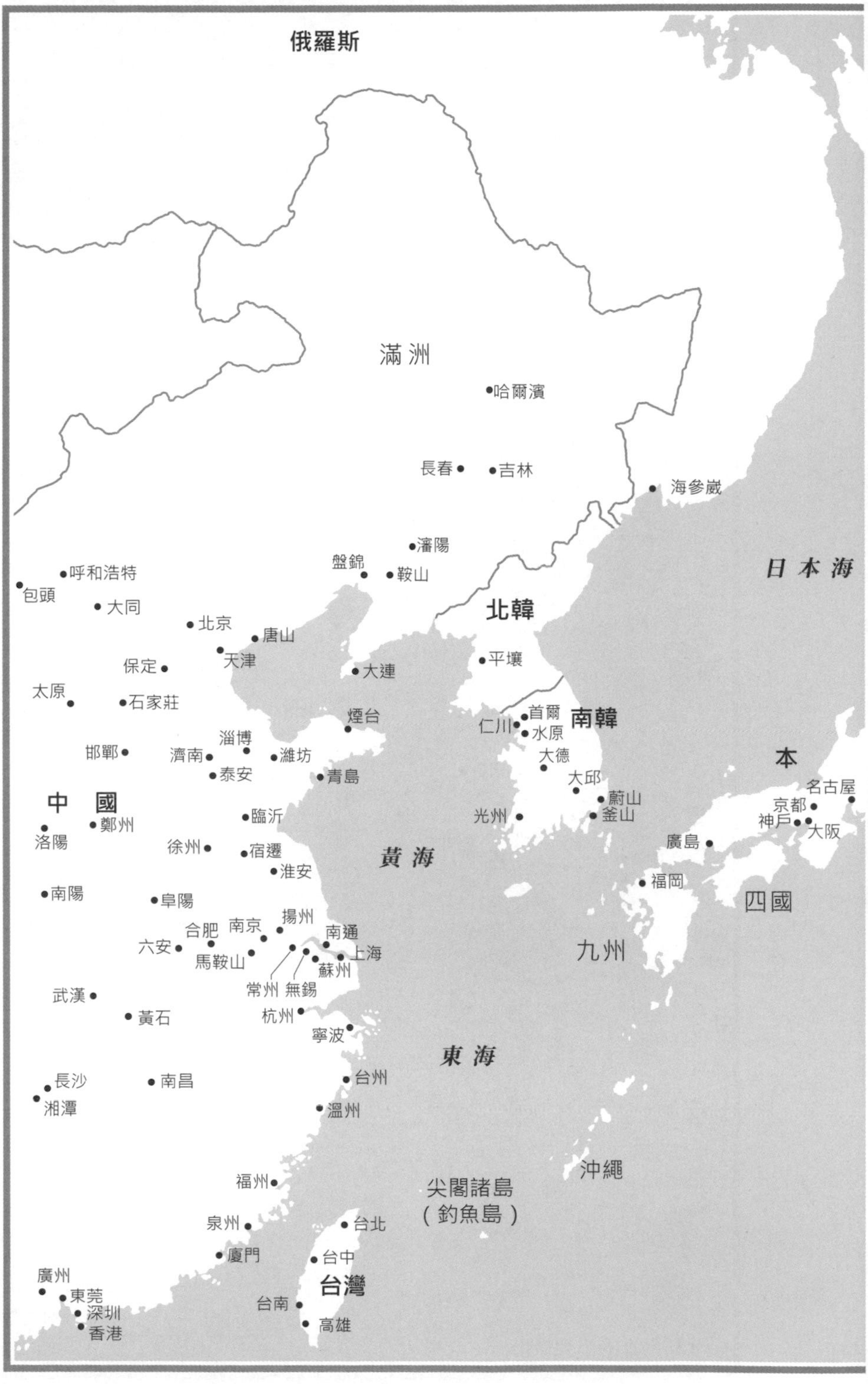
俄羅斯
滿洲
哈爾濱
長春
吉林
海参崴
日本海
瀋陽
盤錦
鞍山
呼和浩特
包頭
大同
北京
唐山
天津
保定
大連
北韓
平壤
太原
石家莊
煙台
首爾
仁川
水原
南韓
邯鄲
淄博
濟南
濰坊
泰安
青島
大德
大邱
本
蔚山
釜山
名古屋
中國
鄭州
臨沂
光州
京都
神戶
大阪
洛陽
徐州
宿遷
黃海
廣島
淮安
福岡
南陽
阜陽
四國
揚州
南京
合肥
南通
六安
上海
馬鞍山
蘇州
九州
常州
無錫
武漢
黃石
杭州
寧波
東海
長沙
南昌
台州
湘潭
溫州
沖繩
福州
尖閣諸島
（釣魚島）
泉州
台北
廈門
台中
廣州
台灣
東莞
台南
深圳
香港
高雄

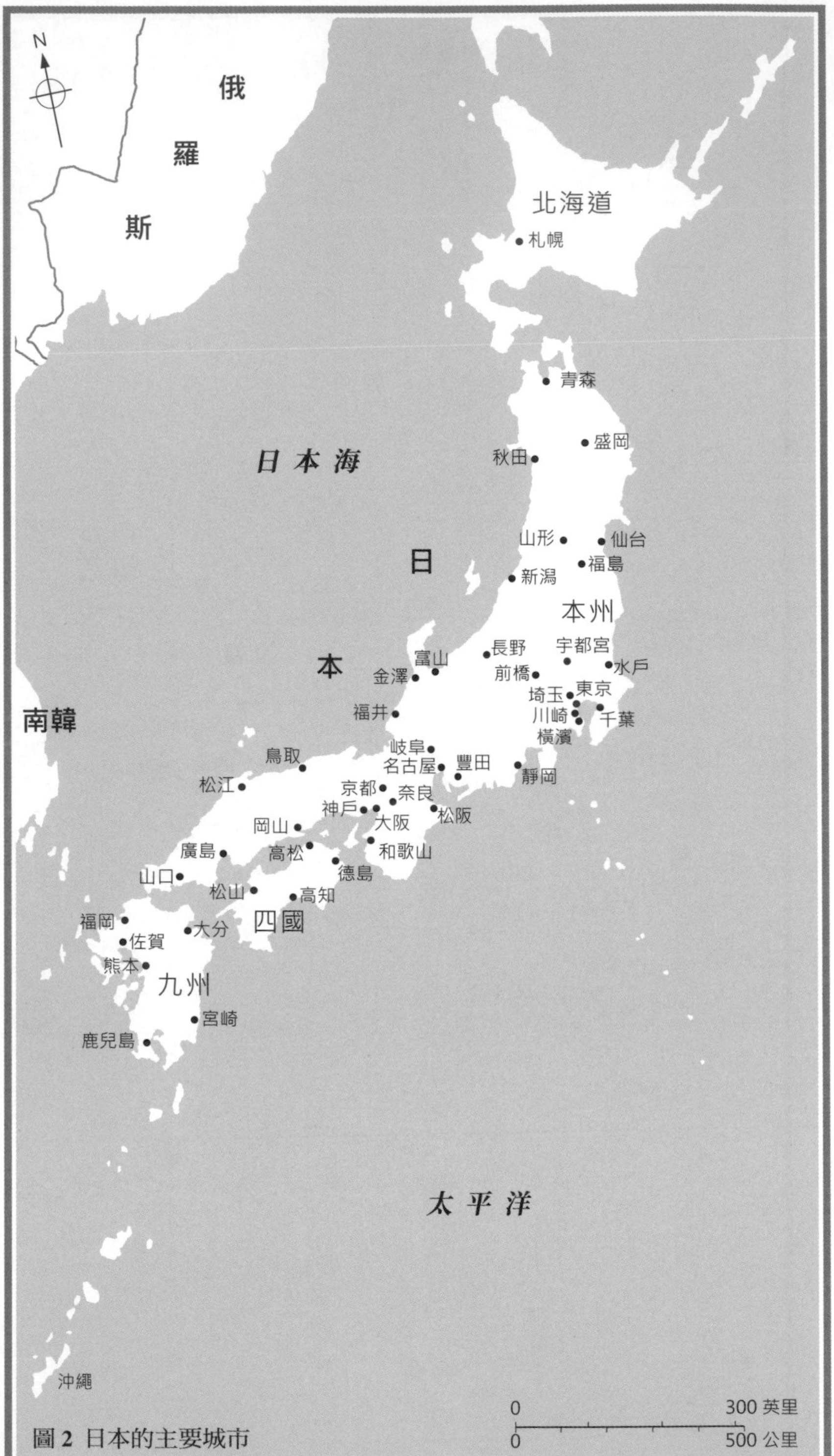
N
俄
羅
斯
北海道
札幌
青森
盛岡
秋田
日本海
山形
仙台
福島
新潟
日
本州
長野
宇都宮
富山
本
水戶
前橋
金澤
埼玉
東京
南韓
福井
川崎
千葉
橫濱
岐阜
鳥取
名古屋
豐田
靜岡
松江
京都
奈良
神戶
松阪
大阪
岡山
和歌山
廣島
高松
德島
山口
松山
高知
福岡
大分
四國
佐賀
熊本
九州
宮崎
鹿兒島
太平洋
沖繩
0
300 英里
0
500 公里
圖 2 日本的主要城市

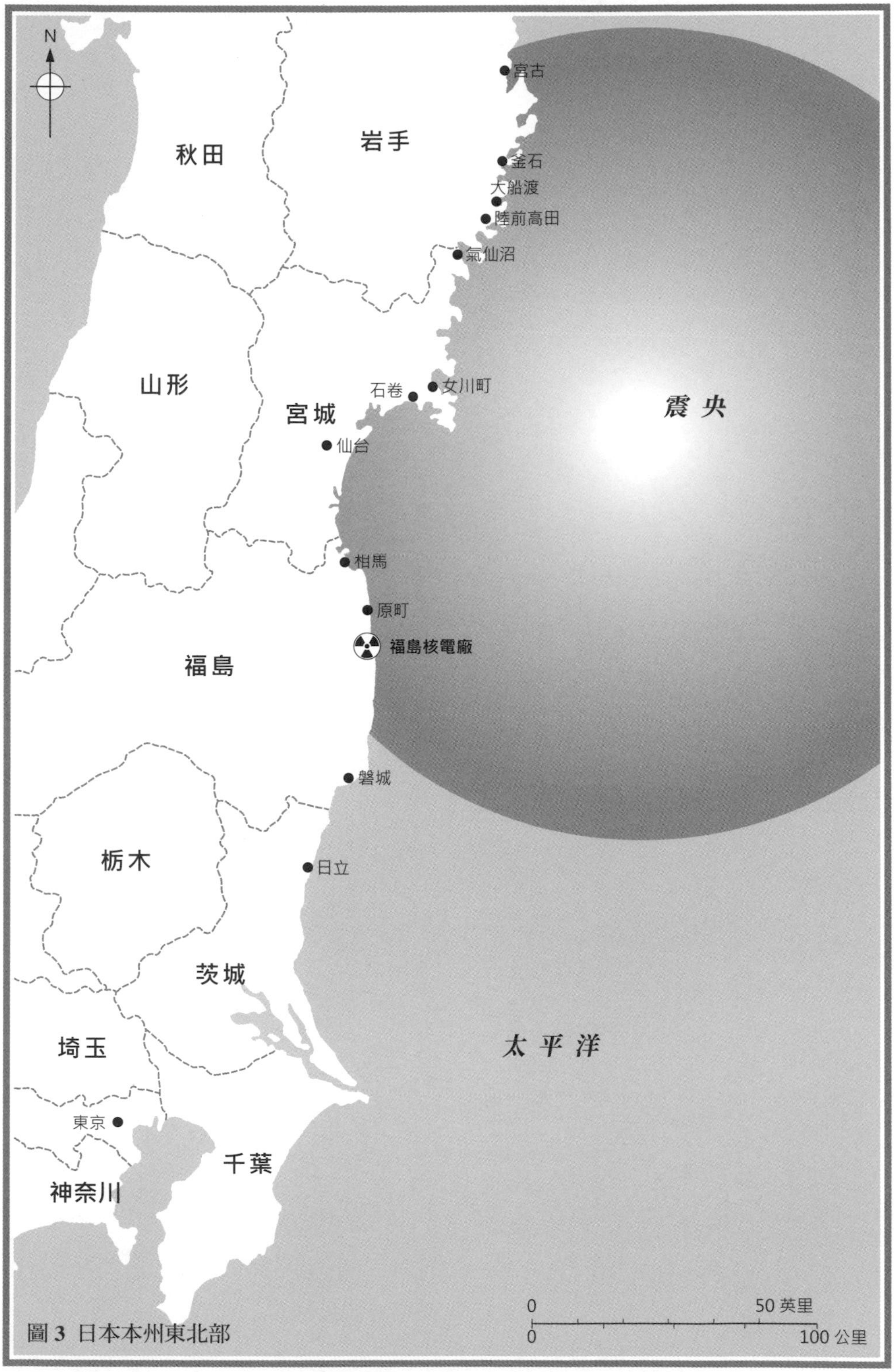
N
宮古
岩手
秋田
釜石
大船渡
陸前高田
氣仙沼
山形
宮城
石卷
女川町
震央
仙台
相馬
原町
福島核電廠
福島
磐城
栃木
日立
茨城
埼玉
太平洋
東京
千葉
神奈川
0
50 英里
0
100 公里
圖 3 日本本州東北部

我們迷失了方向，不知道該往哪一條路走。

但這是非常自然、非常健康的事。

(We are lost and we don't know which way we should go.
But this is a very natural thing, a very healthy thing.)

村上春樹

東京，2003 年 1 月

前言

每一本書都有寫作的緣由，這本書是隨巨浪侵襲而來。二〇一一年三月十一日的地震海嘯促使我書寫日本，我在二〇〇二至〇八年間，以駐外記者的身分住在日本，當時就經常動念想寫一本書，然而新聞報導的壓力加上本身缺乏急迫感，而遲遲未能提筆，二〇〇八年末我離日另赴他職，而當二〇一一年三月十一日發生地震，我立即飛到日本，報導浩劫過後與接下來幾個月的情況。巨災的規模與驚恐以及日本人面對它的方式，喚醒了沉寂在我腦中多年的想法，我想如實描述這個不屈不撓的國家，過去它曾克服過連番逆境，從蒙古人入侵乃至頻仍的天災。我所描述的，是根據我在日本經濟趨緩、人民喪失自信的七年間報導與生活的親身經歷，但我也盡一切所能，透過日本人民之口娓娓道來，這會是當代日本的寫照，一個歷經重重困難，卻以通常不為外人所知的方式改變與改造的國家。另一方面，本書也以它的歷史脈絡為本，因為若不了解過往，將難以全面理解當下的事件。從地表上最現代的都市地景那無邊無際的水泥叢林背後窺之，日本確實是個歷史與傳統隨處可見的地方。

因此，這不是一本關於海嘯的書，本書的範疇寬廣許多，然而地震、海嘯與核子爐心熔毀的三重災難，讓我們不禁想知道日本的組織與人民究竟如何面對逆境。危機揭開諸多缺點與值得欽佩之處，然而這場悲劇提醒我們不要忘記，有個生活在地表極不安定區域的民族那驚人的韌性。災難發生未幾，我在現在居住的香港，當地人從電視看見商店外和疏散中心整齊的隊伍均不可置信，他們欣賞生還者散發的尊貴，也為近乎零犯罪而驚訝不已，歷經二十年停滯理應一蹶不振的國家，展現的堅強卻超乎世人的認知，這也正是長年居住日本的作家艾爾（Pico Iyer）所說的：「日本的沉著鎮定與顧全大局是如此鮮明，突然間世人可以從它更為人性、慈悲與勇敢的視角，來看待這個一直堅定主張自己與眾不同的國家。」[1]

災難也展現日本仍舊與世界息息相關的事實，就連大多數的日本人，都還以為海嘯侵襲的東北只是個生產稻米、魚類和清酒的地方。儘管東北稱不上是日本的工業重鎮，卻是與全球供應鏈接軌的樞紐，光是一家工廠，就生產全球百分之四十的微控制器——一種用來主宰汽車動力方向盤與平板電視影像的「小腦袋」。海嘯摧毀這家工廠後，遠在美國路易西安那州的通用汽車被迫暫緩汽車生產。同樣地，由於福島核子危機後的電力短缺，已經是全世界最大液態天然氣進口國的日本，只好進一步提高液態天然氣、石油與煤的採購，也成為全球能源需求波動的重要因素。

日本人口中的「日本抨擊」（Japan bashing）部分是針對這個國家在全球經濟的重要性，像人們就懶得抨擊瑞士——瑞士在一九九〇年代的年成長率也是百分之一，按照日本標準，同樣經歷「失落的十年」。瑞士雖然是重要的金融中心，卻是個小型經濟體，日本的經濟規模儘管相對縮小了些，依舊占全球輸出總額的百分之八——相較英國的百分之三．四和美國的百分之二十。日本是全世界最大的債權國，外匯存底在全球排名第二，二〇一二年再度與中國競逐美國國債的最大持有者，海嘯暫時讓人想起這些被忽略的事實。當日本身處危機之際，反而更該讓一些人想起這個國家仍然具有的重要性。

當然，危機也暴露諸多弱點。許多人認為，這場海嘯摧毀了占國內生產毛額（GDP）百分之十的工廠、道路等基礎建設，也成為壓垮日本經濟的最後一根稻草。但撇開別的不談，原本緩慢外移至中國等廉價生產基地的製造業，因為海嘯加快了腳步，而政體腐敗的斑斑可考，猶勝過不堪一擊的經濟，福島危機暴露出公務員文化充斥父權主義、自滿和欺上瞞下，在這全世界地震最頻繁的國家，核子災難的風險早在意料之中，而那些緊挨著海岸線栽種的樹木，其岌岌可危的處境也可想而知。官僚、政客和核電廠的作業員，因為對日本技術和組織的信仰而認不清現實，然而日本在其他方面也顯出準備不及的窘態，一些養老院的疏散程序不周全甚至不存在，災難過後，中央政府在釐清百姓需求與提供財務和技術援助方面花太多時間，有太多該做的事留給東北人民那近乎傳奇的堅毅不拔來承受，日本的應對或許遠勝過美國二〇〇五年的卡崔娜颶風侵襲，然而尚存改善的空間。

日本歷史上，危機的重大時刻往往成為決定性的轉捩點，有些人期許自滿受挫的日本再度找回失去的活力，道爾（John Dower）的著作《擁抱戰敗》（*Embracing Defeat*）可說是外國學者對戰後日本所做過最了不起的研究，他談到這樣的時刻可能讓人更認清現實。「東西被爆開，蓄勢待發。」他在海嘯過後不久對我說。他說，這場悲劇對日本的人民和政客官僚而言，是重新思索優先順位與改造社會的全新契機，「問題是他們能再做一次嗎？」他問：「這些想法會不會被僵固的體制壓抑，抑或是悲劇造就出更多人參與的民主制度？人民能不能像曾經有過的那樣，展現行動力且挑戰現況？」[2]

本書的原文書名「*Bending Adversity*」來自日本諺語，意思是轉危為安，日本曾多次面臨而後超越逆境，在亞洲孤軍奮鬥抗拒西方強權的殖民掠奪，一九四五年後，以突飛猛進的經濟洗刷戰敗之恥，也對包括中國在內的全亞洲帶來深遠影響。日本在這兩段歷史中的逆境覓得出路，然而有時卻未能化解逆境，反而為境所轉，它的島嶼身分帶來安全堅定的自我意識，卻動輒被自身的地理環境與島國心態所困，十九世紀奮力抵擋殖民意圖，到頭來自己卻成了帝國主義的侵略者，不但造成數百萬人死亡，也幾乎自取滅亡，倘若這是轉厄運為好運，或許不轉反倒比較好。即使戰後的經濟奇蹟在許多方面令人印象深刻，但在一些人眼中，卻只是沒有靈魂地一味累積財富，透過製造與商業，在曾經打敗自己的國家求得國際名聲，雖然日本已經找到經濟發展之鑰，然而過程中或許也失去些什麼。

如今的日本也失去了經濟活力。說來矛盾，暢銷作家村上春樹曾向我表示，日本說不定因此有更好的機會重新發現自己。後泡沫時期的漂移伴隨著存在的不安定感，那是對前方路途的探索。他說日本是失落的，但失落未必是壞事，近來有位朋友在提到她的日本友人時，也呼應這個觀點，「人們感到失落。他們失去典範，也失去自己。」然而舊的不去、新的不來，至少這是個扭轉厄運，變成更加好運的機會。

我於二〇〇一年冬天來到日本。在我開始擔任駐東京的記者前，曾經花了一個月學習語言，當時我住在古都金澤的某戶人家。金澤堪稱小京都，位在洶湧的日本海岸邊，是個迷人的都市，保留許多中世紀的遺跡，這裡有武士與藝伎的宅邸，有知名的兼六園，這座庭園與日本多數的知名景點一樣，對外稱為日本三大名園之一。此外，陶藝家、金箔工匠與業餘能劇作家，也在此構成發達的藝術社群。第一天飛機剛從倫敦抵達日本時，我就被帶到一座建於十六世紀的古城參加茶會，這是以巨石堆砌城牆、外覆石灰的雄偉建築，數十人齊聚在眺望台似的平台上，茶會將在此舉行。寄宿家庭的「媽媽」西田太太，領我到最前頭好讓我看個仔細，一位身著和服的女士將爐床上的開水注入茶碗，用木勺舀取綠茶粉，再以茶筅攪拌，她的一舉一動，從跪坐乃至操持茶碗的方式，盡皆分毫不差且經過排練，反映過去以來經歷無數多次茶席的結果。我和在場每個人一樣採正座姿，將小腿彎曲在臀部下，背部打直，經過幾分鐘，我的腳從一開始的疼痛漸漸習慣這姿勢，於是專注在周遭發生的一切。上茶時，我們先吃精緻的手工甜點，用類似牙籤的木製小器具將甜點分成一口大小，接著認真端詳茶碗的形體與釉彩，感受茶湯的溫度滲透燒紅的陶土，我們轉動茶碗兩個四分之一圈，之後以快速且發出聲音的吸吮，嚥下苦中帶甘的翠玉色液體。日本是個表演與角色扮演的國家，在這數百年歷史的露天劇場中，此處的我們全都是演員，一舉一動都由習俗主宰。茶席結束，其他客人紛紛起身離去，我的下肢卻麻到站不起來，便獨自留在舞台約數分鐘，等待刺痛感緩緩爬上腿的同時恢復知覺。至今我依然將那次的經驗，視為進入日本苦與樂的新生訓練。

打從我來到金澤的第一天起，就下定決心全面接受我置身的新文化。我吃當地的食物，哪怕是蝦腦、海膽還是生章魚，漸漸地我發現日本人製作的食物，無論多麼陌生，也幾乎都是新鮮美味的——事實上比我之前品嘗過的任何食物都更好。當年三十七歲的我，於是一頭栽進日文學習，通過了一關關的考試，也逼得我學會兩千多個漢字與難懂的文法結構（最後我學會相當流暢的閱讀，還能用洋腔洋調進行訪談，但我的日文依舊如強森〔Samuel Johnson〕形容的，像一隻用後腳站立的狗，儘管做得不算好，但以我的年齡能做到就該偷笑了）。我在金澤學會在榻榻米上過日常生活，鞋子要脫在玄關，跪坐在地上看電視，夜裡捲開自己的鋪蓋，榻榻米發出一種如麝香般令人舒心的氣味。我也會在淋浴區把身子徹底擦洗過，才進到方形浴桶裡泡澡，有時我們會步行到當地的公共澡堂，澡堂鋪了舊式的馬賽克拼貼磁磚，有戶外的公共冷水池、溫水池和溫泉池，更衣室裡還有一張歷經滄桑的電動按摩椅。

我愛日本人總是先雙手合十謝飯後才開動，也愛店家向客人收錢時道歉的樣子，彷彿付錢這件事糟蹋了原本愉快的人際互動；我學會用餐客人應該坐在離門最遠的位置，古時候那也是最不容易受到偷襲的座位；此外我也懂得一些體貼小動作的含意，老師曾告訴我，在洽公時表示自己很忙是不禮貌的，這麼說等於暗示你比對方更炙手可熱。我喜歡用餐前連平價餐廳都會送上一條暖呼呼的擦手巾，下雨時百貨公司會有一台機器把濕答答的雨傘封進塑膠套裡，我對社會常規勝過法律感到驚奇，街道上沒有隨手丟棄的垃圾，人們連作夢都夢不到自己會在電車或電梯裡接手機，不是因為違法，而是出於體貼，就連在街道上，日本人都會用手摀著嘴以降低講電話的音量。

我前往東京赴任時，又一次被深深吸引。城市熙來攘往，戲院和藝廊還有種類多到驚人的餐廳、俱樂部與酒吧，使東京成為亞洲的紐約市，不過大東京都會的三千六百萬人口遠多於紐約。然而，東京絕不是我原本以為的，一個毫無特色可言的集合都市，大都市多半被形容成村落的集合，其中又以東京最符合。鄰近一帶，包括我搬去的東北澤在內，至今依然是由村落大小的單位組成，每到祭典時，銀行家和砌磚工人齊聚，將米飯搗成麻糬，晚上他們穿著棉質的短法被上衣，露出大腿、腳蹬涼鞋，舉起神轎穿過懸掛紙燈籠的狹窄巷道。東京是由上百處商店街構成的迷宮，擁擠窄小的購物街上，放眼盡是違建似的小店家，販賣手工豆腐、傳統甜點、花、壽司、水果，或是一袋袋白米。商店背後的街道窄到車輛無法通行，腳踏車在東京大部分地方是最常用的交通工具，東京的大型公園不夠多，但屋後的巷弄裡大小盆栽紛陳，觀葉植物從裂隙缺口竄出枝枒，竟然給人親近自然的感覺，彷彿建築物隨時可能沉入土裡。到了夏天，震耳欲聾的蟬鳴蓋過車馬雜沓，有些餐廳關掉電燈，把螢火蟲引出來，好讓客人觀賞牠們在夜空中閃爍。東京有供奉狐狸、魚甚至鰻魚的小廟，我永遠記得，有年春天看見三名身穿藍色制服的警察站在新宿御苑公園外，目不轉睛凝視櫻花樹上花瓣的樣子，在犯罪案件少到無事可忙的情況下，警察們專注在這粉紅小花上的程度，活像是無意間發現了一具屍體，和一把染血的刀。

我開始盡可能認識社會的各行各業，從作家村上春樹和大江健三郎，乃至當時的首相小泉純一郎。我認識實業家與銀行家、政治人物與官僚、藝伎、歌舞伎演員和相撲選手，我訪談平凡與不平凡的人，有汽車從業人員與醫療從業人員、激進分子和保守主義者、自由派的教師和傳統神道教的宮司，還有青少年和年長者。儘管有許多惱人與令人不快的事，但整體而言我認為日本是個迷人的地方，尤其對於享有祥和社會的所有好處，但卻無須承擔任何責任的外國人來說更是如此。如果說，生活品質意謂著單片包裝的餅乾，和地方電車車站裡維護到完美無瑕的水族箱，那麼日本可說是當之無愧。你還能在哪個城市把筆電擱在咖啡店的桌子上離開座位，而且知道你回來時還在那裡？還有哪個國家曾經度過長年的嚴重金融危機，卻幾乎沒有留下社會動亂的明顯痕跡？

關於日本的書寫，大多帶有殘酷的悲觀主義，甚至是嘲諷式的痛苦難堪，令我感到與我周遭安適的社會有些不協調，雖然我來到日本時，正值第一個失落十年的尾聲與第二個失落十年開始的嚴重蕭條期，然而當時的日本並沒有遭受剝奪的跡象，當然也比我慣常在英國同胞身上看到的要少很多。日本的嚴重問題，包括老化社會、超高的自殺率、學校霸凌、公共債務龐大且還在攀升、不見起色的經濟，以及正在內爆的電子產業等，但是幾乎看不見危機感（儘管有些人宣稱缺乏危機感正是問題所在）。整體而言，日本似乎是個富裕的社會，許多方面也是個生機盎然的社會，一個優游在非常日本與非常現代之間的社會。很多人告訴我，如果想見識民生疾苦，我應該離開東京這個大泡泡，到貧窮的縣分或是荒廢到只剩下老人的窮鄉僻壤去瞧瞧。後來，我幾乎跑遍日本所有的四十七縣，當然也遇到一些不幸的人、對未來不安的人、甚至一貧如洗的人，我看見沉寂的大街與蕭條的產業，也見過掙扎求生卻得不到足夠外援的老人村。以年輕人為首的有些人似乎漫無目的隨處漂流，但在大部分地方，我看到一個大致完好而且安適的社會，即使它正在奮力適應新的處境。

把另一個國家看成半滿的水還是少了一半水，多半要視這個人的性格而定，我希望大家不會因為我偶爾給予現代日本較正面的註解，而誤以為我天真幼稚。讀者們也會看到許多不美好的地方，然而多數日本報導中的殘酷悲觀主義，就和一九八〇年代樂觀到無可救藥一樣，都是被誤導的結果。當時有許多專家說，日本這台永不停止的經濟機器將接管全世界，而今天世人對於日本的基本看法，不是看見一只空了一半的杯子，而是底部有個裂痕，導致剩下的水快速流出去。人們說，日本沒有能力回復年輕，所以只好繼續往下沉，它的產業正在衰亡、女性受壓抑、人民動輒尋短、社會封閉且無力償債。這當中有真實的部分，但卻不是全部的事實，有些人因為讀到日本對幼稚行為的著迷，與青少年永遠窩在家裡不外出，就想把日本形容成一個幾近心理病態的國家，殊不知這就像把美國片面描述成一個大規模槍枝掃射、藥物濫用、在城市進行種族隔離的國家，又或者是將英國說成是一個階級分明的社會、暴力主義和夜間刺殺頻傳的地方——這些都是惡意的誇大。包括日本在內的每個國家，都該被從比較全方位的視角看待，儘管日本有諸多問題，但依舊是個韌性與適應力堅強的社會，日本的歷史說明它能正視從而克服眼前難題，而且其中有些難題，往往被認為非日本獨有。

偶爾會有人把日本發生改變的方式，比喻為伊勢神宮的重建，據說伊勢神宮可追溯至三世紀，與一般人所想的不同，共有一百二十五社，每社供奉一尊神，神宮四周的樹林神聖不可侵犯，使得伊勢神宮不像聖保羅大教堂，反倒像是供奉了許多神明的海德公園。這座樸素的木造廟宇，每隔二十年就被夷為平地，再以完全相同的規格重建，因此究竟神宮是二十年還是兩千年，就隨人詮釋了。同樣地，日本也曾經讓世人見識到它非凡的轉化能力，但這些改變總是以過去和自己的信念為參考依據，換言之，日本能改造自己，只是使用的是相同的素材。前美國國務院總理季辛吉（Henry Kissinger）曾對毛澤東的得力助手周恩來說，他認為日本的「部落觀點」使它能夠迅速改變，這就好比美國在內的國家相信自己的獨特性，歷史上日本脫胎換骨的能力也根植於強烈的自我感知。「日本相信，他們的社會獨特到能適應一切，同時又保有民族精髓，」季辛吉說：「因此日本人能有瞬間爆發的改變，他們在短短兩三年間，從領主封建到崇拜天皇，又在三個月內，從崇拜天皇到民主制度。」[3]

日本社會學家杉本良夫說，分析家們「往往會不由自主在『崇拜日本』與『抨擊日本』的陣營之間選邊站，用非黑即白的語言描述日本社會」。[4]外國觀察家——包括旅居日本多年的在內——認為日本社會無可救藥地仇外、厭惡女性、階級分明、故步自封、沒有能力面對歷史，但有人看到的，則和我在金澤瞥見的相同，包括社會凝聚力、對傳統與禮貌的意識、對優秀與相對平等的用心。兩種觀點並非無法協調，杉本提出了一個「權衡利弊得失的模式」（trade-off model），把重點放在如何將「可取與不可取的元素交互連結」。

舉個小例子。「文樂」木偶戲是由三位人偶師操縱一個人偶，而它的學徒花費三十年學習技藝，著實令人欽佩不已。首先，他得花十年操縱人偶的雙腿，之後才准掌管人偶的左手臂，再過十年後，進階到頭部和右手臂，然而要被視為真正的大師則要再花十年。觀眾在有些表演中看得見主角人偶師的臉，而「露臉」也代表他的成就，至於兩位較資淺的同僚則用黑色頭套遮頭，以免分散觀眾的注意力。幾乎各行各業都有類似吹毛求疵的地方，有些壽司師傅很多年都不准徒弟處理魚，一位盆栽師傅則告訴我，他做了三年沒有薪水的工作，老師才准他修剪一棵樹。諸如此類對細節和禮儀的過度尊重，說明日本從餐廳廚房乃至工廠地上一絲不苟的標準，只有在日本，你才會看到有人定期用牙刷清理磁磚的縫隙，然而我們也觀察到，為了堅持如此麻痺心智的修練而扼殺創新、壓制性靈，而這一切係源自師徒傳承的信念。用一發不可收拾的圓點布滿畫布的藝術家草間彌生說，師徒關係令她「想吐」，於是逃到美國追求她的藝術。想在欽佩日本社會的產物與擔憂這些產物的產生方式之間求得平衡，即使可能，但談何容易。

再舉個小例子。我們或許對日本企業的晨間操嗤之以鼻，認為這是「集體思維」的證明。我在東京時，經常透過窗外看見建築工人穿著整齊的制服，集合在工地做晨間運動而不覺莞爾，同時也不得不偷偷佩服起這個無疑有助提高日本國民健康和福祉的習慣，許多上了年紀的日本人依舊維持令人羨慕的苗條身材與靈敏度，而晨間操把運動從私人健身俱樂部搬到戶外，也可說是運動的民主化。

任何社會都有類似的利弊權衡，但這不失為思索日本的有用方式。日本企業因為過度排斥資遣員工並提升效率，而經常被批評損及股東報酬，因為公司最關心的不是賺更多錢，然而這麼一來也緩衝了創造性破壞的力道，諸如美國之類的動態經濟體，就不斷透過創造性破壞將勞工和資源移轉到更有生產力的地方，或是拆解舊的產業以建立新產業。另一方面，日本的失業率（約百分之四）遠低於許多國家，換言之，政府的失業給付較少，社會也比較不用為長期失業導致犯罪率上升或疾病增加等副作用而付出代價，然而換來的企業生產力較低，卻是不爭的事實。或許一味追求效率經濟，對長期而言是件好事，但在利害關係人與股東資本主義間求得適度平衡，是任何民主社會都該提出來辯論的課題。

權衡利弊得失的模式，甚至適用在故步自封的「加拉帕哥心態」*，也是許多人心目中，日本最大的缺陷。可想而知，這個詞通常帶有負面意味，從過去以來，鎖國心態使日本難以加入十九世紀自由派思想家福澤諭吉所說的「與世界各國的交流」，日本為了自己的利益而過度排拒外資與移民，但也因為感到自己的與眾不同，才得以將許多人最佩服這國家的事物保存下來。住在京都二十五年的艾爾告訴我，倘若日本社會更開放，他所認為日本文化中的奇特和趣味將不存在，「強烈感覺到誰是自己人而誰不是，使日本得以運作得如此緊密和諧，」他說：「這個社會令我想起交響樂團，每個人演奏同一個樂譜，每個人充分了解自己的角色，只要個人善盡職責，就能夠運作順利。」然而，並不是每個外國人都如此寬容。《雲圖》（*Cloud Atlas*）的作者米契爾（David Mitchell）告訴我，他和日本太太與兩名幼子住在日本西部的古老城鎮萩市時，感受到一股幽閉空間的恐懼氛圍，學校的媽媽們總是稱他的孩子「一半的」，對日本人來說，這是對擁有一半日本血統的人標準且非冒犯的稱法，然而這個字眼令米契爾不悅，他花了好幾個鐘頭解釋他的孩子不是「一半的」，而是「兩者皆有」的完整個體，因此他的結論是，日本人不擅於生活在文化的「邊界或門檻」上。一年後，米契爾便帶著妻小返回愛爾蘭。

杉本所說「權衡利弊得失的模式」並不是到處都行得通，也可能造成錯誤的二分法。日本似乎可以更開放和國際化，同時又保有文明與和諧，強大有自信的社會能吸收外來的影響力與人，而不擾動基本的均衡狀態，日本大可敞開大學的窄門給外國學生，同時鼓勵更多本國年輕人出走到世界各地，一如明治時期的先驅者為了追求新觀念而負笈他鄉。日本甚至可以設法兼顧企業效率的提升與低失業率，或者學會培養一個嚴守個人主義同時願意參加集體晨間操的世代。然而，社會制度的鬆綁不見得容易，強項往往是弱點，而弱點也往往是強項。文化不像菜單，可以任君挑選。

或許基於這個理由，本書很少開藥方，想從書中看到日本振興經濟的方法，或是全面檢討日本人心態的讀者恐怕會失望，但我並不反對一些標準處方，以我之見，日本若是不那麼封閉保守、對近代的殘暴歷史更有反省能力且更願意讓女性盡情發揮才華，確實會成為更好的地方，如果能培養更多人參與的民主，並且使功能不良的政治制度穩定，對日本是有好處的。此外，日本當然也該結合經濟自由化、更開放的貿易和更積極的貨幣政策，以提升經濟成長，如果更多創業家願意冒險、教育制度製造得出更多具原創思維的人，日本將是更動態的社會。中期而言，如果想清理財政的爛帳，日本確實需

＊譯註：太平洋上的加拉帕哥群島與外界隔絕，進化出許多當地特有的動植物。

要加稅或／以及刪減支出，但這麼說並沒有太大幫助，日本的學者和決策者又不是沒有說過同樣的事，日本該做哪些事情很清楚，但一味地列清單，也可能流於光說不練而無法令人滿意。

因此本書將以我看到的日本而非我希望的日本為主，我認為這是個適應與進化中的社會，儘管有時是用它自己令人灰心的方式進行，但我們不該認為日本不知變通，也不該將它視為一個同質的國家，雖然日本以獨特的同質性作為自我形象，然而它和其他國家一樣，跨越階級、地域、性別和年齡，接受次文化的挑戰，且被結構性地改變形塑，凡是以「日本認為」開頭的言論，都應該被視為極度的懷疑論。出於對現實的尊重，本書在可行的情況下，會請日本人為自己發聲，說出多樣性與紛紜的論點，我對其中一些意見提出評論，但許多則或多或少以我見聞的原樣呈現。

第一部「海嘯」，記述人民面對災難的經過，特別是受三一一浩劫影響最巨的沿海城鎮。我從日本一發生地震起開始報導十天，之後幾個月乃至次年間又多次往返，我試著根據訪談與當時的紀錄，重建海嘯在侵襲岩手縣的陸前高田市之後，為這個人口兩萬三千人的漁業城鎮帶來的驚恐時刻，我也報導災難發生後的幾天、幾週和幾個月間，我對鄰近城鎮大船渡市的印象，這幾章以我的親眼目睹，帶出日本的堅強韌性，然而若是想更進一步了解日本如何適應與存活，就必須深入探索這個飽受地震、海嘯、火山與颱風威脅的國家，長久以來「為逆境做準備」的歷史文化。[5]

第二部「上了雙重門閂的土地」，包括一章專門探討日本自外於世界的思維由來。日本在地理上位於亞洲，在中國的海岸之外，它的再起可說是我們這年代的大事，日本的堅強韌性部分源於自己的孤獨，而我認為日本的弱點和強項，皆來自這種心態。十九世紀的日本面臨西方的優越技術，於是毅然決定脫離以中國為核心的世界，轉而師法歐洲強權，當時的日本拋棄封建制度，致力現代化，之後從種族主義的天皇崇拜，衍生出殘暴且災難的帝國大業，結果造成歷史悲劇且幾近自取滅亡，今日的日本孤立於自己的土地上，與鄰國的關係始終擺脫不了歷史陰影，特別是中國和韓國。日本既不是歐洲人，也不完全算亞洲人，予人一種漂流不定的感覺，而它在外交上的唯一靠山，是與美國之間的「附庸國」關係，連股票經紀商都有所謂「日本以外的亞洲」的說法。

第三部「找到與失落的數十年」，首先簡短回溯日本從戰爭的廢墟中快速復興，乃至一九七〇和八〇年代的經濟實力。一九九〇年泡沫崩盤，一九九五年地震重創神戶，加上邪教鎖定東京地鐵通勤族發動攻擊的雙重危機，緊接著是漫長的相對停滯期，村上說一九九五年是日本的轉捩點，人民因而意識到泡沫前的時代再也回不去。日本在快速成長的那些年，想追上西方的生活水準，到頭來卻衝過頭，成了日本戰後舉國上下的重心，雖然基本上達成目標，但泡沫崩壞卻使全國上下失去努力奮鬥的目標，日本失去了日本人所謂的根性，也就是「膽識」或「戰鬥精神」。

第四部「成長後的生活」，談到當代日本如何調適，本書堅決主張日本並不像有些人所說的不作為，只是它的轉型還未臻完美，離完成還有大段距離。兩章探討經濟，其中〈日本第三〉和〈成長後的生活〉認為，日本在維持生活水準和社會凝聚力方面的表現優於一般認知，儘管日本的經濟稱不上健全，但是表現並沒有許多人以為的那麼糟，日本已經成為所有經濟問題的統稱，但是從日本人的生活水準觀之，而不看投資人的報酬或相對其他國家的經濟規模，過去二十年並沒有那麼悽慘。

日本避免對生活水準造成嚴重傷害，部分（或許是多半）是透過累積巨額公債，但這種做法會付出多少代價尚未可知，有些人認為這麼下去終將以危機告終，萬一日本政府哪一天無法履行償債義務，可能是透過不還款（不太可能）、刪減社會福利，或利用通膨讓債務縮水，在那階段我們或許會回顧過去，說日本領導者當初應該更快採取行動，來處理深層的結構性問題才對。日本過去一直是安定優於激變，如果是為了長期的經濟復甦而讓更多企業破產，同時採取積極的產業重整，或許日本的表現會更好。

不過，如今歐美漸漸能體會，從嚴重的金融打擊中復原並不容易，即使是奉自由市場為圭臬的美國，在大難臨頭時還是不願意讓銀行或汽車產業破產，二〇一三年伊始，美國的失業率約百分之八，儘管有復甦跡象，但經濟依舊疲弱，英國的失業率將近日本的兩倍，英國的經濟從二〇〇八年以來縮減百分之四，西班牙和希臘的情況更糟，其他國家也和日本一樣，必須設法解決更高的赤字、更低的成長，而且為了讓經濟正常運作，必須拿貨幣政策做實驗，這在過去連作夢都想不到。日本往往被其他國家引以為殷鑑，但真正的教訓不是日本多不擅於處理資產泡沫化，而是更令人擔心的，相對其他國家而言處理得多麼好。說到資產泡沫，日本帶給全世界最重要的啟示是，不惜代價，從一開始就避免資產產生泡沫。

〈捲髮的武士〉探討二〇〇一至〇六年間，最具領袖魅力的首相小泉純一郎領導國家的時光，這是一段特別的時期，人民團結在這位誓言大刀闊斧改革的領導者之下，小泉想在低度成長新年代中，為腐爛的政治制度注入生機，他揚言摧毀自己的政黨，結束五十年的一黨獨大，最後他果真付諸行動，只是死氣沉沉的兩黨制依舊未能取代沉痾。日本的政治制度仍舊無法勝任它所擔負的任務，接下來的兩章〈應許之路〉與〈從幕後〉，探討日本戰後模式崩壞後的社會變遷，生活變得不確定，許多人變得比較沒有安全感，特別是婦女和年輕人。但是過去的確定感消失，機會隨之到來，這幾章探討的是日本人民與這些問題奮鬥的情形。

第五部「漂移」，探討日本在國力式微、中國崛起的年代中面臨的嚴峻外交挑戰，過去尚未解決的歷史與領土爭議，至今仍不時迴盪在這區域，因此日本對中國的甦醒毋寧是不安的，與中國就沖繩與台灣間無人小島的爭議，為兩國的舊恨增添新仇，日本在世界定位與認同感的舊傷口，因為來自中國的明顯威脅而再度被撕裂。

第六部「海嘯過後」，試圖近距離觀察日本社會的變與不變。福島事件暗示「舊的日本」多半沒有變，沒能夠妥適處理核子危機或誠實面對大眾，足見這是高度缺陷的政治與官僚制度。然而災難也出現一些好事，隨著捐款從各地湧入，日本也開始覺察到自己與世界的連結，一位外務省官員泫然欲泣地告訴我，阿富汗的甘達爾市湊足了五萬美元幫助他們重建。日本人也重新發現他們的東北部——這個詩人筆下歌頌的壯麗景觀，長久以來被日本視為窮鄉僻壤而忽視，如今，他們終於能領會人民不可思議的耐力，也就是「堅忍不拔」（我慢強い）。志工湧入災區幫忙清運垃圾、挖掘淤泥，拜近年通過新法律之賜而興盛的公民社團，在海嘯過後更顯茁壯。日本並不是一直享有和諧社會的美名，就在戰爭浩劫後不久，左派與右派經常因為對歷史與建構未來的看法而產生意識型態之爭，一九六〇年代的快速成長，淡化了雙方的歧異，但近年來日本人開始重新發現何謂組織動員、辯論以及挑戰妥協，隨著福島事件演變成反核運動而凝聚力量，加上受海嘯與核汙染影響的人民要求補償，這股力量也變得更強大。

最後，在日本東北的漁業城鎮中，當瓦礫被清除、屍體被清點，老百姓試圖回歸正常生活之際，也展現極度的人道精神和剛毅。一位日本編劇家說，他們的故事描述「一種迷人的傳統，那就是不斷向前的同時，也沒有忘記世事無常」[6]。唯一確定的，是海嘯終將再度來襲，許多情況下，他們展現的拓荒精神讓人想起嚴酷的美國西部，東北的人民經歷二〇一一年的大地震和海嘯後，沒有坐等他們本來就不太相信的政府，他們掌握自己的處境重新來過，而我們應該可以從他們的毅力和求生經過中，尋得希望和啟示。

1. 海軍准將培里的其中一艘黑船在日本藝術家眼中的樣子。這些來勢洶洶的船隻，成為西方強大技術及其帝國主義意圖的象徵。

2. 福澤諭吉（1835-1901），明治時代最偉大的思想家之一，他出生時，日本孤立、階級分明且封建保守，到他死時，日本已經是個現代國家。

3. 江戶人民向鯰魚報仇，據說這隻巨大的魚是這個城市大地震的罪魁禍首。

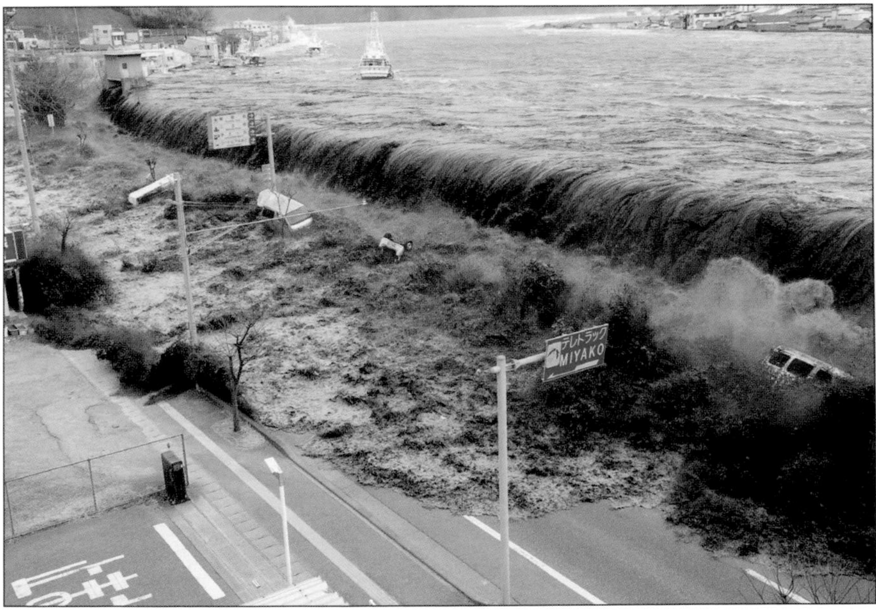

4. 海嘯席捲日本東北海岸。類似場景在綿延兩百五十英里長的海岸線反覆出現。

5. 海嘯後的大船渡市。動輒可見漁船被沖上距海岸線幾百英尺的陸地。

6. 2011年的海嘯過後，自衛隊隊員立即被派遣至受災地點。反觀1995年神戶地震後，日本政府則猶豫著該不該派遣易與戰爭產生聯想的軍隊。

7. 下館博美和木村靖子在海嘯發生後幾天清除大船渡市的滿目瘡痍。

8. 比較開心的時光：下館博美和木村靖子在大船渡市的臨時主幹道上，重建Hy’s Café。

9. 82歲的佐藤清三郎在三一一地震後整理他家的廢墟。之前他因為工作意外而失去一隻眼睛。

10. 筆者在陸前高田的首都飯店廢墟內做筆記。

11. 一株松：陸前高田倖存的孤獨一枝松，已經成為希望的象徵，即使技術上它已經死亡。

12. 東京在1945年大規模轟炸過的模樣，也是歷史上最慘烈的空襲。2011年海嘯後的情景，給人一種詭異的聯想。

13. 熊本城牆邊的櫻花。對日本人而言，櫻花的轉瞬即逝正是它美麗之精髓。

14. 口香糖和巧克力。橫須賀市，1959年。美軍及其文化的影響，在1952年占領結束後依舊揮之不去。

15. 作家村上春樹。「如果有一堵堅實的高牆和一顆雞蛋……無論這堵牆多麼正確，而這顆雞蛋多麼錯誤，我還是會站在雞蛋的一方。」

16. 京都的豆腐鍋。連最簡單的料理都被當成藝術來對待。

17. 九州車站的足湯。日本人從不錯過任何洗浴的機會。

18. 銀座。一位來訪的政治人物告訴筆者：「假如這叫不景氣，那我要。」

23. 草間彌生和她塞滿陽具的裝置藝術「聚集：一千艘船展」。日本的男人和男性器官令她失望，她的許多藝術作品是為了「忘記」這個引來諸多問題的器官。

24. 從伊拉克回國多年後的今井紀明。對他而言，日本民眾的反應彷彿在向他說：「你應該死在伊拉克，以屍體被運回來。」

25. 日本自衛隊隊員正忙著在札幌雪祭做米老鼠冰雕。戰後七十幾年，日本還沒有正式的軍隊。

26. 反日抗議群眾，在湖北省武漢市對著燒毀的日本國旗拍照，東京將尖閣諸島——也就是中國的釣魚島「國有化」，激怒了許多中國人。

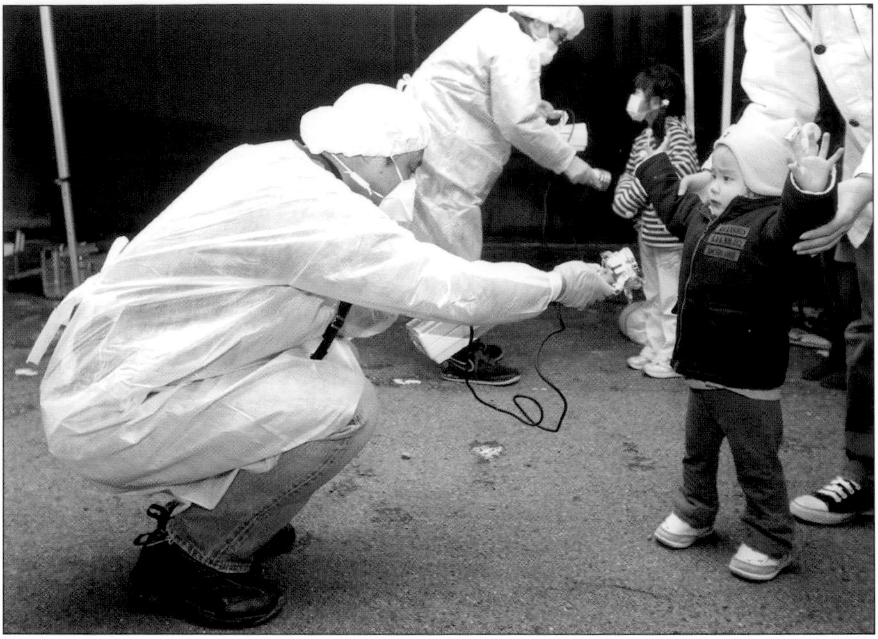

27.福島爆炸後進行輻射檢查。

28.2013年，安倍晉三從地面自衛隊的坦克車上揮手致意。身為首相的他，對於保衛日本的「國家利益」從不避諱。

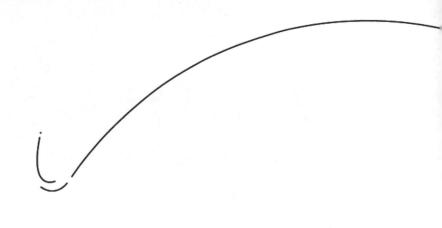

第一部

海嘯

第一章 海嘯

一六六六年，工程師出身的山崎平太左衛門在今天的陸前高田擔任奉行，他下令當地的富商栽種松樹，將挺拔壯碩的黑松，種在這座小鎮與無垠太平洋間大約一．五英里的狹長沙岸上。這條鋸齒狀延展的海岸線，遠在人煙罕至的日本東北，當時的日本本身就是個偏僻的封建島嶼，擁有全世界最豐富的漁獲，時至今日依舊如此。沿著整條海岸線洶湧的海水，蘊含大量的海藻和種類驚人的魚蝦蟹，然而這裡也是個要命的地方，因為海風的鹽分和高漲的潮水猶如農地的毒藥。此外，雖不致頻繁到令人時時想起，但也不至於稀有到讓人完全忘記，每個世代總會有一次，巨浪如猛獸般從海平面席捲而來，恣意肆虐這座城鎮。

於是大約三百五十年前，陸前高田的居民種樹來保護家園，使農田少受風、鹽和海的侵害，七年種下一萬八千株松樹，其後的世世代代又增添天然的屏障。後來，附近山區的金礦枯竭，迫使陸前高田加緊生產稻米等穀物，也使得植樹大業變得更加迫切，到了十八世紀中，七萬多株松樹如大陣仗的防衛軍，在海邊一字排開，當地民眾在林蔭道漫步，在海濱野餐，年輕情侶則當然藉著樹蔭的遮蔽卿卿我我。來到現代，七萬株松樹成了觀光景點，一九二七年，裕仁天皇即位次年，此處被封為日本百大海岸*，參天樹木沿著白色沙灘矗立，就在陸前高田的木造民房和狹長的海灣間，還有原始美麗海岸的深水灣形成鋸齒狀的模樣。

一九八九年，裕仁天皇駕崩，同年海邊矗立起一棟建築物，這棟白色磚造的七層樓高建物是首都飯店（Capital Hotel），螺旋狀的樓梯媲美鐵達尼號的頭等艙，也是當時鎮上最高大雄偉的建築。大廳懸掛了一幅巨畫，描繪一群孩子在海邊嬉戲的情景，走出玻璃門就來到陽台上的橢圓泳池，飯店甚至設了一處新娘休息室，讓在這座豪華旅館舉行婚禮的新娘在換裝之餘，還能盡情飽覽陸前高田知名的松林。

首都飯店的工程經費來自八〇年代泡沫時期所賺的錢，當泡沫一破，這家飯店也和許多泡沫時期幹下的蠢事一起被市政當局接手，當初的主要投資者是某家建設公司的總裁和當地一位演歌歌手，目的是希望為復興地方經濟盡一份心力。而首都飯店也不負所望，白色的外觀和臨海的位置，在這人口兩萬三千人的窮鄉僻壤中成為當地人婚喪喜慶和洽公應酬的首選，飯店業務經理佐佐木一義說：「以鄉下地方來說，這的確是座美麗

＊譯註：日本百大海岸（日本の渚百選）是由大日本水產會等單位組成的審查委員會於一九九六年所發表的。

的飯店。」

體格精壯的佐佐木有一張和善的圓臉與自嘲式的幽默感，即使談論慘絕人寰的事情，嘴上總還是帶著似有若無的微笑，坐五望六的他早在好幾代以前就來到陸前高田，一七三四年的日本正值鎖國時期，當時佐佐木的祖先經營榨取椿油的小生意，店名就叫作「油行」，而後事業發展成糧食製造商和批發經銷商，從十九世紀就這麼代代相傳到二十一世紀。二〇〇六年，陸前高田的人口逐漸減少，加上不敵大型業者的激烈競爭下，經營兩百七十年的油行吹起熄燈號，佐佐木自認對不起員工與列祖列宗而羞愧到無地自容，一開始他只想著遠走他鄉，然而公司需要善後，於是夫妻倆便留了下來，他也在首都飯店謀得一份工作。

二〇一一年三月十一日星期五的上午，佐佐木代表飯店，到前不久過世的市議員清水幸男靈前致哀，許多親戚朋友前一晚就聚在這裡守夜向死者道別，讓亡靈準備好啟程前往黃泉之國。弔唁者徹夜焚香祝禱陪伴死者，佐佐木來到這裡，是為了商討第二天告別式的最後座位安排。清水的靈堂設在地勢較高的山丘，得以俯瞰整個陸前高田的平坦谷地，佐佐木後來才明白其中的諷刺之處。「如果他們當時不是醒著，」他半帶微笑地說：「那些人恐怕大多已經死了。」

佐佐木沒在靈堂久待。他下午一兩點就回到飯店，下午兩點四十六分進辦公室。他連幾分都記得清清楚楚，因為就在那當下，地面開始震動。

日本人對地震早就習以為常，在過去的歲月中，他們將時不時的地震歸咎到鯰魚這種動物身上，據說日本列島安座在一條鯰魚的背上，牠平時被壓在巨大無比的「要石」底下，這塊石頭是由鹿島大明神所安置，但是當鹿島一疏於防備，鯰魚就會隨意扭身擺尾而使大地上下左右搖動。[1]也因此，一八五四年從九州到東京均釀成災害的安政地震發生後不到幾天，首都江戶便到處販賣起鯰魚的木版畫（錦繪），日本人平日也經常被喚起海嘯的記憶，青銅打造的鎌倉大佛如今被安放在露天面對群眾，這是因為過去祂所在的大殿，早在一四九八年就遭到大浪侵襲而被夷為平地，此外日本的海岸線星布著大小如墓碑般的斑駁石碑，以警告後世子孫在遠離海岸處建立家園。十九世紀在日本生活十五年、愛爾蘭與希臘裔的赫恩（Lafcadio Hearn）*，形容日本「是無常之地，那裡的河川會變更流域、海岸會改變輪廓、平原的地平線高度會產生變化」。[2]根據一位日本地震學家的計算，日本列島從十五世紀以來，遭遇過約兩百二十次釀成巨災的地震侵襲。[3]現代的日本人了解，祖先安家立命的列島其實是位處地殼最不安定的區域，剛好是沿著環太平洋火山帶幾處板塊的交會地帶。十次地震當中，有九次是沿著地球動盪的區域發生，使日本成為最容易遭受類似災害的國家。一年中的大多時間，日本的某個區域會發生小規模的震動，日本人將這些生活插曲當作家常便飯，就算木頭紗門嘎嘎作響或輕微

＊編註：即小泉八雲（一八五〇～一九〇四），日本作家、翻譯家、民俗學家，出生於希臘，後歸化日籍。精通英、法、西班牙、希伯來等語，學識淵博，對明治時代東西文化交流卓有貢獻，被視為現代日本怪談文學的鼻祖。

晃動，也很少因為小地震而停止聊天。

不過，二〇一一年三月十一日下午兩點四十六分的地震可不是小規模的震動。當天下午感受到土地變得不穩定的每個人，立刻知道事情並不尋常，這次地震在芮氏地震儀上規模九，威力之強為歷史紀錄第四，釋放的能量相當於廣島原子彈的六億倍，震央位在海床下方，距日本東北海岸約四十五英里處，約略在陸前高田以南。後來地理學家表示，這場發生在板塊交界處的所謂海底強震（undersea megathrust earthquake），是太平洋板塊向下擠壓日本所在的北美板塊所造成，[4]按照某位新聞評論員的說法，那片地殼就像一張用大拇指和食指夾住的撲克牌被往上推，[5]一旦彎折過頭，便突然將受到壓抑的張力釋放出來，迫使北美板塊反彈，造成日本列島的多處瞬間東移達十三英尺。

突然的斷裂發生在海床底下約二十英里處，由於屬相對淺層，大部分的能量都釋放到地表。在日本大部分的地方，地震猶如時間停止般持續達六分鐘之久，許多人事後回想，儘管他們祈求地震停止，但地殼的移動似乎有增無減。東京許多建在橡膠化或充液地基上的現代摩天大樓，像風中的竹子般朝著彼此搖晃，晃動之劇烈，令驚恐的上班族感覺彷彿乘坐一艘船在洶湧大海般地難受，更接近震央的陸前高田則震動得更劇烈，當時在現場的人形容伴隨地震的地鳴就像打雷。[6]當猛烈的顫動終於停止，大部分的人心中只想著一件事，那就是「海嘯」。

佐佐木手裡還抓著報導清水葬禮的報紙，他費勁地往首都飯店的頂樓爬，首都飯店比第二高的建築物還高三層樓。包括旅館在內的陸前高田各處停電，他跟三十幾名旅館員工只好在黑漆漆的樓梯間摸索著上樓，外頭的海水看似平靜，然而海嘯警報的笛聲已然響起。幾分鐘後，旅館經理宣布，有一輛巴士正在樓下等著疏散工作人員，下午三點左右，旅館員工檢查過沒有人留在大樓內，巴士於是出發。旅館正前方的路上塞滿逃命的車輛，內陸幾條街外的平交道閘門降下，導致車輛回堵，於是巴士改走遠路，行駛幾分鐘繞過海岸線再前往內陸，朝向環繞海灣的山丘一路開上去。下午三點零八分，包括佐佐木在內的首都飯店全體職員來到了安全的地方。

遠方海上地殼向上隆起處，洶湧的海水啟程展開殲滅之旅，幾小時後海浪來到南極以南，約八千英里的蘇茲貝格冰灣（Sulzberger Ice Shelf），力量大到能夠擊破如曼哈頓島這麼大的冰塊。[7]早在這之前，澎湃的巨浪沿著兩百五十多英里長的日本東北海岸線造成嚴重破壞，一開始是以相當於噴射機的五百英里時速前進，愈接近岸邊速度也跟著慢了下來，先是變成子彈列車的速度，然後變成車速。下午三點二十分一過，在第一次震動後半個鐘頭多一點，海嘯侵襲了陸前高田所在的海灣。

我們對海嘯的印象來自北齋的壯麗版畫，在他的筆下，海嘯是拱型的巨浪，將手指般的水鋪蓋在地面。真正的海嘯比較平淡無奇但更嚇人，海上的浪高並無出奇之處，但海嘯卻可能有數百英里長，過往船隻往往沒有留意海嘯的行進，但它就像力大無窮的隆起物，愈逼近陸地而逐漸堆高，海嘯也不光是一個浪，它靠的不是一開始的衝擊力，往往是退回海面後，再以更大力度衝向海岸線，大部分的災害就這麼發生。大浪在短短幾分鐘內就突破陸前高田的防波堤，當初負責規劃防波堤的人，以為二十英尺的高度難以被攻破，當海水外溢到水泥板上，以無比的力道撞翻部分堤防後，城鎮也無所遁形。海水淹過陸前高田的各個點上，在中央河床掀起巨浪後淹沒谷底平原，直到再也分不清陸地與海。唯一要做的，就是逃。

地平面上的人們最初看到的是可怕的塵土，那是從海嘯所到之處毀壞的大樓冒出來的，怪異的白粉漂浮在浪頭，彷彿是恐怖的死亡詛咒。伴隨白色粉末的，是大樓倒塌的嘎吱聲響與扭曲變形，有些大樓被連根撕裂後向外拋擲，凡被瓦礫擊中之處無一不被粉碎，還有思考餘地以及有辦法逃命的人，趁著無情海水淹沒谷地之際，趕緊朝山丘的方向開車或奔跑，許多罹難者是不良於行的老年人，有許多年紀較輕的陸前高田市民，則是為了協助年長親戚和鄰居逃跑而失去生命。有些人因為遠離海岸線，認為沒有必要撤退，最後也以距離安全咫尺之差喪命，「本來輕鬆就可以跑到地勢較高的地方，他們偏偏要待在家裡。」佐佐木說。目擊者表示，海嘯只花了幾分鐘就掃遍約三英里路程的山谷。「整個城市在短短四分鐘內消失，」佐佐木回想時仍驚魂未定：「當你親眼看到海嘯時，基本上就已經來不及了。」

陸前高田一位中學女生拍的照片，記錄了災難的前幾分鐘。一開始的幾張，是暴漲的河水氾濫城鎮，照片中的河流水位升高，但是看起來不像會造成大範圍災害。接下來的幾張，水勢愈來愈凶猛，眼見就要將小橋沖走，就在第一波海浪尚未後退前，另一波海浪又從海嘯築成的牆濺出來，使水量變得更大，根據事後估算，一路加緊速度侵襲山谷的海浪高達四十英尺，這時相片顯示的是被連根拔起、但瓦屋頂還完好無缺的木造房，殘骸在山谷漂流的樣子，就像在熔岩構成的河流中。整間摩斯漢堡像拔了錨的船，從山谷的一端漂到另一端，當它朝醫院掃去時，紅色屋頂和大大的 M 還清晰可見，然而在到達醫院前，摩斯漢堡被一分為二。現在，海水看似滾滾的泥，另一組相片是由一位義消好不容易爬到天線頂端拍攝的，這些相片顯示在狂風暴雨下海潮高漲的樣子，陸地的唯一線索，就是這個鎮的報時鐘，在滾滾浪濤中載浮載沉的突兀景象。

海水前後劇烈地翻騰進出海灣，拖著斷瓦殘礫前進，一路上將船隻、房屋、汽車、工廠、釘子、玻璃拋擲在所有東西上，無論是木材或水泥，骨頭或牙齒，都無法從這些浸在水裡的飛彈倖免，整根樹幹和鋒利的鋼條撞進 MAIYA 購物中心的三樓窗戶，公立醫院的恐怖景象歷歷在目，水灌進臥床年長病人所在的四樓病房，他們漂浮在床墊上，床墊則漂浮在愈來愈洶湧的水上。有些人被拖往屋頂的安全處所，有些則在床上活活被淹死，至於渾身濕透的生還者，則是被職員用黑色垃圾袋包裹，以抵禦幾近零度的氣溫。大部分的人當天晚上都在屋頂，在一片漆黑中，海水就在他們的四周流動。[8]

類似的死裡求生也在整個城鎮上演，市政廳的公務員爬到四樓屋頂，從那裡用望遠鏡仔細觀看海洋，才看到第一波海浪從防波堤濺出去，短短幾分鐘他們就身處海水中，整個屋頂被海水淹沒，能逃的人就拖著身軀和其他人來到屋頂上一處高地，剛好就在水位之下。之後成為全國知名人物的陸前高田市長戶羽太，凝視著兩個孩子就讀的小學，「我知道我的孩子正在學校，我也知道老師們正在照顧他們。」他說。[9]他比較擔心的，反倒是他的妻子，地震發生時她很可能在家裡，戶羽從頂樓制高點看到自家被水淹沒，電話線全部不通而無法確認她的安危，直到第二天大水退去為止。戶羽在政府官員的職責與父親丈夫的職責間拉扯，「我也是人，」後來他表示：「擔心就是擔心。」結果孩子活了下來，老師叫十二歲的兒子趕緊逃跑，之後他向記者表示：「就好像哥吉拉，看得到海浪朝你撲過來，摧毀房屋。速度相當慢，但力量非常大。」[10]市長夫人就沒那麼幸運，在那可怕的一天，她與其他一千九百多人被大水沖走。

高田中學的游泳隊失蹤。地震發生前，十幾位隊員步行半英里，到該市新建的B&G室內游泳池練習。游泳中心有一面牌子寫著：「如果你的心向著水，它就是平安健康與長壽的良藥。」整個游泳隊與年輕的女教練，從此再也沒有出現。[11]

七十多人來到體育館避難，這裡也是官方的撤退中心之一，曾經編製海嘯危險地圖的專家們，研判這棟樓即使是最巨大的浪也打不到，當人們聽見第一波海嘯突破堤防，便紛紛衝上體育館二樓的座位區，多年來陸前高田的觀眾們就是在這裡，觀賞無數多場籃球賽和太鼓競技。水沖進大樓後無處可去，於是就像洗衣機似地在半球形的內部翻滾，佐佐木稍後用日本話的「咕嚕咕嚕咕嚕」來形容聲響。飽受驚嚇的人們試圖爬進沿著體育館屋頂拱起的金屬大梁，幾個人總算撐過來，但那天夜裡總共有六十七人罹難。二樓座位上方高掛的鐘停在下午三點半，記錄水接近滅頂的時刻。浪潮的力量一度大到沖破健身房的後牆之後外溢，繼續它的毀滅之旅，當地人把它在殘破建築物留下的大洞，稱為「惡魔之口」。[12]

恐怖的場景一幕幕上演，佐佐木從山丘上的制高點觀察洪水。他對五十七歲的妻子美和子的命運也焦急不已，由於行動通訊中斷而無法以手機聯絡，他驚恐地看著大水淹過防波堤，大樓被浪濤沖毀而產生的鬼魅煙霧，將粉碎的殘骸帶到空氣中，就在此時，他目睹了想都沒想過的一幕——當巨浪將高聳的樹幹如火柴棒般沖倒，七萬株松樹逐漸消失在他眼前，那景象宛如莎士比亞的《馬克白》(*Macbeth*) 中，會往當西林(Dunsinane) 前進的樹林般不可能發生。*「我傻在那兒，不曉得究竟怎麼了。」佐佐木回想。[13]

地震開始搖晃時，他的妻子一定正在四處外送蕎麥麵，海嘯警報聲響起時，她可能曾經試圖開車回到距海岸線約一．五英里的家，結果沒辦到。第一批進入陸前高田的救災人員當中，有一位救火隊員回想：「位在高地的人嚇哭了，他們張著的嘴闔不起來。我們在沿著河的地方沒有發現生還者，一個都沒有。」[14]

＊編註：故事中女巫曾預言，除非勃南的樹林移動，否則沒有人可以打敗馬克白。未料後來馬爾康王子令軍隊砍下樹枝，魚目混珠偽裝成移動的樹林往當西林前進，坐實了女巫的預言。

幾分鐘過去，陸前高田市幾乎全毀，幾近一成的人口罹難或失蹤，五分之四的樓房成為廢墟，就連首都飯店在內，少數堅固的水泥建築，也因為攜帶瓦礫的大水湧進內部而被毀，佐佐木不可置信地目睹數百年來象徵陸前高田的七萬株松樹，被洶湧的洪水吞噬而瞬間化為烏有，就連這些松樹過去所在的海灘，也因為大浪翻攪而部分被沖刷，陸前高田市的地形變了，海岸線支離破碎，部分沿岸土地下沉近三英尺，[15] 所有的一切都變了，除了一件事。幾乎是奇蹟地，一株高一百英尺的挺拔松樹，在四周一片殘破的樹幹包圍下，竟然理直氣壯地指向天際。陸前高田的人民，那些生還者，將它稱為「一株松」。

＊

第二章

轉危為安

空蕩蕩的飛機穿越刺眼的藍天，朝著東京羽田機場下降時，我探頭看地面的景象。在我心目中的日本，不再是個根植在地殼上的堅實島嶼，而是極度不穩定的地方，是噴發著橘色的火焰與原爆、漂浮在沸騰大海中的一層薄薄土地。但是從這高度看來，跑道似乎再正常不過，土地也非常安定，那是個清朗的午後，東京以北約一百五十英里，就是福島受損的核電廠，自車諾比事件後最嚴重的核災在那裡發生，從那裡再往北約一百英里就是陸前高田市。東京完全躲過海嘯，然而大都會區的三千六百多萬人，依舊被巨大的餘震撼動，餘震的震度超過六級，足以在建築較為不良的都市造成嚴重災害。當天是三月十五日。

地震發生時，我在北京工作，當天遇到的幾個人，言之鑿鑿地說他們身在一千三百

＊ 譯註：日文「一本の松」。

英里外也感到地殼震動，但是當我接到一位同事來電，說日本的東北海岸好像發生地震時，我的第一個反應是「沒什麼大不了的」。儘管已經不住在日本，但我在那裡的期間早就習慣了地震，許多地震來了又去，沒有釀成什麼後果，然而當我的電話再度震動，對方說巨大的海嘯正撲向日本海岸時，我才趕緊衝回下榻的北京旅館去一探究竟。

我在旅館的電視上，看到了不可置信的影片紀錄，這些畫面如今變得如此熟悉。很少有這種規模的天然災害活生生在電視上播送，當我第一眼看見混濁如湯的大水中摻雜如玩具車與火柴棒的東西時，我完全不了解自己在看什麼。稍後的畫面，是大水灌入擱淺在海灘上的起火房屋而將火熄滅，整艘船撞進建築物裡，或是被海上的漩渦困住，機場跑道全部被大水覆蓋。有一個電台播放岩手縣南三陸町在地震前後的空照圖，第一個畫面還看得到南三陸町，第二個畫面就不見了。但是最恐怖的，莫過於福島第一核電廠，爆炸先將水泥牆的碎片炸向空中，後續的爆炸則伴隨火球和濃密的煙霧。

不過，令我震撼最久的兩個影像，反倒沒那麼具衝擊性。其中之一，是地震開始的那一刻，超市的店員沒有趕緊找掩蔽，而是去查看劇烈扭動搖擺的貨架，幾乎全體一致用手、手臂甚至身體，防止醬油、柳橙汁、一包包麵條和味噌湯掉到地上，他們的努力多半是徒勞的，但是日本人對工作的投入，即使在極端危險的時刻依舊不減。第二段影片，是電視台的工作人員發現一位小姐在田間漫無目的的走著，她原本是在外頭騎馬，但是馬已經不見蹤跡。她所在的地方荒蕪難以辨識，只剩幾株被折斷的樹。這位女性依舊穿著馬褲和合身的騎馬衫，眼神空洞地凝視周遭。「原本在這裡的都不見了。」她彷彿在自言自語。

接下來幾天，隨著情況漸趨明朗，人們也逐漸了解到地震究竟多嚴重。這場地震的威力之強，導致地球被輕微震離軸線而改變運轉，白天的長度也縮短了一．八微秒*，官方公布的死亡人數依舊是數百人，但上萬人失蹤，被疏散的可能有五十萬人，福島核電廠顯然已經失控，負責營運的東京電力公司否認核電廠的反應爐發生爐心熔毀，但是該公司決定將海水灌進反應爐，似乎是為了控制情況而做的垂死掙扎。政府表示核電廠的輻射外洩為正常水準的一千倍，下令電廠周遭兩英里內的居民疏散，不久範圍擴大到六英里，接著十二英里，並警告疏散區外的人待在屋內。

在我飛去東京前，一直試著打電話給日本朋友，有些人到日本其他地方躲避恐怖的餘震和輻射擴散的擔憂，沒有走的顯然是驚恐萬分，電話彼端的聲音透露出緊張甚至害怕，一位交易所的員工告訴我，東電的人正在盡最大努力，「我聽到法國人叫大家疏散，我認為你不該來。」他說。我又聯絡一位身兼冒險家與攝影師的朋友瀨上俊樹（音譯），問他是否願意跟我北上到災區，他用電郵回覆我願意去，但是他問：我可不可以帶一台蓋格計數器（Geiger counter）*去？

＊譯註：相當於一秒的百萬分之一。

＊譯註：用來測量輻射能的工具。

東京徹底變了。但它也可以說沒變。在羽田機場時髦的新建國際航廈，電扶梯和電動走道不通電以節省電力，但卻以廣播系統常聽到的高亢假音，提醒旅客抓緊移動的扶把。計程車司機戴著熟悉的白手套，在我朝車子走近時鞠躬，後座依舊是鋪著平常看到的布套，我一就坐，車門就自動關上，車子安靜地駛離機場，司機解釋剛才又發生一次巨大的餘震，車子行經完美如畫的東京，街道冷冷清清。在這乾冷的春日，天空是可愛的粉藍色。

我過去工作的辦公室，位在內幸町的一棟黑色玻璃摩天大樓，皇居的護城河和具歷史意義的石牆就在不遠處，大樓的大廳漆黑冷清，星巴克沒有營業。以往大廳內便利商店的貨架上總是排滿仙貝、便當、乾魷魚絲、奶油麵包和一排排綠茶，如今卻空空如也。洗手間的烘手機沒通電，上頭貼了一張告示寫著「節電」，廁所座位還是溫熱的（不可少的小奢侈），但是到了第二個禮拜，當核災後能源短缺的嚴重性變得明朗，連這個多數日本人的基本配備都被犧牲。這就是節電的日本，低瓦數的日本。

我在二十一樓的金融時報分社，看到盡忠職守的辦公室經理松谷美津子（音譯）和服務多年的祕書壽時信子（音譯），兩人顯然受到驚嚇。她們敘述地震當天，摩天大樓猛衝向彼此，人從一邊被晃到另一邊，她們從二十一樓往下爬，聚集在對面的日比谷公園，發生巨大餘震時，她們以為這下子大樓肯定會倒塌，現在離地震發生已經過了幾天，上下班困難重重，原本通常分秒不差的電車動不動就誤點，況且地震時鑽進地下也挺恐怖的，謠言說將會實施輪流停電，如此一來將為運輸系統帶來更大的混亂，當局警告，幾天內可能會有另一個大地震，或許這就是東京長久以來防備的「大事」。我走出辦公室，去和七十二歲的舊識、曾任財務大臣的與謝野馨會面時，松谷遞給我一頂工程頭盔。我不曉得她是不是在開玩笑。

舊的財務省大樓是一棟實用主義風格的磚造建築物，那裡同樣瀰漫著肅穆的氣氛。兩位接待員縮著身子坐著，膝蓋上蓋了一條毯子取暖，暖氣連同大部分的照明都被關掉，平常身穿剪裁合宜西裝的與謝野，這回穿著藍色工作夾克和長橡膠靴走過來，現在這是內閣的正式制服，一切裝束比照戰時。首相菅直人警告，這是日本自二次大戰以來最大的危機，「我們日本人能不能克服這次危機，就看每個人了。」

與謝野緩緩脫去橡膠靴伸展雙腳，他的辦公室寬敞而簡樸，當我問他，這次的災難會不會為日本帶來刺激，他靜靜注視我，桀驁不馴地輕輕握起拳頭。大臣回答了災害的程度及其對經濟可能造成的衝擊，由於財務省辦公室被認為是特別禁不起地震的建築物，在我們的一小時會面中，每當發生震動，幕僚就焦慮地看著裂開的天花板和晃動的家具，至於近來從喉癌康復的與謝野，則是利用交談的空檔又燃起一支香菸。

當時我不知道，幾乎在同一時間，七十七歲的明仁天皇在電視上對全國人民講話，這也是他在位二十二年間，頭一遭做類似的談話，他的父親裕仁天皇曾經在一九四五年八月十五日，以深不可測的皇室語彙發表過知名宣言，被子民奉為神而從未開過金口的裕仁天皇，用陌生的聲音宣布日本無條件投降，只是他從沒使用那個字眼。他用迂迴的古式日文說「戰局並未好轉」*，人民應該準備好「堪所難堪，忍所難忍」。這篇文章是被兩顆原子彈逼出來的，兩次原爆導致日本投降，而後無可避免地遭到占領。六十多年後，他的兒子同時面臨天災與同樣嚴峻的核子問題，明仁天皇身穿黑色西裝，繫黑色領帶，坐在和式木門前談話六分鐘，無獨有偶，這也是地震持續的時間。「死亡人數逐日攀升，罹難人數尚未可知，」他說：「我為廣大人民的平安祈福，在水電短缺的情況下，人民在酷寒中被迫疏散。」說到愈滾愈大的核能浩劫，他表示深切的憂慮。「我由衷希望，我們能夠使情況不再惡化。」他說。[1]

實情比天皇透露的更加險惡。那天早上，當我乘坐的飛機還在上空時，福島電廠發生氫爆，也是多日以來的第三次爆炸，過去的社運人士菅首相，來到位在東京核心區域的東京電力公司總部，事後原能危機的調查結論指出，菅直人聽到東電暗示可能全面放棄電廠後暴跳如雷，[2]衝著前社長清水正孝罵道：「究竟是搞什麼鬼？」情勢危急到菅直人開始和內閣討論起最壞狀況，如果放棄福島第一核電廠，可能導致電廠失控而不得不疏散附近的電廠，同時冒著進一步爐心熔毀的風險。長相老實的內閣官房長官枝野幸男這陣子因為常上電視而成為風雲人物，他私下警告同僚「惡魔般的連鎖反應」可能迫使首都疏散。「我們可能失去福島第二，接著失去東海*，」他指的是另外兩座電廠：「到時候失去東京本身也不足為奇。」[3]

東京當然存在深刻的恐懼感，只是當時沒有人知道，內閣內部正在進行恐慌性的商議。後來有傳言說，一些親近政府的人士私下被告知離開這城市，夜裡的東京比白天更讓人感到陌生，我的同事寫道，東京彷彿「在最低的光度下運作」[4]，東京平時堪稱全世界所有都市中燈火最亮的地方，銀座的時尚大街和澀谷、池袋、新宿與淺草等地，車水馬龍的街道上閃耀著霓虹燈，路上擠滿黃、綠、紅色的計程車，人行道上盡是步履蹣跚的男女上班族，和身穿晚禮服、花枝招展的酒店小姐，而如今卻變得荒無人煙。壽司吧、炸豬排店以及高檔低檔餐廳，小吃店、麵店、居酒屋、俱樂部、爵士酒吧、卡拉OK，以及這個夜生活城市中最令人目眩神迷的酒店，全都八、九點不到便拉上鐵門打烊。這是個平常到清晨兩三點都還歌舞昇平的城市，但是在節電的東京，地震發生後幾天，人們匆忙趕在電力中斷或電車停駛前回家，我在燈光昏暗的車廂中，望見一位男士頭戴附有電筒的礦工帽在閱讀報紙，連東京鐵塔這個相當於艾菲爾鐵塔的象徵都熄了燈，據說塔頂的天線被地震折斷。

那天晚上，我打電話給老友緒方四十郎，他是個頗有魅力的男人，操著完美的英文，有一顆自由不受拘束的心。雖然他曾任日本銀行理事，負責國際關係，可說是個動見觀瞻的人物，但卻沒有日本要人有時所表現的高高在上。電話上的緒方仍是一派開心，他

＊ 譯註：《停戰詔書》原文「戦局必ずしも好転せず」。
＊ 譯註：東海發電所。

說他很好，地震以來幾乎沒離開過家，只有冒險到附近商店買幾樣必需品，他對同胞的堅忍印象深刻，許多人不畏混亂的電車系統和二度地震，依然排除萬難地準時上班，他說他住的地方幾乎看不見囤積居奇的行為，人們自我約束，只能買一罐牛奶跟一盒豆腐。

緒方對東電官員比較不滿，認為這群人幾乎無法掌控核能危機，而且溝通技巧非常拙劣。「他們非常笨拙，好像不怎麼進入狀況。」他用含蓄的方式表示。但是整體來說，他認為日本會度過最近的危機。「我的願望是，」他說：「我希望這次的事能喚起日本人的精神，就是戰後重建日本時展現的精神。」接著他說了一句我從沒聽過的日本諺語，我放下電話後去查字典，上面的解釋無甚出奇之處：「在不利的情況下做到最好。」我想了想，決定照字面解釋，就是「轉危為安」（災いを転じて福となす）。

我曾來過這裡，但沒有人曾來過這裡。四年前，幾乎是一天不差，我來到東京北方約兩百五十英里、位在日本東北海岸的漁業小鎮大船渡市，東北是這次海嘯襲擊的地方，當時我來這裡調查鯖魚、琥珀魚、藍鰭鮪魚、矛烏賊等幾十種不同的海鮮，是如何從擁擠的魚場運到全國各地的壽司吧吧檯和超市冷凍櫃。我還記得，當時我每天一大早就和其中一位工作人員登船出海，我們在漆黑中離開，在刺骨寒風中捕魚數小時再返回，大夥在狹窄凌亂的船上喝著自家釀的酒，在劃破黑暗行駛到魚場之際，將煮魚大口吞下肚。我吃了一片烤肉，後來才知道那是海豚肉，我們看著偌大的空漁網被撒下，拉上來時裝滿銀白色活跳跳的魚。那是個難忘的經驗，也讓我深度觀察到，這群捕魚給都市同胞吃的男人用鹽分刻劃的生命。如今我又來了。只不過漁船都不見，大船渡市也已經消失。

地震後幾天，前往大船渡並不容易，正確來說，是大船渡市曾經存在的地方。從東京北上的路段幾乎無法通行，北方最大城市仙台的機場被海嘯摧毀，淹沒在泥濘中，前往我要去的三大受災縣——福島、宮城、岩手——的飛機，全都要用來搭載攜帶補給品前往的志工和救難人員。最後，我只好先飛到日本海沿岸距大船渡市約一百英里的秋田，在那裡和攝影師朋友俊樹會合，再開車前往災區。曾經留學美國的俊樹有粗獷的一面，他的個子比一般日本人高，也比那些穿西裝在大公司上班的日本人不修邊幅。他喜歡機車、汽車，也喜歡睡在野地，但是我還是得花點力氣說服他前往災區。我們第二天早上出發。首先我得告訴他，我沒有蓋格計數器。

當天晚上，我在整潔但大小如棺木般的旅館房間看電視，一位女士用緩慢、莊重的單音調，宣讀沒完沒了的失蹤者和生還者名單，播報員在每個姓名後添加「桑」的尊稱，「佐藤良江桑、高橋美智子桑、鈴木美津子桑。」日本人使用的漢字有好幾種讀法，遇到不熟悉的名字不見得都知道怎麼念（例如 Yuko 這個常見的名字也可以發音成 Hiroko）。因此播報員有時只好以各種念法，播報可能死亡或失蹤的人名。「Kawano 或 Kono 桑，」她說：「Kiyonari 或 Kiyoshige 桑。」失蹤的不只是人，就連他們的名字也跟著失蹤了。

我轉台。身著橘衣的東京消防隊員正在敬禮，他們要被派去福島，用小小的水管澆灌那不斷冒煙的核電廠。看著他們義無反顧，朝著還在外洩輻射能的電廠邁進，令我想到神風特攻隊的飛行員，在戰爭最後幾個月，被送去完成注定失敗的任務。另一台的綜藝節目改成募款大會，連哆啦A夢也被找來共襄盛舉，不斷促請觀眾捐錢，經過一個小時左右，我轉回一開始看的電視台，女士仍然用莊重單調的聲音宣讀人名。「小野惠桑，內山友惠桑，內山光男桑。」

次日早上我們出發前往大船渡市，載了一整車災區很欠缺的食物和水，俊樹說我們需要多些裝備，包括攀爬瓦礫堆所需的護靴在內。五金行在自動門上洋洋灑灑列出所有因為恐慌性搶購而賣光的商品，有汽油罐、電池、收音機、手電筒、懷爐、瓦斯罐、手機充電器、水、茶。俊樹說，這說明水、火和通信，是災難時三種不可或缺的東西。

前往大船渡市的路途相當乏善可陳，道路幾乎淨空。我們設法弄到緊急通行證，唯有這樣才能買汽油。過路費停收。一路上看出去都是山，樹木伸向地平線，被雪覆蓋的田園、小村莊、冷杉、灰色的天空。車子偶爾會開過便利商店，大部分燈光昏暗，告示上寫著：「本店有便當。」他們有的多半也就這些了。距離海岸僅僅數英里處，是丸半柏青哥廣場，俊樹看見停滿車輛的停車場搖了搖頭，在如此接近悲劇的地方，裡頭的人卻沉溺在香菸味和叮叮噹噹的機器聲中。幾分鐘後車子轉了個彎，進入曾經是大船渡市的山谷。

除非親眼見過，否則根本不可能想像海嘯留下的災難場景。有位同事形容說，這就像走進廣島原爆後的相片中，我在我的筆記本上寫著，這就好像是把內臟嘔吐出來的人造世界，平常隱藏的管線、電纜、床墊填充物、金屬大梁、內衣褲、發電機、金屬線路等，突然間全都露，就像現代生活中不為人知的事物遭到爆料。在木屋殘骸、扭曲的鋼筋和醬油瓶的碎片當中，我第一個注意到的，是一隻仰躺的鹿，呆滯的眼神空洞地凝視天空，鹿的旁邊是一隻短尾鼬，牠還是一副齜牙咧嘴的樣子，只是已經死亡。此外還有一隻老鷹、一隻貓頭鷹、一隻孔雀，以及又一隻鹿。我花了一些時間才搞清楚，這一定是某人收集的標本，因為鹿跟其他動物的蹄，附著在一片綠色的絨布板上。

這些東西都不該在這裡出現，但應該在這裡出現的房子、街道、商店、工廠，卻大多不見了，連堅固的水泥大樓也都只剩下骨架，就像牆壁被炸開的娃娃屋，屋裡的東西成了破銅爛鐵，像紙片般在風中飛舞。被壓扁的車子卡在樹上，有些以側面的車窗著地，有些以車頂著地，有些甚至呈一柱擎天。有一捲綠網子掛在坍塌的露台上，彷彿金屬巨蟒正在審視地獄般，一台油罐車車頭朝向地下，好像是從天空被拋擲下來的，一堆色情雜誌散落在泥濘中，圖中淋浴的半裸女人胴體若隱若現，死魚被沖刷到離岸頗遠的內陸，海洋的氣味在寒風中揮之不去。

我冷不防在瓦礫堆中看見兩個小小的身影，正小心翼翼沿著扭曲的鐵軌走著，不太確定地朝著已經不在的電車站前進。在這死寂的谷地見到活人，讓人有些吃驚，於是我想到麥卡錫（Cormac McCarthy）的小說《長路》（*The Road*）中，一對父子跋涉穿越核彈爆發後焦黑的大地。當身影逐漸接近時，我看見一位女性拿著一根紅色手杖，頭戴藍色毛帽，脖子圍了圍巾，身穿長袖毛衣和牛仔褲，肩上背了粉紅色的背包，雙頰被酷寒凍得紅通通。同伴比較年輕苗條，她戴眼鏡、臉上罩著白色口罩，也背著背包，兩人龜速前進的同時，還刻意盯著地面看，偶爾用拐杖撥弄瓦礫，或者彎腰檢視。

我趨前詢問兩人在做什麼，感覺好像遇到同在沙漠中的旅人，兩人輕輕鞠了鞠躬，她們的禮貌在這超現實的環境中有點不協調。臉頰紅通通的女士下館博美解釋，她們正在搜尋咖啡店的財物。「我們在找任何屬於我們的東西，隨便什麼都好，哪怕只是椅子。」她說。一個禮拜前地震發生當時，她們在咖啡店裡，下館對著海岸揮手，指著一處看不出差別的瓦礫堆說，當天早上她到市政府報完稅後，帶著幾個包裹回到咖啡店，剛好最後兩位客人吃完午餐離開。「當時我和木村在一起，我想我們應該去弄點吃的。」她說，指著戴口罩的同伴。「然後地震就開始了，這次跟以前不同，持續了好久，以前從沒有過的感覺。」在震動還未停止時，下館甚至跑到外頭去看一對老夫妻，他們是咖啡店的房東。「他們在屋子後頭的鐵軌邊縮成一團，兩個人抓住彼此。」

震動停止，她回去找木村。「我們去停車場。那裡只有我的車子跟木村的車子。那邊有一條小河，平常的水有幾呎深，但那天只有幾英寸，而且裡頭滿滿的都是魚在拍打，我們想，這下子糟了。」水從停車場的柏油碎石間滲出，停車場已經浸水，她們好不容易走到各自的車子停放處將車開走，木村往左開，下館往右開。沒多久，下館就遇到開往山丘的車潮而動彈不得，於是她改道行駛。她想，當初如果沒這麼做，今天恐怕已經不在了。就在她終於來到姊妹在山丘上的住家時，回頭俯瞰山谷，巨大的波浪已經湧上岸。

下館沉默了半晌。同伴木村靖子（音譯）掏出手機，給我看咖啡店的相片，店裡採粉紅色系，牆上掛著相片，這張是幾天前拍的，恍如隔世。下館說，海嘯改變了海岸線，「我生在這、長在這，我的家永遠都在這。這裡很多人都是這樣，」她說：「我們都知道。我們每天看的風景已經變了，水位比以前高，大家都這麼說。海變得更近了。」

她突然一陣尖叫。「你看，那裡有東西！」她狂奔向前，從幾英尺外一堆扭曲變形的木頭中，取出一個銀色物體，她撢去外面的塵土，才知道這是一只金屬平篩，附了一個簡單的金屬把手，用來過濾湯上的浮渣，也可以從熱湯裡撈豆腐，她舉起平篩，開心之餘，也哀悼它喚起的失落世界。「我馬上就知道是我的，這是我每天用的東西。」她用手指摩擦著熟悉的把手和金屬網，這個篩子比她的手掌大不了多少，她再度抬頭凝視周遭的慘況、被破壞的建築物、壓扁的車子、被夷平的屋子，然後看著這只篩子，這個在一片荒蕪中，熟悉的小小物體。「有一點可悲，不是嗎？」

木村打破寧靜，「很多老人死在這裡，他們沒有逃。」她說。大船渡市有一些老人，一生中曾目睹三次巨大的海嘯，他們記得最大的一次，是在一九六〇年智利地震後發生的，那是歷史紀錄上最嚴重的地震，雖然在半個地球外，卻引發巨大海嘯朝日本海岸撲來。「當時海嘯只到這裡，」木村指著離我們不遠的地方：「老人以為水不會到這麼遠，所以都沒動。」她說這種事經常發生，那些以為自己了解歷史教訓的人，反而被自滿愚弄。她又說，即使如此，以實際破壞的程度看來，死亡和失蹤的人數從沒像這樣。「下一個山谷的情況更糟。」下館指著南邊的山丘說，當時我不知道，原來她說的就是陸前高田。

從大船渡市沿著海岸往南八英里，就是種了七萬株松樹的城鎮，位在山的另一邊。我們到的時候夜幕已經低垂，我們停妥車子，浸潤在周遭的靜止中，你感受得到破壞，但卻看不到，車子緩慢行駛在散落著破瓦殘礫的街道上，藉著頭燈，瞥見瓦礫堆、汽車的殘骸或翻覆的拖網漁船那褐紫色的船身，黑暗中我們辨識不出任何建築物，事實上根本沒有房屋，只有少數劫後餘生的水泥建築物，其中之一就是首都飯店。

二〇一一年八月，我再度和俊樹北上，這次我們從東京開車兩百五十英里。地震過後將近半年，首都回復到某種常態，餘震的次數從三月十一日後幾週內的每天數次而變少，這個都市正逐漸、卻不太確定地重新找回節奏，過去學生和上班族大口吞下生魚片、烤魚和雞肉串燒，暢飲生啤酒和清酒的喧鬧居酒屋，如今又高朋滿座，電車和巴士恢復分秒不差，但大樓依舊又暗又冷（空調設定在低溫，或根本沒開），許多電扶梯不運轉，用黃色膠帶隔離，彷如犯罪現場，一位大公司的員工告訴我，他帶了一個火炬上班，這樣才可以在超現代辦公室的昏暗走道上認出他的同事（因為沒必要向送郵件的小男生九十度鞠躬）。幾個月前，一年一度的賞櫻聚會比往年冷清，右翼的東京都知事石原慎太郎曾經公開表示，海嘯一定是日本的個人主義所遭到的天譴，他說，當北方同胞正在受苦之際，坐在公園裡暢飲清酒作樂，是不恰當的。

在東北，三月的霜雪讓給了蒼蠅蚊子，如果說陸前高田有值得一提的地方，就是短短五個月內清理作業已經有顯著進展，雖然還是滿目瘡痍，但可說是井然有序的瘡痍，瓦礫大多清運，不然就是整齊堆成一座座小山，彎曲、變形以及壓壞到幾乎無法辨識的汽車，則被小心地疊放，彷彿是待價而沽的商品。木材被堆在一邊，家家戶戶的擺飾品則被擺在另一邊。地方管理機構正苦思下一步，日本根本沒有足夠空間來埋放數百萬噸的瓦礫，光是鄰近的宮城縣，救難人員就堆了一千六百萬噸，相當於十九年份的垃圾量，陸前高田的城市交通網已經清理完畢，再也見不到殘破的瓦礫，不知情的人恐怕會以為這是個道路規劃完善的全新城市。首都飯店的輪廓矗立在平坦的地貌上，就像廣島原子彈蕈狀雲的後現代版本，這棟只剩骨架的建築物，依舊孤寂坐落在震源附近。

我在旅館的軀殼外遇到佐佐木，這間旅館曾經是他工作的地方。我是從數萬名志工當中的某一位，問到了佐佐木的電話號碼，這群志工北上來到陸前高田等沿海災區，幫忙堆放瓦礫和挖掘淤泥。佐佐木帶我到旅館殘破的內部轉一轉，他事先把參觀路線仔細想過，彷彿不動產仲介為了推銷房子而帶我參觀新大樓似地。除了一樓牆壁多處被震裂外，旅館的外部大致完好，主要入口處有個紅色和粉紅相間的時髦標誌，但是旅館本身相當淒涼，裡面有股海的氣味，到處都是碎玻璃，電線和金屬條從天花板垂下來，有成堆折斷的木頭，還有一些松樹的樹幹穿破面海的觀景窗。我們拾級而上，厚厚的地毯覆蓋了泥濘，松果散落一地，壞掉的椅子到處可見，我們循著佐佐木的逃難路線上樓，四樓的泥濘和瓦礫比較少，五樓基本上沒事。等我們來到天台，佐佐木已經汗流浹背，我們眺望海灣和平靜無波的海，他指向海灘和七萬株松樹的所在位置，以及那一株松樹。

「它已經成為我們的希望象徵。」他說。

跟陸前高田這七萬株松樹有關的，還有一個比較不溫馨的故事，是在前往參觀佐佐木的臨時屋時他告訴我的，這故事也說明日本人在身處危難時，缺乏互助合作的精神。他的臨時屋是一座蓋得不錯的木造建築，位在離城鎮稍遠的山丘上，他把西瓜和可爾必思擺在小桌上，角落的小神壇上擺著妻子的相片，相片前供了香和蘋果。「這是我的皇宮，請坐。」他面帶微笑，將椅墊鋪在地上。

三月，就在海嘯的潮水退去後，許多遺體被發現，於是生還者想為亡者留下死去的紀錄，但有些人依舊身分不明，「有些一家子全都走了，」他凝視著地板：「沒有人還活著指認這些遺體，這種情形很多。」他們的骨灰被擺放在木盒子裡，用白色棉布包裹存放在普門寺，這座寺院跟其他佛寺一樣，因為地勢較高而沒有遭到海嘯侵襲，一些遺體身分不明，至少用肉眼看不出來。六月，一具屍體從海裡被沖上岸，「他可能被卡在瓦礫當中，遺體被餘震移動了。」佐佐木說。經過實驗室技師進行DNA鑑定，才判定這是他一位同學的遺體。

陸前高田的生還者想，用倒下的松樹來紀念死者，應該是再好不過的方法了。鎮上的人們把部分樹幹切成三百四十個木塊，每個木塊刻上為死者的祝禱和紀念文，然後將木塊送到南邊四百二十五英里的京都，想在八月的大文字山祭典上燒掉。在那個場面中，京都周遭的山丘上燃起熊熊烈火，這些火形成三個筆畫的中文字「大」。「五山送火」祭典的目的，是送走死者的靈，根據佛教的傳統，死者會在八月中旬最悶熱的幾個禮拜，去拜訪他們的親人。

結果引來反彈。京都居民抗議木塊可能帶有輻射能，因為陸前高田距離福島受災的核電廠僅一百英里，燃燒這些木塊可能有危險，於是官方拒絕接受。京都可說是個封閉冷漠的城市，日本是這麼看待這個城市，一如全世界這麼看待日本，京都人講自己的方言，許多京都人認為，自己的文化才是日本最正統的，對於幾世紀以來貧窮且被邊緣化的東北，根本看不上眼。「從京都人的眼睛看來，我們東北人就像鬼，」佐佐木說：「可怕的在於，他們認為輻射會散播到京都。」他繼續說：「京都應該是日本的精神中心，我們花心血在松樹上寫字，到頭來，他們卻只顧著自己。」

日本原爆的生還者——被爆者——經常被鄰居歧視，擔心輻射會傳染。海嘯後，發生過幾名救難人員拒絕疏散福島電廠附近人民的個案，甚至有疏散中心要求先對人民進行輻射掃描後才准進入，至於三百四十個木塊，則是被退回陸前高田，而後在四方形的營火中焚化。

這還不是故事的結局。由於後悔加上遭到大眾撻伐，京都宣布改變心意，願意燒掉五百塊陸前高田的松木，於是一批新的木塊準備好要運送過去。但是，當這些木塊經過測試，發現有微量的「銫」這種半衰期三十年的放射物質時，京都方面又認為這些木塊太危險而不得焚燒。妻子在海嘯中罹難的陸前高田市長戶羽太，甚至為了造成京都人民的焦慮而道歉，儘管是個有尊嚴的舉動，但其實應該接受道歉的，是陸前高田的人民才對。

《每日新聞》的專欄作家布施廣對這件憾事表示難過。「有些人批評京都市政府和負責祭典的人『心胸狹隘』，有些人則認同他們的決定，說是『不受情緒左右的冷靜判斷』。」他寫道。他個人想知道，為什麼人民會恐懼這麼微不足道的輻射。「我向八月十六日京都的大文字火懇求，希望明年來自地震海嘯災區的木頭，能在五山送火祭典中燒掉。」[5]

正當佐佐木講述著松木遭到拒絕的來龍去脈時，我注意到俊樹悄悄離開座位。我抬頭看，發現他正在點香。他跪在地上磕頭，對著佐佐木妻子的相片，靜靜地祭拜。

第二部

上了雙重門閂的土地

第三章

島國

日本是島國，這個事實的重要性，對許多日本人來說無可比擬，哪怕是到了誇張的程度。日文的島是「島（しま）」，漢字寫來有如一隻立於山頂的倦鳥，在浩瀚大海中發現了棲息地。日文的國家是「国（くに）」，兩個字湊在一起，就成為「しまぐに」，也就是島國，鏗鏘有力的音節，就像一些佚失的敘事詩標題。即使在日常語言中，島國這兩字偶爾會像咒語般被喚起，好像只要說出來就能解釋一切似地。有外國人在場時，島國可以充當日本這個主題的結論。這就是我們對一個習俗不為外人所知的列島所要知道的一切，也是永遠無法了解的一切。

很少人會否認，日本的島嶼身分對其歷史文化產生具體影響，只是日本人往往過度在意這一點。日本在外人的眼中，或許是個略帶神祕甚至不可知的地方，它在十九世紀後半被美國軍艦叩關成功前，有相當長的時間抗拒西方甚至亞洲的影響，日本與中國在歷史上有一段時間禁止建造遠洋船隻，日本的目的多半是防止人民被基督教或反叛幕府將軍的外國思想毒害。因此，直到像貝殼般被撬開之前的兩百五十年間，日本政府禁止大多數人民進出日本，違者處死。在十七世紀初開始實施的鎖國制度下，人民只能與韓國、中國和荷蘭的商人進行最小的接觸，荷蘭船艦只能停靠在「出島」這個人工小島，出島是位在日本西南邊長崎外海的扇形島嶼，既是入口港，也是監獄。

即使在鎖國前，分隔日本列島與亞洲大陸的海洋，仍淡化了中國對日本在文化上的影響力，日本最接近亞洲大陸的地方，約位在今日福岡市所在的九州，與朝鮮半島相距約一百二十英里，相較英國與歐陸相隔僅二十一英里寬的海峽，前者為後者的六倍。即使日本文化大量汲取自中國古文明，但中國與日本相距約五百英里，在過去數百年來一直遙不可及。

美國的思想家戴蒙（Jared Diamond）曾經針對地理位置對國家發展的影響，作過廣泛且具爭議性的論述。他認為，日本距離最近的大陸有一百英里遠，與其文化有非常明顯的關聯。[1]撇開許多英國人的看法不談，構成大英帝國的各個島嶼，數百年來一直與歐洲大陸緊密整合，過去一千年間，英國軍隊從未在歐洲大陸缺席過，英國本身曾經遭到凱爾特人、羅馬人、薩克遜人、維京人和諾曼第民族入侵，相對而言，日本軍隊只進軍過亞洲大陸兩次，一次在一五九〇年代國家剛統一時侵略朝鮮半島，另一次是十九世紀末、二十世紀初，強占朝鮮並攻擊中國。相反地，除了兩千三百年前朝鮮人大量湧入之外，日本躲過了其他國家經歷過的軍事征服，[2] 蒙古人於一二七四與一二八一年兩度入侵未果，第二次忽必烈的船隻還遇颱風沉船，後來日本就以這「上天賜予的風」，將自殺飛行員命名為「神風」特攻隊。

日本就連在二次大戰戰敗後，依舊逃過全面被殖民的命運，麥克阿瑟率領的美國人只在日本待了七年，透過當地的官僚近距離主持國政，但時間太短而沒有為日本留下英語流利的傳統，即使今日，日本的英文測驗成績還是比不上幾乎所有亞洲國家。達賴喇嘛訪日時，有時被問到什麼對國家最有幫助，這位西藏的精神領袖總是不會讓聽眾失望，他不說哲理或宗教，而是針對日本加強與世界的接軌，提出更加務實的建言。「學英文。」他說。[3]

日本地處歐亞大陸的極東方，使它成為化外之地，在大陸形成的思想觀念比較晚才傳到這裡，而且形成自己的樣貌，就像在靜止池水中的藻類。新觀念經常從中國經由朝鮮半島而來，包括書寫的語言、儒家思想、佛教、建築、冶金術以及詩歌等，這些觀念一旦進入日本，就融入日本保存在地文化的傳統，而開始產生微妙的轉變，人們在疆界之間不斷往來，並未對思想觀念造成影響，而是採取了一條自己的路徑。在宗教方面，佛教融合了泛靈論、慎終追遠以及神道信仰，今日供奉狐狸的神壇和供佛的寺廟並排，日本人承認自己有宗教融合的概念，常說他們生下來屬神道教，以基督教儀式結婚，最後用佛教儀式下葬，經調查，大多數日本人自稱為無神論者。在語言方面，日本也吸收數千年前中國大陸發展的中文字，商朝（西元前一六〇〇—一〇二九）晚期，中國人在龜殼上刻字，作為皇帝占卜祭典的一部分，數百年後，沒有本土書寫系統的日本採用同一套文字，成為純屬自己特有的語言。但因為不完全適用的緣故，日本人於是又創造了名叫假名的兩種拼音字母，今日書寫的日文字，就是將漢字以及兩種本地發展的書寫體混合而成。

文化的挪用以及巧妙顛覆外來影響力，並非日本所獨有，但是日本與外界在心理上和實質上的距離，使這現象更加明顯。日本人改造外來的事物，在義大利麵裡加入紫菜絲或海膽，將西裝稱為「sebiro」，但大部分的人卻不知道，這個字其實是從倫敦一條以男裝裁縫店聞名的街道「Savile Row」變音而來。[4]近代的日本吸收西方科技後加以修改，經過工程師的巧手，電車成了子彈列車，且早在蘋果 iPhone 之前，就將行動電話蛻變成威力強大的電腦（和電子錢包），就連簡陋的西式馬桶都因應日本人對清潔的狂熱，而成為具備噴水、按摩管嘴和熱風吹乾機的高科技商品，然而現代的東西並沒有完全取代舊有的事物，在許多公共廁所，這些神奇的馬桶座會與安裝在墊高地面、舊的蹲式馬桶並存。

環繞日本的海洋不僅吸收外國影響的震撼力，海洋本身也已經成為日本文化的一部分，日本人與海洋的關係之密切，或許是任何大國的國民所不及。日本列島的任何地方，與海洋的距離全都不超過八十英里，儘管牛奶和肉類在相對近期逐漸占有一席之地，海洋仍舊是日本人蛋白質的主要來源，部分距今一萬年以上的古繩文時代墳塚，曾出現過不同品種的魚骨，可見日本人從很早以前就是非常活躍的漁夫。

海洋對文化的影響無所不在，運動迷在棒球賽上吃章魚燒，有時店家免費招待年輕人的不是甜點，而是生蝦子，英國人聊天氣或足球，日本人則是口沫橫飛地談論某一種魚的季節即將來臨。東北等海岸區的人，記憶大海嘯侵襲的年分就像記錄戰爭日期，語言本身也充滿海的想像，跟屁蟲被稱為「金魚屎」（金魚の糞），英文講金價之類的竄升（spike），日文就說成鰻魚往上爬（鰻登り，幾年前還推出同名的罐裝飲料）。首相們將自己比喻為魚，有一位還說自己像泥鰍這種土裡土氣專門往地下鑽的動物，非常適合泥濘的政治。[5]就連在極度悲傷的時刻，海洋都可能是腦海閃現的第一個念頭，一位母親目睹原子彈蕈狀雲在廣島上空散開時，驚恐地掩口說道：「像海參在蠕動。」[6]

日本不光是一個島嶼，而是列島。它的四大島嶼——北海道、本州、四國、九州，從東北綿延到西南長達一千兩百英里，在歐亞板塊邊緣形成撇節號的形狀，也因此儘管總面積不大於蒙大拿省（Montana），周長卻與美國東海岸的長度不相上下。即使如此，日本三分之二的疆土是幾乎無法居住的高山，只有百分之十七的土地適合耕種，所以一億兩千七百萬的居民，就擠在面積與保加利亞差不多大的區域，但是從其他方面看來，日本一點也不小。如果是在西歐，日本肯定會是歐洲大陸上人口最稠密的國家，比英國加上義大利的人口還要多。姑且不論失落的二十年，日本依舊是個經濟大國，產出再度等於德國的一半。

日本的島嶼身分，也孕育出不同於其他文明的想法。自認與眾不同的國家當然不只日本一國，二〇一二年美國總統大選期間，共和黨候選人羅姆尼（Mitt Romney）明白表示，他決定相信「身為美國人的特殊本質」，歐巴馬（Barack Obama）則因為質疑美國例外主義的觀念而備受責難，外國人和日本人自己，都普遍認為日本文化不同於其他文化，哪怕許多日本人強烈不認同這種見解。杭汀頓（Samuel Huntington）在一九九六年的著作《文明衝突論》（*The Clash of Civilizations*）中，將世界分成七類，其中日本就被單獨歸為一類。

從好的方面來說，探討日本的獨特性，是企圖解釋它之所以獨特的因素，從而界定這個國家，基本心態是每一種文化彼此間都不同。然而，一味關注在公認為日本特有的同質性與群體導向社會，已經成為一種癖好，最糟的是因此而斷言日本種族的優越性。說到底，這是對日本特有的神祇從何而來及其天皇制——主要是在十九世紀捏造的神話——的見解，在一九三〇與四〇年代間，將日本一步步推向悲慘的命運。

不僅是日本人努力使自己的國家被世人視為獨特，美國人類學家潘乃德（Ruth Benedict）於一九四六年的著作《菊與刀》（*The Chrysanthemum and the Sword*），也將日本描繪成「美國全力對付的敵人中，最陌生而難懂的一個」，在解釋為何不遺餘力如此近距離研究日本文化，她寫道：「過去與強敵的戰爭中，從未像這樣需要將如此不同的行為與思維習慣列入考量。」基本上，《菊與刀》假設日本是個行為準則與西方人截然不同的民族，如此一來將日本視為迴異的國家就說得通了。戰後，《菊與刀》的成功，為日本人論這種「專門探討日本與眾不同」的書寫文類注入生命，這種形式的起源上溯至十七世紀，但在近代達到頂點，一九七七年，身兼詩人與英文教師的森常治，寫了一本關於日本集體導向社會的論述，叫作《無殼的雞蛋》[7]，書中理所當然地認為歐美人好比有殼的蛋，是獨立自主的個人，日本人則是黏稠而不堅硬、無一定形狀而非定型的無殼蛋。該書主張，日本人不認為自己是獨立個體，只能被放在家庭、村莊、職場、上司下屬、自己人和外人的關係來定義，一九八〇年代，有些日本人確信自己國家的獨特性格，將是超越美國成為全世界經濟超級強國的驅動力，結果當時各家書店的每一區，都擺滿這類眼中只有自己的小冊子。

日本人論建立在一個虛假的概念上，那就是：日本是個種族同質的社會。只要到東京或大阪地鐵去瞧瞧，就會發現日本人源自亞洲的各個不同地方，儘管如此，關於日本神髓的想法依舊存在，日本人懂得互助合作，是安土重遷的稻農，而不是聒噪且機動性高的狩獵採集者；日本人對自然有著獨特的敏感；日本人透過某種群體的默契溝通而不靠言語；日本人運用直覺和「心」，而不是冷冰冰的邏輯；日本人對藝術有種精細的覺察。大部分都是強調和諧社會的優點。即時管理系統（just-in-time）在戰後為日本的生產掀起革命，被尊為這種製造法之父的大野耐一，向紀錄片導演愉快地表示：「工作團隊全都屬於同一種族，討論事情也變得簡單許多。事實上我們無論做什麼，全員一致同意是再自然不過的事了。」8

二十一世紀初，我以外國記者的身分來到東京時，談到日本令人尊敬的特質隨著經濟活力漸漸消逝。「當我聽到人們談論以心傳心，我不曉得他們腦袋裡在想什麼。」學者古市憲壽表示。他指的是相信日本具備以非語言溝通的獨特能力：「日本人論有趣的地方，在於日本人有多麼想要相信它是真的。」

確實，日本人論的思想還沒有完全消失。二〇〇五年，東京御茶水大學數學教授、散文家藤原正彥出版了一本小書叫作《國家的品格》，他在書中並不主張一九八〇年代普遍的想法，也就是日本獨特的本質，使它能夠用美國的其人之道，在與美國的經濟賽局中穩操勝算，日本的雙重資產泡沫嚴重崩壞後，近二十年來的低度成長確定了這一點。相反地，藤原重提日本所謂的民族精髓，表現在武士道精神與潘乃德的讀者所熟悉的實行守則上。藤原嚮往日本尚未被西方資本主義玷汙的時光，用略帶刺耳的國族主義語言來說，他希望日本返回宇宙初始的神祕土地。

一般人很容易把這一切說法，用癡人說夢一筆帶過，但是藤原的書出版後幾個月便一再被企業家、政治人物和官僚提起，短時間內就賣了兩百萬冊，只有最新的《哈利波特》譯本能與之匹敵，於是我決定親自聽聽藤原怎麼說。起先他有些不願意，在電話中有點防備的樣子，顯然不太有興趣將自己的理念解釋給外國人聽，總而言之他很忙，沒辦法在東京碰面，因為他夏天會到山裡避暑。最後他總算讓步，只要我願意坐兩小時電車到日本中部的長野縣，他就願意邊進午餐邊聊。

我們在一間北歐風格的餐廳碰面，這間餐廳位在空氣清新的青翠谷地，遠離東京的燠熱。我從茅野市整潔的小車站搭上計程車，連這裡的司機都還戴著白手套。自動導航系統顯示車子走在對的路上，四周的整潔頗有瑞士阿爾卑斯山的味道。藤原在餐廳等我，約莫六十出頭的他身材瘦削，感覺有一點點笨拙的樣子，他身穿格子襯衫和白色休閒褲，花白的頭髮像雜草亂竄，他的英文中規中矩但有點不自然，就一個贊成學校全面禁止教授英文的人來說，形成了有趣的對比。他說，英文跟日文截然不同，日本兒童幾乎不可能對英文拿手。「一萬人當中只有一人能兼顧兩種語言，」他說：「我花很多時間在英文上，現在我很後悔。」此外他略帶輕蔑地說，無法溝通讓外國人老是覺得日本人好像在深思什麼，只有當日本人打破語言藩籬，才能向外面的世界證明，他們其實沒什麼要說的。

擺盤精美的午餐，第一道是一隻蝦和幾顆小心擺放的雞豆，藤原那一份的擺盤跟我的簡直配合得天衣無縫，我竟然不自覺數起盤裡的雞豆，想看看廚房的工作人員是不是如我所想的，給了我們同樣數目的雞豆，但我沒能發現答案，因為藤原正滔滔不絕地說著。我問他，為何他認為《國家的品格》如此契合時代精神，他說日本這六十年來，一直在追逐如過眼雲煙的財富，對繁榮的熱中使日本看不到自己追求的資本主義模式那有勇無謀的本質，更重要的是看不到自己的美德。近二十年的停滯帶來宏觀的視野，「以前的日本跟英國紳士一樣鄙視金錢，」他說：「可是戰後在美國的影響下，我們眼中只有繁榮。」他回想起江戶時期（一六〇三－一八六八）的黃金年代，當時「武士道」這種武士的道德與精神規範，透過書本和歌舞伎等庶民場所，從菁英分子散播到平民百姓，「人民信仰武士道的兩百六十年間沒有戰爭，」他指的是在德川幕府嚴厲掌控下，建立起宗族之間的和平：「十二世紀，武士道一開始時有點像刀劍之術，但由於江戶時代沒有戰爭，刀劍之術於是成了一套價值，像是濟弱扶傾、行善、誠心、勤儉、忍耐、勇敢、正義。」

日本在接觸到他所謂狗咬狗的西方價值下，以上美德多半已經消失。他引述近期西方企業企圖將股東價值和惡意併購等陌生概念引進日本，因而掀起的爭議。「惡意併購或許於理於法都說得通，但對我們日本人來說，不是件很光明正大的事，」他善意地微笑：「我覺得『企業屬於股東』這樣的邏輯相當恐怖，企業屬於在其中工作的職員，這是天經地義的事。」

又上了一道菜，這道菜以完美的方式展現干貝。「中國菜當然非常可口，但我們更注重美學。我們在書寫上有書道，花有花道。」他指的是將日常經驗提升到例行常規之上。在英國，他看到受人敬重的劍橋教授，竟然用龜裂的馬克杯稀哩呼嚕喝茶而感到驚愕，也或許是暗自開心。「日本有茶席，我們把每件事都變成藝術。」

藤原對日本放棄武士道價值、全面擁抱西方思想而墮入軍國主義的行為，表示不以為然。日本在朝著強權目標邁進之際，也模仿起英國等島國的殖民作風，他說：「我總是說，日本不同於一般國家，日本不應該是個普通國家，我們變成一個平凡的國家，就跟其他大國一樣，對他們來說沒什麼關係，但我們必須是孤立的，特別在心理上。工業革命後的兩百年來，西方人過度仰賴邏輯思維，即使現在他們還是傾向認為，只要是仰賴邏輯推論就不會有問題，但我不這麼認為。真的還需要別的東西，你或許會說，基督教就是所謂別的東西當中最重要的，但是對日本人而言，我們沒有基督教或伊斯蘭教這樣的宗教，所以我們要有其他東西，就是內心深處的情感，也是我們已經擁有了兩千年的東西。」

這種內心深處的情感，或者說這個無殼社會的黏稠蛋白，據說從日本人的人際互動到聆聽昆蟲的獨特方式等，都能用來解釋他們行為的許多不同切面。我們談了沒多久，藤原果不其然引述東京醫科齒科大學角田忠信的知名研究——我們幾乎看到一群熱血志願者的腦袋上黏著電極的樣子——結論是日本人的腦不同於其他大多數民族，[9]他發現日本人聽得到寺廟的鐘聲、昆蟲叫聲，連打鼾用的都是與西方人相反的左腦，藤原的書中有一段令人不悅的敘述，說到一位美國的客座教授在聽見蟋蟀的聲音時，問道：「那是什麼聲音？」藤原顯露出驚愕的樣子。這位教授怎麼會認不出這是樂音？他想知道，我們日本人怎麼會被這群蠢蛋打敗？「每個日本人都會把蟲鳴當作樂音，當我們在深秋時節聽到蟋蟀聲，我們當它是樂音。我們聽見秋天的憂傷，因為冬天即將到來、夏天走了。每個日本人都感受得到，我們感受得到生命短暫的憂傷。」

儘管我一副不信的樣子，他還是不疾不徐地繼續。他又解釋「物哀」這個熟悉的相關概念，有時翻譯成觸景生情，也有世事無常的意思，他說因此日本人愛櫻花，就是因為它在輕輕飄落地面之前是如此短暫，「如果櫻花盛開半年，沒有日本人會愛，」他說：「櫻花之美，是因為它不到一個禮拜就凋謝。」

我說，我不懷疑這些都是重要的文化參考點，不僅是從父母傳到子女，詩人和哲學家對此也有所闡述。轉瞬即逝的櫻花確實是美麗的象徵，但我並不認為有必要以腦部定位實驗，或是主張日本人獨特的敏感以為解釋。用文化的連結（cultural association）來說明對昆蟲、櫻花以及其他無數東西的反應，不是比較恰當嗎？於是我想起英國村莊草叢中的板球比賽*，在日本人看來或許是個身穿白衣、臉紅通通的男人在草原裡氣喘吁吁漫無目的地奔跑，我們英國人則是感受夏天的美好，我們品嘗忽布*（以及乳酪和洋蔥片），在心裡聽見快樂孩童的嘰嘰喳喳，這些無法使我們天生就對短暫細微的聲音敏感，這是共同文化經驗的連結。

藤原部分承認我的論點，但他還是認為，日本人對自然的愛是獨特的。於是我故意

＊譯註：板球與蟋蟀的英文都是「cricket」。

＊譯註：又名蛇麻，啤酒花。

激他，既然如此，他們為什麼要將盆栽的樹木，一輩子局限在一尺見方的盆子裡？「因為他們太喜歡自然，想將它留在身邊。」他回答得很妙。接著我又問，那為什麼一個愛好自然的國家，對下雨會如此恐懼？我這麼問，是因為只要下一陣雨，人們之前預藏的雨傘就會大量冒出來，哪怕是從人行道到坐上計程車之間的幾滴雨，都會讓年輕小姐們想到弄濕就嚇得不得了。我挑釁地說，像我就不介意淋成落湯雞，所以從沒想到要帶傘，淋點雨不是讓我和大自然的恩賜更一致嗎？我應該在藤原說出答案前，就猜到他會怎麼說。「英國的雨跟日本的雨很不一樣。」他回答。

日本擁有難以理解的島嶼文化，改變這樣的觀念並不容易。我曾經在一篇文章中試圖駁斥日本例外主義的觀念，[10]但就在我交稿前，將稿子寄給了我的朋友嘉治佐保子。她是慶應大學的經濟學教授，專精歐盟的總體經濟學。嘉治的英文無懈可擊，與西方人相處就跟和日本人相處同樣自在，她的行為舉止就像倫敦、紐約的任何摩登女性，五十歲出頭的她，曾經幫忙撰寫過一本嘻笑怒罵的小冊子《仇視日本者指南》（*Xenophobe's Guide to the Japanese*），書中她跟兩位合著者小小嘲弄了日本習俗，像是對「愛情旅館」的情有獨鍾、強迫送禮、鞠躬的藝術等，以及外國人對這些行為的錯誤觀念。基於她的見多識廣加上辛辣度，因此她的回信讓我相當吃驚：

在我看來，地球上唯一不急於了解日本人的就是日本人。沒有人能用西方的文字概念來「了解」日本，因為在日本沒有絕對的事物。

有時我看到西方人試圖定義日本或日本人，會為他們感到難過，甚至有好心的日本人，用西方的術語來「解釋」日本，通常是為了對客人和外國人表示友善。

但那是白費力氣的。如果你遇到一位日本人能精確定義日本人，他或她就不是真正的日本人。在日本，每件事調和得天衣無縫，重要的是沒有人（沒有日本人）會擔心那條線要劃在哪裡。我會同意用無殼的雞蛋做比喻。

我要附帶一句，我的姊妹（她活躍於外務省，也是我的朋友）是日本人中的日本人，也許是我認識最日本的人。她不畫地自限，也從未有過要界定任何事物的念頭，所以你看吧，跟你能不能講外國語言或在國外生活多年，一點關係也沒有。

我若是不界定事物或者出示界線，就沒辦法和西方人順暢溝通，但我當然是個日本人，因為我對於西方人不斷試圖定義「日本」這個不能定義的東西感到卻步，而且驚奇。幹麼費事呢？又辦不到。我就不會想嘗試。如果能夠掌握、界定、理解日本，那日本大概就不再是日本了。我想我已經讓你夠困惑了，我真的不該讓一個面對截稿日期的人困惑，但事情就是如此。

顯然界定事物是困難的。你如何「界定」一個人？更何況是國家文化這種具多重面向的複雜事物？但是，日本為何會比任何其他國家更難界定？無論劃定界線的意義為何，為什麼日本人不應該劃定界線，而且比世界上的其他人更不相信絕對的事物？

當時，我才剛讀完劍橋大學人類學教授麥克法蘭（Alan Macfarlane）著的《鏡子中的日本》（*Japan Through the Looking Glass*），麥克法蘭不同於我，他確信日本與其他文化是如此不同，只能以自己為參考點來理解。「對我而言，日本人與西方等文明不是只有些微差別，差異的程度如此之深，我們平常用來理解的工具到頭來根本不敷使用。」他寫道。一天晚上，我從東京打電話到他劍橋的家，他一副好像在談論亞馬遜某神祕部落的語氣跟我說，對比他研究過的其他社會，他愈是去思考日本，日本就更加無法理解。「我去印度或中國，會發現很多陌生有趣的事，但我的困惑感不會愈來愈強，在日本，我一開始有一種相似感，之後事情就變得愈來愈陌生。」

若是假裝我完全不懂麥克法蘭在講什麼，未免也太過虛偽。每當飛離日本，我有時會感受自己對這國家的了解，就像水從手指間涓涓流走，就連經驗豐富的日本學家，依然不免認為日本是個難以論定的國家。在日本對西方開放短短幾十年後，於一八九〇年選定日本列島定居的赫恩寫道：「在日本，各種事物外表的奇怪，製造出無法形容的古怪興奮，那是只有在察覺到全然不熟悉的事物時，才會發生的怪誕感覺。」崇拜日本的赫恩不是天真無邪，更不是種族主義者，只是有人指他對日本的異國風情有點言過其實。歸化為日本公民的赫恩，以小泉八雲的名字為世人所知，他娶了武士家族的女兒，能說流利的日語，在日本度過漂泊人生的最後十五年。但是他寫道，那個國家「驚奇和喜悅永遠不消失，即使旅居十四年後的現在，我仍在不經意間一再有這樣的感覺」。赫恩接著寫的這一段話，反映了今日長居日本的人們，因為無法領略想像中的日本本質而經常表露的感傷，「很久以前，我最親愛的日本好友，在他死前不久跟我說：『再過個四、五年，等你感到自己完全不了解日本人，那你就是開始有一點了解他們了。』」也難怪赫恩將著作取名為《日本：嘗試詮釋》（*Japan: An Attempt at Interpretation*）。嘗試後一年，他就去世了。

從一百個微小的肢體動作和假設看來，日本確實顯得有點異於其他國家（至少是西方國家），儘管身為現代社會，卻以神祕的節奏在運作。遊歷過五湖四海的外國人，在頭一次造訪日本時，經常會敘述他們與這個完全異質但迷人文化的邂逅經過，在京都居住四分之一世紀的艾爾，形容日本是「比我所知道的任何地方更不像任何地方」。[11]與赫恩和艾爾一樣，日本人的行為模式有時也會讓我心頭一震，彷彿頭一次見到似地。在這許多方面稱得上保守的國家，當女性清潔工輕快地進入公廁，而男士正在解手時，總讓我驚訝不已，我經常忘記日本人說自己的時候不是指向自己的心，而是指著自己的鼻子，當他們將名片或日幣紙鈔遞給對方時，一定會將正面轉向收受者，否則會被認為相當失禮。語言學上，日本人喜歡「搞曖昧」，第一、二、三人稱經常混在一起，例如「我愛你」既不說「我」，也不說「你」。企業家以某某公司的誰來介紹自己，好像他們的身分和企業的身分有一部分已經融為一體，比如「我是瑞穗銀行的田中」。而「桑」這個通常被翻譯成先生、女士的禮貌稱呼也用在動物身上，例如：「你在動物園裡，有看到大象先生嗎？」

但是，我們不應該太在意這樣的差異。或許根本不該在意。凡是以西方為核心的觀察者，那些認為自己所作所為才是「正常」的人，同樣會對祕魯、印度或巴布亞新幾內亞的所作所為感到陌生，只是麥克法蘭的論點又進一步，他要說的是，日本與其他國家的差異不僅是表面，根據他的說法，其他現代社會經歷過靈性與日常生活的徹底分家，然而日本卻從不曾將兩者清楚劃分，他說日本從不曾經過德國哲學家賈斯柏（Karl Jaspers）所稱的軸心世紀（Axial Age），在物質世界與精神世界之間，製造出動態緊張的劃分行為。日本並沒有天堂或地獄作為在世間所做一切的基準，「日本不接受理想與圓滿存在於另一個世界的哲學思想，一個有別於人類與自然的世界，我們以這個世界作為判斷自己行為的準據，並向它尋求救贖。」

親身經歷曾被高登（Arthur Golden）作為《藝伎回憶錄》（*Memoirs of a Geisha*）

部分素材的京都退休藝伎，對我說過類似的話。「我讀過《聖經》，」她不以為然地說：「相較之下，我們的神不會試驗我們究竟是善還是惡。」[13]出於興趣，於是我問幾位日本朋友對神的看法（如果有神的話）。一位從事電話銷售的小姐說，她第一個想到的，是她死去的祖母，而不是我預期西方人會給的回答。另一位在外務省工作的朋友千葉明（音譯）則說：「我不太了解基督教，但從外面看來，好像你的角色和上帝的角色、你的領域跟上帝的領域是不同的，日本的神浮遊在我們周遭，跟人民在一起，基本上我們是跟神一起生活的。」

麥克法蘭認為，他所謂缺乏明顯分野的現象到處都是，因此相撲既是運動也是宗教，花園既是自然也是藝術，就像我和藤原共進的午餐。在一個沒有信仰的國家，廟宇是崇拜的地方，就像藤原說的，經濟學不是道德領域以外的科學，「不能單獨去了解花園、儀式、人，這些永遠是跟其他事物相關聯的。」麥克法蘭寫道。[14]他所認為的「沒有分隔的世界」，呼應我的朋友嘉治堅持日本「沒有疆界」的說法，「每件事調和得天衣無縫」。

麥克法蘭也在藝術上看到缺乏明確分野的現象。他說，日本人不區別藝術和工藝，最好的藝術家也是工藝家，無論陶器、鑄劍、造紙、漆器製造者和書法家等都備受敬重，被尊為「人間國寶」，他跟許多日本觀察家一樣，感到藝術無所不在，在雅緻的花朵安排上，也在排放於漆器或瓷器的食物上，就連代代相傳的動作也是藝術，日本人用這些動作切魚或清掃石庭，「套用濟慈（Keats）的話，對日本人來說，真理就是美，而美就是真理。」

俳句是由短短十七個音節構成的詩，其中必然包含對季節的暗示，也呼應了每件事物要相互關聯才產生意義的概念。芭蕉所寫的最知名俳句：

古池や蛙飛び込む水の音

赫恩解釋成：

老池／青蛙跳入／水之音

用英文念來猶如打油詩，日文的美來自與外界事物的連結，季節（春天是青蛙交配的季節）、場景、由擬聲字「音」*傳達的水聲。一位紅酒與清酒的專家告訴我，最高貴的日本米酒，是以「沒有哪些味道」來判斷，與一般人想要從紅葡萄酒或夏都內（Chardonnay）中尋找味道恰恰相反，「清酒最重要的，就是沒有什麼。紅酒是有什麼，這就像演講，暫停和靜默，不存在的事物暗示了意義之所在。最高貴的清酒，幾乎什麼都沒有。」

認為日本與任何地方都不同，是個頗吸引人的想法，但是有許多理由能否定這種觀念。認為日本是以大多數外人無法理解的節奏在運作，是在強加幾近可惡的分離感。澳洲學者麥考馬克（Gavan McCormack）認為，潘乃德的《菊與刀》是「本世紀了不起的政治宣傳妙招」[15]，這本書使日本人更加確信，自己想像中的身分認同有別於世界各國，他說在戰後幾年間，《菊與刀》幫助日本切斷了心理上與亞洲鄰國的聯繫，使日本更加仰賴美國。

只要仔細審視就會發現，日本信以為真的「精髓」其實相當現代。十九世紀的國族主義領袖認為，創造一個以天皇為核心的神話，就能有效地讓後封建時代的新國家凝聚在這個神話底下，他們將萬物有靈論的民間信仰「神道」提升為國教，神道教的各個分支則團結在天皇的旗幟下，被認為是萌生天皇世系的太陽神「天照」被放在中央，一八八〇年代起，學校的歷史教科書不是從石器時代的人類講起，而是太陽神的誕生以及天皇世系的起源。換言之，日本的獨特性說穿了多半是政令宣導，它將國族主義者的萬物有靈論與天皇崇拜的狂熱結合，是政治的陰謀，天皇成為日本這個國家如此強而有力的符號，就連占領的美國都將天皇制保留了下來，同時免除他為這場以他之名而打的仗所應承擔的責任。「這一切使他成為起源分離與血統國族主義的至高人物，具體呈現

＊譯註：日文發音「oto」。

一個不受時間影響、出於想像的本質，這個本質將日本人與其他人類和文化隔開，而且優於其他人類和文化。」[16]

我們很容易將文化方面的解釋，附著在政治權力的實際整合行為上，例如根據天皇的年號記錄日期，並不是（但有些人堅持是）表現日本特有的週期性時間觀，這種記錄方式僅僅追溯到十九世紀，也就是天皇崇拜被創造出來的時候。麥考馬克寫道，今日的國族主義者，渴望他們信以為真的日本本質，「他們深信不疑的古老傳統，其實是個不折不扣的現代意識型態。」[17]

戰後的日本，用「國內生產毛額的狂熱」取代天皇崇拜，於是出現關於日本人的新看法。京都同志社大學的教授濱矩子，是一位率直而令人喜愛的反偶像崇拜者，她對於一般咸認日本戰後經濟模型中，存在著根本上屬於日本的成分，提出不同的見解。她說在進入二十世紀之際，日本採取積極搏命的資本主義型態，與後來提出社群主義的價值是日本經濟奇蹟的祕訣，兩者之間幾乎沒有關係。根據濱的講法，一些戰後的措施，如終身僱用制、年資決定薪資，以及用年齡而非能力決定升遷等，是為了因應當時的人口結構，再加上製造業必須維持勞工不虞匱乏等現實，並未反映潛藏在日本人內在、傾向於較溫和資本主義形式的氣質。隨著成長趨緩、社會老化，許多被譽為日本獨有的戰後措施正迅速消失，如果從高比例的臨時勞工觀之，日本今日的勞動力比許多西方國家更具彈性，對有些人來說，終生僱用制和年資給薪制，是藤原所謂武士道重情義的現代版本，如果那真的是日本的神髓，那麼這樣的神髓如墨水滴入水中，正在快速消逝。

文化不是永遠不變，這點和本質主義者的觀點相反。文化就像語言會與時俱進，只是要花上好幾代的時間，在民族性固定不變的基礎下，解釋一個國家的歷史乃至其未來，就是屈服於決定論的世界觀，我們應該對一些引起類似意見的假想，提出不同的意見。

首先，是相信日本島是種族同質的社會。但是，日本人究竟是從哪裡來的？答案分成兩個不同階段，第一批來到日本列島的，可能是在冰河時期的低海平面期，步行穿越聯繫日本列島與大陸之間的地峽而來，石器的存在，說明大約五十萬年前，人類可能已經從東北和西南來到這裡，到了大約一萬兩千年前，就在冰河融化到世界各地後不久，以採集狩獵為生的人漸漸興盛，[18]這些所謂的繩文人製造出至今發現最古老的陶器，他們的生活與西北的美國原住民並無二致，而且都為雜食，攝取堅果、漿果和種子，他們用魚叉叉鮪魚，捕殺海灘上的海豚和海豹，用魚網和鹿角雕刻的魚鉤捕魚，階級制度的跡象幾乎不存在。

繩文的生活方式，在大約一萬年間大多維持不變，但是到了西元前四〇〇年左右，卻經歷翻天覆地的轉變。這時日本的住民開始使用鐵器，也懂得用精巧的灌溉系統種稻，這群人被稱為彌生人，他們的習俗是日本前所未聞，他們會編織，使用黃銅器、玻璃珠，還會挖地窖儲存稻米，把死者的遺體葬在罐子裡。他們究竟是誰？遺傳學者和人類學家的證據，指向這群人從韓國湧入，但這個理論一直不被有些日本學者接受，他們可能從半島透過集體遷徙而來，人數壓過繩文人口，另一種說法是，他們來的數目少很多，但是優越的農耕技術使他們的人口隨時間成長的速度遠比繩文人快。無論哪種講法，新的彌生生活方式從最早落腳的南島九州快速散播到四國，然後沿著本州的脊梁一路北上，但是沒有到達氣候寒冷許多的北海道。如今學界大致同意，日本人是由類似韓國人的彌生人與本土的繩文人口混合而成，但是喜歡將日本描繪成本質上屬島嶼文明，文化與遺傳基因的起源與大陸無關的人，對此卻無法認同。

儘管日本文化比起有大量移民人口的社會來說確實比較單純，但現代的日本文化並不像一般人往往以為的如此單一。一位學者甚至誇張地稱日本「拒絕相信自己是多重種族、多重文化的社會」[19]，日本的一億兩千七百萬人當中，有大約兩百萬「非日本人」，約占百分之一．五，相較美國、英國、西班牙等較開放的國家算是低比例，但卻不可忽視，在這群所謂的外國人當中，約一百萬人為生長於日本的朝鮮族人，他們的祖先於一九一〇至一九四五年間，在朝鮮被日本殖民的時期有時是被迫來到日本，若是在比較不封閉的社會，他們老早就被歸類為日本人了，此外還有一百萬登記有案的外國人，和至少二十萬非法居民，許多是學生、臨時工作者，或者簽證過期的「觀光客」。

此外日本還有一百萬至三百萬所謂的部落民，他們的祖先是封建時期被稱為穢多的賤民階級。跟在印度一樣，他們的種姓只許在屠宰場或製革廠從事「受汙染」的工作。理論上，一八七〇年廢除封建制度後，部落民也應該獲得解放才對，但他們直到現代依然遭到嚴重歧視。[20]此外沖繩有大約一百三十萬人口，許多人的祖先來自一八七九年遭日本強占前的琉球王國。最後，北海道至今依舊散布著以狩獵採集為生的愛奴人後裔，愛奴人的語言與日本語完全不同，皮膚較白皙且體毛較濃密，他們是在兩千三百年前被趕到北方來的，北海道與沖繩都是相當近期才被納入日本領土，幾百年來，本州北部——也就是三一一地震海嘯發生的地方，被以帶有貶抑的意味稱為「蝦夷」，也可以用來指原住的愛奴人。

在一個自認是清一色中產階級的社會中，對階級、性別和地理位置進行劃分，造成的影響往往被淡化，即使沒有像日本在戰時宣稱的「一億人只有一個心跳」，但這些行為的影響卻真實存在。日本學者杉本良夫就拒絕同意「日本的國族性格是從一個模子裡印出來的」。[21]

一八六八年明治維新的領導人，需要替「日本人」的意義捏造一個新的概念，在現代化的名義下，舊的封建秩序被拆解，武士必須繳出刀劍、剪去頭髻，過去禁止攜帶武器否則處死的平民，突然間被要求為國捐軀，這時候就非得製造國族認同感不可。隨著日本的帝國野心逐漸增長，日本人的身分認同與戰爭的心理準備變得難分難解，一八九〇年的「教育敕語」被視為聖旨，而且規定學生背誦，文中日本的男女誓言對天皇效忠並克盡孝道，發誓在國家需要時，以天皇之名犧牲自己的性命。潘乃德曾經描述，有一位日本校長為了從失火的房子裡把天皇畫像救出來而犧牲性命，殊不知她看到的難以磨滅的文化特徵，或許用洗腦來形容還比較貼切。

半個世紀後，一九四六年的新年，報紙刊登天皇聲明書，宣布「皇權神授的思想，以及日本人優於其他種族且命中注定統治世界」是錯誤的，宣告中所提到的，正是戰前日本的思想。即使到今天，圍繞在皇室周遭的神話都還未被消除，西元三〇〇至六八六年間建造的一百五十多個巨大的天皇古墳，至今依然禁止考古學家入內，據推測，這是因為宮內廳懷疑這些古墳中，可能存放一些令人不悅的祕密，例如日本的皇室血脈可能追溯至朝鮮半島。

一些現代的作家和知識分子，一直強調獨立思考、獨立行動而不隨流俗的重要性，其中之一是村上春樹，他的主角往往是獨行俠，要不就是漂泊不定的人，二〇〇九年村上贏得以色列頒給外國作家的最高榮譽「耶路撒冷獎」，他站在以色列總理裴瑞茲(Shimon Peres)身旁，發表一篇被許多人詮釋為支持巴勒斯坦的受獎演說，「如果有一堵堅實的高牆和一顆雞蛋……無論這堵牆多麼正確，而這顆雞蛋多麼錯誤，我還是會站在雞蛋的一方。」他說。這篇演講呼應了森常治的無殼蛋概念，認為日本社會是個黏稠的共同體，但也可以解釋成是在替個人辯護，它所表達的意念，與日本人的同質性恰恰相反。「因為我們每個人都是一顆雞蛋，一個被封在脆弱雞蛋中的靈魂，」他繼續使用隱約在挑戰日本人論諸多信條的語言：「每個人都在面對一堵高牆，這堵高牆就是制度。」[22]

我的外交官朋友千葉說，教育在塑造日本人的自我形象時，扮演了最根本的角色。「學校教我們，日本人引進外國的事物，再用日本人的方式加以改造，就成為我們的自我形象。我們告訴孩子，日本人是與眾不同的。」他說，透過教育不斷強化這樣的觀念，可能會形成一種魔咒，「我們必須跟別人一樣，否則就很丟臉。遵從與保留傳統的心態非常強。」他不相信所有認為日本因此而與眾不同的概念。「過去我們因為吃生魚，所以顯得很不一樣，但現在大家都吃生魚，就少了一樣跟別人不同的地方。」他半帶玩笑地說。「以前我們有相撲選手，一群大胖子想打敗對方，但現在相撲選手成了蒙古人和保加利亞人的天下，所以又少了一點跟別人不同的地方。」千葉說。日本人往往自比歐美人，很少和亞洲人為伍，照這麼看來，在這個仍舊以歐洲的猶太基督教觀點為主的世界上，日本一副局外人的樣子，也就不足為奇了。

這不僅影響日本的自我觀感，也影響世界對日本的觀感，值得我們進行一項思想的實驗。想像如果是泰國而非日本，在二十世紀後半因為財富與技術達到西方世界的水準而震驚全球，如此一來就會有大量書籍根據泰國的獨特文化、國王的獨特地位、泰國人做生意的獨特方式，以及泰國美食的特質等，來解釋泰國成功的理由。如果我們不再將日本跟歐美比較，而是將日本與中國、韓國放在一起檢視，突然間日本就沒那麼像局外人了。「韓國有自己的一套泛靈論，跟其他並沒有太大差異，中國豐富的民間信仰往往取自道教，跟敬拜自然與神道也非天壤之別。」對東北亞做過深度思考的學者布魯瑪（Ian Buruma）說。[23]根據他的說法，問題在於外國人只接收到日本人自我表述的字面意義。「但是，日本國族主義者之所以說自己的文化與中國的截然不同，只是一種防衛的形式。他們當然深受中國影響，但也正因為如此，為了爭取自己的空間，日本人往往將差異放大。」

船橋洋一是日本備受敬重的記者、國際評論員，也是我的老友。我問他，是否同意有些人說，日本獨特的自我認同感，是在建立國家與維護政治權力的利益下製造出來的？「我認為某種程度是。」他說。他提到幾本全都在一九〇〇年前後寫的書，包括新渡戶稻造的《武士道》（*Bushido, the Soul of Japan*）與岡倉天心的《茶之書》（*The Book of Tea*）。「雖然他們沒有使用日本人論的字眼，但是都在尋找一個新的日本。這是個革命性的觀念，他們相信傳統對日本的未來具有重大意義，因此即使他們從德國、法國、英國乃至美國習得一身本領，但他們尋求的，是將國族精神與外國的專門知識結合，那就是我們所說的『和魂洋才』」，也就是「日本精神加上西方的知識」。

他說，日本在積極從事軍事擴張主義的一九三〇和四〇年代，也失去以上兩個概念的平衡，「我們中了日本主義的毒。」戰敗後，日本想再度向美國為首的先進國家效法，因而恢復了些許平衡。「現在我認為我們再度失去這個微妙的平衡了，這就是加拉帕哥現象，日本人陶醉在自己的事物和自身的大和魂上。」

加拉帕哥島的文化與所處環境契合，卻與世界其他地方格格不入，因而將日本比喻為加拉帕哥島已經蔚為流行，日本的企業環境有如加拉帕哥島，特別是製造出只適合日本品味或日本操作系統的產品。「『加拉帕哥化』不光適用在手機上，」船橋洋一說：「也適用於核子安全規範、英語教學法，幾乎一切都適用。在我看來，這種加拉帕哥心態確實有害，它使我們更加自戀，對日本的獨特性更深信不疑。『我們無須效法其他國家，其他國家反而應該仿效我們的做法，因為我們的產品通過全世界最刁鑽的消費者的考驗。』」他頓了一下製造效果：「這是神話。」

我問，島國對他有怎樣的意義，於是他告訴我，他為了寫一本亞洲河海的旅遊見聞書而請假半年的經過。「我去過的日本海岸愈多，就對這個小小的島嶼愈深情。」他說。後來他到了中國，從北方的大連港開始，沿著東部綿長的海岸線往南到天津、上海、杭州古城，最後來到南邊、位在香港附近珠江三角洲的貿易港廣州，「我對中國的海事如此遼闊，感到震撼而不知所措，我徹底被喚醒了。」這次的旅行，完全顛覆了船橋長久以來的亞洲地理觀。他原本以為，日本是個以航海為生的國家、一個孤島，而中國則是定錨在大陸的廣大土地上。「我們必須了解一個現實，那就是中國也是個海事國家。」

他的論點讓我想到同志社大學的濱教授告訴我的事。她說，島國可以選擇要向內看還是向外看。「雖然比不上英國的規模，但日本曾經是個海盜國家，我們不怕走向海洋，我們愛冒險，就以海洋國家來說，我認為我們應該假設，日本人的心靈存在那樣的基本特質，但我們愈是把自己孤立於世界之外，就愈無法保留那種狂熱的海盜精神，我喜歡島國的海盜形象，但平時談論的島國，絕對只是代表心態上孤立的島嶼，喜歡向內看，而且眼光不出你的海岸。」

船橋說，日本確實曾經向外看過，到了德川幕府的江戶時期卻閉關自守。然而，即使在所謂鎖國孤立的時期，日本與外界的聯繫多過一般人所了解。「島國意謂一個自外於世界的島嶼，也可以是一個與世界接軌的島嶼，以日本而言，我們的島嶼心態，使人往往相信我們可以回到過去，做一個與世隔絕的和平之島，但那是不可能的，也從沒發生過，連江戶時期都沒有。日本與世隔絕是幻想。」他又頓了一下。「我認為那是危險的。我們回不到江戶時期，不能將自己與外界隔絕。無論如何，我們必須和世界一起生活。」

第四章

脫亞

幾百年來，島嶼日本和外界有著複雜且不融洽的關係。確實，日本早在十六世紀首度與歐洲接觸前，就對中國蠻橫無理的影響力心懷怨懟，即使中國在文化和學習方面是個可敬的對象；確實，在接下來的幾世紀，歐洲人帶來他們「邪惡的異教」[1]基督教，之後又與日本簽訂許多不平等條約，還威脅要將日本納為殖民地；確實，到了今日，日本受到亞洲過去戰時敵人的不信任，只好跑大半個地球與美國為伍。

即使在一九八〇年代的經濟極盛期，當人們煞有介事地對日本成為全世界最強大的經濟體議論紛紛，日本在地理政治學上依舊欠缺影響力。由於美國人草擬的和平憲章剝奪了日本擁有軍隊的權力，導致日本雖然成為經濟上的巨人，卻是外交上的侏儒。一九九〇年美國首度與伊拉克開戰，更突顯了這個可悲的事實，當時東京提供高達一百三十億美元的軍事經費，但是當科威特公布名單感謝協助其解放的國家時，竟然隻字未提這個頭號金主。

日本經常被外界以「西方勢力」指稱其先進經濟而非地理位置，但它在亞洲卻是個孤立的國家。有些人將它視為一個被美國宗主國以半殖民關係禁錮的附庸國。[2]七大工業國是由七個如今正快速沒落的富有國家於戰後組成的壟斷組織，日本身為其中一員，卻從未獲准加入聯合國安理會的永久會員，過去在經濟上的獨霸勢力，也未能讓它擔起亞洲領導者的角色。儘管日本的重金投資，強化了印尼乃至泰國的經濟；儘管它炫示的發跡經過，成為中國在內每個亞洲成功經濟體的模仿對象，但是日本想要的領導地位，卻因為戰爭的舊恨而無法如願。

日本早在幾百年前就努力想在國際的階級中尋得一席之地，一六三〇年起的鎖國孤立，推遲了加入國際交談的必要性，而後明治維新時期大量擁抱西學，一開始可說是成果斐然，日本儼然成為穿著亞洲服裝的「歐洲」強權，但是日本的時機很糟，正當英國、西班牙、葡萄牙等國家所採行的赤裸裸的殖民主義，逐漸被淡化成為「合法」行為之際，日本卻成了殖民勢力。日本成為東方大不列顛的希望破滅，加上對當時半法西斯政府的災難性誤判，使日本的殖民戰爭與歷史脫節的情況更加嚴重，當時政府對皇權崇拜的堅定狂熱，使它看不到戰敗將無可避免，當戰爭接近尾聲，幾近毀滅的日本從此不可能經由戰爭手段贏得國際地位，而唯一的途徑，就是透過經濟。

一位學者說，日本與全世界的緊張關係，給予它「一種過度強烈的自卑感，有時候對國族地位過度在意」。[3]美國歷史學家派爾（Kenneth Pyle）精彩形容日本在一八六八年封建崩壞後，因為震懾於西方啟蒙的耀眼光芒而崛起的半封建社會：「日本的世界觀，它對於……加入眾多民族國家之林的看法，投射它對自己內部社會的想法。」他寫道。「日本對自己在世界上的身分等級超高度敏感，多半是因為幾百年來的封建生活，造就了特殊的榮譽文化。」[4]日本把「對階級制度的信心」引進國際制度中，他進一步說明：「如果你回到明治時代，就會知道當時的日本人不斷衡量自己的階級地位，『現在我們超越土耳其，但是還落後西班牙』。那種對國際地位的關心，或多或少是個不變的中心思想。」[5]

曾任前首相小泉純一郎顧問的田中直紀，說明日本在追求國際地位之際，是如何將亞洲拒於千里外。「明治時代後，我們的領導者認為，中國和韓國的領導者非常腐敗，」他說：「為了抵抗來自歐洲的壓力，他們認為『脫亞』應該是第一優先。」[6]

這種日本的「地理悲劇」，把日本想成是個被所處位置與歷史困住的「歐洲」強權，是個非常有威力的中心思想。十九世紀，當日本奮力脫離中國在知識上的枷鎖時，幾位思想大膽的學者開始努力從歐洲的角度來設想日本，日本不想跟菲律賓等亞洲鄰人一樣淪為殖民地而受盡屈辱，就連過去永遠被視為世界中心的強國中國，也在一八三九到一八四二年的第一次鴉片戰爭中落敗，被迫簽下不平等的港口條約，最終「像西瓜一樣被列強瓜分」。到了一八七八年，歐洲各國及其旁系控制全世界百分之六十七的土地，一九一四年更達到驚人的百分之八十四。唯有完全捨棄亞洲，成為「歐洲」的一員，才能抵抗這股無可擋的勢力，這麼一來，就需要工業化並採納現代法規，此外也意謂著獲取殖民地，因為凡是嚮往強權身分、自尊心強的國家，就有權利甚至義務取得殖民地。

日本的對外關係至今依舊緊張，而其核心就是日本曾經拒絕過亞洲，但又未能成功成為帝國強權，甚至幾乎招致毀滅。日本曾經試圖加入西方陣營卻失敗，它感覺在外交上受到忽視，而環繞四周的，又盡是它曾試圖征服、如今充滿怨念的鄰國，本章的主題，就是探討造成這種現況的來龍去脈。

日本的現代化，證明過去歐洲人想都想不到的事，歐洲的殖民主義建立在種族理論上，如今非白種人竟然與西方國家並駕齊驅，甚至超越。許多亞洲人極力貶低日本的成就，不僅是因為它曾經攻打鄰國的殘酷事實，更微妙的理由在於，亞洲人相信日本一直想方設法與全亞洲脫鉤。

今日我們所知的日本文化多半源自中國，這個中土之國是當時全世界的中心，也是所有文化、技術、宗教和道德的發源地，舉凡種稻以及青銅器與鐵器的使用技術，都是經由朝鮮半島從大陸引進，從大約一世紀起，許多統治日本的部落首領中，便有幾位曾經派遣使節到朝鮮，而當時的朝鮮也受到中國影響。[7]從西元四〇〇年左右起，日本就定期派使節到中國，先是到南京，之後到中國唐朝的首都長安，這些使節受到中國各種習慣和教條的啟發後回到日本，最重要的是佛教的教誨（發源於印度）與儒家思想，聖德太子於西元六〇四年頒布的日本「憲法」*，其中解釋的道德規範就充滿儒家與佛教思想。

研究日本現代前期歷史的聖桑（George Sansom）寫道，佛教不僅代表一種新形式的崇拜，也是全面的信仰。「這就好像一隻很厲害的神鳥，揮動著強壯的羽翼飛越大洋，將新生活的所有元素帶進日本，包括新的道德觀、各種事物的學問、文學、藝術與工藝，以及本土傳統難望其項背的微妙形而上學。」[8] 聖德太子委託興建壯麗的法隆寺，這座堪稱木雕奇蹟的佛教寺院，坐落在奈良古都與京都之間，時至今日依舊保存完好。此外，中國的租稅、土地私有與官僚的階級概念，也成為日本社會與政治秩序根深柢固的元素。

然而，即使中國文化的優越乃不爭的事實，兩國的關係卻不是一直都很平順。西元六〇七年，日本大使向長安的宮廷致國書，暗示兩國地位平等，此舉被中國宮廷視為笑談，因為當時的日本在中國眼裡只是個無名小卒。[9] 日本繼續尊崇中國的知識，甚或以金錢向中國進貢，「從日本文明開化起，就一直直接或間接向中國看齊，」日本文學學者基恩（Donald Keene）寫道：「中國的觀念傳到日本後，無可避免經過大幅修改，一些日本的美學和靈性概念，從來不是完全受中國這個典範的影響，但整體來說，中國被承

* 譯註：名為《十七條憲法》。

認是所有智慧的源頭。」[10]

日本從德川時期起，花了數百年才與中國漸行漸遠，德川是一六〇〇年到明治維新的一八六八年之間，掌控日本的軍事統治家族。「隨著日本對世界愈來愈了解，漸漸體認到中國並非世界的核心，也察覺到中國的弱點，」同時身為學者與作家的布魯瑪告訴我：「於是他們想：『我們最好開始重新定位自己。』」直到主張現代化的明治革新派推翻德川政權，日本才斷然解開中國的知識枷鎖，並且在同年丟棄它的中國中心主義，希望成為亞洲第一個「歐洲」強權。那是日本大規模現代化的起點，也是最終淪入軍國冒險主義從而戰敗的伊始。

統治日本逾兩百五十年的德川幕府，於一六〇〇年的關原之戰後崛起。德川世系的第一人德川家康消滅反對勢力，成為全日本唯我獨尊的統治者。象徵意義大過實質權力的天皇，授予他古代世襲的幕府將軍頭銜，家康建立中央集權制，在此區區幾十年前的日本，被分裂成包含數百個交戰區的混亂政體，德川家康在新的首都江戶（而後成為東京）以蠻力硬是維持了空前的和平，一六〇〇至一八六八年之間完全沒有戰爭。原本是為大名領主打仗而存在的武士，於是陷入無所事事的狀態，德川幕府一面整合勢力，一面消弭所有可能的反對力量，包括佛教僧侶、農民乃至大名，以及京都的皇室。

德川也容不下外在的反對勢力，在取得政權後的前幾年，對一五九〇年代起鎮壓基督教的行為便變本加厲——宗教不容競爭，更何況是個外國來的神。第一批傳教士於一五四〇年代隨著葡萄牙商人來到日本，到了一六〇〇年，已經有大約三十萬日本人改信天主教。[11] 葡萄牙畜養奴隸與靈魂的習慣，不受日本統治者喜愛，只是當時德川家族尚未掌握絕對政權。後續對基督教的鎮壓，還包含嚴禁與所有歐洲人、基督教徒往來的政策，一六三三至三九年，家康的孫子家光頒布一系列敕令，以控制日本與外界的往來，並且禁止基督教的教義。日本船隻不准向西航行到朝鮮或往南到琉球群島，外國人嚴禁在內陸行進或散布書籍，[12] 這時英國已經放棄日本，轉向更有油水可撈的印度，在葡萄牙人被驅逐的情況下，歐洲人當中只剩下被局限在人工島上的荷蘭人，還跟日本人有各種形式的接觸。

這些限制在今日看來，簡直就是極盡仇外之能事，但是要記住，那年頭跟歐洲人打交道幾乎沒什麼好下場。在日本彬彬有禮的荷蘭人，於一七四〇年在巴達維亞（Batavia，即今日的雅加達）屠殺了大約一萬名華人，儘管日本與外界之間如芒刺般的關係時不時出現問題，它卻是亞洲各國中，幾乎唯一躲過全面遭到殖民屈辱的國家。[13]

日本的「與世隔絕」也從不是絕對的，梅爾維爾（Herman Melville）將之形容成「上了雙重門閂的土地」，日本史學家簡森（Marius Jansen）則形容德川的外國政策「比較像是竹幕而不是柏林圍牆」。與朝鮮和中國的貿易與外交，在某種程度上依舊持續，簡森認為，日本的與世隔絕主要是衝著西方而來，他說日本密切注意外面發生的事，「日本人的世界，無論在心理上、文化上甚至技術上，絕不是封閉的」。[15]不過，日本也為它的政策付出代價，它選擇限制與西方往來的時間點，正值歐洲史上的重大時刻，也就是工業革命開始，以及歐洲殖民加速擴張的時期，包括前進新大陸在內。

撇開簡森說的，日本在技術方面確實吃過苦頭，槍枝就是一例。十六世紀，日本戰士用日本製槍工匠製作的武器打仗，這些槍是按照葡萄牙人帶來的模型製造的。日本人甚至將原版改良，添加一個裝置以防止火繩槍的點火器在夜間發光，[16]但是德川統治近兩百七十年的天下太平，使製作槍枝的知識式微，加上不再需要上戰場打仗的武士，到底還是覺得刀劍比較好，因此當美國海軍將領培里（Matthew Perry）於一八五三年上岸打算叩關時，在他面前的許多戰士，都還配備著十七世紀的明火槍。[17]

十八世紀，見過外國人的日本人少之又少，更別說是現代武器了。有些長崎的居民或許曾經從遠處見過中國商人和水手，而住在江戶街邊的人們或許曾經一眨眼，瞥見一年一度前來向幕府將軍致敬的使節團中，那些坐在轎子裡的荷蘭人。根據基恩的說法，大部分的日本人將外國人——尤其是毛髮濃密的歐洲人——視為「只是外表類似正常人類的特殊品種妖精」[18]，荷蘭人不識傳統中國人這件事本身就是野蠻造成的疏忽，當時的日本人普遍認為他們會像狗一樣抬腿小解。

儘管荷蘭人粗俗不堪，但是既然跟他們做生意，溝通還是必要的，一六七〇年，日本已經有一些人能夠讀與說荷蘭文，哪怕不怎麼流利。長崎有二十戶人家被賦予「通譯」這個世襲制的工作，荷蘭人在醫學和天文學方面有許多值得日本學習的地方，但是日本政府對西學及其與基督教之間的關聯依舊抱持懷疑態度，於是禁止記載西方宗教與科學的中文書籍，但有幾本手稿還是非法被偷偷帶進了私人圖書館。宮廷的天文學家高橋景保，就因為好奇西方知識而付出慘痛代價，一八二八年，他以日本地圖換得四冊馮克魯森斯登（Adam Johann von Krusenstern）記錄環繞地球航行經過的《航行》（*Voyage*），結果被以間諜的罪名入罪，在等待審判期間過世，當有罪判決終於送達時，他的遺體被浸泡在鹽水裡送到劊子手處，以確實將其斬首。[19]

禁止西學的命令，到了一七二〇年開始鬆綁，當時德川吉宗鼓勵學習西洋曆法，他聽說歐洲人在計算時間推移方面比中國人更精準，認為或許更符合生活困苦且時而反抗的日本農民所需，[20]於是就出現一小撮蘭學者，全心追求荷蘭人的知識，這些學者漸漸體認，歐洲的知識不僅可與中國人的學識匹敵，在許多重要方面甚至更勝一籌，能夠幫助日本達成「脫離以中國為中心的世界」這個終極目標。

西方科學的優越，從解剖學最可以看出端倪，一七七一年，日本醫師杉田玄白無意間讀到四十年前一位德國醫師的著作《解剖學圖表》（*Tafel Anatomia*），「當然我一個字都看不懂，但是內臟、骨頭跟肌肉的圖，跟我以前見過的完全不同，我這才發現他們當初一定是以活體做範本畫的。」他寫道。[21]當時「解剖」在日本還不常見，只有穢多這種被視為不潔的屠夫或製革工人才做這種事，[22]就在杉田發現這本書後不久，他來到江戶附近的小塚原刑場觀看行刑，名叫「綠茶老母」的五十歲婦女因不明的罪被處死，杉田寫道：

直到目前，解剖工作都是交由穢多，他會指明切下來的部位，告訴在場觀眾這是肺、那是腎臟……因為器官上面當然沒寫名稱，觀眾也只能相信穢多說的。[23]

當杉田將器官的真正排放位置與他那本歐洲書上的插圖比較，發現竟然分毫不差，但在過去被奉為圭臬的中國古醫書可就不是這麼回事，那些書上的內臟圖有個問題，就是跟身體比對不起來。

從此，日本人漸漸體認，歐洲「妖精」至少在科學方面比中國學者先進，世界也不是繞著中國轉的，這個「頓悟」必定與太陽不是繞著地球轉的發現同等重要，為了接受荷蘭「狗」在某些方面比日本人或中國人更進步的事實，必須將智能進行一番痛苦的扭曲才行。直到當時，德川日本的最高指導原則一直是「和魂漢才」，容不下第三種技能，如果接受西學，就必須排除中國的影響。

與中國脫鉤不僅是因為受到歐洲的知識吸引，中國本身也早已經失去光彩。一六四四年，明朝被入侵的滿洲人奪下江山，一位作家這麼寫：「中國落入外人手裡，『蠻族』王朝肯定讓日本對中國大打折扣，也使過去文化典範的鮮明形象晦暗下來。」[24]日本有一項名為國學的運動，字面意思是「國家的學問」，希望藉此與中國脫鉤，回歸國族主義的傳統。國學運動的概念，是想在本土文學與宗教信仰中發掘完整的文化，如此日本就可以解開知性上的束縛，而其中對日本詩的純粹無染，更是強調有加。「自然的召喚與情感的讚頌，對日本人而言似乎與儒學的教忠教孝相去甚遠。」簡森寫道。[25]這些思想至今依舊引起共鳴。以反中言論知名的國族主義政治家石原慎太郎，轉述法國小說家馬爾羅（Andre Malraux）跟他說的一段話。「他說，日本人是唯一能在瞬間抓住永恆的民族。」石原面帶微笑，眼睛如貓頭鷹般閃亮。「例如世界上最短的詩體俳句，就不是中國人創的，而是日本人創的。」

福澤諭吉（一八三五—一九〇一）在他的年代是一位偉大的自由派思想家，也是主張脫離中國的代表性人物，福澤不像許多被一八六八年明治維新困住的年輕武士，他們排斥的與其說是擁抱西方，不如說是學習蠻夷技術，相對而言，福澤認為日本只要接受西方思想，就能進入現代世界且獲得平等對待，他不向內看，相信唯有擁抱西方，日本才能以強大的獨立國家之姿屹立。

福澤的一生，跨越明治維新前後截然不同的面貌，布萊克爾（Carmen Blacker）在福澤自傳譯本的前言寫道：

在他出生時，日本幾乎完全與外界隔絕，當時是以儒家道德規範為基礎的封建階級制度，她的戰爭觀過時，經濟以農業為主，現代科學的知識僅限於荷蘭書上的隻字片語，而且這些書還是從長崎商站，經過七彎八拐進入國家的。福澤死時，日本在各方面已經是現代國家，她的陸軍和海軍紀律之好，先（一八九五）打敗中國，之後（一九〇五）打敗俄羅斯。[26]

布萊克爾說，對福澤而言，「日本光是擁有火車、槍械、軍艦、帽子、雨傘等文明的『東西』，是無法以尊嚴和信心在現代世界的國家中取得一席之地。日本也必須理解，西方在發現與製造這些東西時所仰賴的知識才行」。

低階武士福澤早年就受到西方思維吸引，於是決定學荷蘭文以揭曉其中的奧祕，他的文章充滿對學習的興奮之情，他寫道他的同學「對解剖動物、流浪貓狗，有時甚至是被砍頭的罪犯感到興趣，這些有志於西方知識的追求者，打從心底就是義無反顧的一群」。[27]學到高階的荷蘭文後，福澤於一八五九年到橫濱港參觀時，看到外國的標示竟然全都是英文，感到驚慌又沮喪。當時海軍准將培里的黑船「堪稱水上自由移動的城堡」[28]，在海岸外對日本做出種種威脅舉動，美國在開放日本方面頗有斬獲，就在福澤造訪橫濱的同一年，這座城市與其他幾處被指定為通商口岸，日本與中國同樣蒙受不平等條約和治外法權的恥辱已久，外國商人不受日本法律管束，只對領事法庭負責。

福澤對他英文不佳的難過程度，似乎多過通商口岸制度對日本統治權帶來的危險，他立刻下決心學習英文這種與荷蘭文一樣橫著寫的語言。一八六〇年，福澤被指派在日本第一次前往美國進行任務時擔任通譯，他在航行了幾乎無可想像的距離後到達舊金山，寫道：「我徹底信賴西方科學，只要我在一艘用西洋方法導航的船隻上，我就不恐懼。」[29]

雖然這些西方文化的邂逅發生在一百五十年前，但依舊是日本民間故事的一部分，幾年前我遇到當時即將退休、但還是生龍活虎的眾議院議員大原一三，他想起日本人早期赴美國考察的一段趣事，「他們配著日本刀，身穿傳統服裝，他們必須穿得像西方人，但卻沒有鞋子，」他想到便笑了起來：「當他們去商店買鞋，結果鞋子竟然大到可以穿進兩隻腳丫子，於是他們就『卡唧卡唧卡唧』地走在美國的街上，他們的鞋子就像樂器，穿著像布袋的寬鬆衣服跟太大的鞋子來到舊金山，人們嘲笑起他們來。日本的全權代表連刀叉都不會用。」

今日閱讀福澤自傳，會驚訝於他是多麼貼近現代。他提倡個人主義，對鄙視他父親是低階武士，且不准以功績作為升遷依據的傳統封建感到厭惡，「封建制度是我的殺父之仇，我有義務將它毀滅。」今日慶應大學的前身為福澤一手成立，也是日本的名校之一，他在學校禁止學生向老師鞠躬，原因是浪費時間，這項規定今日還在。在寫到「堅硬的封建」習俗時，他說：「我既不喜歡將頭抬得比別人高，也不喜歡向地位比我高的人低頭。」福澤的文章令人吃驚的事情之一，就是他對他口中中國學者的「墮落影響」是多麼猛烈反抗，他的文字歷歷如在目前，對他而言封建制度那些落後的規範與慣例，體現了必須揚棄的中國價值系統，他回想求學的日子，「我們愈來愈討厭所有跟中國文化牽扯上的東西，大家都覺得，日本應該徹底去除中國的影響力。」[30]

當海軍准將培里於一八五三年七月八日天剛亮時航進浦賀港，有些人抱持與福澤相同的想法。這艘噴著煙的海上怪物所展現的可怕火力，讓大多數的日本人驚恐不已，培里的旗艦為最大的「薩斯奎哈納號」，重兩千四百五十噸，比日本最大的船隻大了二十倍以上，[31]當日本得知早在第一次鴉片戰爭發生前十年，英國就憑著幾千名水手讓桀驁不馴的中國皇帝下跪，必定更增添不祥之感。野蠻人來了，日本或許曾經是神之土地，但這群西方人握有的技術，就連最神聖的國家都招架不了。

某方面證明確實如此。培里來到日本短短十五年，就引爆了明治維新這場影響深遠的社會與政治劇變，在很短的時間內發生革命、抗拒與投降，日本再也無法獨善其身，必須設法跟外界打交道，關於這點，明治時期的年輕領導者就務實到冷酷。「對他們而言，當事到臨頭，權力和保衛國家，比保留日本自身的文化習俗更加重要。」派爾寫道。[32]於是，天皇下令廢除封建制度，武士解除武力並加速工業化的進程，但是對當時大多數的領導者來說，明治維新的動力不是為改變而改變，改變毋寧是保衛國家的手段，日本在歷史上經常為了維持不變而改變，伊勢神宮就是其一。「明治維新不同於其他大多數的現代革命，它從骨子裡就是個保守的活動。」[33]

許多明治維新的領導者出身低階武士，是一群珍視武士規範的軍人，他們擁有的革命本質，在於他們願意把日本文化的封建形式擱置一旁，以便將心目中封建制度的精髓留存下來。因此，他們下定決心向西方學習，往往完全是出於現實考量。日本必須學會製作西方人拿手的火車、槍枝和軍艦，不是因為會做這些東西讓人顏面有光，而是因為可以用這些工具來抵擋西方的侵略行為。日本人念茲在茲的，不外是「了解你的敵人」。

日本打從頭就不是心甘情願決定結束孤立，而這個決定也從此影響它的國際關係。明治維新背後是一群軍人，他們「很快採用社會達爾文主義的語彙，用『弱肉強食』來形容國際政治的現實」[34]，從此，日本從原本的殖民受害者演變成亞洲的掠食者，某種程度來說是預料中的事。我們習慣以惡劣的暴行與殖民戰爭造成的苦難來批判日本人，以致沒有考慮到，日本一味追求帝國的強大而後陷入戰爭，幾乎是自然的結果。「從明治時期開放國家起，西化對日本來說，代表的就是不折不扣的帝國主義，」道爾告訴我：

「日本戰前的成功，它不僅仿效西方的工業與文化，西化也意謂帝國主義。」[35]

即使以福澤的年齡來說，幾乎算得上是自由派的思想家，但卻從未懷疑日本有義務「啟蒙」亞洲其他地方。一八九五年戰勝中國時，他寫道：「我高興得無以言表……我經常為那些離開人世（而未能目睹這一切）的人們感到可憐而落淚。」[36] 在此之前幾年，報紙上有一篇未署名的文章，後來被認為是福澤所寫。他在《脫亞論》中寫道，未能模仿明治改革進行現代化的中國與朝鮮，因為太過落伍而無法與日本共同邁向「文明開化」之路。因此，日本應該「脫離亞洲國家之行列，與西洋文明國共進退」。此處顯然暗示，日本應該仿效歐洲強權取得自己的殖民地，為「文明開化」努力，「福澤見到東亞的未來，是建立在中日衝突的主軸上，」我到慶應大學拜訪小室正紀時，他這麼表示：「如此一來就回答了一個問題，那就是東亞要成為儒家思想的集團，還是現代的集團？」

明治維新三十年後的十九世紀末，日本與外界的關係，從位於亞洲邊陲的荒僻國家，到贏得地區的霸主地位，迅速地正式進入世界強權之列，日本的擴張主義，早在一八八〇年代逼迫朝鮮簽訂不平等條約時已經開始，一如當年美國強迫日本簽訂不平等條約。一八九四年，就在中日之戰發生前幾個禮拜，日本達成夢寐以求的外交目標，廢除了二十五年前被迫簽下的不平等條約，終結準殖民地的身分。一八九五年打贏中國而取得台灣，中國對日本賠款，准許日本船隻往來行駛在揚子江上，一九〇二年簽定英日聯盟，意謂日本至少在書面上終於達成福澤不太可能實現的夢想，成為「遠東的偉大國家，與西方大不列顛相抗衡」。一九〇五年，日本不僅打敗俄羅斯，也在滿洲地區取得命運多舛的據點而震驚世界，一九一〇年，日本正式併吞朝鮮，這下子受害者成了加害者，《茶之書》的作者岡倉天心將人們期盼的「開化」勢力做了簡明摘要。「西方人慣於將日本視為蠻夷，其實她只是沉浸在與世無爭的閒雲野鶴之中，」他寫道：「稱她開化，是因為她開始在滿洲的戰場上大肆殺戮。」[37]

除了外在行為，日本企圖有系統地在國內採行外國的做法，許多時候還一副正經八百的樣子。日本上流社會開始參加舞會，身穿燕尾服、頭戴高帽，避免出入聲色場所，甚至吃起牛肉來——福澤說，吃牛肉可以改善體格。歌舞伎源自京都妓女在河邊表演的低級娛樂，這下子卻搖身變得端莊古典，第九代市川團十郎的後裔至今依舊活躍於舞台上，他詆毀歌舞伎座的傳統，說是「喝光汙穢物」，他在舞台上不穿著華麗的和服或穿得像魔鬼，改以領帶和燕尾服現身。[38]機關團體開始將西方的道德規範強加在人民身上，在公共場所裸體以及男女混浴都在禁止之列。其中一個規定宣布，雖然「這是個大眾的習俗，在我國人民之間並未受到鄙視，但是看在外國人眼裡卻非常丟臉，因此你們應該將之視為奇恥大辱」。[39]

然而，儘管日本無論在戰場、舞場還是浴場費盡心思，依舊沒有受到它所渴求的接納。在一九一九年巴黎和會（Paris Peace Conference）上，東京促請將種族平等原則加入國聯章程，結果遭到西方勢力拒絕，使日本人相當痛苦，並將此舉詮釋為（或許是正確的）黃皮膚人種的國家，永遠無法受到種族主義的西方人平等對待。

日本總是被排除在白人集團外，是它淪為軍事主義侵略的重要心理背景，日本人認為，被封為國家主權鬥士的威爾遜（Woodrow Wilson）是個偽君子，由於西方勢力各有各的殖民地，並且掌控世界的天然資源，他們的目標就是把日本之類新來的國家擋在外頭。早在一八八〇年代就有一首流行歌，把日本眼中虛假文明底下的新世界秩序，描述得淋漓盡致：「有國際法，這是真的／但是當時候到了，記住／弱肉強食。」[40]

日本戰勝中國和俄羅斯，以及全面併吞朝鮮，為它鋪了一條通往悲劇的路。早年的勝利漸漸養成過度自信，於是它對整個區域遂行粗暴的軍事行動便成為宿命，在戰爭於一九四五年結束前，數百萬中國人遭到殺害（聯合國估計，光是戰爭就有九百萬人喪生，死於飢餓和疾病的更不在話下），幾百萬亞洲人因為戰爭而直接或間接失去生命，數萬人被迫勞動，印尼、朝鮮、馬來西亞、中國等地的人民在礦坑或在興建鐵路的「死亡行軍」中喪命，戰後法國想索取賠償，原因是日本在統治印度支那期間造成百分之五．五的歐洲人口與百分之二．五的原住民死亡，太平洋戰爭造成美國軍隊死亡十萬一千人、傷者二十九萬一千五百人，至於日本人自己也死傷慘重，有大約一百七十五萬軍人和近四十萬平民死亡，包括東京轟炸和廣島長崎原爆的死亡人數在內，總死亡人數超過兩百一十萬人，占日本當時人口約百分之三。[41]

然而，日本在一九〇五年的日俄戰爭贏得空前勝利後，就一直對戰爭摩拳擦掌、躍躍欲試，一些亞洲人則是讚揚日本的軍事野心可說是對西方世界欲解放亞洲的打擊，中國的民族主義領導者孫逸仙說：「我們認為，日本打敗俄羅斯，等同於東方打敗西方。」[42]印度獨立後的第一任總理尼赫魯（Jawaharlal Nehru）在自傳中寫道：「日本的勝利激起我的熱情……民族主義思想充塞我心，令我思及印度與南亞脫離歐洲奴役，獲得自由。」[43]英國陸軍軍官、同時也是軍事歷史學家的富勒（John Frederick Charles Fuller），毫不懷疑日本勝利的重要性。「最重要的，這是挑戰西方在亞洲至高無上的地位，」他寫道：「亞瑟港一九〇五年的陷落，就像康士坦丁堡在一四五三年的陷落般，可列入少數偉大的歷史事件。」[44]

一開始的反應，等於是替日本的政治宣傳背書，日本侵犯鄰國成了解放戰爭而非征服的行為，到頭來證明一切都是謊言。日本公然歧視同樣身處亞洲的人民，導致外界的讚許很快就破了功，帝國的意識型態，堅信日本是個「眾神之地」，教導子民以為其他亞洲人較劣等，甚至不配被稱為人。日本可惡的七三一部隊，在傀儡滿洲國以中國和朝鮮犯人為主要對象，進行活體解剖和生化實驗，甚至將受害者稱為「紀錄」（logs）而不是人，這些被大日本帝國陸軍「解放」的人們，很快就發現他們的新主子比舊的更糟，諾貝爾和平獎得獎者翁山蘇姬的父親翁山將軍，當初曾經協助日本人逃到緬甸，但他不久就明白，原來這群日本的「解放者」竟然以如此殘暴的手段鎮壓百姓。「我去日本救我的同胞，他們被英國人當作牛來對待，」他在一九四二年說：「但現在我們被當成狗。」[45]

在日本國內，深化明治維新建立的制度，讓日本落入準法西斯主義帝國狂熱的魔咒，簡直是大錯特錯。福澤擔憂他的國家無法接受個人探求真理的理念，而他認為這是現代國家成功所必要。「他的基本信仰是，這種探究的精神是必不可少的，而唯一方法就是反對階級組織，」慶應大學的小室說：「唯有個人自主，國家才能自主。」然而事與願違，二十世紀前幾十年，日本的個人主義逐漸式微，階級制度重新抬頭。歐洲是從底層發動革命推翻封建秩序，日本則是由主張現代化的武士組成的派系，硬是將封建秩序廢除，日本有國會，由男性選民、政黨和總理在受限的投票權之下選出，但缺乏現代民主制度中人民當家作主的特質，保守菁英也就比較容易藉由全國性的計畫凝聚人氣，換言之，覆蓋在快速工業化和殖民征服外面的，是帝國狂熱的裹屍布。

一九一二年明治天皇駕崩，明治時期也正式畫上句點，他在位的期間，日本經歷了急劇的現代化，然而受到的盲目虔誠，又令人不禁想起日本自以為早就捨棄的封建秩序。一九一二年九月十三日天皇的葬禮上，日俄戰爭的英雄乃木希典將軍，剝去外衣、身著內衣，妻子則身穿黑色和服，乃木將軍向天皇相片行禮後，將刀子刺進妻子的脖子而後切腹自殺，[46]這是忠心武士的典型做法，而不是痛下決心接受西學同化、主張現代化的將軍會做的事。

明治之後為大正時期（一九一二—二六），這段期間發生了政治上的激烈動盪，也可能因此發展成更多人參與的民主制度。天皇本身動不動就發作精神病，導致他的在位期間被迫縮短，最後以想像的功能性文明社會結束。他在位期間，政治制度的演變速度比維新時期的領導者所希望的還要快速，政黨也更加壯大，快速工業化產生的新勞工運動，開始爭取權利與影響力，街頭抗爭如雨後春筍且經常訴諸暴力，尤以一九一八年推動全面男性投票權最為激烈。同年「米騷動」在鄉下如野火燎原般散播，於是政府派遣軍隊鎮壓，佃農造反遍地開花，部分是各個階級的識字率逐漸提高的結果。東京大學歷史學家宮地正人，將這時期稱為「普遍暴動的時期」[47]，一些從事勞工運動的人士，甚至向正在歐洲搧風點火的馬克思主義送秋波，法規對於誰握有實權則是模稜兩可，天皇雖是統治者，但法規卻否認日本直接由天皇統治，[48]有一段時期，日本的民主前途處在未定的狀態。

「大正民主」是個幻想。一九二三年的地震將東京大多夷為平地，約十四萬人喪生，也成了轉捩點。災難發生後，警察趁亂將左派分子和無政府主義者一網打盡，雖然全面男性投票權於一九二五年實施，其他方面的自由卻是開倒車。抱持激進主張的政治集團遭到禁止，此外「治安維持法」規定，凡是批評天皇或私有財產制度就是犯罪，最高可判處十年徒刑，[49]即將進入一九二九年之際，經濟卻落入衰退，更往右傾也是時勢使然。一九二八年，在勞工黨派參與的大選過後，又發生一次左派分子的大規模集結，[50]政黨政治無可避免造成黨派林立與意識型態分歧，然而最終因為與日本做好戰爭經濟準備的主要國家利益不相容而遭到捨棄，「兩黨政治是富裕的先進國家產生良好政策的具體方式，」一九三一年，溫和派的軍事領袖宇垣一成，在一篇直到今日依舊獲得威權領導者喜愛的文章中寫道：「但是，微弱、先天不良後天失調的國家，不僅是在國內，也要向外發展為人民謀福祉，這需要國家團結，而兩黨制度並不受歡迎。」[51]

一九三二年五月十五日，試圖限縮軍力的自由派總理犬養毅遭到暗殺後，情勢立即倒向軍方，他被一群企圖「恢復」皇權為制度核心的狂熱分子所殺，從他被殺以後，總理不再受政黨影響，而是被軍隊或其同情者左右。隨著犬養的死亡，日本也確定墮入軍事主義，並窮盡一切力量打仗，政治集會中，凡是批評軍方的人一律被要求閉嘴，但即使如此，激進黨派仍繼續抗爭，「社會大眾黨」在一九三七年的選舉中贏得幾近百分之十的選票，可見並非每個人都認同帝國狂熱。儘管如此，日本的制度與德國、義大利等法西斯國家卻愈來愈相似，拚命強調大和民族的所謂純粹，對天皇幾近宗教般地投入，強烈希望將日本的「價值」散播到其他國家，甚至獲得部分左派分子的認同。明治時期，日本的領導者一心想要「脫亞」，以便和歐洲強權國家平起平坐，一直未受到邀請的日本感到屈辱，許多知識分子於是對戰爭躍躍欲試。「我們是所謂的『黃種人』，我們戰鬥，是為了證明遭到歧視的種族是優越的，」伊藤整（一九〇五—六九）在日記中寫道：「除非與上等白種人戰鬥，否則無法實現我們身為世界一等人的資格。這就是我們的宿命。」[52]

日本做出各種舉動想獲得平等對待，卻遲遲未有進展，伊藤的話似乎愈來愈不可避免。相對於英國和美國，日本所能擁有的海軍戰艦受到國際公約凍結，一九三三年，國聯譴責侵占滿洲國，日本憤而離席，等於是放棄長久以來被西方殖民國家接納為一員的野心。少了精神支柱的日本軍隊如脫韁野馬，一九三七年從滿洲國深入中國，一九四〇年進入北印度支那，當日本長驅進入印度支那，華盛頓以全面的國際原油禁運作為回應，受到束縛的日本領導者，於是在一九四一年十二月登陸珍珠港，發動他們所謂的「防衛性」攻擊，次年二月，日本人取得馬來亞與新加坡，不到數週拿下荷屬東印度，亦即現代的印度尼西亞，在那之後不久，又征服菲律賓與緬甸兩國的大部江山。

日本同胞對於攻擊珍珠港大喜過望，許多人認為，總算為這些年來培里將軍對日本的侮辱報了一箭之仇，詩人高村光太郎（一八八三—一九五六）為文頌揚，他認為這是報復多年來盎格魯薩克遜人的侮辱，同時確立日本人優越性的勇敢之舉。

日本，眾神之地
被活生生的神明統治[53]

然而，美國受到激怒而跳進戰場，戰爭情勢的反轉只是遲早問題。就在偷襲珍珠港後短短六個月，日本海軍輸了中途島的決定性戰役，船艦被嚴重耗盡，使它在太平洋建立的新帝國暴露在危險中。美國人採取越島作戰的策略，眼見著就要朝日本接近，一九四四年七月，美軍拿下塞班島後，進入了日本轟炸的射程內，於是展開對日本城市的大規模空襲，不幸的是，日本軍事領袖沒有能力面對這無可避免的下場，當時的海軍或許已經有談判後投降的打算，但卻不肯接受聯軍要求的無條件投降協定。恐怖的戰爭一波接著一波，其中以沖繩島戰役最為慘烈，因而被稱為「鐵暴風」，在這場戰爭中，神風特攻隊對美國船隻發動約一千五百次攻擊，而沖繩人民則往往在日本軍隊的唆使下集體自殺，成為二次大戰最凶殘的事件之一。接著，兩顆原子彈分別在一九四五年八月六日和九日投下，之後就是沒有認清現實的日本領導者，長久以來最不樂見的無條件投降。

日本成了一片狼藉。接下來的七年，只能仰望美國和聯軍最高指揮官麥克阿瑟將軍的占領軍援助。日本已經離開亞洲，但付出的代價，就是成為另一個強權「美國」的附庸。

第三部

找到與失落的數十年

第五章

魔術茶壺

日本向聯軍投降之前兩個月，知名報社編輯的十七歲兒子緒方四十郎，獲得了一張日本愛樂交響樂團的音樂會門票，演奏的曲目是《貝多芬第九號交響曲》，地點在日比谷民眾活動中心。這棟磚造的建築，是一九二三年關東大地震後，為了首都現代化而興建的。緒方還記得音樂會當晚，他從澀谷搭電車三英里到新橋，這趟路經過如今東京幾處最高級的住宅區，閃爍耀眼的霓虹燈、摩天大樓、辦公大廈、公園、住家、百貨公司、精品店、保齡球館、商店街、戲院、劇院、俱樂部、美術館、上千家咖啡店、餐廳，以及酒吧。當時沿路荒無人煙，從一九四五年初起，美國就派了數十架低空飛行的B-29型戰鬥機，在日本首都上空丟擲燃燒彈，而當時的房子多半都是木造。就在三月九日至十日的晚上，大約三百架轟炸機在東京呼嘯而過，扔下的炸彈毀損十六立方英里的建築物並引燃大火，光是那天晚上，估計就有十萬名百姓死亡、一百萬間房子失火，被認為是人類史上最慘烈的轟炸，死亡人數甚至超過原子彈爆炸。緒方的家位在當時逐漸繁榮的新宿區，儘管在三月空襲中倖免，但仍逃不過五月下旬的又一次災難。「東京全毀了，」緒方回想前往日比谷的音樂會途中焦黑的廢土：「什麼都是平的，全都平了。」[1]

如今的緒方八十多歲[*]，也已經從服務大半輩子的日本銀行退休，他有慈善的面容和機智，成語「轉危為安」就是他告訴我的，他也說他相信日本能夠從海嘯的災難或目前經濟和政治的欲振乏力東山再起。日本民眾以尊嚴面對逆境，令他看到一九四五年後，日本人面對逆境，從戰爭廢墟中走出一片天的精神，緒方喜愛討論政治，也敢於提出可能被許多人認為不妥的觀點，特別是在日本政治光譜上偏右翼的意見。他大半時間都在日本記者俱樂部和日本外國特派員協會，參加演講和記者會談論時事，他有許多名言，說的時候還每每眨巴著眼。「日本這國家有好的士兵，但是有很差的指揮官。」是他常講的名言之一。或許是從日本打仗的經驗得到的教訓吧，但他認為對現代日本也適用，特別是目前漂泊不定的狀態，緒方認為，這句話從海嘯後人民再次展現勤勞懂禮、但國家領導人卻令人失望可以看出，雖然他在日本銀行是大老級的人物，但自我介紹時，卻經常自貶為「貞子的先生」，承認妻子的聲望大過自己。緒方貞子為前聯合國難民署高級專員，在日本享有高知名度。[2]

緒方的祖父和曾祖父出生時，距離明治維新還很久。兩人一直從事「蘭學」，父親

＊譯註：緒方四十郎於二〇一四年四月十四日去世，享壽八十六歲。

竹虎是自由派的《朝日新聞》總編輯，在一九二〇年代就擁護更開放的民主，儘管在自由思想下成長，緒方卻記得小學時期慶祝占領南京的經過。正當百姓遭到強暴與屠殺的事情被世人所知，檔案照片卻顯示一群與緒方年齡相仿的日本學童，在皇宮外天真揮舞旭日旗的樣子。四年後，突襲珍珠港令少年緒方震驚，但他承認遠方的戰事多少令他激動。「最初的勝利讓大部分人振奮，包括曾經反對戰爭的人在內。」他在回憶錄中寫道。[3]

由於父親與新聞業的淵源，緒方的消息要比大部分的日本人靈通，因為當時的人民，只能從經過審查的新聞媒體大量湧出的帝國政治宣傳獲得消息。他比大部分的日本人更早就猜到會打敗仗，八月九日，就在去聽貝多芬音樂會後不到兩個月，他從海軍軍官處得知，廣島遭到一種可怕的新武器摧毀，而且蘇聯已經撕毀與日本的互不侵犯條約。雖然緒方還不知道第二顆原子彈已經被投擲在長崎，但他了解到戰爭即將結束。他在日本於八月十五日無條件投降前六天，在日記上寫道：「歷史上非常悲劇的日子即將到來。」如今很難想像，當初日本人的心理是多麼煎熬。如果對亞洲的瘋狂占領，可以被稱之為日本夢，那麼它是結束了。過去遙遠、神聖且不會犯錯的天皇，來到廣播電台宣告投降，鄉巴佬與都市人全都擠在爛收音機旁，不可置信地垂下腦袋。過去沒有人聽過天皇的聲音，更遑論說出類似這樣無法想像的話。前東京都知事石原慎太郎當年十二歲，「我覺得他的聲音高亢，非常女性化，」他告訴我：「像貓的尖叫聲。」[4]

日本成了一片廢墟，它的意識型態與建築物都化為瓦礫。投降後空拍東京、大阪、名古屋、廣島和長崎，與二〇一一年海嘯後的東北海岸城鎮竟有種奇怪的相似感，街道仍清晰可見，只是大部分的建築物都消失了，唯有零星的工廠煙囪或磚造建築，從瓦礫堆中豎立。日本是徹底被打敗了，五分之四的船艦、三分之一的工業機具以及近四分之一在鐵道上行駛的車輛、汽車和卡車，全都被摧毀。[5]剛投降後的記錄片段中，顯示腳蹬木屐、衣衫襤褸的兒童，在破瓦殘礫中撿東西。

我的岳父艾羅伊（Gene Aaroe）在一九四五年是美國海上防衛隊的成員，他還記得日本投降後不久，在北部的青森港登陸的情形。戰爭結束令他有點失望，他曾經目睹在沖繩島之戰中，神風特攻隊試圖擊沉他周遭的船，反遭致飛機起火。和其他美國人一樣，他聽說有個崇拜天皇的狂熱民族絕不投降，不惜戰到最後一名男人、女人和小孩，[6]結果他看到的，卻是個受盡蹂躪的順從國家。青森的人民在街上一字排開，將鍋碗瓢盆、和服等財物放在腳邊，準備賣給征服他們的美國人，他買了一把切腹自殺用的刀子，至今還保存在西雅圖的壁櫃裡。不用說，當初他用來買這把刀所花的幾塊美元，讓對方換來亟需的食物。

就在天皇宣布投降後兩個禮拜，聯軍最高統帥麥克阿瑟將軍來到東京附近的厚木海軍飛行場，他身穿陸軍的卡其服，看起來氣宇軒昂。麥克阿瑟瀟灑地啃著一大根玉米桿子，更顯得他對即將成為日本的統治者一派輕鬆，在他後來與天皇的合照中，便可看到一個神態自若的美國人，身高比旁邊那位弱不禁風的緊張日本人高出許多。沒多久，天

皇本人嚥下最難忍的一口氣，他告訴人民，寄希望於天皇的神性之說是錯誤的。＊

日本史上頭一遭被外國勢力占領。美國人在日本待了不到七年，這是二十世紀最不尋常的遭遇，借用道爾的名言，是「擁抱勝利」與被征服。雖然麥克阿瑟屬保守派，但他身邊許多官員都是羅斯福新政（Roosevelt New Deal）的擁護者，這群理想主義者，想從日本現代化失敗的狼藉中塑造和平民主的社會，他們透過現存的官僚政治，著手建置一系列政策，包括土地和勞工改革、破除寡占、女性平權、對左翼政治犯進行大赦，以及起草新的和平憲章等。此外，他們也著手掃蕩政府和軍隊中與軍事主義相關的人等，但是麥克阿瑟做出一個爭議性的決定，他保護天皇免於接受法庭審判，讓他繼續作為國家統一的象徵性人物。

緒方的父親竹虎是最初遭到懷疑的數千人之一，儘管他有自由派的背景，但是《朝日新聞》卻是在他的監督下，走向更為親政府的路線，並於一九四四年被徵召進入內閣，擔任情報局總裁。戰後，他立刻被指名為戰犯而遭到軟禁，一九四六年三月，他被公訴人傳喚，提供戰前政治局勢的證據給東京軍事法庭，審判庭上包括前首相東條英機在內，共有七人被判處死刑，另外十六人被判處無期徒刑，在這場亞洲紐倫堡大審的作秀式審判中，數百名低階官員因為戰時的殘暴行徑被處死，緒方的父親被禁止擔任公民營要職，後來戰犯的罪名獲得洗清。儘管如此，緒方依舊記得在寺廟的祭典上，一名醉漢不斷用拳頭捶他家的木牆，高聲喊道：「緒方竹虎，你是戰犯！」緒方回想，當晚真是悽慘。

當時數百萬日本人急切想了解，他們的社會怎麼會鑄下如此大錯，戰後的那幾年，社會主義與共產黨的支持者激增，占領的美國人在害怕之餘，對原本鬆綁的軍力又加緊控制起來，一九四八年左右，冷戰的輪廓開始成形，勞工團體與左翼政治領袖遭到鎮壓，於是所謂「逆行線（回頭路）」的態勢愈來愈明顯，早在一九四七年，麥克阿瑟就以個人的名義阻止全國性的罷工威脅，同時派哈蒂利（Eleanor Hadley）負責解體勢力強大的財閥，她記下其中的偽善，「他們被告知籌組工會，又跟他們說有權罷工，」她說：「可是等到勢力大了，他們就被削弱。」[7] 一九四九年，以赤色整肅（Red Purge）來對付工會、媒體和民營部門中「麻煩製造者」的想法甚囂塵上，這個外來語甚至收錄進了日文的詞彙庫。

以上是知識的動亂，所有一切都是經過討論的。緒方記得他就讀的中學校園舉行過一場大會，主題是討論將漢字從日本文字中取消並改採羅馬拼音的優缺點，當時有一種理論，認為日本落伍的原因，在於兒童花太多時間嫻熟數千個複雜的文字，以致沒有足夠時間研究現代科學。即使歷經戰敗且受盡屈辱，但是日本脫離亞洲人種，加入「文明」

＊譯註：原文在一九四六年元旦昭和天皇的《人間宣言》詔書中。

西方國家行列的衝動，卻未曾稍減。

達到這個目的的手段，顯然和以前不同。日本遭到占領，且從一九四六年十一月起，日本憲法聲明放棄發動戰爭或維持常備三軍的權利，由於無法藉由征服殖民地贏得國際地位，能採取的唯有經濟一途。緒方說，即使戰後百廢待舉，但他並沒有因此絕望，「我們真的相當樂觀，」他開心地回想，距離他搭電車經過被夷平的東京，已經超過六十五年：「因為你知道的，我們不能夠倒下。唯一的存活之道，就是往上爬。」

如今世界將日本的經濟起飛視為理所當然。從今日觀之，一九五〇至七三年之間，以平均百分之十的年成長率飛快前進的驚人成就，其重要性遠低於近期的經濟失敗，儘管情況沒有許多人以為的那麼糟，但過去「失落的二十年」讓許多謗日者相信，日本所謂的經濟實力只是幻想，在我們面前這個守舊古板的日本才是真的。一九八〇年代，有些人預測日本將超越美國，成為全世界最強大的經濟體，而今卻一敗塗地，過去日本特有的企業文化和政府管制的工業政策，被認為是經濟起飛的要素，如今卻不時被譏為造成二十年來混亂狀態的理由。「日本的狀態是醜聞，暴行，恥辱。」諾貝爾經濟學獎得主克魯曼（Paul Krugman），在一系列探討日本後泡沫弊病的文章中寫道。後來，經濟危機與癱瘓襲擊美國與歐洲，克魯曼又改變論調，引用日本作為安度經濟風暴的模範。[8]即使經過二十年的抑鬱寡歡，日本依舊是全世界的經濟體中，迎頭趕上的最成功典範，其他非西方國家，除去城市國家新加坡和卡達外，都不曾達到日本人如今視為理所當然的生活水準。[9]

我們很容易忘記，一九四五年的日本經濟前景是多麼不被看好。日本的戰爭侵略行為導致其在亞洲備受譴責，然而我們也忘記，這一點卻成為亞洲其他國家在二十世紀後半的靈感來源。日本或許不被喜愛，但卻證明一個自古以來的道理，那就是非白種人也跟高加索人一樣，能夠在經濟和技術上有所成就。然而這個簡單事實卻不是不言而喻的，加爾布雷斯（John Kenneth Galbraith）在一九五八年的著作《富裕的社會》（*The Affluent Society*）中，一開頭依舊是將富裕國家，定義為「位在世界上，由歐洲人構成的相對小角落」[10]。日本隱約傳達的訊息，啟發了新加坡、台灣、南韓、馬來西亞、香港等地的技術官員與政治領袖，群起模仿日本外銷導向的發展模式，一九三〇年代日本率先提出的願景「雁行型態論」仍繼續流傳，只是這次是經濟而非軍事，日本是帶頭的大雁，東南亞國家則追隨在後，日本向驕傲的西方人與自我懷疑的亞洲人證明，膚色不是發展的障礙。

以上這些，在一九四五年都還無法預見，至少外人是如此。從明治時期打下基礎的日本經濟，有如一艘正在冒煙的沉船，產業的百廢待舉，因為戰敗當年的農作物歉收而雪上加霜，壞天氣加上缺乏生產食物用的肥料與人工，導致糧食短缺百分之四十。四十年後的動畫片《螢火蟲之墓》，一開頭就是孩子在上野車站快要餓死的可怕畫面，也是無數人在那絕望的幾個月中的命運。[11]飢餓的東京人攀上從上野開往鄉間的火車，他們扛了一大堆和服等傳家寶來換取食物，火車擁擠到人們攀在車廂外，鐵路職員只好將木板條架在車窗戶上以防碎裂，住在東京附近一處村莊的農夫太太松丸和枝（音譯），描述貪婪的群眾下了火車後的情形。「他們什麼都買，連馬鈴薯掉下來的葉子都不放過。」[12]偷竊也不在話下，許多食物就被偷偷轉到交投愈來愈熱絡的黑市，都市裡一些年輕女子以和美國大兵上床賺錢，或者得到尼龍絲襪或罐頭食品等稀有物資，「城裡某些區域的漆黑角落，當時被稱為『潘潘女』的妓女，每到晚上就會冒出來等待美國大兵。」緒方回想。

撇開這樣的苦難，美國的第一考量不是振興日本經濟，而是拆除戰時的工業綜合設施。[13]一八八〇年代明治時期的領導者們著手國家現代化以來，日本就是世界上成長最快速的經濟體之一，從一九三〇年代起，日本工業以戰爭經濟掛帥，美國人決定不讓這種情形重演，於是規定製造戰艦的造船廠，除了木製漁船外其他都不准製造，美國最初計劃拆除大部分殘存的工廠，將機器打包送給日本戰時的敵人當作戰敗的賠償，但這些計畫逐漸縮手，軟化的原因一開始是基於同情日本的經濟困境，並且擔心社會動盪不安。但是，隨著冷戰到來，華盛頓的想法也跟著改變，認為讓日本卑躬屈膝，並無法完全滿足美國的策略需求，美國想要的，是一個能夠對抗共產主義的堡壘。但是，即使美國開始思考如何從經濟上強化日本，卻「始終認為充其量也只會是個二流經濟體」。韓戰爆發前幾天，杜魯門總統的特使杜勒斯（John Foster Dulles）表示，日本應該專注在酒杯杯墊之類的出口上。[14]

美國視日本為廉價裝飾品的製造者，但國家的官僚卻有不同想法。政府官員早在戰爭尚未結束前，就已經暗中計劃戰敗後的生活，負責規劃戰後經濟的大來佐武郎，於一九四五年八月初寄發開會通知，「目的是討論日本戰後經濟何去何從，」大來談到他的祕密計畫：「但是，如果將會議目的公告周知，我們會被軍事警察拘捕。」專家們的聚會在八月十六日一棟燒壞的建築物中舉行，這一天也是日本投降的次日，大來記得當時的情況有多悽慘。「從窗戶往外望，看起來就像一片焦土。每個人都在挨餓。但是討論日本前途的委員會真的很努力，他們想，現在很糟，但只要努力，日本將再度站起來，不是利用軍事手段，而是新的技術和經濟力量。」[15]

早期的規劃者討論日本重建的各種模式，有些人主張日本應該專注在農業上，然而最後達成的共識，是比照當初導致全面戰爭的同樣方法，來創造和平時期的強大工業。從一九三〇年代初期開始，日本就從輕工業轉為重工業，以戰艦、炮彈和化學製品，來取代紡織和手工藝，富國強兵一直是明治大計的重頭戲，後來這目標落入軍事主義。既然日本不准打仗，乾脆專心一意來建設強大的經濟體。

華盛頓很快就後悔將和平條款寫進日本憲法中，但是在「吉田政策」下——以戰後十年間在任最久的首相吉田茂命名——日本把「無須盡國際義務」變成自己的優勢，日本受美國軍隊的保護而無須負擔國防費用，就可以傾全國之力來拚經濟，財富的創造於是被視為另一種建立國家聲望的方式。戰後的抱負與戰前野心之間的關聯，以及實現這些雄心壯志的手段，有時是不言自明的，東京帝國大學工程學教授富塚清，在一九四五年四月的日記中寫道：「穿著制服的軍隊，不是唯一一種軍隊，西裝下的科學技術和戰鬥精神，將會是我國的地下軍隊。」[16]

儘管懷抱雄心壯志，日本的經濟卻在一九四八年來到危機點，戰爭以來三年內物價飆升達百分之一二〇〇，勞工衝突時有所聞，美國人於是找來底特律的金融家，人稱「經濟獨裁者」的道奇（Joseph Dodge），負責監督一項激烈的政府撙節計畫，裁減公務員。通貨膨脹逐漸獲得控制，同時壓低匯率以刺激出口，赤色整肅開始，凡是有意瓦解財閥的政策一律被默默地捨棄，失業上升，消費下降，許多公司紛紛倒閉，蕭條即將到來。一九五〇年韓戰爆發令日本鬆一口氣，僅存的工業基地開始忙著供應美國人軍事設備，吉田稱之為「上天賜予的禮物」。美國擱置它對日本軍事綜合設施的顧忌，長期閒置的工廠接到美國來的刺網與軍需品採購訂單而忙了起來，有些工廠則是從戰前生產軍需品轉而製造民生用品，大阪一間飛機工廠開始製造房屋用的釘子，收音機零件製造商則改生產電燈泡，尼康（Nikon）以往專門製造射擊瞄準器用的磨光鏡，如今開始製造起照相機和望遠鏡來。

美國人鬆綁造船的禁令。位於吳市，曾製造出有史以來最大戰艦「大和艦」的海軍造船廠，改生產坦克車和商用船艦，當時全世界的船隻有半數為英國製造，但即使在禁止造船期間，日本的工程師依舊懷抱著超越英國的大夢，大學繼續培養大量的造船工程師，即使根本沒有工作給他們做。當禁令一解除，他們紛紛就定位，吳市的管理者採用所謂大型砌塊建構（block construction）的造船法，將預先製造好的船隻各部位焊接在一起，七個月就造出船來，花費的時間比其他國家少了一半以上。另一方面，日本暗中派人去蘇格蘭的克萊德（Clyde）研究造船，加入這次祕密任務的成員發現，日本的方法早就比英國先進，就在造船廠重新開始造船後不到十年，日本就超越英國，成為全世界最大的造船國家。

道奇來到日本不久，通商產業省——也就是傳說中的MITI——便成立了。被許多人公認監督日本經濟復興有功的通產省，前身為軍需省，當年曾經懇求日本企業團結起來增產武器，如今通產省的官僚則是為了和平復興而凝聚日本的工業潛力，排在前幾名的是鋼鐵，一位官員稱之為「工業的糧食」。但如果鋼鐵是糧食，也未免太過缺乏，日本在經歷戰爭的浩劫後，只產出五百萬公噸的鋼鐵，美國生產的鋼鐵則高達九千萬公噸，日本每產出一公噸的鋼鐵，需要的工時比美國多七倍，於是政府派遣鋼鐵研究團到美國取經，讓人想起後明治時期的岩倉使節團，到世界各地搜刮現代化的成功祕訣。通產省的結論是，在策略性港口興建煉鋼廠，利用當時「半計畫性經濟」的工具，下令開關大片土地興建超現代的煉鋼廠，並且與其他受優惠待遇的產業，同樣獲得廉價的融資與匯率。在此同時，日本工程師很快就看到吹氧製鋼技術的前景，結果證明他們的學習速度很快，到了一九六〇年，日本的鋼鐵生產翻四倍，成為兩千萬公噸，效率也獲得大幅改善，五年後產量超越四千萬公噸。

汽車產業也類似。一九二〇年代，日本只有幾千輛車，而且全部為外國製，以通用汽車和福特為主。隨著日本軍事化，外國車被視為威脅，於是美國公司遭到驅逐，政府並同時要求豐田和日產製造軍用卡車。截至這時候為止一直在製造織布機的豐田，從一九三〇年代中期起生產汽車但品質很差，日本戰後，豐田的總裁豐田喜一郎要求他的工程師一定要在三年內追上美國的技術，對豐田而言不啻為遙不可及的目標。一九五七年，豐田以皇冠（Crown）的品牌開始外銷汽車到美國，但因為加速不夠快，上不了美國的高速公路而賣得一敗塗地，然而豐田在日本卻受惠於對外國進口貨物的高保護性關稅與廉價的融資而漸入佳境，通產省官員力抗其他政府部門中，對經濟的主張較為「理性」的官員，這些人認為日本應該把汽車生產留給更先進的美國人。汽車製造業者與其他產業同樣因為韓戰而大發利市，按照豐田的說法是豐田汽車的「救星」。「我一方面為公司感到欣喜，同時為我的幸災樂禍感到罪惡。」[17] 豐田自行製造汽車，其他汽車公司卻與外國製造商簽訂合作協定。通產省確保國家不被優越的外國技術淹沒，遂以嚴格的時間表，下令日本公司將零件生產本土化，最終在日本生產整輛汽車。

當然，通產省的官員並不反對採行重商主義，即後來所謂的「產業政策」，通產省資深官員兩角良彥，主張對新興產業施以高關稅壁壘保護，直到它們有能力抵禦外國競爭為止：「直到我們夠強大，我們都會把門緊緊閉著。如果太早把門打開，狂風會把所有東西吹到地上。」[18]儘管如此，不能因此就以為日本的產業與經濟復興是由通產省等部門一手主導，一些近期的研究甚至表示，被政府冷落的產業反而交出最好的成績單，[19]這種觀點有誇大之嫌，但當時許多創業活動與國家計畫是從庶民啟動，本田就是擺明不遵守通產省的命令而投入汽車製造，本田宗一郎是個無師自通的工程師，職業生涯之初以調校賽車為業，戰後將注意力轉移到摩托車上，他將小型引擎裝置在標準滑步車上，製造出第一輛機車，在他推出本田野狼後，便決心向汽車和卡車進軍，他還記得在通產省和官員開會，他們試圖阻止他進入已經擁擠的競技場，「官僚還是滿腦子中央控制的老觀念，」三十年後他回憶：「他們完全沒有幫助。你不會相信通產省讓我吃了多少苦，我想做車子，他們說『別進來，豐田跟日產已經在做了。』我說，『我想做什麼就做什麼，戰爭結束了，你知道的。』」[20]

本田絕不是唯一白手起家的創業家。索尼（SONY）堪稱從瓦礫中站起來的日本企業典範，也是從劣質小東西到傲視全球的科技產品生產者，索尼在日本橋的白木屋百貨店被炸毀的建築物中誕生，一九四五年井深大在那裡開了一家收音機修理店，第二年他和盛田昭夫——家人期待他回名古屋繼承三百年的清酒事業——成立公司，取名為通信工業，或稱為「東京通信工業株式會社」，最初的資本額為五百美元。

盛田和井深在戰爭結束前，因為被指派參與一項開發熱追蹤飛彈的計畫而結識，電子工程師井深架著厚厚的眼鏡，有一雙「鏟子手」[21]，操著工人口音。他的手非常巧，戰後每次去美國都會帶玩具回來，但他總是先把玩具大卸八塊，重新組裝後才給他的孩子玩。有時他會買兩套，跟盛田一起把玩具拆開，起初井深試著做電鍋卻失敗，又率先在日本販售起捲盤式的磁帶錄音機，然而大突破是在一九五〇年代，他付了兩萬五千美元給貝爾實驗室，取得電晶體技術的特許權，目標是將電晶體修改後供收音機使用，貝爾告訴他不可能，但井深不信邪，一九五五年索尼成為第一家成功製造商用電晶體收音機的公司，但是電晶體對一般人的口袋來說稍大，行銷天才盛田於是命令銷售員穿著口袋稍大的襯衫，以造成可隨身攜帶的假象。[22]

比井深年輕十三歲的盛田昭夫，是索尼的商業頭腦，他的創業態度從他一九五五年在紐約發生的一件事即可看出。當時寶路華鐘表公司（Bulova）有意購買十萬台索尼的電晶體收音機，訂單價值超過這家新公司的整個資本額，唯一的條件是必須以寶路華的名字販售。盛田不顧索尼董事會的忠告，拒絕了這張訂單，他堅持索尼應該建立自己的品牌，後來他說這是他的職業生涯中所做的最佳決定，「盛田完全符合美國人對創業家（entrepreneur）的定義，完全是洛克斐勒和蓋茲翻版的大膽冒險家。」撰寫索尼精彩歷史的納森（John Nathan）說。[23]「他仰賴自己對產品的直覺，對市場研究不屑一顧。」[24]

索尼就像本田，一開始在本土市場生存得很辛苦，原因是沒有跟比較有基礎且受官方喜愛的企業建立起零售業務的關係，但是這兩家公司都在美國有了最初的突破，盛田批評日本企業的一些習慣做法，例如對員工畢業的學校非常執著，索尼是第一批引進以績效決定薪資的公司，此外儘管至今日本許多製造業者，往往從總裁以降還是穿著相同的制服，但索尼的制服卻是請三宅一生設計的。[25]盛田成就斐然，但他在通產省的心目中，卻是個高傲且特立獨行的人。

在阿貝格蘭（James Abegglen）的生命即將結束前，我與他見過幾次面，二〇〇六年，我們在他充滿現代感的私人俱樂部共進午餐，他受到的恭敬對待，符合他身為第一位「知日者」的身分，阿貝格蘭當時有點虛弱，但他顯然曾經是個叱吒風雲的人物，對於自己確信的事，有著無可動搖的信念。另一次，我半闖入他在東京一間豪華飯店舉行的八十歲生日宴，主辦生日宴的是他的日本妻子和家人，幾位企業界中的知名人物赫然在列，他發表演講，擇要重述他一生當中，與日本之間剪不斷理還亂的關係，阿貝格蘭的父親是威斯康辛的乳酪製造商，他因為不想繼承父業才開始研究日本，於美國海軍服役時在硫磺島受了傷，後來參與美國策略性轟炸調查，評估戰爭對東京和廣島的損害。一九五五年，他以福特基金會的研究員身分回到日本，開始研究當時幾乎無人了解的日本企業——或稱會社——並協助其走向國際。他獲准接觸多家公司，其中有些在當時的日本還是無足輕重的小角色，包括日本電氣（Nippon Electric Company）、住友化學（Sumitomo Chemical），以及後來改名為新日本製鐵（Nippon Steel）的富士製鐵（Fuji Seitetsu）。

阿貝格蘭最早指出日本模式中最知名的特點，之後幾十年間，這些特點被許多人推崇為日本產業成功的「祕密」，他在一九五八年的著作《日本工廠》（*The Japanese Factory*）中，強調以公司為基礎的工會的重要性，因為公司生產力、員工工資和工作條件的提升，與工會領袖的利害息息相關。此外，他也強調終身僱用與生產力的不斷改善，阿貝格蘭將日本企業視為「社會組織」，員工在工作生涯中被期待一直待在那裡，至少大公司是如此，這樣的制度從員工看來，代表的是絕對的工作保障，而且到退休為止可望持續獲得升遷與加薪，他們的職業生涯是由服務年資決定升遷而不是功績，也是個鼓勵忠誠與合作的制度，不鼓勵員工彼此較量，來證明誰最值得被拔擢。這些公司大量僱用社會新鮮人，部分是因為他們想親自訓練（或灌輸）員工，部分則因為在快速成長、潛在勞動力不足的年代下，早一點「搶人」比較好。「尤其對日本男性來說，公司扮演宗教社團的角色。」一位日本學者告訴我。[26] 有公司歌、公司宿舍、公司節日，當然還有很多加班和喝酒會。松下電氣的官方歌曲，是由一群穿著灰色制服的員工演唱的，歌詞是：

我們將產品送往全世界
努力工作和辛勞如泉湧之聲
產業進步、產業進步
和諧第一，松下電氣[27]

「日本企業不光是為了回饋股東和高階主管而存在的經濟機器，」阿貝格蘭寫道。[28]「日本不作興英美人把一切歸於股東的觀念，會社中最大的利害關係人是成員，也就是員工。」西方人對日本大企業的特質非常困惑。「西方人的結論是，那樣經營企業是行不通的。」阿貝格蘭說。[29]他認為，由於日本的企業無須對股東盡義務，所以才有膽子放手一搏。阿貝格蘭的職業生涯多半在波士頓顧問集團（Boston Consulting Group）度過，那裡的一位資深合夥人表示，「獲利到手是遲早的事，西方人希望現在就拿到錢，日本人則希望現在先成長，稍後才獲利。」[30]就是這種想法，使日本企業不受每季獲利目標的束縛，將市場占有擺在第一位，擘劃橫跨好幾個年度的全產業接收計畫。從鋼鐵到造船到汽車和半導體，日本人就是這麼做的。

日本企業的成功，當然不能完全歸因於它們的做法，許多組織和技術方面的手段則借自海外，一九五〇年代美國顧問戴明（William Deming）在品管與測試方面的演講，使他在日本受到的尊敬勝過在祖國美國，日本的高階主管幾近狂熱地學習「最佳實務」

（best practice），並大量採納各地的想法，一九五〇年代初，後來成為豐田總裁的豐田英二在福特位於密西根州胭脂河（River Rouge）的工廠待了三個月，學習品管和規模效率，但是有些日本模式的罕有特點，後來被認為相當重要。

美國人企圖破壞舊的財閥企業集團，認為財閥屬於另一種形式的戰爭機器，企業透過交叉持股來維繫緊密連結，另一方面與供應商保持密切的關係，之後的幾十年間，外國的競爭對手幾乎無法滲透這些水平和垂直的系列。通常會有一家「主力銀行」擔任類似贊助者而非利益導向的債權人，透過這個寬鬆的群組來互相扶持。在所謂「護送制度」中，企業一起行動，確保群組中沒有人被落在後面，但這不等於一般人以為的公司之間沒有競爭，許多時候情況恰恰相反，有些研究的結果發現，日本產業的競爭比其他國家更激烈，因為競爭者不光是倒閉，把戰場留給幾個主要玩家，至少有十家汽車公司、五家鋼鐵製造業者，以及後來十家半導體製造商會受到影響。產能過剩代表利潤微薄，於是征服外國市場追求薄利多銷，便成為成功的要訣，大企業及其無數多的供應商所組成的垂直系列則與水平不同，相當於德國「中小企業」（Mittelstand）的小公司，許多在大阪之類的大工業城市中不過是家庭式的工廠，扮演著大企業的墊背角色，它們受到大企業無情地壓榨，不及早通知就下訂單，而且要求絕對的配合，因此零件的價格維持在低檔，製造商也因而得以繼續採行最低量存貨的及時系統（just-in-time system）。條件較不寬裕且工作較沒有保障的小企業承受壓力，大公司才有能力實現終身僱用以及按年資加薪等慷慨的社會契約。

制度有明顯瑕疵。工業生產的順位優於消費商品，市占率優於獲利，儲蓄優於消費，大企業優於小公司。整個經濟體繞著外銷轉，至今日本依舊靠當初打下的基礎為生。在日本國內，省吃儉用的人民從銀行郵局得到微薄的利息，政府將這些廉價資金借給企業，容許大企業為獲利而汙染環境，並且為國家的貿易經常帳，向日本消費者索取比外國消費者更高的價金。換言之，一些日本快速成長的果實，被獻給「國家發展」這個抽象的大目標，也是有些人口中，日本「空洞富裕」[31]的種子。

日本在國家發展計畫方面倒是極其成功。一九六〇年，在美日安保條約更新引發的政治風暴平息後，首相池田勇人宣布全國所得倍增計畫，[32]日本進步的速度比任何人想像的還要快，當年法國總統戴高樂（Charles de Gaulle）用「那個電晶體銷售員」來暗諷日本首相，[33]兩年後這位電晶體銷售員主掌的經濟體比法國還要大，一九六七年，日本也超越英國，次年趕上西德，成為全世界僅次於美國的最大資本主義經濟體。如果日本在一九三〇和四〇年代失落到無以復加，現在肯定是找回來了。

電影《ALWAYS 幸福的三丁目》充分描繪那些急起直追的日子是多令人興奮，第一集於二〇〇五年推出。正當日本經濟遲滯之際，許多人於是回顧起高成長的年代，尋回快速發展的驅動力。[34]三部曲中的第一部，以東京的後街開始，一九五〇年代的日本正力圖東山再起，一位來自青森的小姐來到鈴木汽車工作，這是一間小型修理店，專門滿足當時街上還不怎麼多的車子。她代表戰後幾十年間大批來到城市的人，電影結束時，貧窮的主角們紛紛換掉冰桶，改使用電冰箱，一兩位買了黑白電視機。一九五〇年代末，在一齣關於寶劍、鏡子、玉墜這三種皇室標誌的劇本中，日本人說到冰箱、洗衣機和黑白電視是三大「神器」。《ALWAYS 幸福的三丁目》這部電影及後來兩部續集發生在東京鐵塔的陰影下——它是鮮紅色版本的艾菲爾鐵塔，完工於一九五八年，成為日本經濟復甦的象徵。東京鐵塔部分利用美國打韓戰時的坦克車骨架，比艾菲爾鐵塔高十三公尺，也是全世界最高的自立式鐵塔（self-supporting steel tower）。第三部曲發生於一九六四年，左鄰右舍紛紛購買彩色電視，好為東京奧運做準備，彩色電視是當時三項必備的神器之一，另外兩項是冷氣和汽車，取代了以前的神器。電影結束，來自青森的鄉下女孩搭上新幹線，到大阪度蜜月，新幹線的首航剛好趕上奧運，日本在投降與全毀之後十三年，打造了全世界最快速的列車。

在日本看似勢不可擋的起飛期間，當然又出現了逆境，最嚴重的是一九七三年的石油危機。石油輸出國組織的阿拉伯成員宣布禁止輸出石油，以報復美國在贖罪日戰爭援助以色列，於是油價一下子大漲三倍之多，日本只有四天的存油，導致通貨膨脹率飆升到百分之三十，消費一落千丈，但是日本無論在外交和經濟上都靈活應變，一方面派遣外交使節到中東，撇清與美國政策之間的關係，同時誓言對阿拉伯世界效忠，在國內，政府說服比西方人溫順的日本勞工降低對工資的要求，快速採用美國的另一項技術「機器人」，並且約束企業在油價高騰之際降低能源的消耗，通產省推動電子和電腦等「腦力產業」，來取代先前偏好的能源密集重工業，十年後日本的能源進口減少將近一半，從GDP的百分之三減少為百分之一．六，[35]國家從一九七〇年代的兩次石油危機（一九七九年伊朗革命又發生一次石油危機）異軍突起，能源效率與成長皆優於其他任何先進國家。

日本對創造的成績充滿熱情，卻也擔心起失落來。一九五三年，電影導演小津安二郎的傑作《東京物語》（*Tokyo Story*），敘述鄉村團結互助的美好價值正在消失，與快速變遷的都市社會。住在海邊城鎮的年邁父母來到東京探視孩子，卻發現他們只顧自己，無心對二老付出關愛，在起重機、汽車和建築物的背景下，這對父母流連在孩子們的家，就像李爾王在女兒們的城堡間穿梭般。一些社會評論員極力批判日本的「進步」，尤其愈來愈擔憂伴隨極快速都市化而來的環境破壞。左翼政論家森田實，在談及舉辦奧運之前十年的衝刺時說：「我認為我們替自己創造了一個怪獸社會，我們的都市空氣中含有毒粒子，我們的河川骯髒，我們的海洋遭到汙染，我們的天然環境被破壞。至於我們的人民，滿腦子只想著經濟利益，他們捨棄更崇高的人道理想，我認為這是絕望的年代。」[36]但這並不是典型的觀點，比較常見的看法則是伊藤昌哉的意見，伊藤在發起所得倍增目標的池田首相任內擔任內閣祕書官，「經濟還能繼續成長到什麼地步？」他問。

「就像一只魔術茶壺，裡面的水永遠倒不完。」[37]

一九七〇年代，日本的成長無可避免地趨緩，但是到了八〇年代，生活水準再度追上許多西方國家。一般咸認，阿貝格蘭描述的工業日本的特徵，是日本成功的要素，甚至有人表示，如果西方企業希望能挺住日本的猛攻，最好跟日本企業多學著點，一九七九年美國學者傅高義（Ezra Vogel）在著作《日本第一》（*Japan as Number One*）中，臚列日本在社會與工業上的強項，並提出美國必須好自為之。書中呈現的日本，無論在組織、教育和技術上都具備征服世界的能力，雖然《日本第一》的主要用意，是將美國的政策制定者從傅高義認為的自滿中喚醒，但是該書在日本的銷售量遠高於美國，成為西方作家有史以來最暢銷的非小說類作品，理由很簡單，光是書名就確認日本從明治維新一百多年來一心一意追求的目標——一個以其人之道還治其人之身的日本。

日本陶醉在妄自尊大之中。早在日本經濟趕過英國的一九六七年，有位京都大學的教授，就將歐洲貶低到只是個適合觀光的地方，之後十年「英國病」的書大行其道，一位作家將之定義為一種社會病態，導致「工作意願愈來愈低，過度強調權利，並且使生產力降低」。「美國病」的書也隨之而來，美國被說成是個浪費又沒效率的國家，它的企業短視近利，人民缺乏工作倫理，參觀過外國工廠的日本工程師，對海外工作者竟然熱中於喝茶偷閒和早退而驚訝不已，他們也認為美國的社會已經遭到暴力犯罪、毒品與離婚侵蝕。

一九八三年的政府調查中，有個問題透露日本一直擺脫不了過度強烈的自卑感，以及一百多年來驅策日本努力追趕西方的優越感。「和西方人比起來，」民調問：「簡單來說，你認為日本人比較優越，還是比較劣等？」一九八〇年代，百分之五十三的日本人自認優於西方人，相較一九五三年只有百分之二十，然而兩次調查都沒有讓人圈選這個問題本身是否客觀。[38]

一九八〇年代末，美國許多人開始從威脅的角度談論起日本，日本的貿易順差膨脹到前所未聞的地步，日本車將取代吃油很凶的美國車，日本企業正在搶購戰利品，一下子在這裡買一棟代表性的建築物，一下子又在那裡買下好萊塢的電影公司。一群被集體稱之為「修正主義者」的評論員，對日本的成功提出解釋，他們以阿貝格蘭率先發表的作品為基礎，認為日本代表嶄新的經商方式，除非美國捨棄自由放任的做法，採取一些與日本相同的工業和策略性貿易政策，否則美國將繼續節節敗退。

這些修正主義者包括強森（Chalmers Johnson）、《注視太陽》（*Looking at the Sun*）的作者法羅斯（James Fallows），以及雷根任內的貿易談判代表普雷斯托維茲（Clyde Prestowitz）。其中強森撰寫通產省於一九八二年採行的國家計畫，至於普雷斯托維茲則曾試圖開放日本的半導體、電信與醫療市場而未果，於是確定日本的計謀確實比較高招，他在一九九三年的著作《交換立場》（*Trading Places*）中說，他跟其他人有時被指控為「日本抨擊者」，其實完全不是事實。「其實我們是日本制度的崇拜者，我們呼籲美國在重要的方面必須仿效日本，以便與它競爭。與其說日本讓我們感到挫折，不如說美國政府讓我們感到挫折。」他說，基本教義派的美國政策制定者，無法理解日本是如何以其人之道還治其人之身地打敗美國，「我試圖向雷根政府中的高階官員解釋，日本在踢足球，而我們在打棒球。」[39]

伍夫倫（Karel van Wolferen）的《日本國力之謎》（*The Enigma of Japanese Power*）比較少談論貿易，探討的多半是日本的政治與社會組織，書中也描繪西方從未見過的社會，一個非中央集權的國家樣貌，所有決定幾乎都是經過彼此協調後敲定，從一位試圖與日本談判的正統自由貿易主張者的觀點，這就意謂談判桌對面的人並沒有權力影響改變，伍夫倫對這整個情況採取比較敏銳的反應，修正主義者大多把日本這整個國家視為一個奸商，一群負責規劃的人用計謀打敗競爭對手。阿貝格蘭試圖將日本描繪成「合作與競爭的複雜組合」，一向反對將日本視為一部政府主導的機器，他向一位記者談到，西方人普遍以為在日本的官僚政治中，有一個「留著長鬍子的男人和一台大電腦，只要找到這個人把他給殺了，一切問題就都解決了」。[40]如果伍夫倫的理論是正確的，那麼要殺的人並不存在。

無論日本成功的理由為何，一般的新聞輿論認為日本即將挑戰美國，成為全世界最大的經濟體。基於日本人口只有美國的一半，這是個大膽的預測，需要每一位日本人平均比每一位美國人富有一倍才行，一九八八年知名的金融家索羅斯（George Soros）針對紐約與倫敦的股市大跌，預測極可能「經濟與金融實力會從美國轉移到日本」[41]，正當這樣的想法即將被採信之際，日本卻身陷怪異的金融泡沫中，當泡沫崩壞，日本經濟唯我獨尊的想法，也永遠遭到摒棄。

第六章 陷落之後

究竟是尾上縫本人抑或她的瓷器大蟾蜍，才是真正的神諭傳達者，這件事永遠沒有揭曉的一天。總之，尾上每週都會替這隻一公尺高的棕色蟾蜍舉行一次降神會，她開在大阪千日前的高檔料亭「惠川」，外頭總是停了一排排大型禮車，當時是一九八〇年代的泡沫興盛期，那些客人是要來詢問哪些公司最賺錢、該把巨額賭注押在哪些股票上。曾經做過煙花女子的尾上當時六十歲出頭，她開設的料亭屬於非公開對外營業，來她店裡的，也漸漸從食客變成了投資客。

基於某種理由，蟾蜍在大阪是財富的象徵，數百年來，日本的第二大都會大阪一直是商業樞紐，是稻米的交易中心，全世界第一個期貨市場也於一七三〇年在這裡成立，大阪人打招呼的方式有時候不是你好，而是有賺錢嗎，由於大阪人普遍認為蟾蜍這種兩棲類動物能夠招財，有些人於是將錢包稱為蟾蜍嘴。

尾上的蟾蜍則是特別中的特別，它接收神明的交易指示，透過尾上本人的占卜，竟然握有約兩百億美元的資金，即使在日本泡沫最盛的時期，這金額都堪稱天文數字。由於鮮少出錯，於是蟾蜍靈驗的口碑快速傳揚開來，前來尋求建言的人，是日本幾家頂尖金融機構的高階主管，其中包括日本工業銀行的官員在內，他們是銀行界中的菁英，而日本工業銀行也名列當時全世界的前幾大金融機構。此外，山一證券的高階主管也是常客，這家知名的證券公司，後來成為股市崩盤的最大受災戶，於一九九七年停止所有營運。至於一手打造國際牌（Panasonic）的松下公司，旗下負責理財的子公司也是尾上的信徒，將五百億日圓交給她投資，當賭博失敗，松下總裁在羞愧之餘做了一件光榮的事——辭職下台。

日本商業新聞最常引用的日經平均指數，在一九八九年最後一個交易日差點就站上三萬九千點，而那也是迴光返照。當股價於次年開始下滑，尾上於是面臨連蟾蜍都不知如何解決的問題。就在這時，她想到一個繼續行騙的方法，她叫某家銀行的經理們簽發偽造存單，再用這些存單取回存放在其他機構裡的現金和有價證券，然而這個挖東牆補西牆的伎倆，卻隨著股價持續下跌而令她愈陷愈深。一九九一年八月，尾上以詐欺罪名被捕，調查發現一位山一證券的高階主管（根本不是什麼神明）才是蟾蜍的真正靈感來源，隨著尾上的金融帝國崩潰，她也成為眾所周知的「泡沫女王」，最後被判刑十二年。[1]

從尾上的故事，可以窺見一九八〇年代中到一九八九年的泡沫瘋狂程度，那個年代的故事充滿傳奇，且杜撰的成分很高。據說，當時企業家給紅牌酒女小費一給就是數千美元，只要求她聽了他們的笑話後花枝亂顫地大笑就滿足了。據說，當時的人在食物裡撒金葉子像在撒胡椒鹽巴似地，如果屬實，這種做法至今在日本幾家較高檔的餐廳依舊見得到。據說，在次級市場交易的高爾夫球證，是一群根本沒想要真的下場打球的投機客在買賣。

助長泡沫經濟的信念，是從戰後經驗得知，日本的不動產價格再也不適用牛頓重力原理，至於房地產買賣的獲利快速、金融鬆綁、日圓強勁以及低利率等綜合因素，又將泡沫愈吹愈大，然而恐懼和貪婪往往是人性中的主要成分，人們有時用泡沫來證明，幾年前還被一群不疑有他的崇拜者捧上天的日本經濟制度，其實早就存在嚴重的瑕疵，日本的經濟確實追求市占率勝過獲利，這套制度在急起直追的日子裡確實運作得極好，而一旦達到西方的生活水準，就沒有那麼好了。然而，日本的泡沫一部分只是數十年來快速成長衝刺過了頭的必然後果，就如同近年歐美再清楚不過的，非理性繁榮也可能吸引西方人的想像。

日本的不動產價格，隨著企業借錢炒房而水漲船高，但這些企業多半從事根本無關房地產的行業，於是沒有加入炒房的，會發現績效落在那些瘋不動產的競爭對手之後，有一段時期，東京最高檔商業區銀座的首選大樓，竟然要價每平方英尺兩萬美元，相較之下，二〇一一年英國的熱門地段騎士橋（Knightsbridge），每平方英尺才三千美元多一點點。[2]

另一種熱門投資工具是股票。股票看似安全，部分因為股價不斷上揚，部分因為股票的價值被「系列」制度中，以交叉持股方式持有股票的友善股東撐著。一旦股價漲幅超過正常，市場上的大師們往往會馬上跳出來解釋東京市場與眾不同的理由。例如日本電信電話（Nippon Telegraph and Telephone）的股票本益比高達三百倍，換言之要三百年的獲利才等於股價。[3]

許多人認為，一九八五年九月，美國、德國、英國、法國、日本等國的財長與中央銀行總裁在紐約廣場飯店召開的會議，是日本經濟一發不可收拾及其後一落千丈的開始。那次的會議，是針對金字塔頂端市場的行凶搶劫行為，結論是日本連同其他與會各國同意干預通貨市場，以強化日圓同時弱化美元，當初的構想是幫助美國爬出不景氣的泥淖，同時縮小美日之間逐漸擴大的貿易差距，而貿易差距也是兩國摩擦加劇的原因。結果所有的努力證明效果太好，接下來的兩年間，日圓兌美元的匯率從兩百四十日圓上漲一倍到一百二十日圓，換言之，全世界要花兩倍的價錢購買日本產品，日本的央行「日本銀行」確信日圓升值會使日本走上不景氣，於是降低利率以維持經濟活絡，也是針對西方各國要求（如今轉而向中國提出同樣要求）提振國內消費並帶動全球成長所做出的回應。

危機的原因也來自國內。政府解除資本市場的管制，從此企業發行公司債比向銀行貸款更加容易，銀行只好為存款另覓出路，方法往往是把錢借給不動產的投機客。此外，日本也未能從外銷大國，轉型成首相中曾根康弘在一九八〇年代中所說的「進口大國」。[4]戰後的政治經濟一直建立在生產和出口上，轉向消費導向模式是說得容易做得難，不僅需要克服既得利益，也要改變建立在大企業而非平民百姓上的整體政治架構，中央銀行種種刺激經濟的措施，導致資金取得更容易且成本更低，助長投機的狂熱一發不可收拾，股票和不動產的價格飆升，在許多人眼裡就像穩賺不賠的生意，就連尾上的瓷器蟾蜍都一副百發百中的樣子，然而理財一如真實生活，是有賺有賠的，當中央銀行意識到情況完全失控，於是透過升息壓抑過熱，泡沫也就一一被戳破。長久以來飄浮在半空中的日本，這下子卻砰地一聲著地，過去的經濟活力再也回不來，日本第一的夢也結束了。

日本人花了很多年才了解，資產價格崩盤不是短暫的下挫。過去藉由日本人民特有的美德來大肆宣揚日本經濟特有的實力，使許多人相信股票和不動產回到「正常」價位只是遲早的事。一九九〇年代前幾年，經濟的成長合理且良好，然而隨著十年即將進入尾聲，成長逐漸趨緩，幾家金融機構開始承受壓力，美好的舊日時光顯然一去不復返，成為新的常態。

為了替疲軟的經濟注入生命，一九九〇年代間繼任的政府，於是採行幾項重大的刺激配套方案，歐美於二〇〇八年雷曼危機後，也曾試圖如法炮製。日本政府花錢進行公共建設（後來被譏為「不知通往哪裡的橋」）、實行減稅，提高社會安全福利，甚至發放每張價值約兩百美元的消費券給三千萬戶人家。如果目標是恢復泡沫前的成長率，這些刺激配套並未奏效，只是沒有人知道如果不實施的話會怎麼樣。[5]總之，一九九〇年代的平均成長率僅百分之一．二，約等於一九八〇年代成長率的四分之一，而且遭遇不下三次的不景氣，儘管依舊保有相當不錯的生活水準，但是與過去急起直追的日本完全不能比，更糟的是從一九九七年起，背了一堆壞帳的幾家大銀行開始呈現敗象，其中災情最慘的要屬山一證券，也就是尾上那隻蟾蜍背後的消息來源，嚴重的金融危機一觸即發。

政治方面，一九九三年自民黨四十年來頭一次失勢，暗示危機即將到來，取代自民黨的聯合政府岌岌可危且各行其是，於是不到一年自民黨又回鍋主政，然而這次一切都變了，從當時起，直到二〇〇一至〇六年間該黨在小泉純一郎擔任首相的領導下回復青春前，自民黨只能靠結盟夥伴的支持苦撐，繼任的政府除了對愈來愈沉重的經濟偶爾做出回應外，其餘可說是無計可施，戰後安定的政治制度也只能拖著蹣跚步伐通過一次次危機，十年間至少七位首相來了又去，也是政治機器失靈的開始，持續到今日。

最早將「一九九五」放進我腦海的，是小說家村上春樹。並沒有很多人將一九九五年作為日本戰後史的轉捩點，一般可能會挑第一次石油危機發生的一九七三年，衛生紙一夜之間從超市貨架上消失，也是戰後無知消失的那一年，成長率少了一半多，從一九五〇年代的平均百分之九．五，到七〇、八〇年代的百分之四．二，那一年也是緒方四十郎所謂「日本黃金年代」的結束。第二個可能的轉捩點是一九八九年，一月七日裕仁天皇以八十七歲高齡駕崩而結束昭和時期，裕仁的政權於一九二六年耶誕節開始，很少天皇在位期間能夠經歷如此盛衰，相較之下平成時期就顯得乏善可陳，以舒適的富裕、溫和衰退、政治與經濟的漂泊不定為特徵。

按照許多標準，一九九〇年可說是日本戰後最有資格成為轉捩點的一年，那一年不僅泡沫崩壞，政治版圖也出現重大改變，柏林圍牆倒塌，加上蘇聯解體等政治大地震，倏然將冷戰畫上句點，冷戰令日本有種安心的確定感，使它在世界秩序中，被清楚定位為美國在太平洋的盟友。

然而村上認為，我應該關注一九九五年，那一年既沒有天皇駕崩，也沒有泡沫崩壞，即使柏林圍牆倒塌，也沒有讓人覺察到日本進入新的年代。他說，反倒是一九九五年的兩大心理震撼，讓人清楚體認國家的狀況已經改變，一是神戶大地震，二是東京地鐵的恐怖攻擊事件。「那是戰後奇蹟神話結束的一年。」他告訴我，當現代化城市神戶崩壞，對日本工程的高超技能及其先進的信念也隨之摧毀。村上說，更嚇人的是末世邪教成員的殘忍攻擊事件，這件事粉碎了全民一心的和諧國家假象，日本的社會共識從裡頭開始腐爛。

我曾經在東京青山區一間叫作「Tamasaka」的安靜餐廳，和村上共度一個下午的時光。這條街就像東京許多無人知曉的巷弄，除了白漆的畫線外沒有鋪設人行道，兩側的一部分是一大片高低不平的石牆，為周遭平添近乎中世紀的風味。稍不留神根本不會看到這家餐廳，走過低調的招牌和狹窄的碎石小徑，就來到沒有標示的前門。脫了鞋子後，我們被帶到樓上一處空無一物的四方形包廂，地上鋪著榻榻米跟木頭鑲板，我們在一張矮桌前，面對面席地坐在座墊上，桌上擺著一個牙籤罐。接著，服務員來到房門外，拉開紙門後輕聲關上，我們所在的這個房間如此安靜且適於沉思冥想，就像村上書中的人物有時置身的水井一樣。

村上穿著深藍色西裝和無領襯衫，短髮更加突顯臉型的寬闊。他的嘴巴四周有些皺紋，但是以五十五歲左右的男人來說，他依舊是好看的。他說他中午不喝啤酒，因為待會還要去游泳，村上的凝視充滿熱情，卻又有淡淡的哀愁，他說英文。他會停頓很久思考遣詞用字，然後像牙膏般一股腦全擠出來，每個句子都有重量，好像那是他針對主題所用的決定性字眼。我們不是從一九九五年談起，而是一九六〇年代，也是村上成長的快速成長年代。「我父母期望我進入體制，去大公司上班，然後娶個好人家的女孩，他們期待我循著這條路走。但我就是不想那樣過日子。」村上說。「日本社會有個權力的系統，只要你身在其中就沒問題，脫離的話可就不行了。我是自己選擇脫離的，我大學一畢業就脫離了。」

村上生於一九四九年，父母都在教授日本文學，爺爺是和尚，外祖父是大阪商人。

在所得倍增的一九六〇年代，少年村上從小就覺得日本的經濟奇蹟並不是全然的美好，永無止境追逐成長與身分地位令他困擾，而他自己的人生多少也是為了反叛生來就被設定的確定性。他在早稻田大學學習戲劇時認識妻子陽子，他的父母卻極力反對，當陽子第一次去見村上父母時，緊張到暫時性癱瘓。[6]

村上一邊讀書，一邊在唱片行工作，畢業前在東京開了一間叫作「彼得貓」（Peter Cat）的爵士酒吧。他顯然樂此不疲，即使他形容這是苦工。「我得工作到凌晨兩三點，店裡充滿了香菸味跟醉鬼，有時我得把這些醉鬼趕走，什麼都得做。」他在酒吧工作時，開始每天晚上寫一個小時的小說，最後寫出了《聽風的歌》，於一九七九年刊載在文學雜誌《群像》，他賣掉彼得貓專心寫作，一九八五年以《世界末日與冷酷異境》獲得更廣大的認同，故事開始是超現實版本的東京，敘述東京地下住了一群專吃生肉的生物「黑鬼」。這本書之後是《挪威的森林》（一九八七），以一九六〇年代東京的學生運動為背景而展開的愛情與自殺小說，在日本賣了四百萬冊。村上對名氣愈來愈大感到不安，於是他離開日本，先到歐洲之後到了美國，在普林斯頓教書，部分是想逃離他的小說所造成的騷動，部分是將自己抽離一九八〇年代末的泡沫經濟高峰，以及他所說的，被一味的「第一名主義壓垮的社會」。「我就是想逃離日本。我厭惡死了在這裡生活，我們太有信心、太傲慢、太富有。」

村上於一九九五年從自我放逐中回來。選在這一年重新面對大眾別具意義。兩大震撼的第一炮，發生在神戶這個海港城市，也是他長大的地方。一月十七日早晨五點四十六分，芮氏規模六．八的巨大地震，劃破了日本最繁榮的城市之一，造成六千五百人死亡，傷者更高達數萬名。村上在幾年後寫的《神的孩子都在跳舞》中，描述一場想像的地震造成的破壞和混亂。

……交通設施脫軌、翻覆、衝撞事故……高速公路崩潰、地下鐵崩垮、高架電車滾落、石油輸送車爆炸。大樓化成瓦礫山、人都被壓扁。到處冒出火焰。道路機能全都毀壞，救護車和消防車全部癱瘓化為無用的東西，人們只能空虛地死去。[7]（引自賴明珠譯，《神的孩子都在跳舞》，時報出版，頁一一七）

雖然災難是自然現象，人禍卻加重它的衝擊，日本工程師拍胸脯宣稱耐得住地震的建築物和高速公路，到頭來卻像紙牌般倒塌，在這一百四十萬人口的都市四周的填海造地，化成了一片泥濘，展現現代工程學的阪神高速公路扭曲變形，區區幾個月前，日本專家才遠赴洛杉磯，考察當地不久前發生的地震，他們自負的結論是，由於建築技術的優越，這樣的災難絕不會在日本發生，結果神戶的受災情況卻嚴重許多。

日本的政府機關則被證實跟原本以為無法撼動的建築物一樣不堪一擊，在東京，政治人物花了好幾個小時才搞清楚狀況，早晨的內閣會議收到錯誤消息，說地震發生在距離真正災區五十英里的京都，溝通完全中斷，導致幾乎沒有資訊往返，當局不知道該不該派遣自衛隊前往災區，自衛隊在日本為相當於陸軍的編制，戰後歷經五十年，依舊沒有得到大眾的信任。救援行動亂無章法，據報最早帶著食物毛毯來到現場的，竟然是以刺青和「榮譽守則」聞名的黑道分子。數十萬志工大舉進入制度的真空中，他們的行動讓大家開始明白，其實真正做事的是一般民眾，而不是政府或官僚，這樣的結果，讓四十年來相信執政當局所做多半是對的人感到不安。

「社會結構非常不穩定。」村上說。神戶地震加上當局根據錯誤判斷所做的反應，突顯當時的問題。《神的孩子都在跳舞》集結幾個短篇故事，其中之一，發生在神戶地震和東京毒氣攻擊之間的幾個禮拜，有個小孩做了一個「地震男」的惡夢。另一個故事，是講一隻巨大的青蛙和老實守本分的信用金庫收帳員片桐先生，聚集了一群人拯救東京脫離一隻大蟲的威脅，那是種有害的蚯蚓，打算製造第二次甚至更多次毀滅性的震撼，書腰上寫著「國家無法彌平的創疤所發出的哀嚎」。

彷彿是神戶的災難還不夠似的，短短兩個月後的三月二十日，邪教組織奧姆真理教的成員，在東京地鐵散播致命的沙林毒氣，造成數千人受傷。奧姆是由麻原彰晃領導的準宗教組織，麻原於一九五五年出生，本名松本智津夫，父親為製作榻榻米的師傅，他作惡多端的開始，是將浸泡了酒的橘子皮號稱神藥，以一劑七千美元賣給重病老人而獲利二十萬美元。一九八四年他成立奧姆神仙會，這是一個瑜伽健身俱樂部，之後改名為「奧姆真理教」而變得更加邪惡。麻原結合對濕婆神（Shiva the Destroyer）與諾斯特拉達姆斯（Nostradamus）的信仰，以及《聖經》中有關末日（Armageddon）的概念，預測核子戰爭很快將使文明毀滅，不久他決定加速結束的到來，唯有絕對忠誠的奧姆信徒能倖免於難。

麻原吸引一批中高階層的狂熱信徒，許多人出身東京大學等名校，也是造就國家奇蹟的官僚們接受訓練的地方。會員簽字將一切財物送給奧姆教，並切斷與家人的關係，他們舉行怪異的儀式，包括喝下麻原骯髒的洗澡水，又叫作奇蹟池。奧姆竟然吸引了上千成員，麻原派他手下的和尚去搜尋化學武器甚至核子武器，幸好核武沒被他們弄到手，但他們倒是找到沙林，這種神經性毒氣，是一九三〇年代由納粹德國的科學家開發出來的。

三月二十日早晨，奧姆的成員分別登上不同的地鐵線，每個人都是衝著日本的官僚神經中樞霞關而來。他們用特製的傘頭戳破裝有沙林毒氣的塑膠袋，當毒氣散播到擁擠的地鐵站，數千人感到不適。截至恐怖的一天結束時，總共有五千五百人遭到毒氣攻擊，有些成了植物人，一位女士的隱形眼鏡溶入瞳孔，導致必須開刀將雙眼割除，包括車站工作人員在內，總共十三人罹難。

奧姆真理教的崛起，是任何地方都可能發生的怪異現象。然而包括村上在內的知識分子，希望在它的崛起與日本社會的普遍危機之間找到連結，他在《地下鐵事件》這本受害者與毒氣行凶者的訪談作品中，寫道：「我不能夠說：『畢竟這只是一些單獨的瘋子犯下極端不尋常的罪。』就這麼簡簡單單地，替毒氣攻擊做結論。」他不認為這個事件是「邪惡的他們」對上「無辜的我們」，他想從主流社會中，找出導致奧姆做出這些事的蛛絲馬跡。「真正的關鍵，」他寫道：「比較可能從隱藏在『我們』的領域中找到，不是嗎？」他對我說：「狂熱分子從那個系統出來，進入正確的系統，至少是他們認為對的系統……他們決定為行善而活，結果卻犯了罪。」

其他作家——包括日本唯一在世的諾貝爾文學獎得主大江健三郎在內，也對奧姆真理教表達同情。大江談及麻原的瘋狂部隊，他說：「他們想告訴日本人民，我們的心理狀態已經來到死胡同，也是靈魂的死路。」[8] 我認為，日本兩大作家以這種方式談論奧姆是滿奇怪的，人們長久以來，的確希望在全民瘋狂追求國內生產毛額（GDP）成長以外尋求心靈啟發，然而他們並不乏替代方案，羅恩．赫伯特（L. Ron Hubbard）的山達基教（Church of Scientology）、文鮮明的統一教以及奧修都在爭搶追隨者，數十種新興宗教於一九八〇年代的日本成立，一位學者將這個動盪的年代，稱為「眾神明的尖峰時段」。[9]

「一九九五年是戰後最重要的一年，」村上告訴我：「那是關鍵的一年，算是日本的里程碑。」[10] 他安靜等著服務員將碗、盤和小鍋子擺在桌上。我們聆聽陶器碰觸木頭的輕微摩擦聲，服務員的每個動作似乎經過精準的編排，彷彿在表演武術似地。我忽然想到，他的動作有點像是歌舞伎中的黑衣*。他們從頭到腳穿著黑色衣物，當著觀眾的面在舞台上快速進出，搬動道具、替演員換裝。但是，傳統上他們被觀眾視為隱形人。

日本人善於角色扮演以及擱置懷疑，但是村上說，一九九五年喚醒了他們的白日夢，「我們堅信制度，我們愈來愈富有，就以為制度會永遠安定下去，我們相信，只要你是三菱企業的一分子，就一輩子不用愁。但是一九九五年以後，我們不再那麼有把握。我們愈來愈覺得制度出了問題。這是思想發生改變的重大時刻。」

對村上而言，那一年的事件和舊的經濟模式崩潰有關，足見他一直認為的，一些腐敗的制度在死亡前會產生劇痛。「我認為泡沫經濟的崩壞，對日本來說是件好事，我們富有的時候，我痛恨這個國家。這個愚蠢、昏昧又自大的國家。我們對自己的制度如此有信心，這個制度是對的、日本第一之類的蠢事，」他說：「近年來的泡沫崩壞出了些問題。但我認為這是好的。我認為我們的社會比十年前健康，當時我們認為自己是對的。但現在我們冷靜下來，思考我是什麼？我們是什麼？我認為那是好的。歷史上發生過這種事。我認為日本在經濟和心理上復原，只是遲早的事。」

＊譯註：歌舞伎表演中，身穿黑衣負責布置舞台的工作人員。

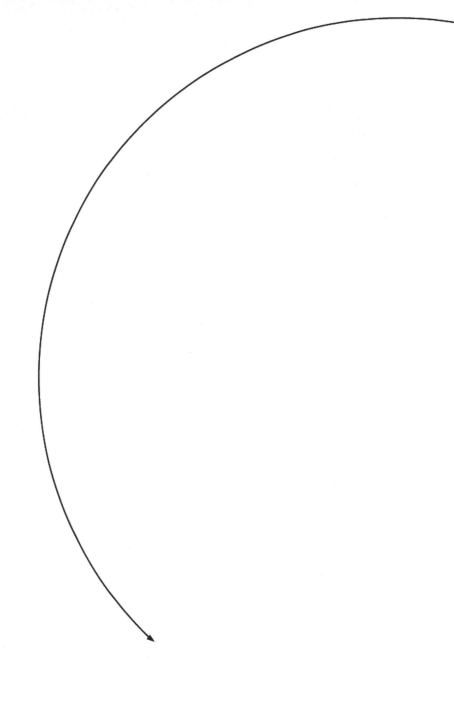

第四部

成長後的生活

第七章

日本第三

信封因為結冰而變硬。二〇〇一年冬天，它就在我入住的東京住家冰箱裡。清秀的字跡在信封上寫著「貓的錢」，裡面是三張簇新的一萬日圓紙鈔，約折合當時的兩百五十美元。這封信是之前住在這裡的人留下的，這間屋子坐落在東京中部東北澤的中高級住宅區，附近一帶盡是小巷弄、修剪成動物形狀的松樹，與沒有圍牆的住家。有時居民外出度週末，就會請鄰居幫忙照顧貓，這些錢就是在他們外出時，供受寵的貓咪所需之用。

關於貓的錢，我想到兩件事。第一是在東京養寵物有多昂貴。許多生活在首都的人，即使照理說應該是拮据的時期，但花錢依舊不手軟。當然，因為住了許多藝術家和作家而知名的高級住宅區東北澤，不屬於典型的東京生活水準，經濟更貧困的地區就更不用說了，但我還是對於一般民眾，例如祕書、學生、電話接線生和上班族等，願意花大把鈔票在小奢侈上，感到相當驚訝。有些人似乎很樂意花每人兩百美元吃一頓精緻的餐點，或者以每個房間每人四百美元，去住溫泉度假村。LV等奢侈品業者在這個國家大賺其錢，小姐們願意排隊數小時，只為了購買一只價格過高的皮包。當然，這些花費只可偶一為之，當然，太多日本人永遠買不起這些東西，包括愈來愈多的失業人口、靠微薄退休金過活的人，或是「窮忙族」。日本人的貧富差距之大更甚以往，即使如此，儘管我是在所謂嚴重不景氣的期間來到這裡，許多日本人還是很有錢的樣子，一位從北英格蘭來訪的國會議員，看見東京的燈火通明，以及大批人群在擁擠的餐廳和酒吧外等候，有感而發地說：「假如這叫不景氣，那我要。」

我想到的第二件事沒那麼明顯，但是更重要。雖然貓的錢被忘在冰箱裡，但它其實是在增值。由於一九九〇年代中以來，通貨緊縮使物價上漲不易，這些嶄新的鈔票在冰箱裡冰得愈久，能買到的東西也愈多。假設某人在一九九五年，將十萬日圓存在冰箱裡，到了二〇一二年這十萬日圓的購買力就提高到十一萬兩千日圓。[1]相對之下，如果把那筆錢投資在日本股市，價值會腰斬到只剩五萬日圓。我搬到東北澤時，日本一般的儲蓄存款利率低到僅百分之〇・〇一，因此冰箱變得比金融區的銀行更理想，因為存在冰箱裡，不用花費提款手續費或帳戶管理費。

這不禁讓我想到，「貓的錢」說明了從泡沫崩壞以來，經濟淪落到幾近愛麗絲夢遊仙境的奇怪狀態，長年的通貨緊縮導致正常的經濟假設已經不適用，即使能以零成本貸到款，企業還是不想借錢，儘管上班族的薪水減少，但仍感覺生活變好。正常的經濟體中，儲藏現金是完全行不通的，除了遭竊的危險外（我承認這在日本可以忽略），幣值也會不斷被通貨膨脹侵蝕。但是日本的情況相反，握有現金愈久也愈值錢，多年來中央銀行為了拉抬物價而維持零利率，結果卻不見成效，物價依然慢慢往下滑。「我們經歷二十年的通貨緊縮，沒有醫生找得出問題。」一位深感挫折的日銀官員表示。一般日本人的觀念類似我找到的那包貓的錢，只是他們的錢不是塞冰箱，而是擺在專門收納和服跟傳家寶的木櫃子裡，根據某位經濟學家的計算，到二〇〇三年有高達三千億日圓（約等於丹麥的年產出）被藏到一般人家的碗櫃跟被褥底下，再也見不到天日。[2]

當人民只想著存錢，經濟就不可能正常運作。「日本最令人矚目的，就是物價下跌。」知名經濟評論員伍爾夫（Martin Wolf）曾經寫道。他認為，經濟緊縮是日本後泡沫時期的邪惡根源，是「負債的魔法師學徒，*一台專門落井下石的機器」。[3]如果物價下跌，過去的債務相對現在所得就會變大，與正常經濟體的現象恰恰相反，後者的溫和通膨將穩定腐蝕過去借款的價值，使償還房貸、企業借款或政府公債變得更容易。在通貨緊縮下，泡沫最盛的那幾年產生的債務將更加難以償還，於是金融系統就被早已遺忘的殘破榮景給堵塞。企業不再借錢投資，把全部精神都用來還債，而如果未來的收入被點點滴滴的通貨緊縮消耗，今日的債務到了未來將無可避免變得更難償還，通貨緊縮削弱經濟學家所說的「動物本能」，也就是驅使人們投資冒險的、對未來成長的期待。「如果日本擺脫不了通貨緊縮，」曾任政府顧問的東京大學經濟學家伊藤隆敏說：「那就表示停滯以及慢慢死去，對不對？」4

通貨緊縮或許是最根本的理由，但是如今與日本相關的一連串經濟難局卻不只如此。三十年前，日本以經濟的開路先鋒之姿受到世人崇拜，但今日的日本比較可能得到的，是搖頭嘆息。「日本究竟怎麼了？」是銀行家和企業家最常說的話，經濟的聲望一落千丈，日本甚至成了一個動詞，就像美國化（Americanization），財經報紙的版面上有「日本化」（Japanization），只是美國化代表的意義好壞參半，日本化則是完全負面，意思是停滯、縮減、停止競爭、失去創業精神和產業優勢、被成山的債務給壓得喘不過氣來。日本化是永遠飽受物價下跌之苦、是多年來幾乎原地踏步的股市、是使美國房地產市場相形蓬勃的不動產價格、是縮減的人口、是逐漸消失的國際能見度，以及國內政策的搖擺不定。日本化是缺乏創新、是島國心態與破碎的政治制度。伊藤說，最終就是死亡。無法成長的經濟體當然只有死路一條，負債累累的經濟體最終只有倒閉一途。日本化是一種疾病，是任何心神正常的國家都不想罹患的病。

這樣的詮釋——世人的強烈共識——被過度渲染。日本的政策制定者無疑犯了許多錯，經濟落入泥淖，巨額的公債和快速老化確實如悲觀主義者所說的，讓未來更加充滿

＊譯註：出自歌德的詩，意思是引起某個過程或事情的發生而終至無法收拾的人。

不確定性，甚至不太美好，但是日本的經濟表現並不如各種預測那麼嚴重，以人均單位衡量和通縮來計算的話，日本的成長與其他富有國家相比，屬於合理的良好。此外，日本也設法維持某種程度的社會凝聚力，反映在相當低的失業率和極低的犯罪率上，相對所謂比較成功的經濟體，發生的社會摩擦反而更大，一九八〇年代日本人用負債堆砌的美好時光已經不再，經濟的過度擴張已經崩潰，且從此付出成長受壓抑的代價，這些都是千真萬確的，但是不久，我們可能對二〇〇八年金融危機多年後，依舊以債務支撐而辛苦度日的歐美經濟，說出同樣的話。

某方面來說，日本的遲緩說明一件事，就是追上富有國家要比超越它們來得容易。一九八〇年代預測日本經濟將勝過美國永遠讓人難以置信，當日本下沉，看見一個傲慢自負的挑戰者走下坡，多少讓人有點幸災樂禍。日本人相信別人的吹捧，更加劇問題的嚴重性，酩酊大醉的上班族，坐在高腳凳上對著西方訪客大談日本多優秀，說它是陳腔濫調不是沒有道理。學者暨前駐日大使賴世和（Edwin Reischauer）曾開玩笑地說，一九七九年宣稱日本國力強大令人敬畏的著作《日本第一》，應該是美國人必讀而日本人禁讀的書。

如果把時間拉長了看，日本在戰後的經濟表現依舊是亮眼的。人均所得[5]從一九五〇年代為美國的五分之一，到了一九九〇年代逼近美國的百分之九十，這樣的急起直追確實絕無僅有，日本是除了城市國家新加坡和香港，以及台灣和南韓小國以外，亞洲唯一破除經濟學家所謂「中產階級陷阱」的經濟體。相較之下，中國的人均所得仍然約等於美國人均所得的五分之一，大約是日本一九五〇年代的情況，今日常聽到中國領導人極力想避免日本後泡沫的災難，殊不知如果中國有辦法造就與當今日本相同的生活水準、生活品質和社會福祉，就算是幸運的了。

不過，當泡沫內爆時，日本與美國的生活水準差距確實會逐漸拉大。二〇一〇年，日本的人均所得落到約美國的四分之三，但這是因為日本的經濟在一九九〇年進入混亂狀態，從此就一直在黑暗中跌跌撞撞的緣故。照這麼看來，日本經歷了不只一個而是兩個「失落的十年」，在這期間日本的經濟幾乎零成長，產業失去競爭優勢，一些數據可資說明。日本的名目[6] GDP，也就是商品與服務的產出總價值，自從一九九一年以來就一直原地踏步，說得精確些，日本的經濟從一九九一年的四七六兆日圓到二〇一二年的四七七兆日圓，二十年間的增加幅度僅僅百分之〇．二。相較之下，美國的名目GDP則是從一九九一年的六兆美元到二〇一二年的十五．六兆美元，增加了百分之一六〇。英國的經濟表現同樣良好，從六千億英鎊增加到一．五兆英鎊，擴張百分之一五二。[7]

這些名目數據沒有說出全部的真相，但確實說明日本在國際上正在衰退。一九九〇年代中，日本的GDP占全球比重百分之十七．九，到了二〇一〇年腰斬成為百分之八．八，[8]相同期間日本的貿易占全世界比重大跌到約百分之四，當其他國家急起直追之際（以名目計算），日本經濟卻在原地踏步，造成的衝擊是真實存在的，影響日本的全球能見度和影響力，也因此二〇一〇年中國超越日本，成為全世界第二大經濟體，[9]日本被擠到第三名。由此可見，名目GDP對國際聲望的影響，顯然不可小覷。

衡量日本衰退的另一種方法，可以在任何財經報紙的股市版找到，我們知道記錄日本最大上市公司股價績效的日經二二五平均指數，在一九八九年十二月來到三八九一六點的高峰，到了二〇一二年七月約在九千點，股價與土地價值以相同幅度崩跌——目前比一九九一年高峰期約減少六成[10]——導致財富（至少是錯覺的財富）大減、信心跌落谷底，如果用股東報酬率來衡量經濟體的表現，日本的成績又是一場災難。資產價格下跌也使企業和銀行陷入癱瘓，原因是他們在一九八〇年代價格上揚時期買進股票和不動產。企業以價格被高估的土地作為抵押向銀行貸款，當價格崩跌，幻想也跟著破滅，許多銀行除了背負壞帳外，也握有大量幾近無價值的股票，由於這些股票被算作資本，導致銀行幾乎處在破產狀態。這些銀行沒有坦承錯誤，而多半維持著債務仍然可回收的假象，有些甚至借錢給負債的公司，幫助他們償還利息，銀行及其債務人就像彼此扶持的醉漢，結果銀行幾乎不再貸款給新企業，這對個別機構來說是合理的做法，但是對整個經濟體而言就是災難，一九九五年起的十年間，總銀行貸款縮水三分之一，[11]一九九七年危機浮上檯面，幾家大型機構也開始崩解。

就算銀行想提供貸款，企業也無心借錢，多年來許多人以為股市崩盤只是正常的漲跌，然而當他們意識到好日子結束，這時才嚴陣以待。企業刪減加班費、紅利甚至薪資，等於是從消費者的口袋裡掏錢，也使長期需求缺乏的情況更加嚴重，如今的企業大量減少僱用正式員工，而以較低薪的兼職人員取代，導致目前近三分之一的日本上班族屬臨時雇員，相較一九九〇年則是五分之一。日本並非唯一製造「窮忙族」的國家，但卻傷害日本在人們心目中平等主義社會的印象，也壓抑了消費支出。

優衣庫（Uniqlo）的總裁柳井正擅長製造煽動性言詞，他告訴我：「日本正在萎縮，以後會變得像希臘或葡萄牙。」他說，生活優渥的日本人活在幻想中，「自以為是中產階級的人，會發現自己其實很窮。日本已經低迷了二十年，那一天很快會到。」[12] 許多外界人士同意他的評估。華盛頓美國企業研究院（American Enterprise Institute）的政治經濟學家埃伯史塔特（Nicholas Eberstadt）甚至建議，日本無論老少應該考慮完全捨棄他們荒蕪殆盡的列島。「基於人口老化的成本，日本或許可以在印度或菲律賓之類的地方，成立一個『醫療殖民地』，年長的日本人只要以在日本花費的一小部分，就能享受好品質的生活，」他開心地寫道：「至於比較年輕的日本人，可能覺得到海外尋找機會，會比待在正在萎縮死亡的日本，要來得更有吸引力。」[13]

從另一種觀點看來，會發現日本的後泡沫沒那麼糟，首先看調整過通膨與人口後的真實成長，就知道個別的日本人過得好不好。調整過通貨膨脹或通貨緊縮後，日本的各項經濟數據變得比較好，這是因為在通貨緊縮下，人們可以用同樣金額的錢買到更多東西，日本所得或許一直在下降，但是報紙、剪髮、住宅乃至壽司等每樣東西的價格都停留在一九八一年的水準，[14]同樣地，日本的人口在過去二十年間也沒有成長多少，二〇〇七年以來甚至開始以非常緩慢的速度下降，有些國家整體看起來「比較富有」，只是因為他們的人口成長的緣故，但是除非經濟成長勝過人口增加，否則個人並不會覺得日子變得更好。因此，如果我們有興趣的是生活水準而不是股東報酬，就應該關注人均成長。

你還記得，若以名目數據來說，日本經濟在二十年間幾乎沒有動，而英美則分別成長了百分之一五二和百分之一六〇，但結果發現，這些成長多半只是因為物價上漲和人口成長，在調整過這兩項因素後，日本的表現依然不理想，只是沒那麼差，如果這三個經濟體在一九八九年的規模重新以一〇〇為基礎，日本的經濟到了二〇一三年為一二七，相較美國與英國，則分別為一三七和一四四。[15]

日本在一九九〇年代確實很不好過。但是相對其他富有國家，二十世紀的最後十年並沒有那麼差。下一章將探討在小泉純一郎擔任首相期間（二〇〇一—〇六），日本其實是經歷了小幅成長與生產力激增，即使發生過重創日本外銷市場的雷曼風暴，以及破壞生產並打擊能源供給的海嘯，過去十年間日本在真實人均基礎上的表現依然略優於英美，以平均成長率來說，日本的真實人均所得從二〇〇二年以來每年增加約百分之〇．

九，相較美國的百分之〇・八、英國的百分之〇・七以及挪威的百分之〇・五。如果我們將日本過去十年間形容成「失落」，或許也該這麼說英美兩國才算公平。[16]

其他數據也顯示，日本的表現並沒有世人以為的那麼糟。二〇一二年底失業率百分之四・一，即使在最不景氣的日子也不曾高過百分之五・五，雖然比過去完全就業的日本高出甚多，但相較其他先進國家算是好的，根據經濟合作暨發展組織（Organization for Economic Co-operation and Development）的統計，二〇一二年三月美國的失業率為百分之八・一，法國為百分之十，西班牙更高達百分之二四・一。[17]

懷疑論者將矛頭指向日本營建工地與百貨公司用人過多，認為是用表面的數據隱藏低就業，確實是如此，比較市場導向的社會會裁撤冗員，而當他們無法從企業賺取收入，便轉而向國家或自己的家裡尋求支援，因此日本的低失業可以說是以壓抑生產力或補貼工作為代價達到的，我們可以不認同這種政策，至於股東當然是寧願企業裁員以提升獲利，但日本的「利害關係人」資本主義與歐陸類似，是個情有可原的政治選項。偏好資本勝過勞工的盎格魯薩克遜模式，有時會以較高的失業率來幫助投資者。

經濟學家辯稱，不願意裁員將妨礙創造性破壞，唯有讓不具競爭力的企業失敗，才能將勞動力導向經濟體中更有生產力的地方，這種論點不無道理，日本的「殭屍銀行」造就一群「殭屍企業」，但是不同的經濟體用不同方式重組，日本的企業重整比世人所知的多，因為它們往往是閉門進行，且鮮少訴諸破產或惡意併購，對於比較市場導向的經濟體來說，這種做法或許較慢且較缺乏效率，但是長期居高不下的失業，是許多西方國家進行創造性破壞必須付出的代價，況且如果被裁撤的勞工沒有接受適當的再訓練以進入新產業，情況將更嚴峻。日本的產業再造過程儘管緩慢且可能不徹底，但比較可能發生在大企業內部，至少是那些運氣好、能擁有全職工作的人身上，因此佳能（Canon）將重心從照相機轉到影印機上，而且沒有像在比較積極採行資本主義的國家可能發生的，被敵對公司或非上市公司收購然後遭到解散。懷疑論者會指出，日本的低失業數字也掩蓋了一群懶得白費力氣找工作的「灰心」工作者，更沒有反映如今高達百分之八的年輕人失業率，但這並非日本獨有的現象，刊登在報紙頭條的失業數字，或許掩飾了真實的情況，但是各國大同小異，無論怎麼比較，日本的失業都低於多數先進經濟體。

日本從不像它自以為的那麼落實平等主義，但它的所得差距擴大的速度，卻不若其他先進國家那麼急遽。美國的前百分之一所得者，幾乎掌握過去三十年的所有經濟利益，[18]其他人則是原地踏步或落在後面，英國也大致如此，前百分之一的所得者，從一九七〇年的百分之七．一到二〇〇五年的百分之十四．三，換言之英美兩國的大部分成長，幾乎沒有為絕大多數人民帶來利益，日本的成長分配則是比較平均，一九九〇年代中，前百分之十日本人的平均所得是最後百分之十日本人的八倍，二〇〇八年擴大到十倍，[19]不均等的現象變得嚴重，但還不到其他許多國家的程度，均等性的惡化度也沒有日本人自己想像的糟，墨爾本拉特樓柏大學（La Trobe University）榮譽教授杉本良夫說，快速成長的那些年製造出平等的「幻視」，因為每個人都是乘著電扶梯不斷往上，現在電扶梯停了，他說：「幻視難以繼續。」[20]

生活品質很難量化，且多半屬主觀。但是根據一些評量標準，日本的表現極度良好，其中之一就是國民的安全。根據國際標準，日本的犯罪率低到離譜，在日本擁有槍枝、子彈和扣扳機是犯罪行為，因此遭到謀殺的機率比美國低十倍，[21]遭搶的機率則是低三十六倍，[22]錢包掉了幾乎一律都能物歸原主，而且裡面的錢分毫不少。暴力犯罪非常罕見，日本讓人感到安全，不是因為把所有罪犯都關起來，事實上日本很少監禁犯人，日本有八萬名犯人，相較美國則有兩百三十萬，[23]即使國家的經濟趨緩，社會的凝聚力卻很強。二〇〇九年，一群剛遭到裁員的勞工，在日比谷公園的噴泉和灌木叢之間，建造了一座「帳篷村」，讓人們關注他們的困境，但是並沒有像二〇一一年的倫敦街頭那樣，人們胡亂地放火掠奪，也不像希臘和西班牙那樣，因為生活水準一落千丈，而舉行大規模示威。

但千萬別得意忘形。說日本的表現優於大眾認知，能有效防堵一些比較歇斯底里的分析，但並不表示一切都很美好，而且根本不是。日本從追趕速度最快的經濟體，淪落到成熟經濟體中的陪榜者，造成國內一片反思聲浪，也降低日本在海外的聲望。「最快樂的國家，莫過於正在追趕某人，而後無來者。」旅居日本的知名經濟學家辜朝明說。自從泡沫崩壞，日本就停止追趕了，他說：「情況很恐怖。」[24]

我們也要考慮巨額國債的問題，雖然這一代的衝擊獲得舒緩，卻將巨額的負債與潛在的大規模問題留待子孫處理，套用某位經濟學家的話，「生活水準一直是用無底洞的負債來支撐的。」[25]日本「解決」遲緩經濟的方法，往往偏心年長者，而不利年輕的一代。通貨緊縮保住了嬰兒潮世代的儲蓄，卻造就一個無法為年輕世代創造蓬勃的經濟體，後面將探討年輕的一代，不僅無法像父母與祖父母輩享受確定感與工作機會，還要承受日本虛弱的經濟調整所帶來的衝擊。

二〇〇五年，財政部門令我留意到一件事：如果用一萬日圓的紙鈔將日本的負債疊起來，會比富士山高出一千四百倍。為什麼會有人想做這麼怪的事倒是沒有說明，但是重點非常清楚，日本的負債已經高到不能再高，當時公共債務毛額高達五三三八兆日幣，約等於四．五兆美元，相當於日本GDP的百分之一五〇，而且政府還在繼續累積負債，每一百日圓的支出，就必須以發行債券的方式借入四十日圓，因為長年的通貨緊縮與名目成長為零導致稅收不足，無法滿足支出的需求。如今日本政府的借款有增無減，二〇一二年政府支出有超過一半是以負債支應，公共債務毛額更是膨脹到GDP的百分之二三〇以上，[26]我沒有勇氣回到財政部門，看看今日的債務已經高到何等地步。

「不可能、也不要一直這樣下去。」經濟學家的古諺說。早在一九九九年，日本當時的首相小淵惠三就宣布，自己是「全世界最大的債務人」[27]，負債占GDP的比重從此增加一倍多，一些經濟學家相信，壓力鍋爆炸只是遲早的問題，多年來評等機構一直將日本擺在注意等級，十年前穆迪將日本的主權債務評等——倒帳機率的評估值——降到與波札那（Botswana）同等級而惹怒日本，[28]近來評等機構再度將日本的債務降級，二〇一一年標準普爾（Standard & Poor）七十年來首度取消美國的AAA等級而引起軒然大波，給予日本則是AA-，意思是日本在履行債務方面依舊是介於「非常強」與「強」之間，但降級的趨勢意謂它的地位變得沒那麼可靠，穆迪甚至表示，二〇一一年三月海嘯及其龐大的重建經費，為日本的經濟帶來的震撼，可能將債券市場推向「臨界點」，負責經濟事務的大臣與謝野馨，在地震發生不久在他的辦公室與我會面時，警告日本「面臨一場恐怖的夢」。[29]東京大學的伊藤表示，發行更多公債只是治標而不治本，基本問題在政府支出超過稅收。「誰來買單？」他問。「你不能一直推給下一代。」[30]伊藤長久以來一直是日本銀行的芒刺，他不斷敦促日銀設定通貨膨脹的目標，主張溫和通膨有助日本搬開長年赤字的這塊大石頭。在一個正常的經濟體中，公債會隨著經濟的大餅增加而下降，日本債務占GDP比重成長如此快速的理由之一，就是名目GDP本身一直卡在一九九〇年的水準，一動也不動。[31]

伊藤說，無論日本是以什麼方式擺脫目前的尷尬處境，都將無法永遠仰賴前一代累積的巨額儲蓄，事實上這些儲蓄讓國家輕易獲得廉價融資，企業和個人把錢存在銀行——若不是擺在床墊下的話，至於銀行則是買進政府公債。他說，這種繞圈圈的遊戲不能一直玩下去，靠退休金過活的人會開始花用積蓄，導致可用來循環再利用的資產變少，再加上年輕一輩的儲蓄變少，「一旦達到舉債上限就不能重來。一旦人們開始賣『公債』，價格就會下跌，於是更多人拋售公債，價格就進一步下跌。」當日本人到海外尋找避風港，就會發生資本外移。「這就是一場大型的老鼠會，我認為離結束不遠了。」

聽起來似乎很有道理，但同樣的事已經說了很多年。有理智的人現在必須承認市場並不完美，但市場卻堅決拒絕替這種悲觀論調背書，債券價格並沒有如長久以來預測的崩跌，反而有上漲的趨勢，市場並未將日本公債視為定時炸彈，反而將它當成避風港，隨著債券價格上漲，殖利率下跌，日本政府能夠以不到百分之一的利率借款十年，人在東京的策略專家塔斯克（Peter Tasker）說，這比巴比倫時期以來任何政府的借款成本還要低。換言之，日本的償債金額其實相當低。「過去十年來，日本的債券市場就在取笑債務評等機構，也取笑學界、動輒發動攻擊的放空戶（他們想以出售日本債券獲利），以及認為財政緊縮本身就是美德的政治人物和官僚，」塔斯克說：「他們全都宣稱，失控的公債讓日本步上財政毀滅之途。」[32]

還沒有爆發的理由是，日本和一般的認知相反，根本不是全世界最大的債務國。事實上，它還是全世界最大的債權國，它對巨額的外國資產擁有主張權。摩根（JP Morgan）的經濟學家、自稱「日本最後一位樂觀主義者」的柯爾（Jesper Koll）表示，每個禮拜有超過四十億美元在日本進出，換言之這個國家的私部門產生的財政盈餘，不但大到足以彌補政府的赤字，還有大量資金可以外移。日本最為人詬病的國債，並不是日本欠其他國家的錢，而是政府向自己人民借來的，過去二十年來的大多時間，近百分之九十五的日本債務是向國人借的，二〇一三年比重則降到有史以來最低的百分之九十一（或許是值得擔憂的事）。相反地，以希臘和近年無力償債的阿根廷和俄羅斯來說，他們的債務多半屬於會被索討的外債，日本的銀行與個人也可能突然向政府索討債務，但即使到了那個地步，日本政府也不太可能兩手一攤地倒帳。日本政府長時間下來的一種倒帳方式，就是刪減年金支付或醫療福利，這是任何國家的政府都在做的事，日本也已經開始，萬一事態嚴重到退無可退，日本政府也可能訴諸大量印鈔票的激進手段，透過通貨膨脹來償還債務，若是如此，危險就成了因通膨失控演變而成的超級通膨。

不過這類事情還不會發生。至少到二〇一三年，安倍晉三帶著打破通貨緊縮的計畫上任之前（詳見後記）都還沒有發生。由於物價還在下跌，擔心過度通膨似乎有些杞人憂天，有些經濟學家甚至認為，日本的負債其實沒那麼糟，證據顯示政府一直或多或少在做正確的事，野村證券的經濟學家辜朝明談到「資產負債表衰退」[33]，他認為自從一九九〇年泡沫崩壞以來，過度擴張的企業就全心致力於償債，即使是努力使資產負債表恢復健康的公司，也因受傷慘重而從此失去借錢或投資的欲望。不願意借錢使傳統的貨幣政策發揮不了作用，在新加坡銀行擔任首席經濟學家的傑拉姆（Richard

Jerram），以「酒吧裡有無限量暢飲的啤酒，但是顧客已經醉到沒有心情再喝」，來比喻日本無法透過金融擴張重振經濟的現況。

我們不該忘記日本泡沫崩壞造成的震撼強度。根據辜的說法，土地和不動產的價格下跌幅度之大，導致日本所有資產的貶值程度，約為一九八九年全國GDP的二．七倍，大於一九二九年華爾街崩盤後美國承受的損失。[34]儘管問題多多，但日本卻沒有大蕭條，當初容許泡沫膨脹以致爆掉就是一大錯誤，但既然發生都發生了，日本當局增加政府支出並採取寬鬆貨幣政策，來彌補私部門支出的大幅減少，就是個正確的做法，這是古典凱因斯關於反週期支出（counter-cyclical spending）的論點。

多年來，針對日本奇怪的經濟狀況進行辯論的，主要是日本專家和學術界的經濟學家，但如今不同了，在雷曼兄弟崩盤及後續的全球金融危機後，幾乎每個西方政府都面臨與日本類似的問題，他們也遭到資產負債表衰退的命運，他們的企業和人民也停止支出，中央銀行將利率降到幾近於零，同時也開始印鈔票來收購債券，也就是日本於二〇〇三年率先採行的所謂「量化寬鬆政策」。為了學習日本的教訓，經濟學家們於是做出完全相反的結論，美國的論辯尤其刺耳，如今美國的公共債務毛額已經超過GDP的百分之百，而且和日本一樣，每一塊錢支出有超過五毛錢是借來的。[35]

二〇一二年在坦帕（Tampa）召開的共和黨全國大會上，一個巨大的時鐘顯示國債正朝向十六兆美元的大關邁進，共和黨總統候選人羅姆尼（Mitt Romney）甚至說，美國應該考慮恢復黃金本位，這個政策會嚴格約束聯邦準備理事會印鈔票的能力，許多共和黨員也反對花錢彌補私部門的大幅緊縮，《華爾街日報》一篇名為〈不用您費心，凱因斯先生〉（*Arigato for Nothing, Keynes-san*）的時事評論中提到，日本學到的教訓，就是凱因斯的財政刺激起不了作用，這點與辜的結論剛好相反。日本「是對那些主張凱因斯狂熱能帶動以私部門為首的成長，給了一記當頭棒喝」。[36]

但是日本的債務沒有增加，主要是因為花在經常遭到詬病的「不知通往哪裡的橋」上，這種情形當然有一些，只是類似花費多半發生在泡沫崩壞前，大型的刺激配套措施在一九九〇年代末就結束，下一章會提到在小泉政權下，公共建設的支出大幅縮減，[37]事實上日本負債激增有兩大理由，一是稅收減少，二是名目GDP停滯不動，政府稅收自一九九〇年以來減少了一半，反映名目成長的長年衰退，也可見通貨緊縮的災害，許多勞工的收入下降到所得稅課稅門檻之下，營利事業稅收也減少，土地價格的一蹶不振更是衝擊遺產稅。由此看來，日本的主要問題不是支出（和印鈔票）太多，而是成長太少，過去十五年來最溫和的通貨膨脹下，日本的債務問題看起來一點也不嚴重。

《紐約時報》的專欄作家克魯曼（Paul Krugman）以支持凱因斯理論而知名，他在一篇專欄中，將美國的「憂債者」形容成對國債本質的誤解，因為他們誤將國債想成是一般家庭借了一筆還不起的房貸，殊不知這樣類比並不恰當，家庭必須償還負債，但政府不用，唯一要做的只是確保債務成長速度比稅收成長緩慢，而日本正是沒有做到這一點，克魯曼說，美國從沒償還過自二次大戰以來所借的國債，隨著經濟的成長超越國債成長，國家的負債也變得愈來愈無關緊要。[38]

有些經濟學家認為，克魯曼的分析簡直就是幻想，他們認為日本跟美國一樣，脫離困境的唯一方法是縮減政府支出並且增稅，加速印鈔票只是加速毀滅。以日本的情況，這麼說的理由是假設日本是個膨脹的國家，它的社會安全制度過度慷慨，而且動不動就做一些回收無望的公共建設。日本政府無疑在浪費公帑，只是規模相較其他先進國家並不特別龐大，根據OECD的統計，二〇一三年包括中央與地方政府花費在內的一般政府支出為百分之四十三——相較美國的百分之四十、英國的百分之四十七以及歐洲平均的百分之四十九。儘管如此，沒有一國的政府能永遠花得多、賺得少，日本的財政部門鼓吹增稅多年，然而政治現實與經濟的緊急狀況，使得政府多半無法遂行其意志，哪怕是二〇一一至一二年間，擔任首相的野田佳彥通過立法，準備在二〇一五年將消費稅加倍到百分之十。*「我們的想法是，經濟成長和財政整併是相容而非相斥。」前財政大臣尾身幸次曾向我表示。[39]邏輯是，如果民眾知道國家財政健全，就比較不會有預防性儲蓄，也比較敢花錢。

日本從沒能夠測試這項假設，因為它從沒能掌控它的財政狀況。但是在英國，卡麥隆（David Cameron）的政府採行所謂「未雨綢繆的緊縮」而將理論付諸實行，英國沒有提高政府支出來反制個人投資減少的影響，而是尋求縮減開支，[40]目前為止結果並不令人振奮。二〇一二年夏天，英國的GDP被困在百分之四．五，低於二〇〇八年的高峰，整個國家更是進入雙重的不景氣（到此時，日本確實已經進入第三次不景氣了）。經濟評論員卡雷斯基（Anatole Kaletsky）宣告英國的財政緊縮實驗失敗，從二〇一〇年卡麥隆政府開始刪減支出以來，英國的表現就與不斷放寬財政政策的美國遠遠背道而馳，卡雷斯基寫道，自從英國採行緊縮，美國的經濟表現就優於英國近三倍，而GDP的下降導致債務占其比重上升，因此他的結論是，「凡是決定控制公共債務的國家，應該把財政緊縮扔一邊，設法以最快的速度成長。」[41]

那麼，日本政府應該改採什麼方法，來復甦它疲弱的經濟？日本政府最為人詬病的，在於它的政策制定曠日廢時，然而就連專業經濟學家，對於日本政府該怎麼做都沒有清楚的共識，雖然日本對於該朝哪方面努力尚未有真正共識，但它早就該加快動作。歐美對於該如何處理自家經濟危機也是眾說紛紜，這說明即使到了今日，我們也還不是真正知道怎麼做，哪怕是二十年後看二十年前的事。日本究竟是應該刪減支出並抑制印鈔票呢，還是應該印鈔票，同時更無節制地花錢？

當然，日本還可以採取其他步驟為經濟體注入生命，但都因為損及既得利益者而無法遂行，即使是唯一認真看待這個議題的首相小泉，在經濟的革命上都是說的比做的

---

*編註：日本的消費稅於二〇一九年十月一日正式調漲為百分之十。

多，「我們需要開放和鬆綁，電力、護理、兒童保育、農業、漁業、林業，」慶應大學經濟學家嘉治佐保子說：「我們什麼都沒做。」[42]她認為，如果東京當局給民營部門更多自由，同時與國際夥伴簽署實質的自由貿易協定，就能透過競爭來創新日本經濟，並達到更高的效率。但是，由於遭到以保守且具影響力的農業遊說為主的強烈反對，日本在這兩方面可說是一事無成，反觀直接競爭者南韓，則是與歐美簽訂貿易條件，有利其製造業者進軍這些龐大市場。

日本二十年來的經濟困境，顯然教了我們一件事：一開始就不要搞得一團糟。一九九〇年泡沫爆破時，政府沒能夠對金融系統進行資金重組，十幾年後才把爛攤子丟給小泉政權收拾，但是許多人最譴責日本銀行的，是日銀放任經濟體落入通貨緊縮的恐懼中。此外，中央銀行當初應該更早以更積極的態度，窮盡一切努力直到經濟回歸正軌，日銀的確是將利率降到逼近零，但由於企業無意貸款，這麼做也沒什麼用處，而且直到很後期都避免採取諸如印鈔票買入債券之類的非正統政策，日銀甚至在二〇〇一年短暫升息，表示它並沒有認真看待通貨緊縮的威脅。

一九九九年，後來接掌美國聯邦準備理事會的柏南克（Ben Bernanke）大肆抨擊日本央行，說日本的癱瘓是咎由自取，他敦促日銀放大膽子試驗，以刺激需求並遏止通貨緊縮，他說日銀可以印鈔票來購買政府債券、外國貨幣或任何資產，總之任何能讓經濟動起來的東西。日本央行最後的確採取了非正統的措施，甚至還印鈔票來買股票，一些懷疑論者說，這些措施的有限效果，證明量化寬鬆起不了作用，有人則認為是因為幅度太小、時機太晚。無論日本央行錯在哪裡，柏南克認為實際去應付經濟危機的困難度，比起他以貨幣政策理論來訓斥東京要來得困難，美國復甦一直極度緩慢，雷曼震撼後四年，真實的年家戶所得中數下降百分之五。[43]據說，柏南克曾經私下承認，當初他太苛責日本。[44]

第八章

捲髮的武士

他們稱他怪人，但或許叫「怪咖」或「怪老子」還比較恰當，日本人有時不像他們表面那麼墨守成規，但是「怪異」或「奇怪」通常不是好事，然而對本世代最有領袖魅力的首相小泉純一郎來說，情況卻不一樣。小泉是不同的。而以他的情況而言，不同是件好事。

二〇〇一年，小泉像個比真人還要大的花美男悄悄步上政治舞台，他在我來到日本前半年上任，當時日本看似正要開始第二個失落的十年，在網路泡沫榮景的曇花一現後，再度落入不景氣。儘管感受不到危機，卻有種無聲的沮喪，感覺日本的好日子已成過往，而政治系統卻已無計可施。無數刺激經濟的配套措施未能替經濟體注入生機，畢業生愈來愈難找到理想工作，這時小泉承諾「百無禁忌的改革」，似乎是除了接受衰退為既成事實外，一個積極進取的替代方案。

小泉當時六十一歲，以政治界某些耆老的標準來說，他並不算老，甚至給人年輕氣盛的感覺，他身材保持得很好，外表精瘦，充滿著活力，在不變的表情和半開的惺忪睡眼下，經常潛藏若隱若現的趣味神情。雖然只是開襟式襯衫或淡色西裝，但他的穿著給人清爽的感覺，尤其引人注目的是髮型，一頭濃密的銀灰色捲髮，使他曾經被拿來跟李察．吉爾（Richard Gere）相提並論，也因而贏得「獅子心」的綽號。[1]

包括年輕女性在內的許多女性認為，小泉英俊到不行。他的演講有時會被觀眾的尖叫聲打斷，小泉的女性粉絲曾不只一次因為過度興奮而暈倒（小泉沒把句子說完，就淡定地前去查看她的情況）。當他神情輕鬆地承認曾多次在銀座酒店過夜，反而更增添魅力，畢竟他多年前與妻子——也是三個兒子的媽——離異後就單身至今，小泉給人一種融合都市冷漠與類似隆納．雷根的感覺，感動了庶民大眾，這種組合反映在他對戲劇和重金屬的愛好上，上任幾個月後，小泉發行過一張CD，裡面集結二十五首他最喜愛的貓王歌曲，而這種過於自信的自我推銷，確認他就是日本等了好久的那個人。

二〇〇一年四月，小泉不知從哪冒出來爭取自民黨黨魁，接著是日本的首相大位，一九九〇年代，擺脫不掉經濟低迷的政客們來了又去，小泉就像一陣甜蜜的氣息，人們穿上小泉T恤，買小泉海報，在他演講的時候呼喊他的名字，彷彿他是搖滾巨星。小泉不像其他政治人物，他不使用日本語專擅的曖昧華麗詞藻，而是用簡單易懂的關鍵字句，他告訴這個十年來受困於經濟難局、政治更迭頻繁的國家，「沒有不痛苦的成長」，他願意「改變自民黨、改變日本」，他早在歐巴馬之前多年就提出這個標語。如果他無法說服他的政黨改變令人厭膩的老伎倆，他就會將黨撕成碎片，他那直率的標語，令人民有種國家將煥然一新的興奮感，甚至是不安，多年來的漂泊不定使信心蕩然無存，廣大的日本民眾企盼改弦更張，哪怕許多人想要的改變，不過是重新啟動舊有的模式罷了。小泉宣稱將摧毀制度，殊不知他的眾多追隨者要的並不是這樣的小泉，其實他們尋找的人，要同時能讓制度恢復生機，又保有戰後辛苦建立的安適社會，簡單來說，人民要的是讓日本保持不變的改變。

如果說，小泉掌握了二十一世紀之初的國家氛圍，那麼他的竄起可說是僥倖。儘管二〇〇一年初開始，小泉的名字成為報紙標題的常客，但很少人料到他會當上首相，無關乎他人氣的高低。日本的議會制度下，首相是由執政黨而非由選民選出，過去五十年來統治日本達四十九年的自民黨，也是全世界政治壽命最長的政黨，就連中國共產黨都想知道，這了不起的自民黨究竟是怎麼能掌權如此之久，而且還定期舉行選舉，維持議會民主的象徵。自民黨等於是化日本政府與反對黨為一，它的政黨架構鬆散，各個有力派系共同存在其間，而首相就是透過這些派系領袖間的利益交換結果挑選出來的。正常時期，早在選票來到日本國會的議員席之前，就已經決定好領導者的人選，小泉的前一任首相，可憐的顧人怨森喜朗，據說就是被區區五個人選出來的，也是派系壟斷的典型案例。[2]

派系大老既是政治人物，也像黑道老大，曾經兩度幫助小泉，他於一九九五和一九九八年兩度角逐自民黨黨魁，基於他對既得利益的看法，加上曾公開宣誓將打破金錢與政治的關係，使他在這個靠政治獻金坐大的政黨裡並不太被看好。他兩度慘敗，黨機器唾棄他，不希望讓一個難以預測的怪咖來掌控大局。二〇〇一年舊事看似再度上演，小泉重新出馬和橋本龍太郎角逐，橋本擁有劍道黑帶，也是派系領袖，在一九九六至九八年間擔任日本首相。森喜朗擔任首相可說是災難一場，支持率曾經下跌到僅剩百分之七，即使近年來的首相多半性格差又無能，但百分之七的支持率都算是低的，森喜朗下台後，自民黨的大老們想物色一雙經驗豐富的左右手，打算在它急需的時刻，團結在橋本的領導下。

不過，小泉具備一個意想不到的優勢。為了製造民主責任制的假象，自民黨不久前改變投票制度，這次除了國會議員外，三百二十萬基層黨員的意見也要納入，草根支持者占了總票數近三分之一，擁有發言權但還不足以左右結果，但是這麼一來以信息明確加上明星氣質的小泉，就有機會略過達官顯要，直接投合基層群眾之所好。相反地，自民黨派出的駭客，並無意把太多心思放在基層黨員身上，但他們犯了一個要命的錯誤，准許各地的支黨部先投票。當縣辦公室的票數顯示，小泉贏得高達百分之八十七的選票，來自草根的消息令人難以招架，也讓許多國會議員體認到，基層黨員的判斷不容忽視，有位年輕國會議員表達這種正在改變的態度，他說：「我要投票給我支持的人，而不是投票給只聽從我派系命令的人。日本人民正在拒絕黨處理政治的方式，這是自民黨恢復人民信賴的最後機會。」[3]小泉也以些微差距，贏得了國會議員的選票，儘管情勢不利，最後他依然在民意的要求下，當上首相。

田原總一郎是小泉的密友，也是頗有分量的政論節目主持人，他說勇於嘗試的新任首相，推翻他所謂「村落」的規範，「小泉根本不遵守村落的規則，」田原在他習慣接待訪客的全日空國際旅館的香檳酒吧告訴我：「他不是派系的頭，他從沒替派系或他的前輩做過任何貢獻，所以他從沒被提名進入自民黨的三巨頭，但是即使什麼都沒做，還是爬到了首相的位置。這算是例外。」[4]被小泉從學界挖來整頓金融制度的竹中平藏教授，稱小泉根本就是「奇蹟的首相」[5]。

小泉對於選擇第一批內閣成員所抱持的態度，似乎是想向大家證實，他打算採取的激進措施是玩真的，他不跟派系大老商談，而是欽點自己的團隊，甚至沒有徵詢軍師的意見，當受到青睞的新人排成呆板的隊伍拍攝傳統的大合照時，男性身穿禮服配灰色系直紋長褲，在他們之中有五位女性，人數算是多的。其中最知名的，要屬新任外務省大臣田中真紀子，她的直率敢言和高人氣，與小泉如出一轍。[6]小泉也打破傳統，他從民營部門挑選出三個人，讓那些視內閣職位為囊中物的資深黨員顏面無光，從民營部門擔任官職中最知名的，是慶應大學的經濟學教授竹中，他在小泉五年半的任期中，一直是個忠誠的副手，竹中後來描述新時代來臨的興奮之情，當他的老闆來到議會即席備詢，而不依賴官僚們照例準備的枯燥文件時，竹中承認在緊張顫抖之餘，感到「相當頭暈目眩」。[7]

小泉在國會的表現方式迥異於過去的首相，跟媒體和大眾打交道的方式也完全不同，他喜歡一天在電視攝影機前出現兩次，不停向觀眾丟出簡潔有力的字眼。他讓人覺得是面對大眾說話，而不是對著黨大老或長久以來垂簾聽政的既得利益者。二〇〇一年五月七日，他對國會發表就任演說，也是一場行禮如儀的大事。他在演說中揭示改革的議程，承諾將盡速處理泡沫崩壞後，十年間阻塞金融系統的壞帳，他並暗示，必要時將容許企業甚至整個產業死亡。「二次大戰後，日本達到動態的經濟發展，生活水準急遽提升，」他對著莊嚴的議員們說道：「然而，自從一九九〇年代的十年開始以來，日本的經濟一直未能擺脫長年停滯，原因是人民愈來愈不信賴政治領導人，同時社會被幻想破滅的心情包圍，目前為止運轉順利的結構，顯然不符合二十一世紀的社會所需。」[8]

新任首相向心情七上八下的議員們承諾，他所謂「不停止改革的內閣」將透過結構改革使經濟重生，他也將修補隨經濟縮減而下滑的國際地位（關於小泉執政的對外政策，請參考下一章）。他將「沒有恐懼、遲疑或限制」，實現財政補正與經濟復甦的目標，最後他以明治時代初年，長岡家族的故事總結。有一天，打敗仗且一貧如洗的長岡家族，收到鄰近省捐獻的一百包米，這些米足足可以讓他的人民充飢一陣子，但是他沒有把這些米分給大家，「這位聰明的士族家長把米給賣了」，用得到的錢開設學校，「確保他的人民未來能收成數千、甚至數萬袋米。」小泉說。他要傳達的訊息很清楚，他打算讓日本吃苦以追求更美好的未來，唯獨其中有個小問題。在他的演講中，從沒說明長岡的人民是不是都熬得過那些飢餓的歲月。

國會議員大原一三在小泉擔任首相前，就與他相識逾三十年，比小泉年長約十五歲的大原，還記得小泉三十多歲第一次擔任眾議院議員時的瘦削模樣。一九六九年，年輕的小泉正在倫敦大學讀經濟，這時傳來父親過世的消息。他接受召喚回到日本參選，以替補父親在橫須賀的議員席次，橫須賀是個海港城市，距離東京約三十英里，也是美國在西太平洋最重要的海軍基地。那次小泉落敗，但是三年後捲土重來，他贏得競選。「我還記得這個活潑、滿臉聰明樣的男人出現，國會裡沒有人有這種像君王般的捲髮。我心想，真是個怪人。」大原竊笑。多年後，他還是為第一眼瞥見小泉的招牌髮型而莞爾。「我覺得他有點呆呆的。」[9]

大原說，小泉完全沒有露出對政治或物質的野心，大原對這位眾議院菜鳥議員的記憶多半圍繞在飲酒上。「我們會出外喝酒，或是到淺草的燒烤酒吧將就著喝。」小泉喜歡吃河豚，這種魚若是處理不當可能致命，也因此成為皇室禁止食用的珍饈佳餚。就在大原和小泉到淺草酒吧的同時，知名的歌舞伎演員，第八代坂東三津五郎誇口能吃下四份河豚肝臟後死於抽搐。「我們以前也去找很多藝伎，小泉非常有魅力，也很能聊，他笑的方式很可愛，他真的很討人喜歡，」大原回憶：「他以前非常喜歡逗著藝伎玩，我們從來不必去找藝伎，他很受歡迎，藝伎會自動送上門來。」

小泉似乎也不為金錢所動，這對政治人物來說幾乎聞所未聞。一九七〇年代初，他第一次當選國會議員時，當時的首相是田中角榮，田中過去是營建包商，父親是販賣牛馬的商人，田中極度擅長政治分贓，自民黨也因此得以長期執政。在快速成長的期間，政府對都市的大企業課稅，然後將大把鈔票撒在自民黨著力最深的鄉下，田中出生在日本海邊有「雪國」之稱、人口相對稀少的新潟縣，而他最知名的事蹟，就是將子彈列車延伸到他的家鄉，也是典型的政治買票行為。後來才知道「建設國家」是用錢堆砌而成，而且有很多錢流到了促成這些建設的政客口袋裡，田中於一九七四年因為醜聞下台，但他繼續在幕後以「影子將軍」的身分操控整個政黨，哪怕是後來因為收受洛克希德（Lockheed）的賄賂，以換取贊成飛機採購而被起訴定罪。大原記得，田中曾經試圖拿一百萬日圓現鈔誘惑他進入政界，大原睜大眼睛地模仿他從走廊逃跑之際，還拚命想把厚厚的大疊鈔票塞進口袋裡。他回想當時田中在後頭大聲說道：「記住，政治人物跟小偷都需要大口袋。」

小泉痛恨金錢政治。他受福田赳夫的影響，從倫敦回來後，就是在這位正直的政治家身旁擔任祕書，福田是田中的主要政敵，教導小泉要厭惡自民黨靠金錢辦事的所有作為，「小泉當時就知道，日本的財務狀況是不會好轉的，政府花太多錢在橋梁和稻田上。」大原說。或許是因為小泉來自一個舒適的背景，相較田中則是在六位姊妹和酒鬼父親的環境中長大，因此小泉一點都不喜歡從政所帶來的好處，「就我所知，他只有一間房子，沒有高爾夫會員證，沒有土地，沒有股票。」幾十年來貼身採訪小泉的記者田勢康弘說。[10]多年後，小泉在他選上國會議員的二十五週年上獲頒一份獎金、一輛附了司機的汽車，和一幅大師畫的畫像，他婉拒了這三個由國家花錢給的殊榮，「他當上首相前，住在公家宿舍，他還是過著簡樸的生活，」田勢說：「我認為，這是他內在的武士精神。」竹中也回想起小泉曾婉拒贈禮，包括一束花和一條領帶。小泉的操守，也讓大原想起嚴格的武士道守則。「他是個武士，」他說：「有著一頭捲髮的武士。」[11]

小泉深不可測。就連他最親近的同僚都承認不知道他在想什麼。被小泉指派擔任援助阿富汗特別代表的緒方貞子，是對小泉感到迷惑的眾多人之一，有回她剛從喀布爾回來，被召喚到首相辦公室報告此行的收穫，小泉只是閉著眼睛坐在那裡，講完後他向她道謝，她離去時完全不曉得他在想什麼。[12]竹中也有類似的經驗，包括有一次小泉在尚未當上首相前，向他摘述日本的經濟局勢。「他這麼聽我說話，」竹中把頭歪向一邊，雙眼緊閉：「他沒有記下任何東西，我想他一定是睡著了，沒聽我在說什麼。」後來他才發覺，這只是小泉做事的方式。「他除去細枝末節，思考重點，」這是竹中的解釋：「這是他身為領導者的主要風格。」小泉多年來忠誠的祕書飯島勳，將他老闆的作風，歸因於一種為了讓周遭的人搞不清楚狀況而刻意營造的曖昧。「無論你見首相多少次，你永遠搞不清楚他真正在想什麼。」他得意地說。[13]

以日本溝通大師的身分出名的小泉竟然多半時間是沉默的，但這還不是唯一的矛盾之處。他那特立獨行的局外人身分，從他父親和祖父都曾經擔任內閣閣員看來就說不過去，小泉的祖父小泉又次郎是碼頭工人，後來成為頗有勢力的勞工組織者，專門找來一群人到碼頭替船隻卸貨。他的背上刺了一隻紅色的大龍，這種紋樣通常是黑道的最愛，後來他便以「刺青大臣」的名號為人所知。又次郎充分動用各種影響力，取得了國會席次，他在政府的時候被指派負責郵局，後來他的孫子想以大動作將這個機構民營化，小泉的父親是又次郎的養子，也當選過橫須賀的議員，最後升任為防衛廳長官。對一個自命為政治孤鳥的人來說，家世算是相當顯赫的了。

小泉受女性歡迎也不完全合邏輯。他離婚獲得兩個兒子的撫養權後，便完全禁止他們與母親聯繫，他的妻子在兩人分手時懷孕，小泉從沒想要見這第三個兒子，且據報拒絕他參加祖母的葬禮，對照當初華麗的國會議事堂造型結婚蛋糕，這樣的結局即使不是非典型，也相當極端。一位記者在評論這位偷走日本的心的政治人物時，說道：「過度情緒化嗎？只要不是私生活，他就不是這樣的人。」[14]

職業生涯大半在小泉身邊度過的飯島，可說比任何人都要了解小泉，飯島一方面幫小泉搞定政治上的大小事，也是造就小泉的人，小泉在位時，我去首相官邸見過幾次飯島，這是棟設計美麗的極簡建築，以竹子裝飾，有種高檔宜家（IKEA）展示空間的感覺。

有回飯島打電話給我，說他對我寫的一篇文章很不滿，我在文章中，將小泉形容成相當不中聽的看門狗總管，我提到體型精壯的大菸槍且喜好大型首飾的飯島，透過與日本週刊誌的職員建立關係，精心打造小泉的媒體形象，週刊誌是結合情色醜聞與調查報告的腥羶色刊物，雖然這些雜誌讓英國的小報相形之下顯得清純，但他們顯然沒有在小泉身上找到塵埃，反倒將小泉變為一個家喻戶曉的名字。飯島幫忙創造了日本第一個真正懂得運用媒體的政治人物，他有這樣的地位，不是因為給了同僚多少好處，也不是送多少紅包或在政壇打滾多少年，而是他在庶民大眾之間享有的人氣。一位小泉的媒體祕書半帶崇拜、半帶不屑地告訴我，「飯島是頂級銷售員，小泉是他的頭號品牌。」

當我正打算在小小的會客室就坐，飯島要我別坐在通常留給客人的位子上，這是我在日本七年來唯一一次，展現如此標準的禮貌卻被刻意藐視至此。飯島壓抑怒氣顫抖著，花二十分鐘連珠炮似地抨擊我那篇冒犯的文章，文章有個明顯的錯誤，就是他無法如我描述的坐在辦公室裡吞雲吐霧，他指出由於他的辦公室被指定為非吸菸區，逼得他需要抽菸時得走到外頭去。

飯島平靜下來後，開始暢談起小泉這位多年前遇到的「苗條美男子」。他承認，一開始他認為小泉沒有膽識挑戰他口中那些緊握權力不放的「大青蛙」政治人物，但是小泉讓他驚訝，他證明自己比那些政治兩棲類更厲害，不但避開了派系政治，而且堅守信念。飯島說，這種作風影響小泉內閣的運作方式，之前的政府是從下而上，立法是透過黨的拜占庭架構，由下往上關關過濾，每個階段都經過一番複雜的程序後達成妥協，這個過程叫作「疏通」（根回し），字面意思是在根的四周挖刨。小泉的情況剛好相反，他會先決定想做什麼後才下令實行，他透過「經濟與財政政策委員會」的機制，在我行我素的官僚體制下遂行他想做的事，雖然組織早在幾年前就成立，為的是更堅定地將決策傳達給內閣，但是他的前任者或後繼者，都不知道如何使該委員會發揮最大功效。小泉幾乎每一場委員會都不錯過，委員會是由竹中一手管理，成員包含幾位企業界和學界的重量級人物，小泉在位期間，委員會成了政策制定的焦點，官僚經常得聽命行事。

「他採取由上往下，是因為他沒有任何跟隨者，」飯島說：「他不是任何派系的頭頭，他只有他自己。」因此他可以追求「柴契爾夫人」落實的激進作為，小泉的追隨者，推崇這位使英國擺脫「英國病」的可敬前首相。飯島說，日本有明治維新和昭和維新，後者指的是在昭和的裕仁天皇領導下，從戰爭的灰燼中崛起，現任天皇的年號叫作平成，飯島得意地揮著手說，小泉將領導日本，進行平成維新。

把現代史上高度戲劇性轉變的明治維新拿出來相提並論，人們對它寄予的厚望必定以失望結束，不用說也知道，沒有什麼了不起的事發生，那些以為小泉能改革日本，帶領它重回高度成長之路的人將感到失望，就算日本的經濟能重現生機，然而它的人口地理結構和相對財富，意謂著已經回不去快速成長的日子，然而類似語言代表的，只不過是小泉在首相任內，多數時間圍繞在他身邊的宣傳罷了。

如果說，這些日本亟需的激進經濟政策應該要有個人來負責落實，那個人就是竹中，他總共擔任過兩個內閣的職位，報紙稱這位圓臉的教授為小泉的「經濟獨裁者」，小泉擔任首相的第二年，股市直直落，金融崩盤的恐懼聲四起，於是任命竹中負責挽救巍巍顫顫的金融系統。竹中早就指出，日本的銀行被一九八〇年代貸款氾濫時留下的壞帳壓垮，小泉當首相前，曾經邀請竹中進入他的讀書團體，團體的聚會選在箱崎的皇家花園旅館（Royal Park Hotel），離東京核心稍有一段距離，是一棟低調的磚造建築。極具說服力的竹中提出他的診斷，他所謂日本的「經濟病狀」，是自從一九九〇年泡沫崩壞以來經歷過的三次不景氣，平均年成長率僅百分之一，他認為除非銀行清除壞帳，否則經濟不會有起色，如果銀行無法貸款給前景看好的企業以回歸正常運作，整個經濟體就會繼續生病下去。他又說，銀行還不夠積極處理自己的問題，強者繼續支持弱者，銀行和企業透過複雜的交叉持股形成密不可分的關係，以致銀行不敢對債務人下重手，如果太多企業倒閉，或是權益價值下跌到某個關鍵水準，這些企業可能會把銀行一起給拖下水，[15] 企業和日本金融業的關係之親密，有些銀行甚至借錢給垂死的企業，好讓它們繼續維持付得出利息的假象。

沒有人知道壞帳的金額究竟有多少，二〇〇三年小泉著手認真處理問題時，正式認定的壞帳金額為四十三兆日圓，以當時匯率換算為三千五百五十億美元。[16] 有些經濟學家認為數字更大，其中一個具爭議性的估計高達兩百三十七兆日圓，約合兩兆美元，相當於日本經濟總產出的近一半。[17] 竹中懷疑負責規範銀行的金融廳（Financial Services Agency）與金融機構沆瀣一氣，據說金融檢查員每次來訪前，甚至會洩漏風聲給銀行經理，以便他們藏匿犯罪證據，一九九八年一位財務省官員被檢察官發現貪汙的證據後上吊自殺，檢查員的應酬極盡浪費，有時會去昂貴到令人咋舌的「不穿內褲涮涮鍋餐廳」，由不穿內褲的女服務生將天價的牛肉端給色瞇瞇的顧客。[18] 在法規尚未更改、金融檢查的業務從財務省分出去之前，銀行和經紀商會設置一整個部門，專門用來跟官僚打通關係，這群負責關照財務省的職員（MOF担），專長就是請官員去餐廳和酒家玩樂，竹中對這種掛勾最為詬病，因此他日後把銀行總裁寫成是「一群無能者」以及支撐「舊護航制度」的狐群狗友。[19]

竹中於二〇〇二年被指派負責金融規範後，立刻著手處理銀行這個燙手山芋，小泉則是當這位經濟獨裁者在遭到連番攻擊時，出面提供政治奧援，特別是當竹中無意間向一位訪談者透露，他認為沒有一家公司是「大到不能倒」，[20] 這番話遭到抹黑，讓人們腦海浮現出小泉想把凶猛的自由市場怪獸放出來的畫面。竹中將排山倒海的批評比喻成「如坐針氈」，[21] 他命令銀行必須在兩年半內將帳面的壞帳金額減半，又加強管理銀行的資本計算方式，強迫銀行一定要遵守，不外是為了把銀行逼到牆角，如此一來銀行若不加速擺脫壞帳並且增資（並不容易），就會陷入需要政府紓困的地步，如果政府注入資金，就可以撤換管理階層而後親自主導，以更快的速度解決壞帳。日本第五大銀行里索那（Resona），在稽核人員於二〇〇三年發現資金短缺時，就是採取這種做法，[22]政府快速注入一百七十億美元的民脂民膏，並且任命新的管理者來經營，在這之後的二〇〇八年，歐美當局也以同樣方式搶在系統性崩潰之前，對全世界幾家最大的金融機構紓困。

日本對里索那銀行紓困，後來證實是個轉捩點。過去的執政者一直不太願意注入充足的國家資金，擔心用納稅人的錢來援助無能的銀行家會招致強烈的民怨，寧可維持銀行是健康的假象。小泉執政將問題升高到頂點，政府在緊要關頭出面保證金融系統的償債能力，令投資者如釋重負，股市立即開始反彈，於是良性循環開始，銀行手上的股票增值而改善了資本部位，三年後股市從後泡沫時期的深淵上漲一倍多，銀行股更是漲了三倍有餘。[23]

在此同時，隨著企業狀況改善，壞帳占總放款金額的比率開始照竹中的要求微幅下跌，許多欠下呆帳的企業，因為全球需求強勁而復甦，特別是來自正在發達的鄰國——中國。另一方面，日本企業也沒閒著，一九九〇年代中開始默默進行重組，減少徵聘新人，放棄不賺錢的業務並與對手合併。一九九〇年代末被視為昨日黃花的鋼鐵部門，整併四大公司並專注在高檔的專用鋼鐵，從而光鮮亮麗地重新亮相，二〇〇三年鋼鐵部門生產量與一九九八年同在一．一億公噸左右，使用的人力卻少了三分之一，為九萬兩千人。其他產業也效法這種重生經驗，企業的償債能力隨獲利上升而改善，之前被歸類為壞帳的借款正常化，到二〇〇四年末，過去曾對金融系統公開提出警告的日本銀行，宣布最壞的日子已經過去。

二〇〇六年，不履行清償的債務，從占銀行貸款總額的百分之八降低到僅百分之二，[24]企業的資產負債表恢復到健康的水準，獲利創新高。二〇〇六年中，日本銀行開始升息到百分之〇．二五，由於尚未完全克服通貨緊縮，此舉似乎過早（一九九〇年代末以來，利息就一直卡在零）。時任財務大臣的尾身幸次告訴我，「基本上，經濟狀況非常良好。」相較前十年的悲觀主義和自戕，此番淡淡的證實，等同於高聲歡呼勝利。

日本在小泉的領導下，逐漸進入相當強勁的經濟復甦，而功勞與其說是政府的某些政策，不如說是民營部門的努力加上有利的外在環境所致，尤其是中國永無止盡的需求。此外，一九九〇年代末橋本政府布下的種種措施也產生助力，特別是更改會計規則，使企業更難以隱藏虧損。無論原因為何，技術上小泉在位經歷了戰後以來持續成長最久的時期，超過五年不停止的復甦，前一次最長的擴張期，是以神道教的神祇命名的「伊弉諾景氣」，被認為結束於一九七一年，成長率從之前五年的平均百分之十一．五大幅衰退至災難的百分之四．四。當然，小泉政權下的成熟經濟今非昔比，但實質的年平均成長依舊有百分之二．四，根據某些計算方式，那段時期的多數時間，生產力增益超越了英國、法國、德國以及美國。[25]

對許多有能力償債且漸入佳境的企業來說，小泉執政的歲月是美好的。雖然消費電子產業未見起色，但其他產業的表現良好，汽車公司繼續日新月異，如今登上全世界的第一把交椅。相較在這個十年結束前需要政府紓困的通用汽車，豐田的銷量卻超越它，並且成為品質的象徵，過去讓人有如芒刺在背的財務大臣改變心意，下令對貨幣市場進行大舉干預，保持日圓的低價位使出口業者的產品更具競爭力。幾年前被打趴在地的企業，這下子竟然開始出口鋼鐵、化學物品、元件、工具機和營建設備到中國，小泉曾經說「沒有改革就沒有成長」，更精確的口號應該是「沒有中國就沒有成長」。

除了整頓銀行外，小泉的經濟大計有兩大元素，一是刪減公共支出，二是將嚴格控管的經濟體解禁，他在上任演說中設定了一個過度有野心的目標，要限制日本的借款在每年三十兆日圓（折合兩千六百億美元），他的成本刪減有幾項關鍵元素，首先他希望將他認定的白象專案喊停，這些所謂的「不知通往哪裡的橋」已經成為建設國家的失敗象徵，公共工程占支出極大的比例，每十位日本勞動人口中，就有一位受僱於營建業。[26]當他試圖將負債累累的道路工程公司民營化，立刻遭到了下馬威，也加速自民黨內與所謂「道路部族」的對戰，因為許多人是靠支持油水多的營建案以換取支持率才打贏選戰的，「道路部族」的靠山是大權在握、負責營建的大臣，受小泉之託打這場戰的人諷刺地說：「過去日本有皇軍，現在有國土交通省。」[27]

幾位地方首長也以小泉刪減無謂支出的魄力為榜樣，最有名的是在堪稱「日本阿爾卑斯山」的長野縣擔任知事的田中康夫，他一宣布擱置興建所有水壩工程後，就遭到地方立法機構逼下台，田中為了展現他提倡的透明化而在全部由玻璃打造的「透明屋」辦公，還以《腫脹與摩擦》為題，發表他混亂的性生活日記，「停止興建水壩不僅為了環境，也為了把稅金用在對的地方，」他說：「這些東西非常花錢，而且大部分的錢都到了總承包商的口袋裡。」[28]儘管不是所有長野縣民都認同田中的撙節運動，但他後來在密集宣傳下贏得連任。「我看到他就討厭，」一位菜農直言不諱：「包括農民和營建工人在內，很多人因為沒有工作而在夜裡哭泣。」雖然小泉依舊廣受愛戴，但是對矢志改革的首相本人說出類似話的反對者也不在少數。

小泉無論如何都要貫徹到底，他整頓公共工程的支出已逐漸看到成效，但他也刪減國民年金，並提高病人的醫療自付額，這在人口老化的社會中，可說是頗具爭議的舉動。此外，他希望減少中央政府移轉給地方執政當局的稅收金額，種種措施證實都不足以如小泉所願地限制公共借款，至少一開始沒有。政府沒有遵守小泉的誓言，將借款控制在三十兆日圓內，二〇〇三的會計年度，日本政府發行價值超過三十六兆日圓的債券，許多經濟評論員認為這不是壞事，一些專家認為這是因為民營部門依舊不敢放膽投資，所以小泉政府才需要花更多錢來彌補。近年來，歐美針對「撙節」相對於「凱因斯的反循環支出」各有哪些優點進行辯論，可說是其來有自。小泉執政之初甚至放任政府借款擴張，而不是他以「沒有不痛苦的成長」口號承諾的緊縮，到了後來幾年當企業重生，稅收隨著獲利改善而增加，他才比較放心縮減支出。任期結束前，他成功將財政赤字從二〇〇二年占GDP的百分之八·二，削減成約百分之六。[29]

小泉的經濟大計最後一部分是法規鬆綁，這是田中等供給面經濟學家所主張的，為了鼓勵人民放膽創業而對經濟活動採取的必要解禁措施。換言之，國家的角色縮水，對於所謂殭屍企業倒閉不再多所顧忌，此外政府也必須放寬勞工法規，對於一味希望透過法律規範以強化權力的官僚，不要讓他們握有太大權力，然而儘管小泉說得口沫橫飛，真正的進度卻非常緩慢，他發動幾次象徵性的小型戰爭，但農民和能源製造商等為數眾多的既得利益者，卻幾乎得以全身而退，有一次他力主開放一般商店販賣感冒成藥，對於因為金錢和安全理由而希望控制處方的龐大醫藥業可說是不痛不癢，小泉的官房長官、曾經短暫擔任首相的福田康夫向我提到，感冒藥的勝利是小泉法規鬆綁的最大成就，[30]儘管這對於數百萬吸著鼻涕的上班族來說無疑是方便的，但力道還不足以推動高度成長。

甩開法規顯然不容易，於是小泉支持成立特別經濟區，在這些區域內可以不受一些規定的限制，該計畫雖然沒有引起廣泛的效應，卻引來共產中國的效尤，他們也設置多個特別經濟區，因而帶動長足的成長。日本南部的城市福岡是個具前瞻思維的大城市，該市宣布將充分利用自由經濟區的好處，准許機器人在街上行走，福岡連同鄰近的北九州市是機器人的研究中心，該市的官員希望推產業一把。「在此時，交通和無線電信號法規導致機器人無法走在人行道或街道上，」福岡市長熱切地對我說：「我們要求政府解除規定，容許這類實驗。」[31]解禁機器人就像解禁感冒藥的販賣一樣，大概無法治癒經濟的所有病症，但是特別經濟區的身分卻引來五花八門的申請，提案書不少於六百五十份，有醫院要求在治療上給予更多的餘裕，學校要求用英文上課，長野縣的農民要求能夠釀酒。這些提案本身似乎很少能激起整個國家的復興。

小泉對於推動法規鬆綁，確實做了更具體甚至決定性的嘗試，影響最深遠的，要數勞工法的進一步自由化，准許企業僱用更多臨時工作者，其中包括了大規模業者通常提供全職且往往終身僱用的製造業在內。有些人認為，類似政策有助提高日本企業的競爭力，但也有人認為會擴大所得差距，「如果貧富差距擴大，會產生一個美國式的社會，」以不動產仲介為生的二十五歲音樂家金子龍介（音譯）顯然感到不安：「萬一變成那樣，日本就不好過了。」[32]竹中不解外界為何批評小泉的激進經濟政策將摧毀日本社會。「還有很多事沒做，」小泉的前任經濟獨裁者在幾年後跟我說：「如果我們因為只做了幾件事而遭到批評，這我接受。但許多人批評小泉政權是因為改革太多，我覺得很奇怪。」

如果說經濟改革是七拼八湊，那麼小泉在「政治經濟」領域的成就就比較大，他在任時影響最深遠且具爭議性的政策，是郵局的民營化。而郵局一直是個同時在政治與經濟上發揮作用的機構，說穿了就是大型的國家存錢筒，多年來被自民黨當作公共事業等買票綁樁的現成財源，對小泉而言，郵局是他不齒的金錢政治到處蔓延的象徵。

二〇〇五年秋天，擔任首相四年多的小泉做了一件震驚日本的事，他突然宣布對「郵局民營化」進行表決，把拆散郵局的法案推進國會，他計劃將擁有兩萬四千家分支機構的郵局拆成四部分，再將每個部分分別民營化。這項法案在下議院辛苦闖關成功，但是到了上議院，由於自民黨的國會議員反對將這個心愛的國家機構民營化，於是集體倒戈導致失敗，這時小泉派出一群容貌姣好的女性擔任「刺客」，小泉曾經威脅，如果自己所屬的政黨不支持，他將不惜玉石俱焚，為了表示說到做到，他派出他的「女忍者」——媒體一面倒如此稱呼——來對付同黨那些公然抗命、反對郵局民營化的敵對者。「刺客」幾乎都是名人，是從各行各業找來「消滅」小泉鎖定的專業政治人物，刺客當中有選美皇后、女主播，以及地位相當於瑪莎．史都華的電視名廚——只是沒有前科。

解散國會的決定違反黨大老們的忠告，他們認為此舉無異自殺，但是這群人否決小泉畢生致力的民營化法案，令小泉對他們的不忠誠極為憤怒，於是以開除整個政府作為報復，然後碰碰運氣。在野的日本民主黨不敢相信自己竟然如此幸運，於是開始做好入主的準備，最初幾輪的投票，顯示小泉的自民黨可能面臨慘敗局面，反對和贊成郵局民營化的自民黨員都害怕失去席次，甚至是親眼目睹自己的政黨被粉碎，如果自民黨失勢，將為半個世紀以來幾乎不間斷的執政畫上句點。至於小泉在選舉期間則是精神奕奕，他全國走透透，站在政黨的宣傳車頂，扯著不能再嘶啞的嗓子為自己的政策辯護，「這次選舉攸關郵局民營化，你是贊成還是反對呢？」他質問東京蒲田車站外的人群。[33] 又有一次他演過頭，「如果我能實現郵政系統的民營化，我不在乎會不會被殺。」[34]

小泉想更積極策動群眾以墊高政客的勢力，多年來官僚的勢力一直龐大且技巧純熟，以致政客被視為跑龍套，就好比在英國喜劇《是的，首相》（*Yes, Minister*）中，善於表達且工於心計的官僚亨佛瑞公爵，比他政治上的主子更有才智，因此日本的政治人物就淪為掛名的負責人。有時駐日的老鳥記者會勸菜鳥完全不用費心去報導政治，因為真正做決定的是在官僚體系深處的幾人，這樣的觀點有點太過誇張，日本的政策一直是官僚、政客和企業拉鋸下的產物，小泉的成就（一半是誇張的假象，一半真有其事）是讓政策制定的程序更公開，二〇〇五年的選舉可說是日本戰後史上最戲劇性的一次，當時被提出來討論的，就是枯燥無味的郵局民營化。你贊成，還是反對？

小泉認為這個主題不但不枯燥，而且還沉迷其中。對他而言，郵局是現代日本問題的象徵，這個機構源自明治維新，當時新政府的領導者想方設法團結國家之際，想到的事情之一就是類似英國的全方位郵政服務，於是要求富商捐出土地來蓋郵局，讓剪去丁髷*、刀劍被沒收，以奉行徹底現代化的武士擔任郵政局長，政府給予優渥的津貼，稅

＊譯註：日本武士頭頂留的頭髮。

賦減免且比照封建頭銜，有權將職位傳給下一代，這些特權至今大致沒有變，就連在中央東京的郵政局長，也往往傳到第三或第四代，至於在郵局具支配地位的鄉下，就更不用說了。

送信是郵局的任務之一。郵局逐漸演進成日本最大的儲蓄銀行與人壽保險業者，二〇〇五年郵局的儲金和保險資產，竟高達三百六十兆日圓之譜（約三．三兆美元），其中約四分之一的儲金，是戰爭以來由富裕人家存的，也因此按照某些標準，郵局成為全世界最大的金融機構，是花旗銀行（Citibank）規模的兩倍多，這麼一大筆儲蓄存款，對負責規劃經濟的人來說是個不得了的誘惑，他們把錢轉到選定的產業再利用，自民黨透過半公家組織構成的網絡，把儲金導向公共事業計畫，或者流去資助「第二預算」，這是「財政投融資」（Fiscal Investment and Loan Programme）管理的一池子不透明的錢，小泉一直想將財政投融資除之而後快。簡單來說，郵局的錢被自民黨用來充當競選經費，郵局的全職員工人數二十八萬，超過日本陸、海、空軍的總和，他們多半是自民黨的鐵票，還可以透過他們向親朋好友拉票。

這一切使得郵局具體呈現出小泉承諾摧毀的金錢政治，也是「聖牛中的聖牛」。顧問告訴他，郵局民營化以後，龐大的郵政儲金就不再憑著寫文章的人和政客的一時興起，而是根據市場進行理性分配，讓受壓抑的市場力量得以盡情發揮。此外捨棄這個政府控制的豬撲滿，也可以強迫政府量入為出，小泉認為，郵政民營化本身不僅是目的，也顯示他拆毀舊日本象徵的決心，當我在他雅致的辦公室訪問到這個主題時，小泉將郵局民營化，比喻成打敗中世紀難以攻破的城堡，「大阪城的四周被護城河圍繞，」他謎樣般地微笑：「假如你想攻擊敵陣，必須先攻外圈的護城河，接著才攻擊裡圈的護城河。郵政服務就是外圍的護城河。」[35]

對於包括同黨同志在內的反小泉人士來說，郵局不僅是護城河。他們說，郵局的兩萬四千個支局扮演重要的社交角色，特別是在年輕人出走、留下的盡是老年人的偏遠地帶，我曾經搭電車到過這樣的地方，群山環繞的山形縣位在日本北邊，冬天一到積雪可深達數公尺，在那人口稀少的嚴苛環境中，四十二歲的熱心郵差鈴木良彥（音譯）要騎著紅白相間的電動腳踏車一小時，才能把信分送給四戶偏遠人家。他的整個路線只包括十五戶人家，每一戶幾乎都是住著老人，有些老人獨居，於是他會在門口探個頭向他們問好，順便問要不要帶他們去買東西，當地的市長將小泉的民營化視為對日本社會網絡的攻擊，他說：「就這些部分而言，郵差更像社福人員，沒辦法進城的老人就等著郵差過來，向他們大聲說：『今天一切可好，婆婆？』」[36]

對於輕視郵局的人來說，鈴木的工作簡直是在浪費國家再也負擔不起的錢。支持者則認為，郵局是不可或缺的公共服務，也是社會關懷的精髓，即使在城市，郵局也因為可靠而成為大眾喜愛的機構，小泉宣布民營化的那一年，每一百萬封郵寄的信件中，只有十一封被寄錯，在英國卻高達七千封。[37]一位郵局的專家形容這場論辯是「替郵局遊說的人，把重點放在國家的父權主義、非正式的社會福利、風險規避以及可預測性。第二種（小泉代表的）看法，則是標榜全球化的好處、小政府，以及為自己負責的態度。」[38] 領導「反對郵局民營化」的自民黨大老龜井靜香，則是抱持更嚴厲的看法。他說，小泉試圖破壞所有對日本好的東西，簡直比希特勒還糟。[39]

無論如何看待郵政民營化，人民對選舉卻是相當興奮，小泉形容這次選舉是對日本未來走向的殊死之戰，本身不是小泉粉絲的經濟學教授濱矩子，卻對他提出的選擇感到佩服。「這是個了不起的時刻，日本民主已經等了五十年，」她告訴我：「在這次選舉中，人民必須表達他們的意願，而他們的意願也必須被表達出來，不能得過且過了。這在日本政治上是前所未見的。」

當然，這次選舉如小泉所願。在他說明人民有哪些選擇後，民調開始急遽變化，郵政民營化從冷門議題突然升高成日本的當務之急，基本理由似乎是，如果這件事對小泉的意義如此重大，代表它必定是重要的事。在整個競選期間，小泉在「不停止改革」的口號下戰鬥，絕不讓反對陣營把焦點從他選定的核心議題上轉移開來，凡是企圖談論巨額的公共債務、年金的岌岌可危，或是在他帶領下的外交糾紛等問題，全都被他撥到一邊。「選舉」對主角小泉來說不為別的，就是為郵局——而結果大獲全勝。投票率為多年來最高，小泉的黨贏得一面倒的兩百九十六席，占權力龐大的下議院中的三分之二，也是自民黨在五十多年歷史中最大的勝利。

選舉後的第二個月，國會如預期通過法案，將郵局一分為四，包括儲金、保險、郵政以及櫃檯服務。到二〇一七年，國家將減少對銀行和保險事業的持股到零，從而完成民營化，以日本保守的標準根本辦不到。政府將維持郵政和櫃檯服務的所有權，許多「郵政民營的反對者」在選舉中輸給小泉的「刺客」，而這群刺客現在就成了小泉的「孩子」。有些反對者以獨立參選的身分勉強獲得連任，之後又回鍋自由民主黨，他們吞下自己的尊嚴，投票給小泉那可恨的法案。曾經把小泉比喻成希特勒的龜井，以代表新的政黨贏回席次，要嚇他可沒那麼容易。「如果事情繼續這麼下去，會是日本的末日。」他悲觀地說。[40] 小泉則是以一貫的直接方式說：「我們毀了舊的自民黨。」[41] 政治分析師表示，黨的派系、金錢政治以及到鄉下綁樁的行為將不再，取而代之的是一個新的組織，在改變日本的一聲令下，更能夠回應飄浮的都市選民的要求。立法機構顯然成為小泉的囊中物。

就在這時候，小泉似乎對打仗失去興趣，選舉大勝的興奮竟然成為他首相任期的最高潮。許多人期待他運用新贏得的權力，推動他長久以來擁護的法規鬆綁以及刪減支出等激進計畫，首相本人更是火上加油，表示即將著手進行柴契爾式的聖戰，他在壓倒性贏得選舉後的記者會上表示：「我們聽到人民贊成結構性改革的聲音，我們不會停止，會更加把勁。」[42] 他似乎得到全權委任，可以去做任何他想做的事，然而他過了差強人意的一年後，便婉拒尋求黨主席連任。他的人氣意謂他或許能再多待個幾年，但他卻選擇安靜地離開。

左翼的政治評論家森田實說，小泉的行為透露知識的淺薄，他曾告訴我，一般看法是小泉有遠大的願景，但是在黨內保守派人士的反對下，缺乏政治影響力來落實，小泉選舉大勝後的反高潮暗示真實的情況與他說的完全相反。「小泉對反對他的力量宣戰，巧妙提升了他的人氣，」他說：「現在他的勢力穩固了，反而不曉得該如何運用。」[43] 哥倫比亞大學政治學教授、敏銳的日本政治觀察家寇蒂斯（Gerald L. Curtis）也表達相同看法。「小泉沒有說他在郵政民營化後會做什麼，因為他其實沒有清晰的改革大計，」他在小泉勝選後不久表示：「他會像無頭蒼蠅似地，試圖搞清楚該如何表演安可曲。」[44]

結果沒有安可曲。小泉就像急流勇退的搖滾巨星離開舞台，某些方面這個英雄般的姿態還挺符合這位「歌舞伎首相」的作風，在他任內「壯觀」一直是個不可或缺的元素。小泉退休去欣賞義大利歌劇，以及一個接著一個的年輕女友——如果八卦雜誌可信的話。大部分的消息純屬猜測，但是一位曾經請小泉到高檔餐廳吃飯的企業家，以一種奇怪的精確度告訴我：「百分之六十的時間他都在談論性。」但事實是，對一位在人民想像中被放得如此大的人物來說，他的私生活卻鮮為人知。小泉保持低調，很少接受採訪或公開表示看法，儘管首相任內經歷高潮迭起的生活和慷慨激昂的詞藻，但他就這麼從人們眼前漸漸消失，剩下的只是沉默。

小泉一離開，他的黨又漸漸故態復萌，政治回到以往不穩定的狀態，那些短命的後繼者全都不具備他那般領袖魅力，而日本選民漸漸又開始忍耐黨大老提名的無聊人選，民眾也轉而反對起小泉的新自由派計畫。他所強調的放寬管制和市場的智慧，在二〇〇八年雷曼崩潰後的幾年逐漸退流行，有些人懷念小泉的人和他的領導風格，但顯然沒有很多人想念他的政策，尤其人們批評他造成貧富差距擴大與不平等的所謂格差社會，據說他的政策使日本贏家與輸家「狗咬狗」的現象更形嚴重，作家藤原正彥十分渴望封建日本的共產社會價值，他批評小泉撕裂社會結構。「小泉是改革、改革、改革，」他告訴我：「但是改革當然不盡然等於進步，有時反而是退步。」[45]

前面提到根據某些標準，貧富差距確實變大，只是速度可能比許多先進國家慢。但是，人民感到所得變得不公平，是因為引進績效決定薪水的制度，再加上全職工作的數目減少所致，許多日本人認為，美國社會的不公平現象嚴重到驚人，對照之下日本還比較有平等主義的美德，然而研究顯示，日本在衡量不公平的基尼係數（Gini Coefficient）方面其實與美國相去不遠，[46]小泉任期最後一年，《日經新聞》的調查發現自認為中產階級的日本人只剩下百分之五十四，自認屬較低階級的日本人竟達到過去想都想不到的百分之三十七，戰後絕大多數期間，自認中產階級的日本人一直高達百分之七十五左右，[47]小泉在位時期，三浦展的《下流社會》等探討不公平現象的書籍成為暢銷書，當時還出現一類專門教大家如何以年薪區區兩百萬日圓（約合當時不到兩萬美元）

過日子的書，「許多日本人寧可要公平的社會，而不要一個人與人自由競爭的社會，」慶應大學教授樋口美雄說：「分析顯示，社會與經濟的差異擴大，令人民無所適從。」[48]

小泉的政策對貧富差距的擴大或許只有一點影響。刪減醫療給付額無疑讓一些人的生活更困頓，勞工市場的進一步自由化，讓製造業者以較低的工資和福利僱用臨時員工，至於福利方面也創了多項紀錄，小泉亦打破自民黨從城市吸金再散到鄉下的慣用伎倆，他減少公共工程、阻止將稅收轉移到地方政府，或許使孤立的鄉村社群和財富集中的大都會之間，原本就逐年擴大的差距更加惡化，但事實上他的政策並沒有那麼大的影響，自從一九九〇年代經濟趨緩，加上從製造業逐漸轉型成知識基礎的產業，小泉只是對這些趨勢順水推舟罷了，小泉的幾位顧問的確主張終結他們所謂的家父長作風、過去的「社會主義」政策，創造一個個人為自己負責，努力工作以獲得較多獎勵的社會，但其實早在小泉就任首相前多年，不公平的現象就一直在惡化，其中大部分是國際趨勢的結果，尤其加上北京於二〇〇一年加入世貿組織（WTO）以來，上億的中國勞工進入勞動力市場，導致全世界的中產階級遭到擠壓。曾經與小泉親近的知名政治家小池百合子對擴大不公平之說嗤之以鼻：「在資本主義社會中，日本幾乎就像個社會主義國家，日本的貧富差距只有〇．〇一英寸。」她用修剪整齊的食指和大拇指比出微薄的手勢：「俄羅斯或中國等其他地方的貧富差距，比較像是月球跟地球之間的距離。」[49]

一九八二至八七年間擔任首相、也是三十年來唯一可與小泉影響力匹敵的中曾根康弘同意竹中的說法，認為小泉做得太少而非太多。小泉以中曾根太老這種很「不日本」的理由拒絕他出馬競選連任後不久，我曾經與中曾根短暫交談。小泉替國會議員設定了七十三歲的年齡限制，以便將他眼中的黨內反動保守派逐出，當時擔任國會議員長達六十年的中曾根為八十五歲，他對於自尊受到冒犯依舊相當憤慨，引述了一段他做的俳句，抒發他對於被排擠的感受（「人生如戲，秋日落下」）。他說，小泉是個輕浮的演員，「到頭來，改革只淪為口號。」中曾根舉出他自己將鐵路民營化的政績，認為比起拿郵局開刀更具實質意義。「我相信政治應該專注在憲法改革、教育、社會安全、金融改革和外交上，特別是跟其他亞洲國家的關係，」他當時說：「他往往被不重要的計畫分散了注意力，而不專注在國家的重大問題上，這點使他招致批評，在我看來是有道理的。」[50] 中曾根不是唯一的批評者，小泉大言不慚的詞令為他贏得「Nato」的綽號，也就是「只會說，不會做」（No Action, Talk Only）的縮寫。

小泉就像歌舞伎演員，用耀眼的化妝和誇張的手勢令觀眾著迷，而他所愛的正是低級趣味。當他想要將道路工程公司民營化時，就成立電視轉播委員會，揭露這些不透明的機構浪費無度的事。批評者指控民營化本身是謊言，但是小泉的政策，正是大動作將濫行花費交由（憤怒的）全民監督，他策動人民從而升高對改變的殷切程度，因此稱小泉是個演員不盡是批評，而是點出他作為政治人物的強項。

東京的經濟學教授、曾任政府顧問的伊藤隆敏讚許小泉的領導技巧，「我認為小泉很棒，他讓大家了解強而有力的政治領導能夠成就什麼，以及如何聚集一群跟隨的群眾……我還是認為那是歷史上美好的時刻。」雖然伊藤就像中曾根，相信小泉應該追求更徹底的改變，但他說這位魅力十足的首相激起全國的士氣。「過去二十年來，幾乎沒有樂觀主義的聲音，之後人民總算開始相信復甦有望，在漫長的隧道末端看見燈光，」他說：「那種樂觀主義僅限於小泉在位的那幾年。」[51]

在小泉任內擔任環境部長的小池，也認為小泉帶來方向感。「領導者一定要先做決策，然後說服人民照著做，」她說：「我們不再身處依據共識做事的時代了。」[52] 足智多謀的飯島擔任過小泉的官房長官，他也表達大致相同的意見。「幾十年來第一次，首相試圖確立上情下達的權力。」他告訴我。他也是第一位認真對待日本預算赤字的人，他說：「大家對小泉多所評論，說他不擅長經濟，又說他完全不懂金融或貨幣政策。」但是飯島告訴我，小泉知道一件事。「日本是全世界負債最多的國家，我們必須停止像這樣花錢無度。我們必須把水龍頭關緊。」包括小池在內的許多人說，首相當初試圖開始作的事，在他卸任後就宣告停止甚至逆轉，小泉的友人武田一平在京都經營事業，他將小泉的各項計畫，比喻成一顆埋在土裡但沒有獲得良好栽培的種子。[53]

過去三十年來，小泉儼然成為日本最特別的首相，或許也是唯一獲得國際名聲的一位。他在許多方面堪稱日本的歐巴馬，做出國民能夠相信的改變承諾，但結果人民並不很了解自己想要什麼樣的改變，而小泉也不是一直都有能力實現他的承諾。小泉一方面展現在進行中的結構性轉變，而他也是改變的真正媒介，泡沫崩壞、冷戰結束與國際競爭加劇等帶來的社會動盪早已經蓄勢待發，小泉身為政治人物的技巧是認知新的現實，試圖清楚表達他的回應。「日本從一九九〇年代以來改變甚多，」哥倫比亞大學的寇蒂斯在二〇一一年十月告訴我：「那是社會改變，而小泉參與其中。」

三十年前以著作《日本第一》激起民眾士氣的作家傅高義表示，儘管小泉毅然決然與過去一刀兩斷，日本依舊處在政治轉型，長遠的新制度尚未建立。「國家需要一套能夠對問題做出長久之計的政治制度，」他說：「這樣的一貫性到了一九九〇年代各黨崩潰時結束，日本尚未建立對的政治制度，讓國家回復正軌。」[54]

小泉最終未能實現改變，從他鍾愛的郵局民營化可見一斑。他卸任後，過去他卯足全力爭取實現的立法，被與貧富差距擴大以及社會關懷變少連在一起。「和過去顯然差很多，做事的方式比較面面俱到。」對二〇〇五年的選舉慷慨激昂的經濟學教授濱說。她說小泉下台後，國內的聲浪希望回復到比較具包容性的社會，即她所謂「不受制於自由市場的生存競爭」，如果郵局民營化象徵自由市場太過猖獗，二〇一二年立法機構祭出他們的大刀，通過小泉法案的修正案，廢止郵局民營化的期限。理論上，這麼一來國家就可以無限期擁有郵局，對小泉的死忠者來說，這個修正案拉掉他的法案中最重要的部分，也坐實了政治人物沒有膽量貫徹痛苦但必要的方案，敵對陣營則是認為，日本總算讓前任首相和他很「不日本」的自由市場觀念入土為安。在少數幾位投票反對修正案的國會議員中，其中一位不用說就是三十一歲的小泉進次郎，他是前任首相之子，也是家族中坐上橫須賀國會議員席次的第四代，進次郎如父親般英俊瀟灑，也是八十年前掌舵郵局的「刺青大臣」小泉又次郎的曾孫。看來，攻擊大阪城要比任何人想像的都來得困難。

第九章
成長後的生活

提出「日本人總有一天會全部消失」的可怕論調的，其實是日本的厚生大臣。「如果繼續這麼下去，日本這個民族將會滅絕。」坂口力在二〇〇二年說出如此駭人聽聞的話。[1]坂口危言聳聽的預測是根據推斷而來，如果在統計圖表上繼續往下移動，到未來某一點終將達到零。日本的生育率降到百分之二．一以下，也是一九八〇年代維持人口不變所需要的水準，[2]二〇〇五至二〇一〇年間，平均生育率更是低到百分之一．二七，[3]雖然後來有微幅回升，但出生的寶寶根本不夠把減少的人口填滿，尤其日本因為對引進移民的抗拒高於多數生育率偏低的國家，倘若英國沒有穩定匯入移民，英國的人口也將有下降之虞。[4]

「問題」的一部分在於人太長壽。日本的平均壽命大幅提高，如今在全世界居首位，男性平均壽命八十歲，女性更高達八十六歲，相較一九四七年的平均壽命則分別為五十與五十四歲。日本的人口快速老化，一九五〇年，六十五歲以上的人口僅占百分之五，如今則是百分之二十五，到二〇三五年，每三人當中會有一人超過六十五歲，正當人們紛紛退休之際，進入職場的年輕人卻愈來愈少，勞動力也以每年百分之〇．六的幅度下降，一九六〇年，每位六十五歲以上的老人有十一位勞動年齡的人在支持，到了二〇一〇年大幅下降到只有二．八人，按照近年的趨勢，二〇五五年每位到達退休年齡的人，只有一．三位正值勞動年齡的人支持。[5]

這些看似勢不可擋的數字，使得許多人將日本形容成一個正在倒數計時的定時炸彈，也代表愈來愈少工作人口繳納稅金，來資助愈來愈沉重的退休金和醫療費用，目前為止確實是如此，只是工作年限會隨著人的壽命增加而延長，因而降低了名目的「依賴率」，但是這個年代的人已經對人口逐年增加習以為常，曾經寫過大量人口統計學的經濟學教授馬格努斯（George Magnus），形容日本和其他類似處境的國家，正在他所謂「人口統計學上的死亡名單」，他認為除非出現戲劇性的反轉，否則日本人口將繼續減少，到二〇五〇年日本人將減少兩千五百萬人，使人口降到一億兩百萬人。[6]若以最悲觀的假設來說，二一〇〇年的人口將掉到四千五百萬人，來到一九一〇年明治時期的水準。[7]日本人占逐年增加的全球人口比率也將下降，二〇〇五年日本人占全球人口百分之二，到二〇五〇年可能僅有百分之一．一，如果人口等於力量，那麼日本的國力就正在消退中。

在過度深入探討「人口統計數字等於命運」之前，最好先一窺陰鬱表面底下的樣貌。首先，長壽應該被視為成就而非失敗，根據某些預測，到二〇五〇年日本可能有高達一百萬名百歲人瑞，[8]當然這代表許多挑戰，老人往往會生病而需要照顧，更何況有些老人非常貧窮，但這麼多老人的最基本原因，在於日本富有且醫療先進，無論是不是因為飲食、醫療品質、就醫的便利性以及社會福祉的概念等因素，但日本確實比其他大國更懂得如何讓國民健康活下去，美國的平均壽命（在日本排名第一的同一份資料上排名四十）整整比日本人少五歲，男性為七十五歲，女性則為八十歲。[9]

同樣道理，低生育率也不見得是壞事，往往是因為在高度發展下，女性對生育下一代擁有更大自主權。我們大可以認為，如果日本的女性在經濟上更有安全感，如果社會給予更多支持，讓女性兼顧家庭和事業，女性就更願意生孩子。「假如你問一對夫妻，幾個孩子算是理想，他們往往會說兩個，」東京大學的伊藤隆敏說：「他們因為某種理由而不想擁有理想人數的家庭。」[10]女性的婚齡也逐漸延後，女性的平均結婚年齡從幾十年前的二十三歲逐年提高到二十八歲，[11]低生育率的另一個理由或許是知識水準普遍提高，一份英國的研究發現，百分之四十的女大學畢業生到了三十五歲還未生孩子，[12]除非以不讓女性受教育作為拯救日本的方法——一些日本的傳統主義者肯定會支持這麼做——否則就不應該驟下斷言，認為低生育率代表社會出了問題。

將人口老化以全然負面的方式呈現，可說是幾近荒謬，一位知名的日本社會學家告訴我，「人口結構問題的一種可能解決方式，就是『減少平均壽命』。」但他並沒有明講，到底如何才能達到這個皆大歡喜的結果，[13]他提出這個看法，也暗示我們將問題倒果為因，[14]此外日本的情況也沒有那麼特殊，事實上全世界最低生育率不僅出現在日本，也出現在南韓、波蘭、貝魯斯、香港和新加坡等十幾個國家。大部分東亞國家的生育率低於替換率，中美洲與南美洲許多國家也是，穆斯林世界中，阿爾及利亞、突尼西亞、黎巴嫩和土耳其等地的出生率全都不足以維持長期的人口。人口老化最快速的國家既不是日本，也不是同被歸類為「人口統計學末日」的義大利，而是南韓、新加坡，以及一胎化政策的中國。[15]

因此，日本並不孤單。雖然有些國家在幾十年間的人口統計數字會比日本「好看」，有些國家將從海外引進人口，但長期下來全球趨勢將朝相同的方向前進，到二〇五〇年六十歲以上的人口約二十億人，為二〇一〇年六億七千三百萬人的三倍，[16]有些國家的人口老化速度較慢，但是馬格努斯說，我們將一個接著一個進入人口老化的第三階段。[17]

但是，快速老化確實代表嚴重的挑戰，大部分的年金和醫療制度，在設計之初並未考慮到如此龐大的老年人口。「人口下降對經濟成長來說不是件好事，對於那些假設人口或GDP逐年增加而成立的機構也不是好事，」伊藤說：「唯有所有機構都是為了應付人口逐年下滑而成立，才能與這種現象和平共處。」[18]到頭來，日本的納稅人必須決定他們願意提供什麼樣的安全網，而這必定會帶來痛苦，也意謂有些人獲得的照顧不如他們預期。[19]但是，我們應該客觀看待這樣的問題，一九二〇年先進社會的正常退休年齡是七十至七十四歲，幾乎不成為退休金制度的負擔，因為當時的平均年齡為五十五至六十歲，即使到一九六〇年，平均退休年齡都還是六十五歲，[20]因此退休金問題屬相對近期，出自戰後在設計福利制度時的假設過於樂觀，修改此一制度需要提高退休年齡，並且讓每個人多替自己存點老本，此外醫療制度也必須與時俱進，而這不應該超過人類的智力。

日本已經採取試探性的步驟，只是還不夠。日本推動改革，讓年金福利隨著全國的平均壽命增加而自動下降，此外也規定將國民年金的自付額，從工資的百分之十三．六提高至百分之十八．四，從永續的角度來說，日本並沒有堅持指數年金要隨通貨緊縮降低，然而退休年齡卻逐漸從六十歲往後延至六十五歲，未來預期將進一步提高。[21]以上措施足以讓現行的年金制度繼續下去，至少目前是如此。或許更大的隱憂，是一大塊勞動力根本沒有年金的保障，許多兼職工作者選擇不參加年金，而且這樣的人占勞動力的比率愈來愈高。調查顯示，部分是因為他們不相信制度能持續到他們領年金的時候，儲蓄率正在降低，三十幾歲的人只儲蓄所得的百分之五至七，相較今日退休族的儲蓄率則是百分之二十五至二十八，[22]今天的日本所賴以高枕無憂的巨額儲金，不可能永遠用不完。[23]

慶應大學的勞工專家清家篤說，社會通常可以做三件事來緩和人口老化的影響，也就是提高生育率、生產力或勞動參與率，日本在提高生育率方面比法國遜色許多，法國利用誘因成功反轉了長期人口下降的趨勢（當然花費相當可觀。法國的公共部門比日本大太多）。日本遲遲未能替五歲以上的孩童設置人民負擔得起的托育服務，若是希望職業婦女考慮生孩子，托育將是不可或缺的。這部分是因為官僚對女性和工作抱持過時的看法，再加上不同的政府部門之間因為責任重疊而互踢皮球。[24]至於生產力也還有努力的空間，不過儘管日本給人經濟遲滯的印象，但從一九九〇年代中以來每小時生產力的改善並沒有和美國差距太遠。[25]服務部門的生產力依照某些標準依舊不理想，表示在必要時候還是有一些低垂果實。

至於參與率，有一種做法是鼓勵人們工作得久一點。「年長日本人對於繼續工作的動力和意願都相當高。」清家說。六十至六十五歲的日本男性中，還在工作的占了四分之三，在所有先進國家中的比例最高，但是大部分的大公司傳統上會強迫員工在六十歲退休，以年資決定薪資的制度，意謂較年長的工作者人力成本較高，因此企業不願遵照政府大力鼓吹的，將強迫退休年齡提高到六十五歲。許多公司則是以較低工資的合約重新僱用六十歲以上的工作者，來規避這個問題。

女性延後結婚和生育子女，使得職業婦女的人數增多。但是日本的職業婦女比例依舊低於許多先進國家，根據世界銀行的統計，日本職業婦女的比率為百分之四十八，高於義大利的百分之三十八，卻遠低於英國的百分之五十五、美國的百分之五十八以及挪威的百分之六十三，[26]但日本的職業婦女比率提高也不是好事，許多婦女從事低薪的兼職工作，可能是為了補貼家戶工資降低，或是有愈來愈多單親家庭需要養家活口。因此，較高的女性參與率，既是生活變得艱苦，也是女性解放的象徵，[27]但若根據一種計算方式，當女性的勞動參與率提高到與男性相同的水準，日本的勞動力將可以增加八百二十萬人，經濟體的規模將擴充百分之十五。[28]

另一個勞工的潛在來源是移民。主要的企業遊說團體「經團連」（日本經濟團體連合會的縮寫），會定期發表令人矚目的估計數字，其中顯示二〇二五年以前如果要彌補短缺的六百萬名勞工，就需要引進數百萬工作者。基於日本境內只有約兩百萬「非日本人」，而且許多屬韓國的長期居留者，因此根本不可能想像日本將它的閘門開放到哪個程度，幾年前我問一位極其有禮的日本資深官員，關於最近經團連促請政府大量引進移民的報告，他明顯不以為然。「以復興經濟所獲得的報酬來看，付出的代價實在太高，」他沒解釋，但他顯然在暗示多元文化西方社會中的問題：「我們已經看到歐美發生了什麼事。」[29]在雷曼震撼後的經濟緊縮時，日本政府竟然反其道而行，付錢給巴西裔的日本工作者請他們回家，這群人許多是在一九九〇年代被鼓勵來到日本的，他們接受單程機票和現金，條件就是絕不再回國。[30]

開放更多移民來日本，以激發新點子、創新並且加強與外界的交流，有個讓人信服的理由。沒有大量年輕人的融入，日本的經濟活力可能慢慢流失，在本國年輕人不足的情況下，注入年輕移民或許能把日本欠缺的經濟生命力帶進來，「勞工的重要性不是勞工本身，而是把不同想法的人帶進來，為組織增添一點活力。」在哥倫比亞大學研究日本經濟達半世紀的派崔克（Hugh Patrick）說。[31]

接受移民的理由，若純就數字來看，不見得像它外表那樣讓人信服。前面提到日本的失業率約百分之四，這個數字跟其他國家一樣，低估了真正失業的人。年輕無職者的比率約為兩倍，[32]但這不表示勞工嚴重短缺，只是日本人不願意從事營建等有一點骯髒、危險以及低薪的工作，如果製造業要尋找比較廉價的外國勞工，可以把人引進日本或是在海外設廠，日本的製造業者兩種方法都用過，許多業者走在法律的灰色地帶，有時會僱用缺乏合法簽證的外國工作者，更多業者則是到東南亞、中國、美國及歐洲等海外設廠，到二〇一四年，超過四分之三的日本汽車將在日本境外製造。[33]

日本服務業較少僱用外國勞工，但有些還是有。幾家公司把電話服務中心設在中國，有些公司的後勤作業則是在印度和菲律賓等地完成，許多便利商店如羅森（Lawson）和全家便利商店等，會僱用中國人當店員，他們的日文幾乎無可挑剔，而且認同過度嚴苛的服務文化。日本的服務業依舊比其他先進國家「無效率」，換言之每位顧客接受較多人服務，像是包裝物品、按電梯按鈕以及優雅鞠躬等，讓前來訪問的時間動作顧問大為光火，如果這些顧問是對的，這簡直就是嚴重浪費人力成本，而不是全世界最令人愉悅的服務經驗。那麼日本宣稱即將發生勞工短缺，當然就是誇大之詞，或許日本根本不需要六百萬名外國工作者，只要把一大堆電梯女郎，和夜間在營建工地揮舞螢光棒警告來往車輛的工作者，重新部署到其他產業即可。「此刻我不認為日本有嚴重的勞工短缺。」清家說，他相信，真正的問題是工作與技能的配合不良，以及低工資的工作急速增加。

明顯的例外是醫療部門，尤其是對年長者的照顧，低工資難以吸引日本工作者，短缺的從業人員可能高達七十萬人。[34]如果找得到財源，加薪或許不失為選項，對整體社會來說，會是把年長者的高額儲蓄，轉移到低工資、年金支付額較高而遭到壓榨的年輕一代身上，作為調整低成長的一部分。另一種解決問題的方式，是讓菲律賓和印尼等國的護士和醫療從業人員進來工作，目前已經引進前導計畫，但數目少得可憐，每年僅限數百人。即使如此，想留下來的醫療從業人員必須受制於過度嚴厲的語言要求，理由是病人的安全考量。我曾經在電視上看過一部紀錄片，是關於一位在養老院工作的印尼醫療人員，她與年長病患溝通無礙而極受喜愛，然而她卻無法通過日文書寫的嚴格考試，原因是平日沒有夠多時間研讀一大堆必讀的字母、語彙和文法公式，於是就被送回國去了。

三木谷浩史堅決認為，應該鼓勵日本向外看。他是日本工業銀行的成功金融家，在被銀行派去哈佛商學院讀書時，接觸到各種新的思維方式。他在那裡學會一個陌生的新字眼，用外來語的拼音說出「創業精神」（entrepreneurship），他成立一家網路公司，後來演變成樂天（Rakuten），集日本亞馬遜（Amazon）和易貝（eBay）於一身，二〇一二年《富比士》估計他的財富在六十五億美元之譜，樂天在巴西、印尼、法國和俄羅斯等國家積極擴張，但三木谷也希望把外國的影響力帶進日本，他最大膽的嘗試，是堅持員工都要精通英文，這項名為「英文化」的運動在國內毀譽參半，就連員工餐廳的菜單都是英文，身穿開領襯衫和馬球毛衣的三木谷向我表示，學習英文，接受外面的世界，是恢復日本經濟活力絕不可少的，「如果國際牌（Panasonic）或索尼的員工都能用英文溝通，這兩家公司就會比三星（Samsung）好很多，」他談到南韓企業把日本對手遠遠拋在後面：「語言讓你放眼『全球』，擺脫純粹日本的窠臼，英文是你全球化的工具，讓你改變。」[35]

開放或許和生育一樣重要。將人口老化與垂死的經濟畫上等號，暗示唯有人口成長的國家才可能健康。已故的阿貝格蘭（James Abegglen）指出，二十世紀當日本人口增加到近三倍時，批評者抱怨島嶼過度擁擠，人民必須住在「兔子窩」。如今人口逐漸減少又讓大家憂心不已，只要想想巴基斯坦，從一九六〇年以來人口幾乎成長為四倍，來到一億九千萬人，就了解人口成長與繁榮之間並不存在清楚的關聯性。

但是，除非我們預期世界人口永無止盡成長，否則所有經濟體總有一天要面臨今天日本面對的問題。建議富有國家從貧窮國家進口勞工，代表別處有無限供應的人口，然而到最後必定也將走不下去，各個社會終有一天，必須設法不仰賴人口增加的刺激而繁榮經濟。日本就是個明顯的例子，因為它的人口不僅是原地踏步，而是在快速衰減的邊緣。過去二十年來的成長趨緩，多半是人口結構趨向不利的結果，隨著人口縮水，國家在平衡相互消長的整體需求時，勢必面臨更嚴重的限制，日本需要推出嚴肅的政策，社會也應該正視問題、做出回應，但是我願意把賭注下在末代厚生大臣坂口主張的，日本還能存在更久的時間上。

我要來想像一粒穀。尼吉康（Nichicon）的執行長武田一平像一位慈祥的長者，坐在位於京都的辦公室，這家高科技元件製造商擁有時髦大膽的工作空間。寬敞的大廳看起來不像企業總部，反倒比較像前衛派藝廊，助理帶我搭上電梯後，沿著走廊來到上層樓的一間大辦公室裡，一位衣著無可挑剔的女性隨員端茶過來，她進入室內鞠躬，安靜地將裝了綠色液體的茶碗擺在我們面前後又鞠躬，離開時在門口再度鞠躬。專心說話的武田顯然沒有注意，他架著銀框眼鏡眨眼輕笑著，他說這粒稻米應該屬於日本的短梗米，大約外國長梗品種的一半大，現在為了生產鋁製電容器，我必須想像在那一顆穀粒上鑽三十萬個洞，接著將它翻個面，再鑽三十萬個洞，而且每個洞絕對不能在中間相通，再將厚度約八至十埃（angstrom）的氧化層塗上去。他查看一本小冊子，冊子裡有一個個欄位的數字，然後寫下分子一，接著是分母一千萬。這一層的厚度應該用一公釐的一千萬分之一來衡量。我一定是表現出了不知所措的表情。「非常薄。」他澄清。

武田的重點，在於日本還是有些事做得不錯。製造非常微小的東西是其一。幾乎所有想像得到的電子裝置——從冷氣機乃至行動電話中——都有尼吉康的儲能電容器，雖然他的公司有包括中國在內的許多間外國工廠，那裡的生產成本只有日本的四分之三，但真正複雜的東西還是在本國製造。他說日本製造的品質比較高也比較整齊，優於南韓。有些電容器的單位成本僅僅幾美分，然而一旦出錯，可能讓價值數百甚至數千美元的裝置動彈不得，因此製造業者寧可多花一點錢換得品質。「如果你問我，日本能不能作為製造業的國家存活，我的答案是當然可以。」

但不是每個人都這麼認為。日本對它所謂產業基礎「空洞化」的偏執程度，勝過其他先進國家，受僱於製造業的日本工作者比率逐年遞減，從一九七〇年的百分之二十七減少到今日的百分之十七，製造業在日本的重要性高於英美，但低於德國、義大利，英美從事製造業的工作者約占百分之十，德義則是百分之二十。[36]日本一直受到中國等低成本製造業者竄起以及強勁日圓的雙重壓力，自從海嘯以來，由於企業擔心供應鏈的安全性，以及福島核災後非核能源的可靠度和成本，於是出走海外的製造業者有增無減，「如果你用邏輯來看這問題，在日本製造並不合理。」至今仍是日本製造業優秀象徵的豐田汽車總裁豐田章男表示。[37]

當一個國家以製作東西為傲，對製造東西的藝術擁有近乎神祕的信念，豐田大老闆所做的結論就令人震驚。在封建時期，工匠的地位優於商人，即使到今天，日本人對金融依舊抱持過去殘存的懷疑，一位經濟首長說「錢是從錢賺來的」，他告訴我，在江戶日本放高利貸是違法的。[38]日本人依舊認為製造東西是比較崇高的職業，一些日本企業領導者興許是記得海外銀行發生過的災難，擔心服務業沒有國際競爭力，日本的服務標準的確很著名，但不容易移轉海外，當他們在海外做出大膽行動時，例如一九八〇年代的銀行產業，日本企業往往花太多錢併購，且對於傳達全球的視野給各國勞動者感到力不從心。「日本這個國家的身分認同，和製造密不可分。」線上遊戲公司、同時也是傳統產業以外近年來最著名的成功故事葛利（Gree）的創辦人田中良和說。[39]

有幾家公司成為製造業衰退的縮影，例如戰後成為日本品質與創新代名詞的索尼。索尼發明全世界第一台可攜式音樂播放器「隨身聽」（Walkman），以及革命性亮麗畫質的特麗瓏（Trinitron）電視機，成為製造技術嚴重下滑的縮影。二〇一二年索尼連續第五年虧損，當年並宣布史君格（Sir Howard Stringer）退位，當初找來這個敏銳的威爾斯人，就是希望改變索尼的命運。多年來，索尼被蘋果和三星包夾，雖然它裁減了上萬個工作，將生產轉往中國，還接二連三推出不太出色的產品，但卻愈落後愈多。二〇一二年中，索尼的市值縮水到蘋果的三十分之一，反觀來自日本前殖民地南韓的企業三星，如今的獲利一致高於日本前十五大電子公司的獲利總和。[40]

索尼最大的失敗，是沒能將產業從類比轉型到數位，或者套用史君格的妙喻，從「旋轉把手」到「選單」。[41]問題比較是出在缺乏想像，而不是缺乏技術實力，傳奇的共同創辦人盛田昭夫，很早以前就嚴肅思考數位化，索尼也有個音樂庫，是在收購CBS唱片時一起得到的，但是索尼的工程師，這群公司早年成功的台柱，認為網路以及電子科技的聚合只是異想天開而抗拒，到了二〇〇四年，公司的產品竟然還不支持標準的MP3形式，索尼的PlayStation電玩主機比較成功，但它還是未能擊退廉價對手和線上遊戲，終致失去領導地位。

製藥公司老闆長谷川閑史，是企業遊說團體「經濟同友會」的主席，他說索尼突顯日本更大範圍的凋零。「我們在機器與裝置的零件開發和製造方面繼續領先，但卻錯過了開發新的產品概念所能帶來的更大機會。」[42]他說。日本企業懂得替iPod和iPhone製造三分之二以上的零件，但是太過專注在「零件最適化」，以致沒有注意真正的重點，其實是創造與行銷數位生態系統。在一片叫賣聲中，日本的谷歌、推特或蘋果在哪裡？[43]日本的賈伯斯呢？長谷川認為，許多裝置仍然採用尼吉康製造的日本組件，這點還稍堪告慰，但在他看來日本已經從「日本製」降級到「內含日本製」。

製造業者確實還是很擅長製造利基組件與專家設備，後者如日本繼續獨領風騷的機器人，以及生產矽晶圓要使用的步進機等。日本企業製造各種專家化學物品、工具機、自動系統、光學鏡片、微控制器、微小馬達以及數十種現代不可或缺的組件與輸入物質，包括豐田、日產和本田在內的汽車製造商，仍然繼續創新並且領先，英國的製造業已經凋零，但日本還是經常做出家喻戶曉的產品，電子業明顯衰退，索尼、夏普、日立、國際等品牌，曾經是全世界許多中產階級家庭的基本配備，而今卻風光不再，然而這樣戲劇性的衰退，掩蓋了消費大眾較陌生的公司歷久不衰的表現，無論是生產工業機具、材料或微小組件等。就拿南韓的三星來說，儘管它的成功重創日本對手，但是三星還是必須大量進口日本生產的投入品，因為它至今仍生產不出品質相當的產品，也無法向其他南韓企業買到，儘管工業上的成果豐碩，但南韓與日本之間的貿易依舊有巨額逆差，充分顯示日本在特定領域仍保有持久的競爭力，畢竟日本還是全球專利最多的國家，連美國都不是對手，只是日本在諾貝爾獎和學術界的引用方面略遜一籌，意謂它的創新多半屬加值的改善，而非革命性的突破。44

如果正如長谷川所說，日本人比較擅長讓現有的製造技術更臻完美，而不是發明嶄新概念，日本最風光的日子可能已成過往，而這也符合有些人主張的，認為僵硬的社會架構和強烈的工作倫理，比較適合在工業發展的急起直追階段，而不利於後工業時期。我參觀過佳能一家位在東京郊外的工廠，身穿整齊連身工作服的工作人員技術純熟地讓自己的動作達到最少，以更高的效率組裝彩色影印機等複雜的裝置，他們的動作有點像是空手道訓練，技術高到完全沒有時間與空間的「浪費」，而能在愈來愈狹窄的空間裡擠在一起工作，由於他們在這方面的技術臻於完美，工廠整個樓層的區域才獲得「解放」。不禁讓人納悶，這麼做有何用處，這樣的執著適合生產年代，當日本透過改善現有技術，拚命趕過全世界前幾大製造業者的時候，到了後工業年代或許就不那麼有用，因為這時候的目標是發明做事的全新方法。「你需要不同的心態，以避開後來居上的傢伙，你需要不同的才能，不同的社會組織。」經濟學家辜朝明說。他認為，日本缺乏獨立思考的人，「而不只是反芻教授說的話。」[45]

有些人說，日本部分的問題在船橋洋一所指的「加拉帕哥症候群」，這是以達爾文觀察動物如何適應特定環境命名，在日本的意思則是開發的技術適用範圍過度狹窄，只能迎合雞蛋裡挑骨頭的本國市場，行動電話就是其一，日本的電話比 iPhone 早了近十年就能上網，夏普率先將照相機裝在手機上，但是生產者既沒能將他們的創新行銷到海外，也沒有重新徹底思索他們的設計，結果日本最終被蘋果和三星的智慧手機攻占。同樣地，索尼比亞馬遜的 Kindle 早幾年發明電子閱讀器，但卻沒有將這項發明商業化，以致沒能在歐美流行。[46] 網路公司軟體銀行（Softbank）的創辦人孫正義，最常被作為後工業年代創業家的代表人物，他說：「雞毛蒜皮是日本的過去，而非未來。」[47] 孫主張，日本應該完全放棄勞力密集的製造業，專注在資本密集的高科技產業上，如資訊科技、替代能源以及製藥等。日本專注在軟硬體設計，同時開發新的業務和行銷模型以追上蘋果，至於製造，可以在別的地方完成。

孫的分析，意謂某種程度的「空洞化」勢在難免，甚至代表產業正在適應新的年代，企業將例行的生產移往海外，但是將「黑箱技術」留在日本，他們也到印度、巴西和印尼等具高成長潛力的市場收購企業，這麼做不利於本國的就業，但反正日本的勞動力也在減少中，因此影響或許不若以往，只是可能導致稅收減少。儘管如此，日本企業在海外收購的企業愈來愈多，近年來已經創新高，或許也象徵他們將資本用在更有賺頭的地方。二〇一二年，日本企業花一千一百三十億美元在海外收購，買下醫療、電信和食品等公司，僅次於美國的一千七百四十億美元。日本企業的花費將近是中國企業的兩倍，從報紙頭條刊登垂死的日本企業界，而積極進取的中國公司意圖將全世界資產一網打盡看來，或許有點出人意料。日本企業的花費也比英國企業多一倍，[48]對那些相信日本強項在製造東西的人來說，這些趨勢令人憂心，但是在愈來愈多國家以從事製造來改善經濟，加上國內經濟毫無起色的情況下，出走海外尋找獲利和創新，會是日本企業所能做的最聰明的事。

幾年前，《紐約時報》上有一篇讀者投書引起我的注意，作者是早稻田大學日本文學教授加藤典洋，標題是「日本和聳肩的古老藝術」（*Japan and the Ancient Art of Shrugging*），[49]主要在讚美緩慢成長，加藤寫這篇文章的時候，正值中國趕過日本，成為全世界第二大經濟體，[50]日本在歷經四十多年後退居第三，但加藤不像日本的古老經濟鬥士，他非但不以為忤，反而認為國家落後是件值得慶賀的事。「日本不需要是世界第二、第五或第十五。是時候關心更重要的事情了。」他寫道。加藤稱這是「右肩聳起」年代的結束，日文的意思是指不斷向上攀升的圖表。他說早在一九九〇年泡沫崩壞前，經濟體就有逐漸縮小的跡象了，一九一〇年起每年人口增加超過百分之一，到一九七七年後開始趨緩，直到二〇〇五年才真正開始不增反減，呈現右肩下垂，[51]一八七八年至一九八〇年的稻米生產圖也顯示，經過近一世紀的穩定擴張後，一九六〇年代起開始趨緩。「早在中國追上日本之前幾十年，日本就開始縮減規模，做好軟著陸的準備。」

當然守舊派絕不會放掉無止盡擴張的美夢，加藤說。但是日本年輕人似乎相當滿足於新情勢，他說，他們成了「非消費者」。十幾二十歲的日本人「沒有車子，不喝酒，也不會像前幾代的人那樣，跟男女朋友到城裡的時髦旅館過平安夜。」他們努力做著兼職工作，在麥當勞喝便宜咖啡殺時間，中午在吉野家吃快餐，在這間物美價廉的連鎖餐廳吃一碗燒烤牛肉蓋飯，只要花三塊美元。他說日本人率先在過一種高品質、低能源、低成長的生活方式。

我認為加藤的文章相當大膽，當然會引來眾人的嘲笑，這篇文章挑戰了現代一個心知肚明的原則，就是經濟體像鯊魚，必須不斷往前才能夠活下去，但是這篇文章也提出一個太常被忽視的主題：成長是萬靈丹嗎？衰退是否一定等於死亡？畢竟英國早在一九〇〇年就被美國奪走全世界最大製造國的地位，一如日本在二〇一〇年被中國趕過一樣，但是大部分的英國公民今日過的生活，遠比上個世紀之初的祖先們更加安適，日本也處在相對衰退中，但是根據加藤的說法，日本正在學著如何過更好的日子。

加藤的文章也說出我在日本聽過多次的事，我的攝影師朋友瀨上俊樹就是其中的典型，他是海嘯發生幾天後，和我一起去到滿目瘡痍的東北的那位。「他們談論日本的衰退，」我們另一回開在同一處海岸時，他說：「但是街上沒有坑洞，有高檔車，沒有暴力，有乾淨的空氣，沒問題的。」日本食物是全世界最優質且最健康的，他說。生活相當舒適，他停頓了一下。衰退也不賴。「如果衰退的話，或許哪一天又可以再度往上爬。」知名的漫畫家里中滿智子也說過類似的話。「大家都說日本正在喪失經濟實力，但是沒關係，我們不在意，我們不想成為超級強權，」她說：「我們的價值正在演變，現在我們的夢想，應該是如何創造一個安全的社會和乾淨的環境。」類似的觀點聽起來幾近異端邪說，卻是日本人的思維底下一股看不見的力量，他們說，成長不是生命的全部，生命還有更重要的事，而不是無止盡追求GDP。

我與加藤約時間見面喝咖啡，我們在泡沫時期建的旅館大廳碰面，這裡有些太過華麗，看在低調重新成為品味象徵的今日，有些過時之感，加藤的些許白髮翹了起來，彷彿是被頭頂上看不到的磁鐵吸引，他身穿牛仔褲配紫色襯衫，面容充滿生氣，嘴角總是帶著一股諷刺的微笑，他的腦袋似乎轉得比嘴巴還快，偶爾得設法用有條理的方式把思緒說出來。

加藤將現代經濟體比喻成珊卓·布拉克主演的好萊塢動作片《捍衛戰警》（*Speed*），一枚炸彈被放置在一輛滿載的公車上，劫匪警告如果巴士的時速低於五十英里就會引爆炸彈，加藤說這個哏挺有趣的，一般的動作片總是步調愈來愈快直到最高潮，但這部電影剛好相反，如果巴士慢下來，就會發生巨大的爆炸。「經濟體也是如此，一慢下來就會引發災難。」他說。《捍衛戰警》受到日本名導演黑澤明（一九一〇—一九八）的一齣劇本影響，這部電影當初因為缺乏財源而被束之高閣，片名叫作《新幹線大爆炸》，講的是一部子彈列車在時速低於八十或高於一百二十公里就會爆炸。「話說回來，我們為什麼非得保持在時速八十至一百二十公里不可？」加藤問。「我們了解為什麼要保持一定的永續成長速度，不能過高也不能過低。我們的成長是建立在產出的基礎上，後成長時期是如何把現有的做更好利用，與其變得更大，我們的經濟體需要的是更精實。」

加藤又做了一個比喻。「植物的世界不能一直追求成長，植物要等到成長告終進入成熟，才能結果實。」日本全盛期的成長遭到扭曲。「如果把許多事情排除的話，那只是成長而已。」他指的是經濟學家所謂的「外部因素」，也就是無法衡量的行為外溢效果，例如對環境或對人民健康的影響。「資本主義從無限制成長的角度看事物，但其實資源是有限的，一九六〇和七〇年代看似可能的事，如今不再可能。」加藤令我想起法蘭岑（Jonathan Franzen）的著作《自由》（*Freedom*）中，一位英雄般的怪人柏格蘭（Walter Berglund），他主張成熟經濟體的成長猶如成熟器官，是不健康且會要命的，加藤是文學教授而非經濟學教授，但就連幾位經濟學家都在質疑，什麼才是衡量經濟表現的正確方式，最粗略地來說，人往往會將成長和財富混為一談，銀行家和投資者往往對中國或印度之類的窮國比較感興趣，因為它們成長的速度高於那些生活水準居高不下的富有國家，而這樣的觀點也反映在報紙的工商企業版上。

哈佛大學公共政策教授羅格夫（Kenneth Rogoff），曾撰文探討衡量成長的最佳方式，在名為〈重新思索成長之必要性〉（*Rethinking the Growth Imperative*）的文章中說到，標準的經濟統計學並不衡量平均壽命、識字率等，《聯合國人文發展報告》（*The United Nations Human Development Report*）根據以上廣義生活品質的標準，替各個國家排名，二〇一一年的報告中，日本排在第十二名，挪威第一名，美國第四、德國第九、法國二十、新加坡二十六、英國二十八，至於最適合居住的城市排名儘管主觀，但目的是矯正羅格夫所說的，GDP的「統計狹隘性」。[52]

羅格夫的論文中，主張「人類基本上屬於群居生物，會根據所見的周遭事物來評價自己的財富」。舉例來說，一九七九年過世的洛克斐勒（Nelson Rockefeller）是美國的企業家也是慈善家，想像以他驚人的財富，卻永遠買不到一台筆記型電腦或iPhone，而這些物品在東京等地，卻已經是十幾歲小夥子的標準配備，洛克斐勒不會有受騙的感覺，因為跟他同一個時代的人，也都沒有人擁有iPhone，然而類似的科技進步卻沒有被標準的成長統計數字掌握，我們只需要想想，相較一九八〇起飛年代理論上更富裕的人民，今天的日本人擁有什麼樣的電視機、電腦或手機，如果你能花同樣的錢買到高品質產品，代表你的生活就是變得更好，羅格夫問，我們對於經濟體究竟花一百年還是兩百年才能成長八倍，究竟應該在意到什麼程度才對？他說，成長百分之一的經濟體在七十年間可能規模增加一倍，兩百年後成長八倍，至於成長百分之二的經濟體會在三十五年內規模增加一倍，一百年成長八倍。但是羅格夫想要問，那重要嗎？「一味追求長期平均所得的永遠成長，存在某些荒謬性。」

這樣的論點可能被無限上綱。其中一個反對意見是，就算成長本身不是那麼好，但或許是必要的。若是不成長，年金制度等就有破產之虞；若是不成長，日本就很難從目前的負債陷阱中脫困，對日本而言，若是不成長，可能會發生金融危機而導致生活水準進一步遭受打擊，或許國家的經濟就像鯊魚，確實必須不斷往前。此外，尋求GDP以外的經濟成就衡量標準，也容易遭到濫用，政府會想藉此來粉飾自己的執政績效不良，全國幸福毛額（Gross National Happiness）是不丹在一九七〇年代發明的名詞，照道理是衡量心靈與物質的廣義幸福度，但若說到真正能衡量的東西時，不丹的表現並不太好，如今它依舊是貧窮國家，每人的平均所得為六千美元，平均壽命六十六歲，勉強在世界排名第一百三十四名，識字率更是低於多哥共和國（Togo）或孟加拉。[53]因此，國內生產毛額或許不完美，但至少代表某些實質的意義。

以日本的情況來說，我們大可以認為「成長之後的生活」是失敗主義者的歪理，也是公共政策失敗以及國家失去方向感的結果，只有傻瓜才會把衰退視為可喜可賀的結果，許多人當然是這麼認為，但武田讓我了解電容器背後代表哪些高超的製造技術，他認為這種論調透露出國家性格上的瑕疵。「為了成為第一名，你必須要有意志力，」他說：「但是日本從來沒有。現在人們會說：『你為什麼非要成為第一名不可？』不幸的是很多人抱持這種態度。」我了解武田的不耐煩。但我也認為有些日本人在思考重要的事。戰後日本以國家尊嚴和人民福祉為名，傾全國之力來提升ＧＤＰ，加藤等人則是希望日本能夠找到更符合人道精神的目標。

近年來，儘管日本的經濟危機繼續進行，但顯然不是它特有的現象，雖然犯了這麼多錯誤，但不代表日本面對泡沫崩壞後的一連串問題束手無策，「它的歷史經驗，包括高度經濟成長、泡沫經濟和之後的經濟停滯、通貨緊縮與生育率下降等，全世界許多國家將無可避免走上相同的路。」作家岩崎夏海說。[54]日本或許不是很風光，但未來值得期待。

一九五〇年代最初承認日本工業實力的阿貝格蘭，也警告不要太快論斷這個國家。他告訴我，一九九〇年代所謂「失落的十年」，其實是「重新設計的十年」，許多公司開始削減成本，償還負債並提高生產力以因應變局，它們進行整併，將部分製造移往海外，拋棄幾條事業線轉作其他業務。他說，重整的工作也延續到二十一世紀，把這些年稱為失落「根本是胡說八道」。即使如此，日本最拉風的日子已成過往。「在我的年代，日本是個讓人非常興奮的地方，下一個年代的日本，將成為非常沉悶的地方。非常有錢但非常無趣。日本會像一個很大的瑞士，而那並不是什麼壞事。」[55]

第十章

應許之路

下坪久美子將一九九五年冬天訂為她所謂「冰河時期」的開始。她和村上春樹一樣，認為一切在那動盪的一年中改變了。對她而言，這一年與其說是地震和沙林毒氣的攻擊事件，反倒是許多人遭到制度「凍結」，而且是他們父母視為理所當然的制度。那是她在筑波大學的最後一年——筑波是一九六〇年代在東京外建造的未來科學城市——她寄出一百多封求職信到公司，每一封都用清秀的字跡親筆寫在明信片上，結果她只接到五十多封回信，她有些痛苦地回想，這個比例比同時求職的男同學低，但足夠為她的日本夢帶來些許希望，如今的她三十七歲，不再懷抱那麼多夢想，名片上印著「雙語作家／人資顧問／跨文化顧問」的頭銜，下坪感受到她所謂的「應許之路」，因為充滿阻隔而難以進入。

我們約在帝國飯店優雅的茶室見面，一面牆貼著萊特（Frank Lloyd Wright）設計的馬賽克拼貼，也是這棟由他在一九一五年設計的建築物中，唯一留存下來的痕跡，即使這是一間皇室至今依舊光顧的知名飯店，在一九六〇年代拚命除舊布新的瘋狂大興土木之際，也難逃被拆除的命運。一九六八年，在萊特七十多歲的遺孀激烈反對下，這家旅館還是遭到拆除重建，當時她在推土機開進來之際，還在懇求將旅館保留下來。

身材苗條的下坪穿著時髦，珍珠項鍊在頸子上繞成兩圈露在襯衫外，她說她像其他畢業生一樣，對職業生涯滿懷憧憬，著手開始所謂「就職活動」的人生大事，日本企業透過這種徵才活動大量篩選畢業生，她身穿黑套裝、白襯衫和樸素的黑皮鞋，頭髮修剪合宜（當然不可以染髮），二十歲的下坪遵守化妝品公司針對女性社會新鮮人在面試時應該注意的服裝儀容規定。「清新但不能太性感。」她回想。就職活動或簡稱「就活」的這種都市現象，可以用牛羚遷徙來比喻，只是移動路徑不是前往東非大草原，而是進入大公司過人生，在日本夢之中找到立錐之地。

她按照菁英企業的名錄應徵工作，包括三菱、三井和丸紅等大型商社，但是到了一九九〇年代中，成功「遷徙」的畢業生愈來愈少。一九九〇年代初，企業終於明白資產價格崩潰的經濟震撼並非一時脫序，而是必須隨之調整才行。由於它們與現有員工之間的契約——下坪將這種關係比喻成古代大名和忠心的武士家臣——因此幾乎沒有解僱現有員工的問題，況且這些人當初得到工作時，就被暗示會獲得終身僱用，所以企業唯一的選擇，是少僱用社會新鮮人，或在緊要關頭全面暫停社會新鮮人的徵才活動，下坪和數百萬畢業生成了這個決策下的犧牲者，他們被冷落在一旁，成為「失落的一代」。

下坪和那個年代的許多人一樣，沒有察覺到日本的經濟狀況已經改變，她還以所謂總合職為目標，這是畢業生可望順利晉身企業高階的敲門磚，第二類被稱為「一般職」，屬於「無職業生涯」的事務性工作人員，幾乎清一色是女性，且通常沒有升遷的可能，這類女性最可能結了婚就辭職建立家庭。下坪渴望進入能快速升遷的職位，儘管當時企業的心態慢慢在變，但有些資方仍然認為這些第一等的工作應該留給負責養家活口的男性，再加上經濟狀況愈來愈不妙，也意謂她所追求的那種職位，可說是少之又少。

步上應許之路的夢想到頭來只是一場空。下坪沒有獲得任何工作，到最後一分鐘她只接到一家私人出版公司的正面回應，但卻不是她所熱切期盼的菁英企業。「我整個失去了動力。」在那痛苦失望後十五年，她回憶道。如今下坪已婚，育有一女，她談到畢業前的那幾年：「以前是前途一片光明，人們可望進入公司，一輩子跟相同的同事工作，我父親就是典型的日本上班族，他在一家傳統日本公司一待就是三十幾年，那家公司就是知名的NEC。他就是走在應許之路上。」

下坪沒有。在日本，所有正式僱用都是在畢業後一起展開，至今依舊大致是如此，沒有第二次機會，大部分的公司不願意僱用職業生涯走到半途的人，他們希望從頭教育社會新鮮人，以便從白紙開始訓練，並且實行下坪所謂的「心智控制」，將他們變成服從的員工。「一旦退出應許之路，你就會被評為『不是個好人才』，只因為你不屬於任何東西，」她說：「擁有一份好工作，代表擁有高尚的社會地位，否則就代表缺乏社會地位。我今年三十七歲，很多和我同年的人還在辛苦地打工為生，他們的工資跟社會新鮮人一樣低，儘管他們已經進入職場近二十年。這算是社會歧視。」

下坪一直比相同處境的大部分人幸運，因為她在橫濱一所有國際視野的中學裡學會說英文，後來就在日本的外資企業服務而走出另一片天，這些公司並不太在意她不是大學應屆畢業生，她還曾經在一家公司成為人事部門的主管，若是在日本公司，以她的年齡是不可能的。那份工作的諷刺在於，在監督過大刀闊斧的西式重整後，她也遭到裁員。現在她擔任「跨文化顧問」，遊走在日本企業的用人慣例之間，她依舊嚴詞批評父母那一代擁有的機會不再。「我大四的時候忌妒死了泡沫世代，他們可以花公司的錢大吃大喝，」她提到以浪費出名的交際費：「他們即使生產力低，都還是能拿到大筆紅利，那個年代賺錢實在容易。」回顧過去，她又說：「日本一片榮景的時候，我才是高中生，那一代有過非常快樂的時光，但是像我這種冰河時期的人，不了解泡沫是什麼，今日的年輕一代不知道什麼是成長，他們的經驗就只有縮編跟不景氣，這就是他們所了解的日本經濟。所以日本的夢想愈來愈小。」

人力資源的工作使她相信，日本的僱用制度需要改變，她說這是全有或全無的樂透彩券，嘉惠那些一畢業就占了立足之地的人，但排除其他人。「我個人希望有幾種替代的道路可走，但是現行制度是唯一已經建好的道路。」她說。女服務生來加茶，我們周遭幾乎清一色都是年長主顧，在骨瓷敲擊的清脆聲中暢談，下坪彷彿在密謀妙計似地緊張地張望茶室，詭計多端地轉頭看著我，「為了年輕一代擁有希望，」她小聲說道：「我真的希望舊體制完全崩潰。」

村上春樹認為，應許之路分岔成一百個尚未被探索的方向，本就是應該的。他說，經濟衰弱所以年輕人當然得自食其力，而自食其力並不都是容易的，但是下坪的應許之路帶領人們走上錯誤的夢想，村上在為《神的孩子都在跳舞》一書作研究的時候，對這群創造日本奇蹟的步兵們也有更多了解，他訪談過自律且順從的上班族和官僚，他們就是在前往辦公室的途中遭到毒氣攻擊，而辦公室也是維繫他們的日本夢的地方。「那是愛與恨，當然，」他謹慎地字斟句酌：「我敬佩他們，但同時他們也令我沮喪，我認為他們的生命是荒謬可笑的，他們在消費，在消費自己，你知道。他們花兩小時通勤，而且多麼拚命工作，那是不人道的，而當他們回到自己的家，孩子已經睡著了。那是人性的浪費。」[1]

村上感覺自己與後泡沫世代比較親近，他用親切的語氣談論打工族，他們以兼職為業，多半領取最低工資，也無升遷可能。對大部分的社會觀察家來說，在不穩定工作間遊走的「打工族」，是多年間溫水煮青蛙的危機中，所有問題的縮影。但是，在許多日本人心目中低工資、缺乏保障以及機會喪失等，看在村上眼裡卻是年輕人正試圖打造新的東西，或許他這位有錢又成功的小說家，比較容易以樂觀的角度看待這一切，他自己選擇岔開應許之路，結果是名利雙收，但不是每個人都能這麼幸運，當時應許之路的輪廓還清晰可見，如今在日本試圖創出一番天地的年輕人，就像在沙漠中標示一條不確定的路徑，但是村上崇拜的，是尋找自己出路的世代，哪怕多半是迫不得已。「我們的社會已經在改變，」他說：「有好多打工族，他們選擇自由，他們有自己的意見和生活方式，我認為選擇愈多，代表社會愈開放。」他說，舊制度的一板一眼，對急起直追的日本或許有幫助，但這些已經過時，且妨礙個人的發展和選擇，「大部分的日本人沒有任何方向感，」他繼續說：「我們迷失了，不知道應該往哪裡走。但這是非常自然的事，非常健康的事。是思考的時候了。我們應該放慢腳步。」

二十七歲的博士生、同時也是作家的古市憲壽，過去比較是站在村上而不是下坪的那一邊，至少表面是如此。他比下坪年輕十歲，比村上年輕三十歲，他根據親身經驗和以新進社會學者的身分做過的研究，對現今社會抱持較樂觀的態度，古市的另一個身分是科技新貴，他和大學同學合開一家ＩＴ公司，他的穿著相當符合日本二十來歲男性的典型裝扮，完全不是西方人眼中那種灰色西裝上班族的樣子，反倒比較像漫畫中雌雄同體的生物，來自《霍爾的移動城堡》中瀟灑但有點弱的小男巫。他一絲不苟的頭髮帶著棕紅的色調，身上穿的休閒服沒有一點皺褶，他隨身攜帶當時最潮的iPhone4S，肩膀背著大大的紫色肩背包，他用日本女孩喜歡的可愛招呼方式揮手道別，肘子抵著髖部左右揮舞著手。

古市在著作《絕望國度中幸福的年輕人們》中的主要結論，就是日本的年輕人從沒有如此滿足過，這點和普遍的看法恰恰相反。「媒體不遺餘力地把年輕人描繪成一群貧窮、倒楣、絕望而且走投無路的人。」我們約在品川車站附近一棟簇新的辦公大樓頂樓，這裡也是停滯時期在東京用來展現經濟實力的高樓之一，「事實上，政府自己的資料顯示，百分之七十三的年輕人對自己的生活完全滿足。」他指的是已經行之數十年的年度「滿意度調查」，一九六〇年代日本進入高度成長的極盛時期時，二十至二十九歲的受調查對象有半數回答滿意，他說，這種「滿意商數」從那時起就穩定上升。

基於人們普遍認為經濟樂觀的歲月不再，以及後泡沫的數十年間失去方向看來，這些數字看起來有點怪。古市的書被批低估經濟和社會真正的困苦，他告訴我，滿意水準隨經濟成熟以及趨緩而提高，並不值得大驚小怪，因為年輕人不必像前兩代那樣把滿意往後延，他說日本奇蹟的年代就是幸福延後的年代，「半數日本人到一九六〇年代中都還在農村生活，那麼多人來到城市工作，其實是在為別人而活，他們為了自己的家鄉而到都市打拚，需要把一部分的收入寄回鄉下，他們為別人工作，服務未來，服務國家，服務家鄉。他們服務自己以外的人事物。」用社會學的講法，日本已經從他所謂「工具型」社會轉型成「消費型」社會，換言之從滿足廣大的目的，轉變成為當下而活。「現在他們為自己工作，做自己的決定，自己負責，享受自己的成果。」

古市說，儘管當代日本的經濟如此缺乏保障，他這年紀的人卻很少嚮往過去的歲月。「我們的父親被稱為經濟動物，他們被譏是機器裡的小齒輪。我們的母親努力做個『快樂的家庭主婦』，但她們說穿了只是老媽子跟傭人罷了。」他又說，終身僱用制幾乎清一色針對男性，而即使在當時也不是全部的人都適用。許多在小公司工作的男性得不到絕對的工作保障，他們的薪水不會逐年增高，也沒有優渥的退休金，「即使在經濟最景氣的時候，所謂終身僱用制也只涵蓋百分之三十至四十的人口。」這個比率可能進一步降低，但在其他方面得到補償。「買車的年輕人變少了，他們把錢花在食物、衣服、電話，並且花時間跟朋友在一起。『日本年輕人該做什麼？』」他誇張地問。「我正在做。我不出來競選，沒辦法開出處方來，但是就我自己跟周遭的人來說，我是主動出擊。運用我本身和周遭人的知識，建立一些方式。我認為大家應該觀察自身周遭的社會，設法利用彼此的資源，他們不該擔心團結的日本或者『日本人』，就只要尋找一群人跟他們做些有建設性的事，做出一些成果來。你眼界所及都是國家的事……我沒有說要捨棄公共領域，我是說十幾二十個聰明人聚在一起的小團體，看看有什麼能做的，絕對是我感興趣的。」

古市對當今社會的瀟灑態度，掩蓋了他對未來更深沉的憂慮。我問當前的狀況是否能夠繼續下去，「在所有已開發國家中，我們的國債可說是天文數字，」他說：「我們還有逐漸老化的人口，所以現在是轉型的時刻，從現在起三十年，所有和父母同住的人會需要照顧他們，我不知道他們準備好了沒，無論是財務上還是情感上。」就連日本的住家都不太值錢，他說，極盛時期建造的房子價值大不如前，不能永遠仰賴過去累積的財富。「但在此同時，年輕人挺快樂地跟父母一起生活，相當舒適地共存。」他低估了世代間的不合。由於愈來愈難找到穩定的工作，年輕人也就不必負起盡力保住工作的責任。他們可以跟父母同住，也可以跟朋友合租房子，後者有增加的趨勢。「只要父母健健康康，他們就沒有必要參與整個過程，」他說：「到底這是不是一種『幸福的變化版』可受質疑，但我要說的是，如果今日的年輕人走投無路，那麼他們並沒有覺察到。」

大部分的日本人依然相信，他們的日子相對是好的，他說。當他們看到歐美，往往認為情況可能糟很多。日本以外的世界看似暴力和恐怖，充滿暴徒、毒品濫用、遊民和嚴重的貧富差距，在日本人偏狹地自認擁有他處所無的安適和諧社會看來，這些印象可能有遭到誇大之嫌，然而自我形象使日本人對改變相當慎重，舊體制或許陳舊不堪，但畢竟還能發揮功用，「在高度成長年代發展的舊制度運行得很順利，以致所有一切都固定地圍繞著它，」他說：「因為舊制度還沒有功成身退，因此還是保守主義說了算。如果它崩解，我們才能大刀闊斧地革新，但是人們並沒有從根本上重新思索，到底這是不是組織一個社會的正確方式，因此我們受到擾動，而這正是危機所在。」

「我不覺得自己活在一個絕望的國家，我也不喜歡聽到人們說日本處在絕望的狀態。」在愈來愈興盛的非營利部門工作、二十八歲的石川良（音譯）說。我說，古市認為年輕人活在當下，沒有看到國家更大問題，讓年輕人聽起來就像一船笨蛋（Ship of Fools）*，而不是信心滿滿做自己命運的舵手。石川認為年輕人比活在當下所意謂的更具覺察力，他說許多年輕人有意識地拒絕父母的價值觀，尋找嶄新的生活方式。「好多年輕人正試著有一番新的作為。」

我第一次與石川聯繫，是透過他服務的組織ETIC，也就是「創新社群的創業訓練」的縮寫（Entrepreneurial Training for Innovative Communities），ETIC在受災嚴重的東北很活躍，這個政府支持的機構對漁船、甚至整個家被沖走的漁民提供協助，派創業家來到大型船隻全軍覆沒、市區和大半個城鎮被毀的氣仙沼市，教導漁民「替漁獲創造品牌，直接銷售給消費者」來賺取最大獲利，「地震前相當不可能做這樣的事，」石川說的是把好幾世代跟漁民做生意的中間商取消：「但現在他們感到自己更有力量，也比較不害怕來自老一輩的壓力。」我問道他的動力從何而來，他說：「為社會和社群做有益的事，對我們來說猶如一塊新大陸。即使賺的錢比較少，只要對工作滿足就不成問題。我認為這年頭的年輕人是這麼想的。」

我來到石川位在東京澀谷的辦公室，澀谷是日本年輕人喜歡展現流行時尚的地方，

＊ 譯註：出自柏拉圖的《理想國》。

我在前往他的辦公室途中，看到兩個女孩穿著成套的黃色格子呢外衣，緊身襪拉到膝蓋附近露出大腿，脖子四周的荷葉領像小丑，還有人蹬著紅色牛仔靴、厚底鞋，或鞋跟窄到不可能的黑色漆皮靴，一些男孩穿著沒繫皮帶的垮褲拉到屁股上，頭上頂著毛線帽或小扁帽。一群瘦削的年輕男生全部一身黑，穿著緊身長褲，臉色慘白。如此費心展現個人風格的時尚，依舊設法看起來整齊劃一，石川穿著休閒但相形之下保守許多，上衣是條紋襯衫和清爽的背心，短髮的瀏海仔細修剪成層次，辦公室沒有隔間，以二十幾歲為主的工作人員，坐在砍伐後未經加工的木頭長凳上，凳子是由一家ETIC支持的小公司製作的。辦公室裡有輕微敲擊筆電鍵盤的聲音，還飄著剛沖好咖啡的香氣。

石川在名叫吉良的小鎮長大，那裡遍布稻田和汽車零件廠，距離豐田所在的工業城市名古屋約一小時，石川的父親在一家小型貿易公司工作，母親是家庭主婦，他的家境算是小康，弟弟們都沒能念大學，都是技術學校畢業後在汽車業找到好工作，工學背景的石川原本也可以進入製造業，但他選擇一條不同的路，他的轉捩點——如果可以這麼說的話——就是十七歲得到獎學金，到阿拉斯加當一年交換學生，蓋達組織駕飛機撞上世貿雙塔的時候他人在美國，他家鄉的人總認為美國是個危險的地方，幾年前有個名古屋的男生也跟石川拿同樣的獎學金被送到巴頓魯治（Baton Rouge）*，一天晚上他在前往萬聖節派對的途中不小心敲錯門，被當成闖入者而遭到擊斃，「我們都知道這件事，對美國的文化非常害怕。」石川說。但是他在阿拉斯加的這一年卻出乎意料，他驚訝於美國人的好相處，也喜歡接待家庭的親子間如此公開表達愛意，而美國人忍受在他看來的惡劣服務以及對低品質商品的習以為常，也令他大受刺激，他想，或許期待加油站服務員鞠躬、食物永遠以漂亮的擺盤方式呈現的日本人，實在太容易被激怒。

他從名古屋大學研究所畢業後，到一家管理顧問公司就職，之後曾經在德州、巴塞隆納和東京工作，但感覺不滿足。他不知道建議一家日本啤酒公司如何搶走另一家的市場，到底有什麼意義？那種事或許曾經是父母那一代的動力來源，但是人生當然不只是這樣，他跟日本企業的接觸愈多，就益發確信日本企業總是不出單調無聊的工作，和深夜一攤攤的無謂飲酒。他提供諮詢服務的公司，員工每個月要花公司數百萬日圓在某家酒店交際，他面帶痛苦地說，因此他對這家公司的忠告就是買下這家俱樂部，自己經營酒店事業會比較合算。

年輕人的想法不同，他說。泡沫前世代是以製造人類想要的器具來貢獻社會，包括電冰箱、冷氣機和汽車，他們對公司的忠誠度超過很少見面的家人，「我們的父親在我們看來並不快樂，他們那麼長時間地工作賺錢，但那時候家人卻必須分開過生活，或許我們應該問自己，『我們是為了什麼而工作？』那是我們想搞懂的。」接著他進入正題。「我們把年近五十的人稱為『泡沫世代』，他們只想到自己跟家庭，卻不思考社會議題，

＊ 譯註：位於美國路易西安那州。

他們則稱我們為『寬鬆世代』，」他使用的字眼意謂較不遵奉習俗的當今年代，年輕人享有更多自我表達的餘裕[2]：「他們認為我們成天只會迷iPhone和電玩，跨世代間存在著——我不想說是衝突，但絕對有差異——一種代溝。」

關於他的新職業生涯，他說：「我相當確定我們需要有創新能力的創業家，我們應該支持小企業和創業家。」根據他的經驗，許多年輕人想自食其力，或是說服企業界採用新的價值觀，「這年頭的大學生，會問他們想進的企業關於他們的社會價值觀和CSR活動，」他脫口而出的是企業社會責任（corporate social responsibility）的縮寫：「連我都覺得，他們對這些議題的看法是不可思議的，社會價值觀是件大事，甚至超過環境，包括教育、家庭、女性平權、老人照顧等。」

石川的這番話，並不是宣告所有年輕人立刻成為理想主義者、有創業精神且決心重新設計日本，「年輕人分成兩大類，一群比較有覺知，很想走出去做些不一樣的事，另一群變得更窮，成天打電動跟上網。」他有兩個朋友就可以歸類成與外界隔絕的繭居族，其中一位是與他共同租屋的大學教授女兒，她也曾在國外待過一年，但現在幾乎足不出戶，成天上網，參與2channel之類的網路論壇，這類網路空間每天吸引數百萬次貼文，有時還是煽惑犯罪和極端民族主義的言論。在他的家鄉吉良也有位朋友，從來不曾做過正式的工作，雖然即將邁入三十歲，卻把房間弄得像青少年房，貼著噘嘴的「偶像」、讓人怦然心動的女性歌手或模特兒的相片，網路遊牧族的他也很少走出家門，「那不是心理問題，」石川停頓許久，說道，「他只是有點害怕，」他又思索了一會：「他不覺得有必要去工作，因為他可以跟父母住。」繭居族現象是富裕的產物，也是貧窮的產物，他說：「繭居族的家庭的確貧富皆有，但如果真的很窮，就不可能成天在床上賴著。」

富裕不同於經濟動能。石川認知到，快速成長的年代，連同整個國家的活力已經結束。「我生在一九八三年，沒有從日本的快速成長得到任何好處，等我上小學時，經濟已經在走下坡，我們不相信未來十年經濟會成長這麼多，經濟體不會給我們這麼多好東西，我認為這是我們全都感覺到的。」

山田昌弘年約五十五歲，是位有點不修邊幅的社會學家，給人一種還在後泡沫世代的感覺。他彷彿黑色喜劇人物，我們在十年間多次見面，他是個會緊張傻笑的可愛男人，然而這段期間卻變得愈來愈陰鬱。他發明「單身寄生蟲」一詞，來形容二、三十歲的靠爸靠媽族，因而成為知名人物，近來他寫了一篇文章，題目不必解釋，是〈年輕人與沒希望的一群〉（*The Young and the Hopeless*）。[3]

幾年前，我到他在東京學藝大學的舒適小辦公室去看他，當時他在那裡任教。大部分的日本學術界人士都擠在比一些衣帽間還要小的空間裡，山田的辦公室又屬其中之最。每個可用的櫃子跟大部分的地板都堆滿了書跟報告，我進去的時候還差點被埋在雜物堆中的腳部按摩機給絆倒。山田是個有點慌張的主人，不時跳起來，從身邊的紙堆中挖掘文件。

他坐在我對面被蟲蛀蝕的沙發上，交給我一張上面打了幾個日文片語的紙，題目是「新經濟中的贏家與輸家」，他似乎對輸家比較感興趣，名單最上面是「自殺激增」，指的是一九九八年自殺率竄升百分之三十五，來到近三萬三千人，那是企業大舉裁員的年分，之後自殺的人數就一直在三萬人之上，每天約有九十人結束自己的生命，也是全世界自殺率偏高的國家，儘管二〇一〇年起自殺人數開始下降，二〇一二年自殺人數更是減少到三萬人以下（政府採取的「反自殺」措施，是在地鐵月台設置大型鏡子，當人們看見自己即將跳下去的樣子，顯然有舒緩的效果）。但山田的清單不只自殺一項，還有「虐童的急速上升……臨時工作……無職年輕人……對未來的夢想不切實際、沒有被充分利用的勞動者……戰後家庭的微光」。我掃視整頁內容，卻找不到比較振奮人心的東西。

山田對當代日本的看法，與下坪之前解釋的版本相當一致，勞動市場已經崩壞，迫使人們接受時薪區區十美元的臨時工作，導致愈來愈多人與像樣的工作絕緣，山田稱這些從一類工作流到另一類工作的人為「液體」勞動者，他說這些人為數之多，證明舊制度已經發揮不了功能，取而代之的，是經濟的隔離主義誕生，贏者接受舊制度規定的保護，輸者則是被趕出去，進入一個完全靠運氣的新世界，村上口中的兼職工作者和漂泊不定的人，在山田看來是受害者而非打頭陣的先驅，罪魁禍首是大量僱用畢業生的就職活動，也是幾十年來勞動市場的慣例，他認為應該立刻廢除，儘管這麼做會牽涉許多既得利益。「是時候捨棄一個讓愈來愈少的全職員工菁英享有一切穩定性，而其他人什麼也得不到的制度。」[4]

在勞工短缺的快速成長年代，讓忠誠員工享有額外好處的舊制度能發揮功效，他說。但是沒有人相信那些日子會重返。他跳起來拿一份針對二十五至三十五歲青年所做的調查報告，顯示只有百分之四的人預期在他們有生之年經濟會好轉，高達百分之六十一的人認為只會每下愈況。古市認為，降低期待就是不再永無止盡地追求完美，但是山田的結論恰好相反，他認為年輕人根本不是變成尋找自己道路的獨立冒險家，年輕人既「保守」又「愛幻想」，保守主義者渴望擁有過去的確定性，完全是因為求之而不可得，幻想家在不真實的事物中尋求慰藉，無止盡地延後做決定，包括婚姻、生子、職業生涯，他們憑著毫無根據的樂天信念，認為會出現很棒的事，山田究竟比較不滿保守主義還是幻想家，這點並不清楚，他從周遭成堆的文件中，又撈出一份二〇一〇年新進工作者的調查，問他們想不想「繼續在現在的公司工作到退休」[5]，表示願意的百分比從二〇〇〇年的百分之二十提高到了百分之五十七，「因為安定的機會變少了，而他們要的就是安定。」他憂鬱地說。

同樣的態度也反映在年輕女性的調查上，他說她們根本不想追求獨立與職業的成就感，反而比以前都想成為家庭主婦（我看過一張「壞女孩陪酒俱樂部」的傳單，其中一位年輕女性列出她最大的嗜好是「洗東西」）。山田接著說，同意男主外、女主內的二、三十歲女性比任何年齡層的人都還要多，這是因為日本大部分的全職工作，打從頭就不是為女性設計的，特別是如果她們想生孩子的話。日本的雇主要求長時間拚命工作，加上加班太頻繁，下坪提到她先生的工作：「我沒辦法像他那樣，我是個母親，沒辦法遵守公司的規定，這就是日本女性的遭遇。」山田說，女性無法循男性導向的職業生涯找到保障，只好退而求其次，嫁給安定。但是由於工作穩定的男性愈來愈少，因此愈來愈多女性也就推遲婚姻。

山田認為，所以保守主義就與幻想融而為一了。十八歲至三十五歲的未婚日本人絕大多數都和父母同住，許多人抱著成為搖滾明星或時尚攝影師等不切實際的夢想，女性則希望嫁給有錢人。「單身寄生蟲」省下房租，把所有工資用來買奢侈品，但這終究不是長久之計，他們的人生多半是謊言。年輕男性遠離女性的注意，他們觀賞日本龐大的色情產業生產的電影，不然就是到「女僕咖啡店」，接受假裝害羞的漂亮女生千篇一律的恭敬對待，而這些女生都是他們在現實生活中永遠不可能遇到的。至於女性則是延後結婚生子，等待「白馬王子」的來臨，「他們活在夢境中，而且還沒醒來，」山田絕望地說：「他們已經放棄了，沒有所謂改變社會或改變自己生命的理念。」或許，我追著說，他們不想改變社會，是因為其實他們的生活沒那麼糟，或許他們像古市說的很滿足。「活在既定體制外的人無從進入，」山田略帶輕蔑地說：「所以他們才繼續——」他嘲弄地把嘴歪到一邊「——所謂的快樂又自由。」

電視上的字幕幾乎不可能被誤解。除非採取行動，否則「日本的孩子」將活活被燒死。畫面上有三個人，第一位是三十四歲的援助工作者高遠菜穗子，她來到巴格達，是要將麵包、果醬等日常必需品，分送給無家可歸的伊拉克兒童，第二位是三十二歲的郡山總一郎，他是自由攝影記者，冒險進入伊拉克，報導這場日本自衛隊在其中無足輕重的戰爭。不過，令我印象深刻的，卻是白皙英俊的十八歲青年今井紀明，那滿身沙子蜷縮在地上的樣子。三個人的眼睛都被遮住，在他們身後站著蠢蠢欲動的伊拉克軍人，個個揮舞著刀子和俄製衝鋒槍。

那是二〇〇四年，東京派遣自衛隊到伊拉克進行重建任務，那也是二次大戰以來日本最大的地上軍隊部署。許多人認為派軍違憲，輿論紛歧且莫衷一是。三名「日本的孩子」基於人道理由來到伊拉克，記錄或幫忙減輕令他們不安的戰爭痛苦。高中剛畢業的今井，從約旦乘坐計程車偷渡邊境，他想來研究鈾礦即將耗盡對百姓的影響，此行並沒有經過周詳計畫，就在他到達後幾小時，當乘坐的車子在費盧傑（Fallujah）市外不遠處停下來加油，他被一群大喊著「殺死日本人」的軍人架到另一輛車子裡，其中一人還把一只手榴彈對著他的腦袋。

九一一事件以及後續美國侵略阿富汗和伊拉克，將今井從一個住在北海道的電玩小子，變成對世界大事感到困惑痛苦的年輕人。「當阿富汗的轟炸開始，我感到非常空虛，而且無用。」他說的是二〇〇一年以美國為首進軍阿富汗的行動。[6]今井於是流連在網路上，尋找尚未成形的答案。他瀏覽盧安達種族滅絕，以及剛果民主共和國的衝突與搶奪鈳鉭鐵礦之間可能的關聯，鈳鉭鐵礦是一種黑色礦石，當時日本全球稱冠的行動電話會用到。他感到他的世代不關心這類道德與政治問題，更何況牽涉的又是遙遠地方的人們。但他不知為何覺得有義務多了解，他知道這聽起來有些矯情，但他想扮演催化劑，讓這個世代動起來。就這樣，他的網路長途旅行帶領他來到費盧傑外，一個真實世界的加油站。

好幾天，日本被人質的命運嚇得不敢妄動，三人的父母上了日本和阿拉伯國家的電視，懇求放過孩子一命，他們說，年輕人到伊拉克幫助這個國家，沒有人支持日本派兵，家長們甚至甘冒日本政府的大不韙，重申伊拉克軍方要求東京撤軍的呼籲。經過多日的酷刑，人質的命運危在旦夕，幾個禮拜後，三十三歲的南韓傳教士金鮮一遭到挾持他的伊拉克人斬首，日本人就比較幸運了，八天後，今井和另外兩位人質被轉到一位教會神職人員的手上，謠傳是因為東京方面付了贖金確保他們被釋放，在聽取事件經過和身體檢查後，他們被押上飛機飛回日本，但殊不知這才是麻煩真正的開始。

輿論（至少是媒體反映的輿論）立刻轉向，一開始先是同聲表達同情，之後強大的新聞和電視頻道——往往朝著同樣的政黨路線一面倒——把焦點轉向三位人質，責怪他們不聽從外交部的警告執意前往伊拉克，將日本捲進屈辱的事件中。自我負責成為早餐時段電視節目的討論內容，在這些鬧劇似的「時事節目」中，男性頭戴小扁帽與年輕藝人思索一天當中的議題，但是對實質內容或知識卻缺乏共識。自我負責透過媒體一下子成了大眾的流行語，從壽司店的吧檯到以香菸與爵士樂為背景的酒吧都聽得見，媒體開始要求三人將回家的機票錢以及遭到綁架後的身體檢查費用還給政府。納稅人真的必須為這些倒楣的理想主義善心人士買單嗎？等到今井等三人踏上日本本土地時，社會氛圍充滿了敵意，他們從飛機走出來，羞愧地低頭鞠躬，穿過一張張憤怒的標語牌，其中一張更是大剌剌地寫著「活該」。

人民的反應讓人費解。美國國務卿鮑威爾（Colin Powell）做出看似比較理性的回應。「我很欣慰日本人民願意為更大的善、更美好的目的，將一己置身在危險中，」他說：「自己的同胞願意這麼做，日本人民應該感到驕傲才是。」[7] 但許多日本人不這麼認為，幾個禮拜後，我總算堵到今井時，他依然對人民的反應震驚。「真是太驚訝了。大家都說我必須為自己的行為負責，但是在我聽來，他們好像在說他們巴不得我死。我猜他們的意思是『你應該死在伊拉克，以屍體被運回來。』」排山倒海的仇恨郵件向他撲過來。「我只是走在札幌街上都會有人說：『你為什麼要浪費這麼多納稅人的錢？』有兩次有人用拳頭捶我。所以我就得了心理疾病。我不能說很多話，我不能交朋友。這變成一個嚴重的問題，就像恐懼症。」

在左傾的《朝日新聞》服務的船橋洋一說，政府透過擅長見風轉舵的媒體操作輿論，三名日本年輕人略過以軍方領導的正式援助架構提供人道救援，闖入政府在道德上的制高點，當時日本官方透過自衛隊協助伊拉克人民，實施對伊拉克政府的制裁政策，而這三個人以渺小的力量與蹣跚的步伐提供另一種做法，日本人的使命是協助重建，將水電帶給伊拉克百姓，如果有好事要完成，靠政府就能搞定，一位小泉純一郎身邊提供建議的人士確認了船橋的推測。當時擔任首相的小泉向布希承諾，會讓日本軍人踏上伊拉克的土地。「人質的家屬以撤回自衛隊做訴求，是自毀的行為。」他告訴我，他懷疑他們是共產黨員。他對民眾的反應表示激賞。「類似的嚴苛批判，反映日本輿論的成熟。」

三位天真的人質，不小心落入當時最熱門的外交政策議題。但是，這幾位年輕人尋找的人生意義，以及年長者對他們的嚴厲斥責，還存在更廣的象徵意義。過去二十年缺乏振奮人心的成長，已經使泡沫崩壞前的確定性蕩然無存，根據學者杉本良夫的說法，如今五名年輕工作者中，就有高達兩人屬於非正規受僱，許多人已經成為大家所知的「窮忙族」[8]，非正規工作者比較不可能受到訓練，使他們更難以回歸穩定的僱用狀態。

舊模式的混亂，迫使整個世代的人——至少是被擋在舊有僱用制度外的人們——尋求替代的方法。於是許多像石川那樣的人尋找的是成就感，而不是父母那一輩中產階級那種「空虛富裕」的美夢。像今井那樣突然跑去伊拉克，無疑是比較激烈的做法，大部分的年輕人不會那樣，但許多人以自己的方式測試生活究竟能過到什麼程度。有些人只是做著兼職工作，一個接著一個換工作，要不就是像個可以退還的包裹般接受派遣，到那些拒絕僱用他們成為全職員工的大企業去，這種狀況給予他們某種程度的獨立性，而且有時間讓工作與生活達到更好的平衡，他們無須承受典型日本大企業那些繁重的要求，但是在這取捨當中，也失去長遠的工作展望和像樣的薪水，有些人甚至失去身分認同感，因為身為企業大家族的一員，與個人的身分認同密不可分。然而一些人在制度外還有人生，儘管沒有像在西方世界那麼普遍，但有些人成立事業，有些人替非營利組織工作，一九九五年的神戶地震受到眾多志工幫助，從此非營利組織的成員快速增加，有些人更是擁抱「慢活」的理念，他們成立合作社、有機農園，或者只是悠哉度日，像現代嬉皮般遠離社會。二〇〇三年，一家香菸公司掌握這種新的生活方式，提出「慢下來，放輕鬆」的口號，[9]有些地方政府也不落人後，宣稱自己是「廢柴」的綠洲，標榜著非常不合乎日本精神的「別太努力」或「別給自己太大壓力」的生活哲學，許多年輕人當然不如父母那一輩努力，為了節省房租而住在家裡，把所有的錢花在時尚、美食、出國旅遊或追求嗜好，他們在享受日本的富裕——趁還有油水的時候。

然後是像今井紀明那樣的人。我八年沒見到他了。在經歷伊拉克的悲慘遭遇以及返家後的痛苦對待，他現在不知道怎麼樣了。巧合的是，二十六歲的今井在石川服務的ETIC資助下，成為社會企業的創業家，他經營一個非營利團體，幫助日本第二大城市大阪的弱勢兒童，我在二〇一二年春天與他見面，就在海嘯一週年後幾天。我從東京搭早班新幹線，列車上，上班族喝著啤酒配早餐，在車子快速通過連接日本兩大集合都市的工業走廊之際，一面翻看報紙或者睡覺。

大阪的感覺與東京完全不同，比較粗獷、比較工業，也比較休閒。年輕人的穿著比在首都寵克一點，連電扶梯靠的邊都跟東京相反。大阪或許算得上是日本的曼徹斯特吧，已經成為近來一些人的關注焦點，因為他們選的年輕市長橋下徹，在全國掀起軒然大波，橋下是輕率無禮的政治人物，也是黑道之子，與小泉純一郎的風格頗為相似，他搭上反政治的浪潮，成為全國最常被提及的政治人物之一。近來他反對重啟鄰近城市的核能電廠，炮轟中央罔顧安全。他還因為許多事情引來惡評，包括規定夜總會早早打烊，堅持學校要唱國歌，並且以開除官僚來刪減預算等等。他在一次談話中表示，日本需要的領導是「強大到可以被稱為『獨裁』」，以脫離目前的畏縮。[10]而這番話後來也成為他的把柄。他受歡迎的程度，就連某週刊揭露他曾和一名女子搞外遇，還讓對方穿上空服員制服進行性行為，都無損他的人氣，[11]有些人認為他是危險人物，有些人則因為他而又有了生氣，橋下是一人茶黨，他的出線是年輕人對保持現況感到不耐的又一個信號。

我跟今井約在居酒屋，這樣的地方通常提供高品質的食物，配上清酒、燒酎、啤酒跟紅酒。燈光很有情調，聚光燈的使用也很具藝術感，揚聲器播出爵士樂，年輕人談天飲酒的聲音透過分隔私人包廂的木頭隔間傳來，我們按了桌上的電鈴，點了螃蟹、一些生魚片、炭烤香菇、一份小的鮑魚火鍋跟幾杯沁涼的生啤酒，在等待食物的當兒，今井告訴我，他從伊拉克回來後沮喪了好幾年，覺得他當初去是為伊拉克兒童發聲，到頭來卻是以一敗塗地收場，日本充滿敵意的反應比遭到綁架更慘，他說。「我只被綁架了九天，但是在日本的這些年，有時我想去死。」他離開家鄉札幌，到大分市一所國際大學就讀。他幾乎沒跟任何人講。「即使在那之後的四、五年，一些人都還認得出我，」他說：「現在沒那麼多人了，我幾乎自由了。」他沉默了半晌，「其實我並不在乎，」繼續道：「這是個壓力過大的社會，很多人只是想發洩而已。」

回顧過去，他並沒有遺憾。「我的內心變得很堅強，也因為這樣，我才從事非營利工作。」大四那年他心情好些，跟一位朋友到了尚比亞，這位朋友要去那裡幫忙建學校。他被當地的樂天主義感動。「相較日本，我覺得他們對自己的國家抱著更大的希望，全國人口的五分之一感染ＨＩＶ，平均壽命只有四十六歲。但我從他們的眼中感受到希望。我回到日本，搭上電車，每個人看起來是多麼陰鬱。這裡的年輕人承受更大的壓力，我覺得我應該為孩子們做點事。」

他和石川一樣，一路走來迂迴曲折，他先去一家小型貿易公司販賣豬肉和牛肉。「低買高賣。」他尷尬地笑。二〇一二年他辭去工作，全職輔導有困擾的兒童。他在一所貧困區的中學遇到一位男孩，他和三位父親生活過，而母親則是具有多重人格障礙。這個家庭接受救濟金，男孩有時晚上會去打工賺取零用錢，今井認為在這依然富裕的國家裡，竟然有如此悲慘的人民，令他相當震驚，「這些孩子完全沒有自信。他們看不到自己的未來。」他私下想知道，他們說不定是對的。「人口正在減少，窮苦的年輕人愈來愈多，而受過良好教育的人看不到這些。但這是個大問題，生活變得太苦了。」

我解釋古川的理論，說年輕人失去保障卻換來自由，一份調查似乎顯示他們從沒有這麼快樂過，我說。「未來將會更糟，所以現在是最快樂的當下，」今井思索一會回答，對自己的邏輯感到滿意：「一些年輕人確實是這麼覺得，但那有點假。覺得快樂只是現在，未來是一片黑暗。」他也擔心日本睡在經濟極盛期建構的金錢靠枕上，可能來日無多。他問，一個負債累累的經濟體，怎麼能夠存活？總有一天一定會爆炸的，「我不知道什麼時候會破產，也許這三、五年都沒問題，但十年呢？我不知道。」

今井懷疑年輕世代到底有沒有能力讓日本變得更好，他偷偷敬佩橋本堅強的信念，只是他不認為橋本理念的實質內容吸引他（後來橋本因為輕視日本軍隊在戰爭期間使用的性奴隸，而使他的人氣內爆）。今井說，漠不關心是基本立場，「這麼多人在上臉書或推特，他們似乎關心日本的未來，但他們真的會為日本的政策付諸行動，改變國家的處境嗎？我真的看不出來。」

大約在我們見面的時候，反核運動聚集了一些動能。包括年輕人在內的大批群眾集結在首相辦公室外，要求終結核能。今井懷疑會有什麼結果。「只有幾個人動起來，我不認為會造成多大的衝擊，」他說：「我想發揮效能來改變日本的政策，所以才從事非營利工作，幾年內我想對中央政府提出建言。」他停頓了一下，彷彿在消化話中隱含的意思，尋找做結論的方式。「我不知道他們該怎麼稱呼我的世代，」他最後說：「也許是艱困的世代，當然不是快樂的世代。」

第十一章
從幕後

桐野夏生不喜歡被稱為犯罪作家，她的小說中有很多犯罪情節，但很少有偵探的角色，也幾乎沒有偵探小說的軌跡，反而是從社會學和心理學的角度，深入鑽探日本泡沫經濟崩潰後那幾年的不堪，她在大部分人看到的優雅和條理中發現社會的貧窮、暴力、憤怒和墮落，最重要的是，她書寫在這無論家庭和職場都經常將女性視為二等公民的國家中女性的生存之道。有時她杜撰的女主角，會用極端的方法來求生存。

《OUT》敘述一位工薪階級的婦女，在一家骯髒的便當工廠辛苦擔任夜班工人的故事。彌生將她凶暴無用的老公掐死，走投無路的她於是找來三位女同事幫忙分屍後丟棄，在令人毛骨悚然的情節發展中，這些女性竟然展開了新的事業，幫忙當地的黑道湮滅殺人證據。這群女子將彌生老公分屍的場景，宛如操作手冊般冷血，桐野一點細節也不放過：

接著，雅子用切菜刀切開大腿腿根，黃色的脂肪在刀刃之間滑動。良江喃喃說道簡直就像雞肉塊嘛！等見到大腿骨時，雅子把左腳踩在屍體的大腿上，彷彿鋸圓木般地鋸著大腿骨。（引自林敏生譯，《OUT》，麥田出版，頁九八）

在比較近期的小說《東京島》中，四十三歲的家庭主婦清子，因為遊艇沉船而和丈夫被沖到一座島上，清子的丈夫不如她那麼容易適應困境，沒多久就死了，當她發現自己是島上唯一女性，其他二十幾位日本和中國男人的年齡只有她的一半時，只好發揮智謀，巧妙周旋在男人之間以求保命，甚至試圖以自己為中心成立一個宗教。這本書的靈感，來自比嘉和子的真實故事，她在二次大戰結束時，與將近三十名男性被困在馬里亞納群島（the Marianas）中的安納塔漢島（Anatahan），男性們不願意相信戰爭結束，繼續過著原始的生活，比嘉於一九五〇年逃離該島，桐野的小說後來翻拍成電影，因為探索群體的動態關係，和描述平凡女性被迫變成島上女神而大受好評，「她用性來控制這群人，」桐野不帶感情地說：「儘管發生很多事，帶頭的人也不停更迭，但是到頭來她活了下來。」

桐野在一九五一年出生於金澤，也是我來到日本第一個月時短暫居住的古老城鎮，她的父親是建築師，十四歲前全家四處遷徙，後來總算在東京落腳。她念法律，之後開始寫起成人的情色小說，一直到四十歲，才以《濡濕面頰的雨》獲得好評，於是開始針對她認為重要的事撰寫多部嚴肅的小說，最大的突破是在《OUT》，也是她第一部翻譯成英文的著作。

我是在二〇〇八年五月的某個下午，跟桐野約在東京君悅酒店（Grand Hyatt Hotel）一樓大廳的 **Fiorentina** 義大利咖啡店見面，這裡裝點得相當奢華，大尺寸的現代藝術作品爭奇鬥豔，美麗的人們在其間穿梭。桐野曾經被一名外國記者燒傷過，因此帶了一位女伴保護，只是這位擁有超過十五本作品的小說家，看起來很有照顧自己的能力。五十六歲的她帶著堅毅的神情，是個有魅力、甚至美麗的女性，然而她的美，並不是一些日本女性為了對抗歲月痕跡而往臉上塗抹的結果。她穿著休閒的花色上衣、長褲以及軟木跟鞋子，指甲塗上厚厚的指甲油，她的聲音有力但嘶啞，屬於一種奇特的低分貝音調。

她談到書中的女主角，是受到「一種被壓抑的復仇心」驅使。「日本社會的兩性並不融洽，他們處不來，」她一面說著，一面把玩咖啡杯：「有太多針對性別的角色區分，男性在企業界幾乎就像奴隸，女性乖乖待在家裡，男女的生活沒有連結，而這也是人愈來愈憤怒的原因之一。」她解釋，寫小說讓她探索這個憤怒的深淵，而這種憤怒在一個重視人際關係表面和諧的社會，往往得不到表達的機會。「作家試圖把埋藏在社會中沒有被發覺的東西，化為一堆堆的文字，那是我們的職責所在。」

她留意到小說可能影響書以外的世界。「作家必須是有力量的，但我也活在真實世界，有時我覺得小說的力量很嚇人，就在我的作品《OUT》問世後，說起來滿恐怖的，我覺得妻子殺死丈夫的案例變多了，還有一些人因為我書中寫的，而發現殺人的新方法。」就在我們見面前不久，法院審理了一個案例：三十二歲的時髦太太三橋歌織用酒瓶殺死對她施暴的丈夫。她就像桐野小說中的彌生，把他切成一塊塊再分別將不同部位丟棄，殺人案發的高檔公寓離我的住家僅兩分鐘。

桐野擔心她無意間啟發暴力與描述暴力，但她也認為自己為女性提供了憤怒的發聲管道，「在《OUT》後，男性讀者就不會對我寫的東西大驚小怪。我想我教育了他們，」她羞怯地看著桌子：「我有回跟一位男性名人上廣播節目，節目進行中他完全不跟我說一個字。到要結束時，他問我：『妳對謀殺有什麼看法？』我說：『殺人不是好事。』然後他說：『哦，太好了。妳的話讓我鬆了一口氣。』」

日本經常被西方形容成一個男尊女卑的社會，兩性的機會均等程度相較其他國家通常偏低，二〇一〇年，經濟學人信息社（Economist Intelligence Unit）針對全球女性的經濟機會研究顯示，日本在全世界排名三十二，總分一百分當中得到六十八．二分，高於香港以外其他所有亞洲國家，但是低於得分高達八十分的北歐國家和七十六．七分的美國，日本在法律和社會地位項目的得分相當不錯，畢竟戰後憲法明令保障女權，其中

第十四條禁止性別歧視，第二十四條則寫著：

婚姻唯獨以兩性合意為基礎而成立，在夫妻平權的基礎下，透過彼此合作來維持。關於配偶的選擇、財產權、繼承、居所的選擇、離婚及婚姻和家庭等其他有關事項的法律，必須以個人尊嚴與兩性實質平等為基礎制訂之。[1]

日本在其他項目的得分就遜色些。在衡量薪資的公平性、職場歧視和托育服務等的勞工政策項目，日本甚至輸給菲律賓、巴西和坦尚尼亞等開發中國家，就連同樣被評為歧視女性的亞洲先進經濟體南韓，得分都還比日本高。相較之下，日本在「金錢的使用」項目上得分不錯，顯示一家的收入往往由女性掌控。[2]不同調查出現不同結果，在聯合國的性別不平等指數（Gender Inequality Index）方面，[3]日本的表現不錯，在全世界排名十四，輸給斯堪地那維亞各國，但勝過英國、美國、加拿大和澳洲，至於在世界經濟論壇的全球性別差距指數（Global Gender Gap Index）方面，日本的表現就非常糟，排名第九十八，輸給亞塞拜然、辛巴威、孟加拉和緬甸等維護女權不遺餘力的國家。

類似調查顯然存在主觀性，[4]但是日本女性在許多方面顯然遭到歧視，企業界的女性管理者少於其他富裕國家，在上市公司的資深主管中僅占百分之一．二，女性不能獲得和男性一樣好的工作，且平均薪資為男性的百分之六十。法律上已婚婦女不能保留娘家姓氏，除非他們嫁給外國人，而外國人在女性擇偶對象中排名在比較後面，這點令人好奇。只有大約一成的律師為女性，使日本在一百八十六國中排在第一百二十一名，也促使政府委員會跳出來，建議議會設置婦女保障名額。[5]日本不像英國、德國、印度以及二〇一二年朴槿惠當選總統後的南韓，日本從來沒有女性領導者，美國當然也沒有，但日本的女性典範又比美國少。

女性必須克服重重障礙，才能擁有西方女性家庭、事業兼顧的健全生活，雖然傳統的僱用制度正在瓦解，但是受僱於大企業的女性仍然多半被擺在不太有前途的職位上，大學學歷的女性往往淪為辦公室的花瓶，負責端茶倒水，成為同事聊八卦緋聞的對象，如果女性結婚生子，很少人會在同一家公司擔任同樣的工作，許多公司不太願意讓女性回來，特別是經過漫長的產假以後。有時女性本身選擇不回到職場，但這是基於社會對於好太太、好媽媽、甚至幸福的強烈期待而不得不做的選擇（在日本，變得幸福可以被視為「結婚」的同義字）。在日本，養孩子的工作或許比在其他有些國家更受尊敬，不努力找工作和養育子女的女性，有時會被瞧不起。當我的妻子帶著小兒子去上日本的幼稚園時，對於學校教導兒童要謝謝媽媽為他們做便當，非常感動，她認為這種事在西方不會發生（日本人堅持做午餐的是母親而非父親）。然而，日本當然存在著一群因為一直找不到費用合理的托育——特別是小小孩——導致想工作卻不能工作的女性。

歧視就像色情難以定義，但是當你看到的時候，你會知道。就拿日本女足球隊來說，二〇一一年夏季打敗美國，贏得ＦＩＦＡ世界杯女足賽冠軍而寫下歷史，打勝仗的消息在毀滅性的海嘯發生後不久到來，舉國上下為之歡騰，球員被冠上綽號「撫子」——以粉紅色的花朵命名，也是日本理想中女性美與堅強的象徵——成為全國知名的人物，可是當獲勝的撫子隊員們前往參加二〇一二年倫敦奧運時，乘坐的卻是經濟艙，成績比較差的男子球隊反而坐在商務艙。

日本最被忽視的資源，就是他們的女性。在一個不產石油、天然氣或稀有礦產的國家，經濟的繁榮幾乎全取決於人民的勤勞和獨創性。但是日本社會的約定俗成，壓抑了半數人口的潛能，相較在企業工作的男性，日本女性比較不受社會常規的限制，因此經常被外國人視為比較靈活、有發明頭腦且有時比較能幹的另一半人口，她們的才能如此輕易被糟蹋，在許多人看來不僅是國家資源的嚴重浪費，更是個人及其潛力資源的浪費。

不過，我們應該小心別光看表面。日本的兩性關係比漫畫表現得更微妙，女性的地位正在變化，快速成長的結束與隨之而來的工作與家庭兩頭燒，對兩性關係造成深刻的影響，經濟學家辜朝明說，快速成長期有個好處，就是人不需要想太多，因此兩性的關係比較順利。「男性只要專心把工作做好，有人會安排好女孩跟他們結婚，女孩知道男生擁有工作保障、工資會穩定成長，還有個舒適的家。有什麼不好呢？」失去確定性也帶來許多憂慮，「男性完全不曉得該如何跟女性交往或尋找對象。這陣子媒婆很少，因為考慮到企業重整、裁員縮編、業務外包，誰都不曉得這個男的以後會怎樣。很多男性從來沒有訓練自己來吸引異性。」他說，女性對沒有養家能力的男人通常不感興趣，也是她們愈來愈晚婚的理由之一。權力的相對轉移，甚至改變一般人對男子氣概和女子氣質的看法，日本人經常發明新的類別來描繪社會型態的變遷，現在大家談論的，是「性趣」缺缺的「草食男」，以及清楚自己要什麼、如何得到的「肉食女」——看來《東京島》不完全是杜撰。

京都同志社大學經濟學教授濱矩子，不屬於端莊賢淑的日本女性典型，她幾乎對每件事都有直接了當的意見，往往用她小時候住在英國習得的上流社會英文腔調，以一槍斃命式的諷刺說出，她非常喜歡把頭髮染成紫色之類驚世駭俗的顏色，身上穿的是我喜歡的設計師服裝，整體搭配的方式好像是她隨機從衣櫃拿出來的。我們相識多年，濱從不認為日本女性次於男性，她認為女性在重要的方面已經統治日本好幾百年，十一世紀初撰寫全世界第一本小說《源氏物語》的，就是擔任侍女的紫式部，她說長久以來女性就是公眾人物背後的推手，也是一家之主，「女性一直掌控家中的財政大權，負責讓家中大小事運作順暢，日本男人對女性的依賴到了不可思議的地步，他們不知道東西擺在哪裡、該穿什麼衣服。沒有了女人，他們就要光著身子到處跑了，」她對我投以輕視混雜著悲哀的眼神：「日本女性在陰柔的外表下，總是有堅強的一面。中世紀歐洲或維多利亞時代，是以『女性是神』的文化為主流，認為女性比男性堅韌，她們努力不懈地工作，男性眼中所有不堪或萬萬以為不可的事，女性在身體或心理上都一肩扛下。」接著又是一個輕蔑的眼神，讓我想起一位過去知名的藝伎說，所謂「西方的女仕優先文化是性別主義」。[6]

女性是明治維新後，日本早期工業化背後的動力，二十世紀初以來的幾十年間，女性占工業勞動力的百分之六十，其中百分之八十在當時最重要的紡織業工作，按照一位歷史學家的說法，她們是「日本工業革命的骨幹」[7]，濱說如今社會態度的轉變、新的經濟動力，以及一九八六年機會平等法的引進等，正在改變兩性的角色，「社會變得愈來愈接受女性，過去女性非常安適地躲在幕後，不必走到檯前跟別人競爭，現在女性也有機會大展身手，於是她們開始覺得，選擇繼續躲在門後是不利的，有必要讓大家知道她們要什麼、在想什麼，清楚表達她們的立場。」而男性與女性都需要調整。「過去一般人眼中日本女性的美德和才能，就是把每件事弄得妥妥貼貼而無須說隻字片語，但現在這樣是不夠的，女性必須開始發出聲音。」

濱說，許多女性會同意桐野的看法，認為男女走在不同軌道上，自從地鐵引進女性專用車廂，以解決尖峰時段「癡漢」猖獗的憂慮，男女有時甚至分開坐車，「但我往往認為這是迷思，目的是讓男女雙方安心，如果你們走在不同的軌道上，你們的路沒有交集，事情就非常乾淨俐落。但實際上沒那麼單純，我們看待事情的方式還有很多改變跟進步的空間，我不想把日本社會分成一塊塊，對男性太沒有挑戰了，他們會說：『這下可好，我們成了反派角色，糟透了。』但是並沒有真正激發他們對於現況和未來的走向有自己的看法，只是讓他們解套罷了。」

日本女性強烈反擊。或許最具破壞性的動作就是晚婚，如此一來直接影響低出生率，也是一些人眼中危及國家前途的事。雖然晚婚使女性勞動人口微幅增加，但其實女性是在罷工，她們拒絕依照社會期待，扮演妻子與母親的傳統角色，直到相當近期，二十五歲依然單身的女性還被以貶抑的口吻稱為「耶誕蛋糕」，也就是十二月二十五日後價值就一落千丈的東西。有些人認為，今日男女情勢扭轉，女性堅持伴侶必須經濟穩定、能提供精神支持，又願意幫忙做家事，身為作家與學者的大澤真知子說，男性的地位大不如前。「以前日本男性很風光，現在已經醒悟了。」我們在東京車站巨大的紅磚建築物對面吃午餐時，她說。以前的女性對長得不帥但有一份好工作的男性趨之若鶩，如今可挑剔多了。愈來愈多從事兼職工作的男性發現幾乎娶不到老婆，「有些男人不是覺得自己應該努力吸引女性，而是乾脆放棄。」她說。

二〇〇八年，一名二十五歲的男性駕駛一輛兩公噸的卡車，衝進東京專門銷售3C產品的秋葉原電子城，他跳下車子開始瘋狂砍人，總共殺了七人，數人受傷。大澤說，這個事件象徵男性愈來愈感到自己無能，攻擊事件前，這名年輕男子用手機上網發布信息，抱怨自己太醜而交不到女友。「以前女人沒有男人就不能活，現在情況變了，男性要有魅力才找得到對象。」她接著說，對許多年輕日本人來說，男女權力的轉變，代表兩性關係更和諧、更平等，但對許多年過五十的已婚夫妻而言就不太理想。「丈夫賺錢、妻子扮演母親，只是在敷衍，完全不是建立真正的伴侶關係。」

以圓點油畫知名的藝術家草間彌生，對傳統婚姻也抱持輕蔑的態度。她在自傳中談到她成長於戰後，父親與藝伎長年外遇：「男士們在外風流，女性卻必須坐在陰影中忍受一切。就連當時是孩子的我，對這種不公不義也感到憤怒反感。」[8]草間深感被一九六○年代的日本社會局限，於是她飛到紐約。她在職業生涯中，曾經縫製數百個陽具覆蓋在家具上，據她表示此舉是「忘掉」她對男性器官的厭惡。有一張相片呈現她裸體背對攝影機擺姿勢，在她面前是一隻陽具造型的小船，她稱之為「聚集：一千艘船展」。

舊的心態根本沒有消失。二○○三年，早稻田大學的「超級自由」俱樂部策劃一場集體強暴，他們邀請女學生參加瘋狂派對，把她們灌醉後再集體性侵，然而當一名國會議員說「至少集體性侵者還有生殖力」時，竟引來一陣竊笑，[9]這案件引起大眾強烈的抗議，質疑對強暴處以最少兩年徒刑，搶劫卻是五年的法律制度，該俱樂部的負責人、罪魁禍首和田真一郎被判處十四年徒刑，[10]接近最高刑期十五年，但是政治人物有時還是難掩他們原始粗魯的態度。七十幾歲的前厚生勞動大臣柳澤伯夫，稱十五至五十歲的女性是「寶寶製造機」，而且是有缺陷的，後來他被迫為自己的發言道歉，澄清他的意思是「女人的角色就是生孩子」。[11]

經濟與社會情況的改變，意謂更多女性再也不用「坐在陰影中忍受」，由於選擇變多了，從一九八〇年代以來，三十幾歲的未婚女性比例幾乎加倍，許多山田昌弘定義的「單身寄生蟲」都是二十、三十或四十歲的女性，她們與父母同住，把薪水用來買奢侈品、上餐館或出國旅遊，山田將這些人斥之為「幻想家」，堅持要等到夢中的白馬王子出現。事實上，年過四十五歲的女性當中只有百分之四未婚，比率是美國的一半，或許是因為她們無論如何也不願意隨便結個婚來順應社會的壓力。

女性伸張獨立性的另一種方式是離婚，一九九〇年代以來，離婚率幾乎加倍，如今每四對夫妻中就有一對以離婚收場，[12]與歐洲接近但依然只有美國的一半，[13]研究顯示主動離婚的往往是日本女性，而且不會草草再婚，這點與男性不同。二〇〇三年，日本立法通過女性能收取尚未支付的贍養費，二〇〇七年以來，訴請離婚的女性依法最高可以取得丈夫養老金的半數，[14]二〇〇一年家庭暴力防止法通過，家內暴力不再被視為家庭的事。防止配偶暴力的法律，容許地方法院針對加害者發出六個月的限制令，並將他們短暫逐出家庭。

四十五至六十四歲的離婚率在一九六〇年至二〇〇五年之間上升十五倍，一九八五年以來，結婚三十年以上夫妻的離婚件數增加三倍，受限於法律和社會規範而困在不幸婚姻中的女性，也正在尋找脫身之道。許多離婚案件發生在丈夫退休後，妻子發現自己再也無法忍受與過去老是缺席的丈夫生活在同一個屋簷下，有個語詞說明女性不是逆來順受的乖乖牌，退休老公有時被稱為大型垃圾，和用舊的電器一起做資源回收，不過這個說法有時也有親暱的意味。

年輕人當然也離婚，「成田離婚」是指過完蜜月後就分手的現象，據說這是當具備國際觀的自信女性，發現只會講一種語言、心胸狹隘的丈夫一出日本就沒辦法生活而發生，愈來愈多女性嫁給外國男性，英國出生的評論家艾爾娶了日本老婆，有回他告訴我：「女性只要逃離日本就海闊天空，男性在各方面都緊緊不願改變現況。」[15]

家庭結構的緊張，或許反映女性逐漸高漲的自我主張，但也伴隨了問題。世人認知的日本，是個像奶媽般悉心照料人民一生的國家，其實它的社會福利制度相對低度發展，傳統上照顧的任務都外包給各個家庭，由於社會和經濟的變遷，家庭不再都有能力提供，離婚迫使更多婦女進入低薪工作，更別說還有窮忙族與辛苦過活的單親家庭。根據聯合國教科文組織（Unesco）的數據顯示，日本的貧童比率在二〇一二年上升到百分之十四．九，低於美國但在OECD三十五個先進國家中排名倒數第九位，離婚婦女在兩千多萬「打零工的無產階級」中，占了不成比例的一大塊，[16]半數職業婦女只能從事低薪的兼職工作，[17]日本單親媽媽在工作的比率為所有工業國家之冠，表示國家的支援比其他先進國家少，而且工作倫理較嚴謹。[18]男性的終身僱用以及女性終身顧家的舊模式漸漸被腐蝕，於是造成兩性關係的流動，但是桐野認為這種「社會大洗牌」的好處並不如一些人想的那麼樂觀，她說職場的改變為受過教育的女性提供更多工作機會，但是新的「彈性」就業市場多半代表了低薪的爛工作，就像在她虛構的便當工廠中工作的那些婦女。

我向桐野表示，事實上日本女性——當然是那些比較幸運的——往往較不受社會規範的限制，比較有世界觀、有趣且勇於冒險，她們比男性更可能會說英文或出國旅遊，正如濱所說的，男性還是頗常把薪水交給老婆，運氣好的話老婆會賞他一點「零用錢」，女性看起來也比較會找樂子，我還記得有回跟一位香奈兒的高階主管在東京的高檔法國餐廳 Chateau Joel Robuchon 用餐，除了我們兩個以外，食客清一色女性，每個人的衣著都無可挑剔，悠閒地從開味小點一路吃到花色小蛋糕，許多女性啜飲著紅酒或香檳，令我不由得想像她們工作過度的先生們，正在堆滿文件的辦公桌前啃著豬排的模樣。「我無法明確說日本女性是不是受到壓抑。」桐野思索過後回答。「日本女性在看不到的地方總是有力量的，這點是真的。所有日本男性也有種戀母情結的傾向，」她指的是男性一味想躲進母親的避風港：「所以日本女性才會看起來滿堅強的……就拿掌管家計來說。但這代表男性不必擔心該存多少錢，這種事無需他們操心，一旦你結了婚，就不是先生和太太，而是先生和母親，一旦他們結了婚，母親們就可以享樂，這就是你在法國餐廳看到的景象。」

二十五歲的職業婦女中原香織[19]比任何人都稱得上是天之驕女，她從日本知名的一橋大學畢業後，進入大銀行，開始步入職業生涯的軌道，但是她將自己的好條件視為婚姻的障礙，「許多日本男人討厭女人比自己能幹，或是職位比自己高，」她說：「年輕的職業婦女很難找到男友和未來的結婚對象。」（日本男性曾經告訴過我類似的事，其中一位說「傳統類型的女性比較吃香，這年頭男人沒那麼有自信，他們會追求比自己矮、賺得比自己少、成就比自己低的女性。女強人沒什麼市場」。）

中原說，她不覺得在職場上遭到歧視，許多時候還因為女生比較稀有而受益，因為跟她同時期錄取的重點栽培員工中，每四名男性中只有一名女性。有時她會受邀參加一些原本通常沒有機會參加的會議，只因為有女性在場會比較好，但是性別歧視依然存在，有位朋友在會議上因為問了一針見血的問題而遭到告誡：「以女性而言，妳話說得太多了。」後來她的上司告訴她，話中暗示要公開挑戰年長的男性員工是不恰當的行為。她說，許多女性在辦公室的主要角色依然是花瓶和充當下手，辦公室和百貨公司的櫃檯多半還是由長得像洋娃娃般的女性擔任，她們接受訓練用假嗓子說話，訪客趨近時就趕緊立正站好。像洋娃娃般地賣弄風情通常被視為日本女性的魅力所在，「她們就只是帶人上樓來到會議室，漂漂亮亮的，在人走進來的時候鞠躬，」中原這麼描述：「她們會用最標準的姿勢鞠躬，大概是她們被錄取的時候公司教的。」

接著是社交。女性下了班通常也被邀請去跟同事聚餐，但是這種夜間活動往往演變

成第二攤甚至第三攤，時間愈晚娛樂也愈淫蕩，這時女同事就先行告退，只剩下一群男性的狐群狗黨到酒店或色情按摩院。有些女性覺得這種陋習不利她們升遷，因為她們錯過最精采的公司八卦，這都是在徹夜飲酒後比較容易流出的，沒能走上應許之路的人力資源顧問下坪久美子稱類似活動為「飲酒交流」（ノムニケーション），是由外來語「交流」（コミュニケーション）和「飲用」（ノム）兩字結合而成的單字。

中原說了一位銀行年輕男員工的故事，「一天，他們去一處有女人的地方，進去被招呼了一陣，對方叫他們做的第一件事，就是把外褲、內褲什麼的全脫掉。」兩個男人上衣還穿著西裝，被帶到一個模擬電車車廂的地方，為了逼真起見，甚至還從車廂頂懸掛著一張張廣告海報。這位剛畢業的菜鳥跟他年長的上司面對面坐著，「接著身穿學校制服的女孩走出來，整個小時不停撫摸他們兩個。」中原說。她的同事後來告訴她，最尷尬的是在這整個過程中，他跟上司相距不到一英尺，而他的上司自腰部以下脫得精光。中原說著爆出笑聲：「這位上司一直對著他微笑。」

許多日本女性對類似娛樂相對不在乎。一家子推著裡面坐著小小孩的娃娃車，走在每個城鎮都看得到的大型霓虹紅燈區，這樣的場景並不罕見，在這種地方工作的年輕女性多半並不是為錢所迫，而是想多賺點錢花用的大學生，桐野說色情行業在日本的禁忌比在美國少，有些人認為美國人在道德上太過嚴格，但她則是對日本的情況相當不滿。「性產業在日本的存在方式真的讓我很不舒服，特別是利用那些十幾歲的少女。有些人說：『不是的，是她們自己要的。』可是當我聽見這種說法，我的心就碎了。酒店的存在是日本男人和女人無法相處的理由之一，」她說：「你看嘛，有女人為男人服務，點菸倒酒。回到家裡妻子會迎合丈夫的需求，兩種角色不同，但都是對男人溫柔，男人會認為只要付錢就可以在這種地方獲得服務，而當他們回到家，又可以得到妻子的服務，日本真可說是男人的天堂。」

第五部

漂移

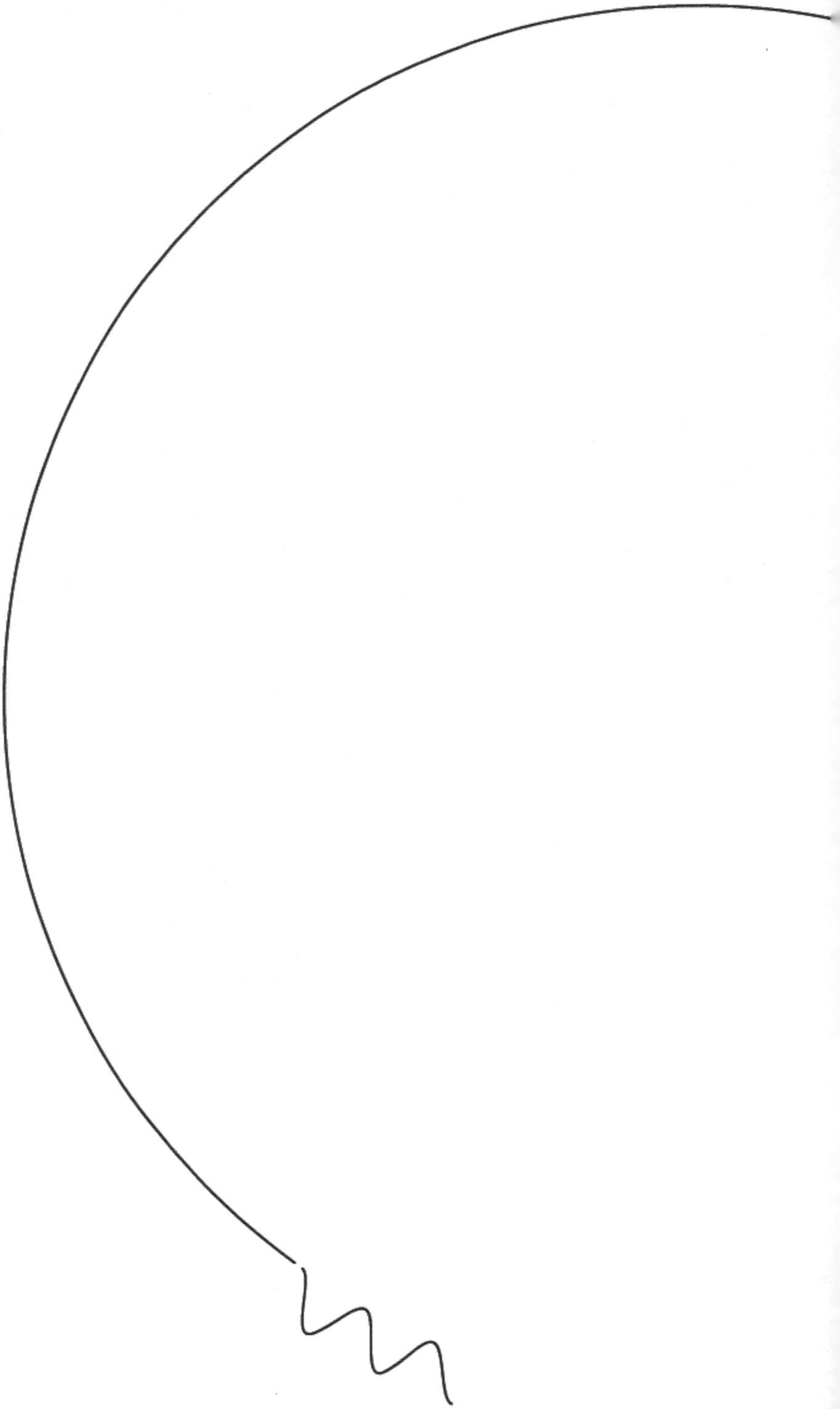

第十二章

亞洲的前日本

二次大戰結束後六十幾年，也是日本征服亞洲的毀滅行動後大約一百二十年，日本的對外關係依舊擺脫不了歷史的陰影。德國已經處理過納粹的種種過往，也和歐洲其他國家達成和解，然而日本卻從沒能把過去忘掉，部分是因為它不斷提起過往來應付鄰國打出的「歷史牌」，中國和南韓很懂得趁機重提舊恨，但是日本在面對過去時的左支右絀，也給了這兩個國家許多吵架的本錢。

很多日本年輕人不太了解戰爭究竟發生了什麼，因此對中國和南韓的怨恨相當困惑，有些人將它歸因於共產黨的洗腦，但這種解釋用在民主的南韓就說不過去，南韓至今仍然用「小日本人」之類輕蔑的語詞稱呼他們，此外儘管菲律賓等地較少提及日本戰時的行徑，但也沒有忘記曾經遭到大規模屠殺和強姦，作家荷西（F. Sionil Jose）告訴我，他在探討廣島的大會上，表明美國人應該把所有日本城市都用原子彈轟炸才對，此言令主持人大為震驚，從此他再也沒有受邀過。[1]

的確，自從一九八九年中國以軍事鎮壓天安門廣場的抗議學生以來，教育上就更強調日本戰時的暴行，在中國年輕人之間造成的強烈民族主義情緒，有時會令人不寒而慄，中國的反日示威，有時被用來轉移威權體制下廣大民眾的不滿。但是中國普遍認為，日本人從來沒有誠心為侵略行為後悔，日本依舊是個不可預測的國家，它的軍事主義儼然即將浮上檯面，對他國造成危害。

認為日本是危險侵略者，與它掩藏在外表下的和平主義形象大異其趣，這樣的想法在二、三十年前還不是太大的問題，當時日本處在經濟的極盛期，中國還是個一貧如洗的國家，才正要從毛澤東幾十年來統治的廢墟中竄起。中國領導人鄧小平於一九七〇年代發動改革，對日本採實用主義的觀點，為了更具現實利益的兩國關係寧可對歷史冷處理，當時贏弱的中國和去軍事化的日本之間發生衝突的可能性幾近於零，然而今日可就不同了，借用毛的名言，現在中國已經「站起來了」，前面提到二〇一〇年中國的經濟超越日本，使它再度成為亞洲的第一強權，雖然中國繼續受益於日本的技術和投資，但兩國之間的平衡點漸漸往中國靠近，簡單來說，日本對中國的經濟仰賴程度大於中國對日本，此外中國的軍事實力也逐年提升，在國際間活躍的總理胡錦濤，二〇一二年宣布中國有意成為「海軍強權」，此言等於是昭告世人，中國希望遠洋海軍有能力在太平洋上彰顯國力，據多數人推估，中國已經成為全世界軍事花費第二高的國家，中國的經濟和軍事優勢激起日本恐懼，等於是在幫助那些多年來主張應該拿回發動戰爭的「主權」，以趨向「正常」國家的右翼人士。簡單來說，隨著經濟和軍事的力量在這個地區轉移，歷史也變得更加迫切，對寧可忘記這段歷史的日本來說，歷史是它的外交園地中，一具無主的屍體。

一九七〇年，西德總理布蘭特（Willy Brandt）在華沙猶太區起義的罹難者紀念碑前下跪，這個臨時起意的舉動充分展現德國的沉痛懺悔，使得「kniefall」成為新的詞彙，布蘭特也隨後獲得諾貝爾和平獎。然而日本從來不曾出過布蘭特，與德國不同的是，儘管在亞洲不斷被提起，但日本從沒有好好地坦承過去的錯誤，無論是對自己，或者對他人。這些年來東京方面付出數十億美元的戰爭賠款，領導者也發表了無數次正式道歉，但從沒有被視為真誠，舉例來說，二〇〇一年的首相小泉純一郎以千篇一律的方式，陳述日本對戰時行為的後悔，「我們根據錯誤的國家政策遂行殖民與侵略行為，並造成無可計數的痛苦磨難，我希望，根據我國令人遺憾的歷史，將此銘記在心，表達我至深的遺憾與哀悼。」類似陳述經常聽到，使人容易誤以為日本從沒有真正道歉過，只是這到底是不是「適當的道歉」就由讀者判斷了。

不過，小泉在表達悔意後卻去參拜靖國神社，這是用來祭拜日本陣亡將士的地方，在亞洲被公認為可恨的軍國主義的神主牌，靖國神社除了有兩百多萬步兵之外，還供俸十四位遭到定罪的甲級戰犯的牌位。日本人經常將靖國神社與阿靈頓國家公墓相提並論，後者是對戰爭中不幸罹難的人表達敬意的地方，但是許多亞洲人認為首相參拜神社，就等於德國總理對希特勒的墳墓獻花，小泉二〇〇一年的朝聖在首爾激起激烈示威，二十位男性示威者砍下自己的小指以示抗議，北京表示參拜神社代表日本至今尚未對戰時的行徑真正地「反省」，首爾則是悲嘆日本領導者竟然對「破壞世界和平，且使鄰國承受無比災難的犯罪者致敬」。[2]

總而言之，以上充分顯示日本的道歉從北京和首爾看來有哪些問題，日本一道歉，抱怨聲便四起，然後就會有右翼人士否認、甚至美化日本的戰時行為，讓道歉完全破功。部分問題在於日本是個民主國家，人民有言論自由，日本永遠不會阻止為戰時辯護的人，就像德國無法叫新納粹主義者閉嘴。但是保守主義者和民族主義者往往主宰日本的對外言論，以致掩蓋了許多希望更誠實面對歷史的日本人民所說和所做的事。於是修正主義的歷史觀在日本的評論家眼中，往往才代表人民的真正觀點，平常隱藏得好好的，但是幾杯清酒下肚或是三五好友成群時便會吐出真言。

右翼人士當然會繼續主張日本的戰爭是捍衛國家的聖戰，也是對抗西方殖民侵略的亞洲解放之戰，有些人承認皇軍確實做了可怕的事，但那不就是戰爭的本質嗎？美國人不也燒死幾十萬日本百姓？後來不也在越南犯下許多暴行？中國軍隊在一九三〇和四〇年代不也在國共內戰中極盡殺戮，殘暴的程度比起日本人有過之而無不及？戰後由於日本干預，印尼乃至緬甸各國不也才能夠擺脫被歐洲殖民的命運？為什麼日本建立帝國的企圖會比英國更加邪惡，然而英國卻不必時時為以往的暴行被逼得道歉？二〇一三年英國總理卡麥隆（David Cameron）對一九一九年阿姆利澤（Amritsar）大屠殺表達遺憾，英國軍隊在這次事件中對手無寸鐵的抗議民眾開槍，造成高達一千人死亡，然而他拒絕道歉，表示對於他出生前的事情道歉是不恰當的，世人似乎以更高規格要求日本人對過去負責，但是一些人則是更進一步，將國家在戰時的所作所為詮釋為光榮的事蹟，前東京都知事、民族主義者石原慎太郎曾經直接了當向我吐露右翼人士的心聲：「我們在戰爭期間感到驕傲，戰後也是，我們覺得戰爭不光是為日本人，也是幫助曾經被歐美殖民的國家。」[3]他又說，原諒德國，但卻堅信日本生來邪惡，這不僅是偽善，更是種族主義。

日本的歷史比德國難處理有幾個理由。其中之一，是戰後聯軍最高指揮官麥克阿瑟讓裕仁天皇繼續留在位子上，因此必須免除裕仁天皇所有戰爭責任。當初用的理由很牽強，就是他不知道究竟發生了什麼事，也無力阻止。在美國的共謀下，用精心設計的步驟確保他不受牽連，戰後嚴厲的美國制裁，使日本人更加難以評估戰爭的來龍去脈，也無法對發生不久的歷史做出適當的推測，有些歷史學家仍然讚許當初決定不審判裕仁，為日本戰後經濟的成功奠定基礎，殊不知若是沒有天皇凝聚人心，外國的占領勢力想統治戰敗且人心潰散的日本，確實不是容易的事，但是在戰時領導人免於遭受指控的情況下，日本人將難以挖掘歷史的真相，士兵以天皇之名被派去殺戮並且被殺戮，然而天皇依舊是日本官方最受尊敬的人物。道爾（John Dower）寫道：「如果二十年來帝國日本以某人之名實施外交和軍事政策，而這個人無須為發動或從事戰爭而負責任，誰又能期待一般百姓會深入探究這件事，或是嚴肅思考自己該負的責任？」他於是下結論說，美國免除天皇的罪名，將「戰爭責任」的議題變成了笑話。[4]

對比之下，戰後德國包括希特勒在內的納粹領導者不是死亡就是被處刑，他們被迫與國家政體切割，因此德國人很容易把責任歸咎於如今已經被摧毀的法西斯政權，哪怕他們在一九三三年曾經投票給它。日本的情況就不是跟過去如此地一刀兩斷了，日本的軍國主義與明治維新以來「大和魂」的意義緊密連結，這種身分認同需要對神明般的天皇毫無疑問地忠誠（戰後天皇被解除了神格）。但是許多事物依然維持原狀，戰爭期間在任上的官僚和政客到了戰後繼續扮演要角，而這多半是美國一九五〇年代初的政策導致的結果，當時以反共的名義將整肅右派的過程轉向。說到這點，華盛頓方面寧可希望日本不堪的過去能夠延續下去，而不要一個更民主但未來更不可測的危險。

許多日本人不太願意將自己視為侵略者的另一個理由，在於廣島和長崎的核子災難。輻射洗淨了日本集體記憶中的大半罪惡。布魯瑪的著作《德國與日本的省思》(*The Wages of Guilt*)翔實記錄日本與德國對戰爭的記憶和遺忘：「對絕大多數的日本人來說，廣島是太平洋戰爭的無上象徵。」書中寫道，「日本人民受到的所有苦難，被壓縮成『廣島』這個幾近神聖的字眼。」[5]如果德國加諸猶太人痛苦的「猶太大屠殺」(Holocaust)是其戰爭的象徵，日本則是選擇記憶另一個象徵，一個被別人加諸痛苦的縮影。廣島在戰後的心理上扮演雙重功能，一方面磨滅日本是戰時唯一粗暴民族的想法，無論日本做過什麼，美國人也都做過同樣、甚至更糟的事，至於比較隱微的，特別對左派而言，是將日本從侵略國轉變為世界和平的守護天使。廣島已經成為全世界的象徵，代表戰後日本愛好和平的人們，他們的士兵超過六十年不曾對敵人開過槍，而日本也接受託管以維持和平的火焰於不滅。

世界絕大多數地方的人們，對日本人的刻板印象不外是殘暴嗜血，而這種想法跟日本人對自己的典型看法之間實在天差地別。許多日本人認為，他們的國家保持獨特的和平與和諧，而這外表的特質有時被歸因於日本缺乏之一神論的宗教。當然日本人可能會說，日本追隨歐洲國家的侵略行為而犯過一次錯，但是已經付出慘痛的代價，永遠不會重蹈覆轍，傳奇的企業家（後來成為和尚）稻盛和夫屬於相當典型的看法，他也是日本電子產業的先驅之一，當我問他的時候，他訴諸日本豐富的海洋資源、大量降雨和地理的孤立性，來解釋在他看來日本愛好和平的內在本質。「我們從不需要用武力征服他人。用武力征服是歐洲國家在歷史上不斷重複做的事。他們生來就是戰士，我們跟他們不同。」他隨後又承認日本上個世紀比較不愛好和平，「如果你回到一百年前，當然日本試圖征服一些鄰國，」他這麼說：「但是總的來說，日本一直是作為和平的國家在領導世界。」[6]

日本的被迫害感，又因為一九四六至四八年間舉行的東京戰爭犯罪法庭（Tokyo

War Crimes Tribunal）而加劇，這次審判可說是亞洲版的紐倫堡大審。日本右翼堅信，對二十八名所謂甲級被告者進行審判係屬非法，根據的不是國際法，而是勝利者被懲罰戰敗者的欲望薰心所致。英國在紐倫堡大審中，曾經主張索性褪去合法性的偽裝，直接把聯軍認定最該負責的人吊死算了，[7] 東京審判在許多方面確實讓人摸不著頭緒，證據被按下不表，尤其是在保護天皇方面，一些被處刑的人參與暴行的程度，反而不及其他從未受到審判的人，印度的拉達賓諾德巴爾（Radhabinod Pal）法官是唯一持異議的法官，他在日本贏得許多右翼人士永遠的喜愛，因為他直言，這次審判是個不具法律或道德威信的「騙局」。他也替日本保守派的共同意見背書，認為對日本加緊制裁會逼得東京方面走投無路，只好背水一戰。

如果說有誰最能代表日本的修正主義歷史觀，那就是東條由布子，她的祖父是下令偷襲珍珠港的戰時領導人東條英機。二〇〇五年我與她約在一家得以俯瞰皇居的餐廳見面，選在這裡見面挺好的，因為在我們的交談中，她不只一次提到東京中心偌大的皇居「最能夠滋養人心」。就在約定的時刻來到時，一位身穿綠色羊毛套裝配上鑲金邊扣子的嬌小女性快步走進餐廳，她戴著一副銀框眼鏡，拎著一只蛋殼藍的小型公事包，後來她告訴我，這個公事包只花了她五百日圓。她以日本最禮貌的方式向我打招呼，她的聲音高亢，彎腰的角度大到彷彿在尋找掉在長毛地毯上的小飾品，將近九十度的鞠躬使原本就很嬌小的她，更是縮到只有我的一半大。

當時有關她祖父的「靈魂」及其不宜進駐靖國神社等有相當多爭議，前首相、同時也是民族主義者的中曾根康弘，不久前建議將東條連同十三位甲級戰犯從靖國神社移除，由於神社裡沒有供奉遺體，只有一大片櫻花樹海和位在東京中央的簡單木造建築，因此他的計畫需要進行某種神道教的儀式，以便把這十四個亡靈請走。靖國是個難以理解的地方，為天皇戰死的「亡靈」據說就長眠於此，大多數是被派去死在戰場的普通士兵，但是其中也不乏東條這種派他們去送死的領導者。說也奇怪，以當時天皇子民的身分與日本人並肩作戰的韓國人和台灣人也被紀念，令他們的親戚大為憤怒，表示他們當初並非自願為日本打仗，因此要求將祖先的靈魂移除，但至今未果。靖國神社的一邊是遊就館，裡面擺放各個神祇的「神聖遺留物」，有展示零式艦上戰鬥機、用在海軍自殺任務的人肉魚雷，以及在強迫亞洲工人和戰俘興建的「死亡鐵路」泰緬鐵道上使用的第一具鐵道蒸氣引擎。遊就館呈現深度的修正主義歷史觀，對殘暴的行為大加掩飾，並且極力吹捧為天皇犧牲性命的觀念，由於戰後將國家的神道廢止，因此靖國神社為私人所有，然而按照布魯瑪的說法，它依舊是「軍事化帝國崇拜者最神聖的殿堂」。[8]

中曾根建議將甲級戰犯逐出，關於這點他曾私下向我表示，[9]這是為了回應鄰國的激烈抗議。他希望神社能因此成為表揚日本先烈的一個可被接受的地方，但由布子認為這位前首相背叛了右翼的重要原則。她說：「我不懂為什麼中曾根一直沒完沒了地提這件事，老是在談論甲級戰犯。日本人永遠都不該使用『戰犯』這個字眼。」她又說，在日本法律下，士兵和領導者只是保衛國家而沒有犯什麼罪，就算移除對日本有利，但是在靖國神社的信條下是不可能辦到的。「一旦亡靈被奉厝在神社，就不能把它們撕成碎片然後從神社移除，靈魂是不能分離的，無論將軍或士兵全都平等，它們都是神。」[10] 由布子把靖國神社的危機完全歸咎中國，按照她帶有種族歧視的說法，這個國家與隨地吐痰便溺連在一塊，「全世界沒有其他地方，包括美國或英國在內，曾經到那裡抱怨死去的人，只有中國一直在鞭打死者的靈魂。」

雖然由布子在戰爭結束時年僅四、五歲，但是她對於母親帶她到首相官邸拜訪祖父的事，依舊有片段的記憶，有時他們一面安靜用餐，而戰爭正在亞洲如火如荼地進行，日本投降後東條到巢鴨監獄等待審判，她回想她的兄弟將手穿過圍欄去摸祖父，他被執刑時由布子還是個小孩，祖父成了可恨的人物，罪名是一意遂行打不贏的戰爭，家人告訴年幼的由布子，祖父是因為保衛國家而死，她對祖父的名聲所知相當有限，她回想當時六歲的她在學校遭到惡意的小懲罰。「他們對著我丟石頭，追著我跑，我完全不知道為什麼。」直到十歲她才弄清楚祖父的遭遇。有一位同學每次一看見她就爬上椅子，將手指誇張地掐著脖子，發出窒息似的鼻音，大聲說道：「東條被吊死。」

捍衛祖父名譽成為由布子的終身使命，而這部分是個人因素，部分則是意識型態使然，兩者如此緊密糾結，很難分清哪個是始，哪個是終。首先她認為，無論是他或他派去打仗的那些人，都不應該被視為白白送死，尤其他們的死絕不是無謂的，因此他們打的仗必定是光榮的，而他們為「捍衛」國家付出的心力，哪怕最後輸了戰爭，卻是日本戰後繁榮的先決條件，這是個相當牽強的論點，即使是對某人自己。

她的第二個信念是，東京戰爭犯罪法庭是無效的。對廣島百姓投下原子彈的人，要如何審判那些在她看來參與自我保衛之戰的人呢？「審判是不公平的，由勝者做出判決是不公平的。我的祖父親口說過，他沒有違背國際法，但卻侵害了日本人民無數次。」她繼續：「把東條英機視為罪犯，代表戰爭是壞的，所有打仗的士兵也是壞的，但是他們的決心令人佩服，而他們終究保衛了我們的生命，我的生命。我不想把他們的死想成是無謂的。」

我追問，重點不就是那樣嗎？他們的死是無謂的。東條的戰爭愚蠢又殘暴，以亞洲共榮圈的虛假概念為名，演變成包括日本人在內數百萬亞洲人的屠殺，最終也導致日本幾近亡國，「的確，失去了寶貴的生命，日本也輸了戰爭，但那些士兵誓死奮戰，也感到自豪，」接著她的臉上出現一抹陰鬱：「結果，日本享受著和平富裕的生活，說他們白死會讓我很難過。」

接下來談論的亞洲戰爭充滿火藥味，她對我使用「侵略」很有意見，「我希望你對滿洲的歷史有更深入的了解。」她敘述日本於一九三一年進軍該地區，之後以保護一九〇五年日俄戰爭勝利後獲得的土地而進入中國。[11]我們開始仔細研究起我們的食物來，她用令人佩服的精準將羊排切開，只有當她的刀子輕敲盤子時，才劃破寒冰般的靜默，最後她說：「我認為，從你使用『侵略』這個字眼的方式，代表你的立場跟我完全不同。你是從日本是侵略者的視點看這件事，我說它是保衛戰，日本沒有資源。」她的意思是，日本缺乏原料——特別是石油，加上在一九四〇年最後幾個月進入印度支那後，國際禁運使情況更嚴峻。[12]她認為美國人（American）、英國人（British）、中國人（Chinese）和荷蘭人（Dutch）的所謂 ABCD 強權的包夾，是企圖截斷日本命脈，等同於宣戰。「陷日本一億人民的生命於險境，」她說：「日本必須做開戰的困難決定。」

我們很快碰觸到一九三七到三八年的南京大屠殺、巴丹死亡行軍（Bataan Death March）、一九四五年屠殺馬尼拉百姓，以及對待戰俘（POW）的方式，這些在在成為日本軍隊野蠻殘暴的象徵。南京究竟發生了什麼，是個引起激辯的話題，特別是在中國和日本的學者之間。但是大多數的歷史學家——包括許多來自日本的在內——承認日本軍隊在一九三七年十二月拿下南京後的幾個禮拜內大肆殺戮姦淫，估計慘遭屠殺的人數高達四萬至三十萬人，由布子說死亡人數遭到嚴重誇大，她提到日本修正主義者的研究，他們想證明大屠殺的相片經過竄改。「大部分的相片都被變造過，」她指的是日本用剃刀刺人或將人斬首的畫面：「他們在十二月穿著短袖衣服，使用日本軍隊從未用過的槍，刀子的形狀是錯的，而且剃刀的形式不是當時使用的。」

到現在，一開始交談的客氣已經相當程度消失了。「你今天訪談我到底是什麼動機？是因為我們的想法非常不同嗎？」接著她設法消除冰凍的氣氛，製造一些誠摯的氣息，開始挖她那只蛋殼藍的手提袋，找出幾份關於她祖父被吊死前，在巢鴨最後幾天的重要記事，東條在監獄裡製作了一個棕色的小盒子，在秋分那天送給了由布子的哥哥，盒子上的題詞是：「雖然今日全世界吹著冷風，不要喪氣，籠罩日本的烏雲總有一天會散去，秋月將再度被看到。」接著她拿出東條用來寫日記最後幾頁的一截鉛筆，甚至他抽過的香菸屁股。最後，她從小包中倒出一小撮頭髮和一些指甲屑，也是東條在打算自殺前準備的訣別禮物，後來自殺並未成功。這些遺物就躺在白色桌布上，距離我一直盯著看的小蛋糕區區幾英寸遠。

許多日本人並沒有試圖掩蓋國家在戰爭時的歷史，這幾十年來，許多歷史學家、教師、律師和過去的軍人花很多心力挖掘日本戰時的暴行，其中之一是家永三郎，在他於二〇〇二年以八十九歲高齡過世前，大半輩子都在跟政府打官司，捍衛自己有權出版教科書批評戰爭。[13] 家永是歷史學教授，戰爭期間曾經擔任教師，當時他被要求將天皇的神話以事實的方式呈現，這麼做令他羞愧不已。一九四五年後，當時沒有新的教科書，於是美國人指示教師們將鼓吹軍國主義或天皇崇拜的片段內容刪除，我曾經訪談過他們，有些人還記得教科書整頁整頁的內容被大量墨水塗黑。

一九四六年，有一冊新書《我國的方向》出版，布魯瑪指出，這是自從一八八一年以來，第一本不是從日本天皇誕生的神話為起始，而是從石器時代開始的書。新的教育法明訂學校可自由挑選教科書，而這些教科書是由私人機構出版，家永的教科書就是其中之一，戰後他寫了一系列被廣泛使用的歷史教科書，其中特別有些章節是關於日本在南京的暴行、士兵不斷強姦婦女，以及滿洲國用活人進行醫學實驗。在美國占領的那些年間，儘管對出版品施行嚴格的檢查制度，但許多日本人想要了解，當初社會到底是怎麼遭到窮兵黷武的軍事體制所宰制，家永一方面暴露日本的侵略行徑，同時展現愛好和平以及左傾的思想，社會上有許多人極力抗拒戰前教條，而家永抱持的就是這些人的典型態度。然而，他的政治理念激怒保守主義的教育當局，他們認為家永是馬克思主義者，他在一九六二年的教科書中，納入一些學生被送去前線、年輕女孩在兵工廠工作的照片，標題是「生命的破壞」。他將皇軍在中國戰敗，歸因於「紅軍的民主力量」，並且頗具爭議地寫道，軍妓都是從日本帝國各地找來的女性。

家永被要求重寫幾十個條目，並且將全段刪除，因為這些在歷史上無憑無據，或有破壞青年人的愛國心之虞，其中一位由教育主管單位指派的審查員，也和東條由布子同樣反對家永用「侵略」來描述日本戰爭期間的行為，「侵略這個語詞包含了負面的道德意涵，」審查員寫道，並且抱怨可能使下一代失去勇氣：「因此應該使用類似『軍隊推進』的表達方式。」另一份報告則是斷定家永已經偏離日本歷史給予後人的啟示，那就是「認知我們祖先在歷史上的成就，提高身為日本人的意識，並且培養強烈的同胞愛。」對比之下，家永想培養對皇室戰爭的厭惡，以及對日本新和平憲法的愛好，儘管這個憲法是由占領的美國人所強加的。主管單位的要求令他愈來愈挫折，於是一九六五年他對政府提出三項訴訟的第一項，控訴政府違反憲法，限制他的言論自由，這場抗爭一直打到他快八十歲。雖然歷經多次敗訴和挫折，更別說是來自右翼暴徒的恫嚇，一九九三年東京高等法院裁定，教育當局審查他的教科書係越權之舉。

我跟東條由布子見面的時候，類似的戰爭還在進行。這陣子，戰場已經從「馬克思主義」教科書的出版，轉移到企圖散播修正主義歷史觀的教科書。這些書往往隻字不提南京大屠殺或戰俘的對待，雖然只有少數學校採用這類教科書，但它們的出現被中國媒體盯上，在該國引起普遍的憤怒。

一些日本教師眼看修正主義的政治宣傳步步進逼而感到不安，於是有幾所學校就開始要求教師參加朝會，在日本國旗前唱國歌。在東京，校董事會規定，教師要盡可能學會用鋼琴演奏《君之代》，教室外，這些象徵漸漸不再是禁忌，二〇〇二年日本和南韓共同主辦的世界足球盃大賽中，群眾在主場比賽抱著愉快的心情揮舞國旗唱著國歌，但是一些老師對學校企圖灌輸或強加愛國主義仍然非常謹慎，他們依舊把太陽旗和《君之代》歌詞中的「天皇統治八千代」視為狂熱崇拜的象徵，當初日本就是因為這個象徵而輕率投入戰爭的。代表反抗教師的律師海部幸造，根據十九世紀自由派思想家福澤諭吉的理念，說道：「戰後的教育目的是養育為自己而不是為天皇而活的孩子，如此他們才可以成為最好的人。」他告訴我。

溫文儒雅的荒井寬子（音譯）是東京一所學校的英語教師，當時五十九歲，已將屆退休。和七位手足在戰後不久的知性思潮中長大的她，就是拒絕起立的人之一。她的父親在福井縣經營一家公共澡堂，小時候父母就灌輸荒井主權在民的觀念，「我最喜歡的一句話是『永遠的警覺就是自由的代價』。」她引用傑佛遜（Thomas Jefferson）的話，意思是為你相信的事挺身而出——或者以她的情況來說，是坐著不動。當太陽旗升起時，她依舊穩坐在椅子上，校董會為了懲罰荒井拒絕對國家的象徵致敬，於是強迫她提前退休，還減少她的退休金。她也被迫參加一場「再教育研討會」，她說在會上她受到官員的監控，這些官員以五花八門的方式注意她的每個反應。「二次大戰期間，太陽旗和國歌象徵我們過去所做的一切，」她說的是日本侵略中國和東南亞：「我無法對這些象徵致敬。」[14]

內向的荒井說話輕聲細語，也曾經對表達抗議有過一番掙扎，她說，在日本這個社會，獨排眾議不是件容易的事，她認為年長的教師比年輕的更加反叛，因為對年輕老師來說，戰爭是比較遙遠的事，日本的年輕人不同於戰後世代，他們被教導要順從，她停頓一下，說道：「我認為這是我們做老師的不對。」她又用幾乎是自言自語的音量，說她承認在教育所謂沉默日本人的世代方面，自己扮演著專業角色。「我不想教他們這麼順從，我希望他們會批判當權者。」荒井也擔心新的教科書，她說，舊的已經夠糟了，這些教科書完全不像右翼宣稱的自虐，幾乎不提日本為它侵犯的國家帶來的痛苦，反而一個勁地書寫日本自己的苦難。她也認為這些教科書往往對亞洲鄰國投射負面的觀點，灌輸日本獨自受到敵意對待的觀念，她回想其中一本教科書裡的一句話：「看看地圖，朝鮮半島就像一把對著日本的匕首。」

就在我和東條由布子見面的那一年，《讀賣新聞》針對日本的戰爭紀錄進行為期一年的調查，《讀賣新聞》是右翼報紙，早報加上晚報的發行量超過一千三百萬份。文章以合理的方式探求事實真相，但會小心不讓天皇背負罪名。其中一篇報導表示，日本的領導者蔑視亞洲各國的人命，像是「扔掉一雙破鞋」似的犧牲包括日本士兵在內的人，這一系列報導幾乎沒有增進人們對戰爭的了解，倒是該報辦公室遭到極端民族主義分子的黑色貨車包圍，這些車子大聲播放愛國音樂，叫囂著威脅性的口號。八十多歲的董事長渡邊恆雄說，他進行該項計畫，是為了替他認為的缺乏誠意做些彌補。「我們在大陸進行過侵略行動，需要仔細研究這些行為，把結果留給後代子孫。」抽著菸斗的他吞雲吐霧地說。政治領袖「沒能夠領略」深入挖掘並正視日本過去的必要性，他繼續說：「除非我們去做，不然中國領導人將無法和日本建立有利的關係。」[15]

我和三浦俊章討論到日本艱困的對外關係，有想法的他在中間偏左的《朝日新聞》擔任評論員，也固定以專家的身分在電視上出現。三浦瘦瘦高高，頭髮花白，戴著一副眼鏡，他帶有書卷氣，同時具備優秀記者在等待新聞最新發展時的神經質，他對於日本受到國際孤立，同時熱切希望在世界排名上取得一席之地，做了最佳的摘要：「我們有島民心態，但又總是看到反映在外面鏡子中的自己。」我覺得他這句話，將日本人的矛盾說得淋漓盡致，也是它鑄下某些悲劇性過失的根源，日本的島民特質，使它只能透過參考其他國家來了解自己，十九世紀的標竿是英國，與日本同為島國，同時具備日本高度嚮往的權力和身分。「英國距離大陸近多了，」三浦用常聽到對日本地理和心理孤立的悲嘆說：「日本在國際社會所處位置的悲劇之一，就是我們沒有相同大小或是同樣工業水準的鄰國，如果日本位在歐洲，就會跟德國、義大利和英國為伍，我們可以學會如何跟國力和工業水準相同的國家共存，但是在亞洲，我們有個巨大的鄰國中國，一個分裂的朝鮮半島，還有一堆東南亞小國。很難發展出我們是眾多國家的一分子的外交意識。」

小泉從沒有停止參拜靖國神社，但後續的幾任首相，包括更公然表達民族主義思想的安倍晉三在內，都會避免去參拜。外界的批評反而使小泉鐵了心非去參拜不可，他在任上的六年間一再去朝聖，最後一次更是大膽選在高度敏感的日本投降紀念日八月十五日，當時在執政當局中，有一部分人士對崛起的中國有些緊張過頭，但同時又覺得應該表達立場，一位外交官試圖說服首相別去參拜，事後告訴我當時的情況。「小泉滿臉通紅，非常憤怒，他說：『你不懂嗎？除非我不斷參拜神社，否則中國永遠會提起這個議題。只要我一直去參拜，就可以讓他們永遠閉嘴。』」一位親近小泉的顧問公開表達對中土復甦的恐懼。「人類歷史上是絕無僅有的，一個國家的大量人口全部卯起來賺錢，他們的領導人已經準備好犧牲任何價值觀，來造就經濟報酬，」他告訴我：「這就像是把五、六個一九六〇年代的日本放在一起，對發展的熱情程度真是驚人。」正如同美國的歷史學家派爾寫的，日本後泡沫世代「將中國視為敵人，而不是戰爭的受害者」。[16]

小泉在任期間與北京的關係是整個世代中最糟的，他從不曾以官方訪問的名義受邀到中國，亞洲兩個最大經濟體之間嚴重失去聯繫[17]（日本當時為最大經濟體，中國居次）。有些人無視外交冰凍的代價，認為日中之間的貿易相當頻繁，兩國官員在公開場合外保持規律的接觸。許多日本企業領袖不這麼認為，二〇〇四年中國超越美國，成為日本最重要的貿易夥伴，於是企業遊說團體開始擔心，兩國官方的僵局會傷害他們的利益，在那之前豐田已經被迫撤銷一支中國石獅子向豐田汽車鞠躬的廣告，這支廣告在中國網路聊天室裡激起一片撻伐之聲，認為是在詆毀國家。森大樓（Mori Building）被迫改變位在上海的一百零一層摩天樓的設計，因為大樓頂端的大洞，被認為與旭日旗相似。富士全錄（Fuji Xerox）在中國多處設有工廠，董事長小林陽太郎曾公開促請停止參拜靖國神社。「參拜等於是在激怒中國人。」他說。儘管苦口婆心勸說，但他被極右派人士斥為一個對賺錢比對日本尊嚴更感興趣的業務員，黑色卡車群集在他家門外，有一天小林還接到一封匿名信，信封裡放了一枚子彈。

中國和日本已經為了南中國海深處蘊藏的天然氣爭吵不休，不時有漁船和潛艇進入日本海域發生衝突（幸好是言語），燜燒許久的緊張情勢，在二〇〇五年的全中國反日示威中急遽升高，同年四月，中國多個城市的示威者把矛頭指向日系百貨公司和小型商家，他們向玻璃窗丟擲石塊，還對日本餐廳和日本汽車扔食物，在深圳，高達一萬人包圍日系連鎖JUSCO超市，呼喊口號並慫恿大家抵制日貨，中國年輕人大喊「小日本」和「日本豬」等侮辱性的字眼，中國總理溫家寶說：「中日關係的核心議題，就是日本需要正視歷史。」[18]然而日本多數政治人物已經對道歉厭煩。

第十三章 不正常的國家

五十二歲的安倍晉三是戰後最年輕的首相，也是第一位在一九四五年後出生的首相，他被小泉純一郎欽點為接班人，二〇〇六年九月小泉一下台就接著上任。他的政治大本營是日本西部的山口縣，歷史上隸屬長州藩。十九世紀，為了對抗外來帝國主義而進行國家現代化的明治維新，而長州就是當時反對幕府的四大藩之一，專業軍隊與國家利益等概念就是誕生於長州藩，而這些理念於安倍心有戚戚焉，更重要的是，據安倍的某位親信表示，他追求日本人的品格，也就是尊嚴，要「成為值得尊敬的人，建立值得尊敬的國家」。[1]

安倍是民族主義者，外祖父岸信介是戰時的內閣總理大臣，也曾經獨操滿洲傀儡國的經濟大權，戰後遭到逮捕，雖然被控奴役成千上萬的中國勞工，但從未被以戰爭的罪名定罪。[2]華盛頓對共產主義愈來愈戒慎恐懼，造就了日本右派的壯大，岸信介也在美國「翻案」後重回政壇，於一九五七年擔任首相，重新贏回他的面子。三年後，他因為更新美日安保條約而犧牲首相大位，他的批准激起大規模街頭抗議，其間一位二十二歲的東京大學女學生被殺，這些事件可說是戰後激進行為的最高點，經過近半世紀的二〇〇六年九月，安倍還清晰記得當時抗議群眾包圍外祖父的家時，他坐在外祖父膝上「為了創造美麗的國家而組成自己的內閣」，安倍也以「美麗的國家」為書名，在這本政治宣言的著作中，主張日本應該停止道歉，學會欣賞自己的文化，靠自己的力量站起來。在以首相身分接受的前幾篇報紙專訪中，安倍斬釘截鐵地向我表示，他會在六年內修改憲法，[3]「目前的憲法是在日本戰後獨立前寫的，」他指的是美國占領期間：「六十年過去了，憲法中有些條款不再符合今日的現實。」[4]他想改的，包括修改和平條款第九條中，強迫日本聲明放棄發動戰爭的主權部分。安倍說，這個條款和他設想的日本在國際扮演主動角色不相容，此外他也希望改造教育，賦予更多「道德」，同時減少從語法上對日本歷史進行自由分析。「這是我們向前邁步的時刻，我們的內心抱著無聲的驕傲，創造一個新的國家，」他以呆板的風格對國會說：「美麗的國家，日本是個重視文化、傳統、歷史與自然的國家……美麗的國家，日本是個被世界信賴、尊重且被愛的國家。」安倍顯然沒有讀中國的報紙。

岡崎久彥是安倍身邊的外國政策顧問，曾經被形容成安倍的「大腦」。他是個阿諛奉承的人，擔任過駐沙烏地阿拉伯和泰國大使，目前致力於幾項日本的右翼主張，他的辦公室在虎門外，位在東京國會山莊「永田町」這個政治權力核心附近的熱鬧路口，牆上掛著日本卷軸，他喜歡把自己形容成情報官，而這在日本名義上是非法的，他大量閱讀以即時掌握世界發生的大小事，岡崎的觀點屬於標準右派，他否認戰爭最殘暴的部分，他說或許有數千百姓在南京被殺，而且仍然對美國在戰後強加「勝利者的正義」憤恨不平，他認為日本學校被共產主義工會綁架，他們教導兒童一種自我鞭笞的古怪歷史觀。他希望兒童對古代英雄感到好奇，包括幾位開明的天皇在內。「對馬克思主義者來說，他們全都是封建的，而封建是不好的。」他說。[5]他和安倍都反對綜合性地教導學童戰爭的事，他說現在反而是日本年輕人停止沉溺在國家的罪惡中，開始學習一點尊嚴的時候。

岡崎是促請安倍恢復擁有軍隊，且在必要時使用武力來防衛同盟、使「日本正常化」的幾人之一，他希望推翻他所謂日本加諸自我對「集體自衛」的禁制，換言之，雖然國家的防衛完全操在美國手裡，但即使美國船隻在日本外海遭到攻擊，日本並不被允許援救美國。岡崎說，拿掉這個限制，是制衡中國快速軍事崛起所必要的。「擁有海陸軍或許違憲，但這些軍隊已經存在，所以問題在如何運用。」他使用日本探討憲法時普遍採取的迂迴邏輯。如果東京取消禁令，東亞的軍力平衡將一夕改觀，只要大筆一揮，擁有戰艦和超音速噴射機的日本「警力」，就可以公開承認其實那是個成熟的戰鬥力。「如果計算美國和日本聯合起來的軍力，中國會需要十年甚至二十年才趕得上。」他說。

岡崎沒有刻意掩飾對美國及其戰後主宰日本的怨恨，但是就像許多右翼人士一樣，他相信東京也只能對華盛頓巴得更緊。「你知道，日本的國際關係到一八五三年才開始。」他是指美國的黑船前來，試圖迫使日本打開門戶的那一年。「在那之前，我們孤立而沒有國際關係，從那時起的一百五十年，除了一九三〇至一九四五的十五年外，我們跟英國或美國是盟友，那段時期我們非常安全繁榮。」他的意思是，只要日本和西方強權結盟，而不是孤零零和殘酷的中國為鄰，一切都沒問題。一九三〇至四五年，日本自食其力的十五年間，是個災難性的「過失」，他說。那是荒腔走板的「脫亞」，日本作為「西方強權」會比較好，但至少也要與某個西方強權結盟才行。我問他，為什麼非得要透過外國勢力將日本和中國拉開，兩國才能夠共存，畢竟歷史上中國和日本的文化一直非常相近。「我不接受那種論點。我們是不同的國家。你的鄰居永遠是競爭對手，」他說：「所有鄰居都是這樣的，羅馬人跟波斯人也好，德國人跟法國人也好。為什麼鄰居就要友好？歷史上有任何例子嗎？」

幾年前，我去參觀日本自衛隊的分隊時，親眼目睹日本依然是個多「不正常」的國家，他們身穿軍服、頭戴鋼盔在挖掘冰雪，任務是製作出精美、閃亮的冰雕皇宮、仙子的洞穴，以及複製出十五英尺高的帕德嫩神殿。他們此次軍事行動的戰場，是札幌世界知名的雪祭，刻冰雕是這些人幾十年來的工作，從這件事就知道戰後日本的很多事情，美國人將日本社會視為病態的軍國主義，因此戰爭結束時，日本被迫採行一套永遠放棄發動戰爭權利的憲法，當時一群在麥克阿瑟麾下工作的美國年輕理想主義者所倉促拼湊的憲法第九條中載明：「日本人民永遠放棄以戰爭來聲張國家主權，以及威脅或使用武力作為解決國際爭端的手段。」結果，「將永遠不得保有陸、海、空三軍等發動戰爭的潛在可能。」

美國人幾乎是墨水一乾就後悔讓日本遭受憲法的不公平限制。韓戰爆發，接下來冷戰開始，在亞洲擁有一個不具自衛能力、必須完全仰賴美國提供軍事保護的同盟，並不符合華盛頓的利益。自衛隊於一九五〇年組成，一開始叫作「警察預備隊」，從此一個不是軍隊的軍隊逐漸成形，創造出看起來像軍隊、感覺像軍隊，但行為通常不像軍隊的人民團體，最高峰曾經高達二十五萬人以上。部署這個巨大軍力的能力遭到嚴格限制，直到上一個十年間通過一系列法律，解除了萬一日本遭到攻擊時的種種限制，一九九五年的神戶地震將日本最大城市之一毀壞大半，當局不太願意派軍隊前往，因為軍隊在某些人的心目中仍然有日本皇軍的影子。二〇一一年三月海嘯後，人民熱情接待大規模調度過來的自衛隊，可說是此一時、彼一時，但或許仍不足以證明民眾對自己國家軍隊的看法從此改觀。

政府要員異想天開的形象改善計畫之一——或許也是沒事找事做吧——就是協助札幌雪祭。從一九五五年起，北海道附近基地的新兵開始建構精美的大型冰雕，也因此打響雪祭的知名度，這些年來，日本軍隊亮麗的創作愈來愈受大眾喜愛，二〇〇四年二月我前往參觀札幌雪祭，這次共吸引兩百五十萬人，士兵對他們的任務相當認真，第十一師的總指揮官向軍隊下達明確指令，松本人志（音譯）上校說：「他告訴我們，要替人民雕刻出十分吸引人的冰雕像。」上校用清晰的聲音說，沒有一絲諷刺。松本十五歲加入軍旅，在二十年的服役生涯中，最近一次的任務是參與搜索一位在深山採香菇失蹤的老婦人。當松本在冰雕前擺姿勢照相時，一開始是伸出兩根手指做出日本人照相時最喜歡的「和平」手勢，只有當他重新整理自己、拍第二張相片時，才挺直腰桿擺出跟軍人比較相稱的姿態。

那一年，政府下令包括十一師在內的數百名自衛隊成員去伊拉克報到，日本即將在那裡著手進行二次大戰以來最具爭議性的任務。東京早就決心擺脫日本憲法與法律受到的羈絆，以及經過六十年的和平主義後，今日社會上根深柢固的約束，這些在整個戰後時期，在在對日本的國際活動造成束縛。日本軍隊將進入伊拉克參與重建，明確地說是幫助解決水電供應的問題，部分論據屬戰術性，日本一方面想在爭議性的出兵伊拉克中展現團結一心，同時也想討好最重要的盟友美國，另一方面則是為了擺脫戰後的種種禁制，這些禁制使日本軍隊只能落得刻冰雕，認為日本士兵太不可靠，而無法被部署到海外。

因此，在安倍尚未接替小泉之前，日本已經朝向「正常化」採取一些重要步驟，就在二〇〇一年九月蓋達攻擊美國後不久，日本國會通過一項特別法，授權海上自衛隊

（日本海軍的另一種稱呼）補給美國在印度洋的艦隊，法律限制日本不得協助補給燃料與後勤，但是東京至少針對以美國為首的阿富汗侵略行動提供象徵性的後援，二〇〇三年夏天又通過幾項法案，在日本國土遭到侵略時擴大政府權限，並進入裝置飛彈防禦系統的初始階段。為了部署類似設備，需要廢除安倍最討厭的集體自衛權的限制。[6]

絕大部分的日本民眾依然是堅定的和平愛好者，擔心日本會跟華盛頓那些狗屁倒灶的對外行動綁在一塊，雖然政府堅稱，派遣自衛隊成員前往伊拉克並未違憲，但左翼人士卻反對在日本的和平憲章裡灌水。當時的反對領袖菅直人就譴責派兵「嚴重違反憲法原則」，他提醒國會議員們，不過才六十年前「我們的政府沒有能力控制日本軍隊，結果在中國和亞洲釀成許多災難」。

五百五十個地面部隊的部署，於二〇〇四年一月展開。到頭來，這次竟然是象徵性為主的行動，輕度武裝的日本人被嚴禁不得打仗——即使同盟國的士兵遭到射擊。事實上，這些日本兵必須受荷蘭、澳洲和英國士兵監護，使得他們的參與從純粹軍事角度上淪為一群麻煩精，但這次任務可不是就這麼平平順順的，在為派兵而加緊訓練的期間，兩名日本外交官被射中而死在伊拉克，迫擊炮則是多次掉到伊拉克南部固若金湯的日本軍營，據說當地軍隊會定時收到空運的新鮮壽司。但是正如憲法規定的，這些都不具真正的戰鬥形式，日本軍隊進行些許例行的修復工作後就離開了，二〇〇六年夏天任務結束時，五百五十人完好地返回日本。

即使在撤離伊拉克後，日本駐紮在科威特的空中自衛隊還繼續進行著任務，載運設備和美國及聯合國人員進入伊拉克。二〇〇七年四月，安倍訪問距伊拉克邊境二十三英里的科威特阿里薩里姆（Alil Al Salem）空軍基地檢閱軍隊時，我是隨行記者團的一員，安倍如封建時代的領主般旋風來訪，隨扈在一個綴飾了櫻花的紫色旗子後行進，櫻花也是右翼人士特別鍾愛的國家象徵。他站在停機坪內的臨時講台後面，對著大約一百名日本人員演講，他們在圓圓胖胖的C130運輸機前排成一排。「你們將使伊拉克的重建工作，成為日本歷史上光榮的一章，」他滿懷希望地說：「身為你們的總指揮，我由衷表達感謝。」[7]我在筆記上寫道：「日本憲法禁止保有陸、海、空軍，但是沒說不能有總指揮。」

安倍進一步的日本正常化並沒有太大進展，民眾感受不到他改寫憲法的急迫性。包括許多教師工會在內的左翼人士認為，企圖廢除第九條等於背叛戰後的和平主義。地鐵站外經常會有一小群熱情的社運分子，他們分發小冊子，裡面常常透過卡通人物來說明日本保衛全球和平的責任，有些人能理解起草新憲法的邏輯，畢竟這份憲法是由日本人自己所撰寫，哪個有尊嚴的國家，自己的憲法竟然是由占領的勢力起草的？然而他們在新憲法的內容上持不同意見，經過六十年的太平，和平主義——或者更正確來說，是反對日本死在衝突的想法——在日本庶民心中異常地堅定，許多人對這套長時間使日本免於戰爭悲劇的憲法有著強烈的忠誠，著名的散文家林真理子對人民急著改變一九四六年的文件提出如下看法：「這就像別人突然把你身上的衣服脫掉一樣，我們已經習慣穿衣服，因為我們習慣了，所以可以自在活著。」[8]

安倍仍然一意孤行。他成功修改了教育基本法，尤其是刪除一九四七年的法律中，關於「尊重個人價值」的條款，以個人權利與責任為信條的福澤諭吉可不會同意。安倍將防衛廳升格為防衛省，這個象徵性的舉動，讓國家進一步朝向正常化緩慢前進。[9]

而安倍也困在「慰安婦」的議題上。這群婦女被強迫進入妓院供日本帝國各處的軍隊使用，許多女性經過長年虐待而在戰爭期間病死或被敵軍打死。一九八〇年代，幾位生還的韓國婦女以親身遭遇向日本尋求賠償與道歉，最後日本總算在一九九三年道了歉，當時擔任內閣官房長官的河野洋平表示，日本軍隊直接或間接參與「性慰安站」的設立，在那裡工作的人，多半是「透過勸誘、強迫等手段，非自願被招募」。他說，他們過著「悲慘的生活」。不過南韓政府抱怨，賠償是透過私人基金，而非直接由日本政府發給。

安倍厭惡道歉，堅持認為大部分的女性是從事賣淫，出於個人的自由意志而到妓院工作。「沒有脅迫的證據，查無此事。」二〇〇七年他向記者表示，在南韓又激起一波憤怒，令美國大為緊張。眾議院議員中山成彬與安倍同樣想推翻河野的道歉，他說強迫之說是打擊日本的榮譽。「有些人說，把妓院比喻成私人公司經營的大學自助餐廳是個不錯的說法，這些餐廳自己招募職員，採購食材並且設定價格。」他喜歡從工業的規模來描繪性剝削的行為。[10]

安倍推翻道歉並且修改憲法的時間已經迫在眉睫，他只當了十一個月的首相，就因為人氣直直落加上腸道的慢性疾病而下台，他的施政悖離民情，還捲入了接二連三的醜聞，致使四位內閣大臣辭職，一位自殺。此外，安倍政府也被迫承認退休基金虧損五千萬日圓，這在一個老年人比例日益增加的國家，可不是件小事。最後一根稻草，是以他為首的政黨在上議院選舉中遭到屈辱性的大敗，兩天後的二〇〇七年九月，他辭職下台。很少人認為，日本在他執政下變得更美好。

鳩山由紀夫對「正常日本」的觀點，與安倍相差了十萬八千里。中間偏左的鳩山隸屬日本民主黨，在安倍辭職兩年後當上首相，也是半世紀內第二位把自民黨趕下野的領導者，他對日本戰時的罪惡感勝過安倍許多，希望和亞洲鄰國建立更友好的關係，特別是中國。對他而言，「正常的」日本不是擺脫憲法對發動戰爭的束縛，而是比較不依賴美國，同時獲得所屬區域更大的接納，他反對首相參拜靖國神社，主張採取非宗教性的紀念，讓日本的陣亡將士受到適當的悼念。他提醒忘記的人，靖國神社是「替日本戰時的軍國主義信念尋找正當理由的根源」，也是戰爭策劃者的靈魂安息所在，「日本首相去向一群在亞洲各地濫行施暴的戰犯致敬，更何況其中幾位還應該為靖國神社的陣亡將士負責，在這種情況下，參拜靖國神社應該被視為極端感覺遲鈍，對戰爭受難者來說也是高傲的行為。」他說。[11]

鳩山勝選前幾個禮拜，已經因為在《聲音》月刊上發表一篇特別的文章而讓華盛頓官員起了戒心，這篇文章武斷表達深奧難懂的意見，而不是理路清晰的政策提案，建議日本追求「友愛」的理念。鳩山與安倍都深受祖父影響，鳩山的祖父在擔任首相期間（一九五四－一九五六）便曾經提出友愛的觀念，而他的孫子說，這兩個字的意思，是在各個衝突的意識型態間採取中間路線。鳩山堅決主張，所謂美國領導下的「市場基本主義沒有道德可言」，並批評其帶來的不良影響，文中寫道：「伊拉克戰爭失敗與金融危機，美國全球主義年代即將結束，……我們將逐漸遠離以美國為首的單一極端世界，朝向多重極端的年代前進。」他說，日本被卡在極力維持霸主地位的美國，以及努力成為老大的中國之間，他認為日本微妙的地理和外交處境，長久下來會需要和美國疏離一點，同時更靠攏亞洲。「我們絕不可忘記，我們是位在亞洲的國家，我相信東亞區域……一定要被認知為日本存在的基本場域。」亞洲需要共同努力，朝向單一貨幣的目標前進，他又說，歐盟的經驗說明，這麼作可以化解區域爭端和歷史積怨。他表示，透過類似手段，日本就可以在「克服民族主義」的目標上有所進展，算是與安倍理念的一大差異。

在位相隔不到幾年的兩位首相，對「正常化」的意義抱持如此迥異的觀點，足見日本在外交上依舊是多麼搖擺不定。經過這些年，日本還是沒有解決一個基本難題，也就是使身為亞洲國家的地理現實，與侵略亞洲的戰敗者和差一點循著歐洲帝國模式成為強權的歷史達到協調。

鳩山的文章相當有意思，它解決日本在十九世紀末「捨棄」亞洲、擁抱西方強權邏輯而為日本帶來的悲劇，這就如岡崎說的，日本只要跟英國或美國同盟就沒事，日本從沒學會在自己所處的地理位置上自在地活著，鳩山的「正常」意謂矯正異常現象，他說日本應該朝向與中國等鄰國組成「東亞共同體」而努力。

但是，他的學術性沉思存在著嚴重的問題。鳩山沒有跟華盛頓和北京打好基礎，以便替外交政策的急轉彎做好準備，也無法對以他祖父最愛的「友愛」打造的日本外交願景報以期望，華盛頓方面在人前彬彬有禮，但是經過自民黨半個世紀幾乎無間斷地執政後，東京和華盛頓雙方都還在適應政黨輪替，發生磨合在所難免，然而私下卻響起警鈴。在一份二〇〇九年十月的電文中，美國負責東亞和太平洋事務的助理國務卿坎貝爾（Kurt Campbell），針對鳩山近日訪北京表達關切，日本首相在那次旅行中重申，他認為日本需要結束對美國的「過度依賴」，這些發言「令美國政府最高層級感到意外」，坎貝爾說。「想像如果美國政府公開表示，希望多花心思在中國而非日本身上，日本會怎麼反應。」電文引述他的說法。類似表態「會製造美日關係的危機」。[12]坎貝爾說，多年來東京對它所稱的「東京過氣」一直耿耿於懷，更糟的是「東京譴責」，後者至少表示日本還是個值得讓人憤怒的國家，至於「東京過氣」則是指華盛頓的關注愈來愈傾向北京。

日本的新政府笨手笨腳地在鳩山的版本上加料。它藉「公開透明」之名進行調查，公布冷戰時期的祕密約定，特別是當初准許裝備了核子武器的美國戰艦利用日本港口，違反日本的非核立場。即使這類於一九六〇年代締結的「祕密協定」早就透過美國解密文件的公布而真相大白，但繼任的執政者竟然還否認其存在，只承認這些約定是為了以更公開誠實的態度對待日本大眾。不管怎麼說，這麼做暴露了一個矛盾現象，就是日本雖然矢口否認擁有核武，但又必須靠它來嚇阻敵人，對某些人而言，那個虛構故事象徵民主尚未成熟，套句藝術家奈良美智的話，「快樂的日本兒童」沒有接收到完整但令人不安的事實真相。[13]他們活在由快樂的消費主義、設計精巧的物品和一塵不染的衛生標準所建構的幻境中，保衛國家的血腥事業就外包給美國人。此外，新政府也開始針對東京送給駐日的美軍數十億美元進行公開審查，日本在經濟實力如日中天時，曾經高傲地將這筆獻金稱為「同情預算」，應該是同情華盛頓財務的困窘吧。

鳩山的願景——最後也是他整個首相任期——敗在沖繩的美軍基地上。沖繩長久以來是日本從屬於美國領主的強烈象徵，它是遠在日本南邊的一串熱帶島嶼，僅占日本領土的百分之〇．六，卻占了美國基地的四分之三，三萬六千名駐紮在日本的美國大兵中，有半數以上就在沖繩，[14]許多沖繩人多年來籲請美國將部分或所有基地從島上移走，但是建築物櫛比鱗次的本土，卻少有地方容得下他們。

沖繩是個半殖民地，一八七九年才納入日本版圖，東京對於將領土拱手讓給美國作為軍事基地充滿矛盾情結，沖繩是個方便接待外國軍隊的地方，眼不見、心就多半不煩。在日本對沖繩主張權力前，數百年來它一直是琉球王國，有自己的語言和習俗，琉球當時向中國進貢，而中國對琉球也多半不聞不問，只有當它與日本的聯繫愈來愈密切，獨立性才遭到威脅，一六〇九年它成為薩摩藩下的附庸國，薩摩與長州當時屬於日本的控制範圍，在明治維新扮演決定性的角色，維新後東京正式將琉球納入領土，並重新命名為沖繩，即使到今天，日本最貧窮的縣分沖繩，感覺起來都不是道地的日本，美國從一九四五年占領沖繩群島，一九七二年歸還，因此有些沖繩居民抱怨日本對他們幾乎不了解，竟然還問他們在家是不是說英文、使用刀叉。[15]沖繩首府那霸當地的一位壽司師傅表達了這種受歧視感。說到何謂日本人的典型象徵時，他略帶惆悵地告訴我：「日本本土的人說，沖繩的櫻花不是真的櫻花，他們說不一樣。」

沖繩的激進主義，在一九四五年的恐怖經驗中誕生，近十五萬居民在二次大戰最血腥的戰鬥中被殺害，占當時人口的四分之一。皇軍為了不讓百姓向美國人投降，竟然強抓他們去集體自殺。安倍主政下的教育主管機關，企圖把教科書中與強迫自殺相關的內容刪除，引發約十萬名沖繩人（占人口十分之一）的抗議，為此諾貝爾獎得主大江健三郎還出庭作證軍隊涉及強迫自殺，最後獲得勝訴，他告訴我，日本政府試圖散播「沖繩人是為了國家而死得其所」。

一位布希政權的資深官員表示，許多沖繩人覺得「這裡應該是個和平之島」。他們認為美軍基地是「外國的移植」，「絕大多數沖繩人是這麼想的」。[16]前沖繩知事大田昌秀說：「戰爭期間美國人占領沖繩，把沖繩視為他們自己的領土，可以隨心所欲地利用。」[17]積怨到了一九九五年終於爆發，三位駐紮在沖繩的美國人誘拐一名十二歲女童，用膠帶封住她的嘴後將她強暴，在美日地位協定（US-Japan Status of Forces Agreement）授予治外法權的原則下，這三名軍人不必受日本法律制裁。「治外法權」是歐美人過去強加在全亞洲的不平等條約，這項協定的制定等同開倒車。美國太平洋司令部的指揮官梅克上將（Admiral Richard Macke）麻木不仁的發言，讓事態益發嚴重。「我認為笨透了，」他說的是那幾名軍人的行為：「他們租車（女孩在車內遭到強暴）的花費就可以找女孩子了。」他指的是妓女。可想而知，此言一出，大規模的反美示威席捲沖繩，逼得華盛頓只能決定將三名軍人交由日本審判，後來分別被判處六年半和七年徒刑。第二年，柯林頓總統支持修改美日地位協定，以後在有嚴重的犯罪情事時，可以將嫌疑犯交由日本當局發落。

在強暴事件的餘波盪漾中，美國同意減少五分之一的沖繩駐軍，把一些基地合併，將大約八千名海軍抽調到美國在西太平洋的領土關島，海軍陸戰隊的普天間飛行場，地處人口稠密的城市中央區而安全堪慮，因此將轉移到島上更偏僻的地區，飛機跑道則伸進海中。然而，雙方卻針對遷移對環境的影響、噪音，以及對新地點的危險性等進行沒完沒了的談判，更進一步的問題，還包括到底誰該負擔重新部署的費用，華盛頓方面希望東京買單，更複雜的在於這不光是東京和華盛頓的雙向討論，沖繩也有它的發言權，每到地方選舉，建立新空軍基地的可能性就雷聲大、雨點小，有些美國資深官員厲聲譴責日本政府，竟然容許小島的意見妨礙國家和國際安全的重大議題，美國大使還曾經把沖繩比喻成鯁在同盟咽喉的魚刺。[18]

關於沖繩的意見分歧，反映戰後美日之間，打從一開始就很微妙的關係中更深層的問題，某種意義上贏家與輸家的結盟——即學者道爾所說的「感性擁抱」——就是二十世紀外交上的奇蹟，締結關係對雙方都有好處，華盛頓在太平洋上多了一個堅實且愈來愈富裕的同盟，日本則是舒服地依偎在美國的核子大傘下，省去外交的包袱和國防的費用，因而得以專心賺錢。這樣的「免費搭便車」甚至成了信條之名，即以戰後擔任八年首相的吉田茂命名的所謂「吉田主義」。「美國曾經是大不列顛的殖民地，如今卻比英國強盛，」他說：「如果日本成為美國的殖民地，最後也會變成比較強盛的那一個。」[19]

不過，從屬於美國的時間卻比吉田原先想像的久很多，日本從沒有逾越界線，評論家甚至稱日本為美國的「委託國」[20]。這樣不平等的關係，不僅使得希望美國撤出基地的左翼更加怨恨，連右翼也感到不爽，《日本可以說不》極力主張日本要爭取更大的獨立性，該書的作者之一、前東京都知事石原慎太郎，更是憤慨地表示，他的國家「唯美國之命是從」[21]。將日本視為委託國的想法也滲透到庶民文化中，二〇〇五年，日本知名的現代藝術家村上隆，在紐約策劃了一個名為「小男孩」（*Little Boy*）的展覽，是以一九四五年廣島投擲原子彈任務的代碼作為展覽名稱，但是「小男孩」三個字也可以用來形容日本這個發育不良的國家，以及它和華盛頓之間的不對等關係。根據展覽紀錄，村上想探究「日本在軍事和政治方面對美國的依存度，以及傳統、長幼尊卑有序的日本文化，被表面上為兒童和青少年製造、用過即丟的消費者文化取代。」小男孩指的是「日本文化與心態被當作小孩子看待」，村上認為，結果「日本在經濟和政治上必須仰賴西方。」

鳩山試圖進一步了解美日之間意見分歧的前因後果，他選擇的戰場是沖繩基地的議題，鳩山曾不顧一切承諾沖繩人民，說他會廢除將普天間移到島上其他地方的計畫，讓美軍徹底離開沖繩。不幸的是，他的計畫與華盛頓方面無法達成共識，外交部門的官僚也不同意，甚至私下勸美方不要讓步，好讓鳩山無法如願。鳩山花了數個月，奮力在日本列島上尋找替代地點，不用說也知道，很難找到一個社區的居民願意接受嘈雜直升機在他們之間起降，最後鳩山只好飛去沖繩，向憤怒的群眾表示他無法實現諾言，必須在沖繩建一個基地來代替普天間。他說這個決定「令人心碎」，但是最後他必須以國家安全和美國海軍的阻敵效果為先。他的道歉沒有被接受，迎接他的是寫了「憤怒」的鮮黃色看板，以及嘲弄他叫他「滾回去」的群眾。[22]每個人的嘴裡都念著「叛徒」。

鳩山在屈辱的退讓幾個禮拜後辭職，二〇一〇年六月下台，他短短在任八個半月，即使以日本首相動輒五日京兆的標準都算短的，他本人對「正常國家」的觀點，到頭來跟安倍的正常國家一樣難以付諸實行，他的偉大願景，是在歐盟的範本下組成「大東亞共榮圈」，然而卻毫無進展，至於他企圖促使美日關係更加對等方面，他在辭職演說中流淚說道：「總有一天，日本的和平終將由日本人民確保。」[23]那一天，顯然還沒到來。

在沖繩議題上勇敢面對美國，並沒有讓鳩山達成進一步改善與中國關係的主要政策目標，北京對鳩山的提議遲遲不回應，或許是因為正確地嗅到他在日本的權力基礎岌岌可危吧。這位原地打轉、令人摸不著頭緒的首相，使外國政府難以對執政當局的任何提議嚴肅看待，鳩山的民主黨缺乏與中國的深入交往，因為中國幾十年來一直習慣與比較保守的自民黨打交道。

諷刺的是，在對北京示好的民主黨執政下，中日關係竟然倒退。新的戰場既不是靖國神社也不是教科書，而是更具體的「島嶼」[24]——日本人稱為尖閣諸島，中國稱為釣魚島。[25]這五座無人島與三個露出岩石的島嶼，涵蓋的總面積還不到三平方英里，小到在地圖上根本看不見，但是這些島嶼代表著國家尊嚴，以及沒能化解的戰時敵意，它們位在東海，距台灣東北一百多英里，距沖繩西方兩百五十英里，中國人宣稱他們在古時候發現這些島嶼，曾經出現在清朝時期（一六四四—一九一一）的中國地圖上，根據北京的講法，釣魚島在一八九五年中日戰爭期間因為戰敗被偷走，因此根據一九四五年頒布日本投降條件的波茨坦宣言（Potsdam Declaration），釣魚島早就應該被歸還，宣言中規定「日本領土將限於本州、北海道、九州、四國，以及吾人所決定之小島」。北京表示，這就清楚說明日本應該放棄尖閣（釣魚島）以及台灣、南韓等其他在戰爭期間奪取的領域。

一九五一年舊金山和平條約（San Francisco Peace Treaty）將波茨坦宣言併入，日本主張根據該條約的規定，並沒有將尖閣諸島包括在內，理由是這些島嶼在戰爭期間根本未被奪走，而是日本在一八九五年一月十四日就依法獲得的。「從一八八五年起，我們的政府一再進行現場調查，確認這些島嶼無人居住，也沒有被清王朝控制的跡象。」東京方面說。[26] 換言之，這些島嶼在日本發現的時候「不屬於任何人」（terra nullius），因此日本可以根據國際法宣告為其所有。舊金山條約的要點，在於這些島嶼不是連同台灣一起被「歸還」，而是隸屬美國管轄，成為華盛頓控制沖繩的一部分，東京說，北京當時並未反對，但是持平而論，中國當時並未在舊金山出席，也並未在條約上簽署。東京說，北京直到一九六〇年代末，發現島嶼附近可能蘊藏石油，才開始表達主張，一九七二年美國不顧中國反對，將這些島嶼連同沖繩「歸還」給日本。

接下來的幾年，日本漁民就不時與同在各島嶼附近捕魚的中國與台灣漁民發生衝突，然而即使日本的所有權存在爭議，這個區域仍然在其有效管轄之下，因而東京拒絕讓步。島嶼爭執日益惡化的第一個跡象，發生在二〇一〇年九月，當時福建一艘漁船的船長詹其雄，開著他的漁船猛然撞向兩艘日本的海岸巡防艦，後來一些證據顯示當時他喝醉了，詹及十四位船員遭到逮捕，日方表示接下來將進行起訴，北京則要求無條件立即釋放，中國外交部高分貝斥責：「我們希望日方停止對中方漁政執法船的跟蹤、干擾行為。」[27]東京表示該事件將交由法庭決定，由於雙方僵持不下，北京於是對日本電子產業不可或缺的「稀有金屬氧化物」進行非正式禁運以為報復，區區幾天日本就招架不住，釋放了船員和船長。真是屈辱的讓步。

曾在左翼《朝日新聞》擔任編輯的船橋洋一自認是中國的朋友，他將此次事件稱為「尖閣震撼」，認為比一九七一年的「尼克森震撼」更嚴重，當時美國總統尼克森背著日本與中國進行關係正常化，船橋在以「日中關係從零開始」為題的公開信中，寫到日本敷衍了事的行為，包括決定不起訴中國船長在內，顯露了它的軟弱。「我們不得不承認，日本在處理外交事務上仍然左支右絀，或單純只是個蹩腳的鬥士。相較之下，中國政府各種對日本施壓的措施，只能用外交『震撼與威嚇』行動來形容。」他寫道，這次的撞船事件說明，試圖「偽造一個在共同策略利益下的互利關係」根本是天方夜譚，也是自從二〇〇六年中日欲恢復友好關係卻中途失敗後，兩國之間的官方政策。相反地，日本必須停損並放棄與北京關係正常化的春秋大夢，他認為兩國關係將一直處在一觸即發的危險狀態，「如果中國繼續這麼下去，我們日本人將要做好長期抗戰的準備。」[28]船橋的分析是悲觀的，他暗示與中國的關係正常化，至少就可預見的未來，是穩輸的。

安倍和鳩山以不同的方式，使日本成為更正常的國家，安倍希望日本擺脫戰爭的罪惡與和平憲章，再度成為能在國際上抬頭挺胸的「美麗國家」，他痛恨美國在戰爭結束後對日本做的事，卻又找不到別的方法與強大的西方同盟維持堅強的盟友關係，鳩山的正常化比較微妙，只是到頭來更加無所適從，他曾經企圖與美國和中國形成三角關係，稍微遠離華盛頓以拉攏北京，結果事與願違。與中國在歷史上的不合無法靠著一點點外交的重新定位就解決，日本依舊被孤立在亞洲，外交上的日本，仍舊處在被地理位置和歷史囚禁的迷失狀態。

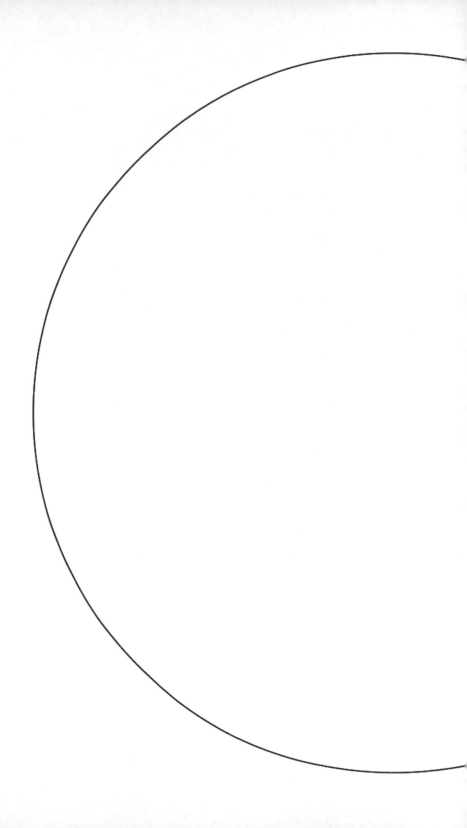

第六部

海嘯過後

第十四章

福島的輻射塵

這裡看起來跟日本其他縣分沒什麼不同。有一家滋賀美髮沙龍，轉動著理髮店的紅、白、藍電動招牌槓，提供剪髮和「電棒燙」。隔壁是渡邊蛋糕店，一九九〇年開張，位在一棟仿都鐸樣式的兩層樓建築。在不遠的淨國寺外面，一尊花崗岩的小石佛立在入口，外頭還罩著經過風吹日曬的粉紅色披巾。交通號誌明明滅滅，從紅色到橘色到綠色，然後回到紅色。韓國流行樂從看不到的喇叭播放出來，打破了曾有的死寂，在這位於福島第一核電廠北邊不到十英里的小高町，唯一看不到的，是人。

導致車諾比以來最嚴重核災的三一一海嘯發生次日，小高町被疏散。在那些驚恐不知所措的日子，一萬兩千八百位居民全數被告知撤離，在第三次核子爐心熔毀期間，有大約十五萬人從電廠周邊的鄉鎮被疏散，撤離行動在這個全世界最有秩序的社會中顯得如此倉促，許多人離開家園，卻根本沒有察覺曾經發生過核災，有些人兩手空空地離開，有的只是身上穿的衣服，他們留下貴重物品和醫療紀錄，還有被禁止帶走的寵物。

「我們不曉得電廠發生氫爆，猜不到疏散的理由。」一位小高町居民稍後如此回答國會議員的詢問。[1]

三月十二日下午的大規模爆炸，炸壞以鋼鐵和水泥打造的反應爐，幸好反應爐芯完好無恙，疏散區的直徑擴大一倍到十二英里，後來幾天，隔離區外的人民被告知留在屋內以策安全，他們當中一定有些人想知道自己到底有多安全，因為USS「隆納雷根號」航空母艦上的美國籍船員，被要求後退兩百英里以避開輻射。

小高町自從撤離後就如同鬼城，幾乎所有的人都離開了，但還有幾人公然反抗政府命令，說他們寧可受到輻射也不要住在某個可憐的學校體育館或擁擠的避難所，還有幾戶人家偷偷溜回家園，檢查自己的房子和被棄養的寵物，好幾個月以來，據說一群又一群身上滿是泥濘的狗在街上流浪覓食。海嘯發生的次年二〇一二年我到當地時，柏油碎石路旁的菜園一片狼藉且雜草叢生，只有親眼目睹這番景象，才知道日本其他地方是多麼一塵不染。汽車零件商店的展示室內，野草和灌木從地板的裂縫中竄出，學校的棒球場長滿雜草，一根電話線被二十幾隻黑壓壓的烏鴉壓得下垂，呱呱的叫聲進入低壓的夏日空氣中（一位從更北邊海岸城鎮來的人告訴我，地震前幾天有幾十隻烏鴉不知為何聚在一塊。地震發生後、海嘯還沒來時，這群烏鴉就消失了蹤影）。在小高町的一些小路上，幾棟屋子被地震震垮，掉在地上的瓦片像一堆堆骨頭。距離海洋兩英里以外的小高町逃過海嘯的吞噬，但即使在這裡，水患的痕跡依然斑斑可考。

核電廠周邊的「死亡區」，安靜到有點超現實。志工栽種一排排黃色的向日葵，這是聽從科學家的建議，說植物或許能把輻射汙染物從土裡帶出來。外頭不遠處有個路邊檢查站，汗流浹背的警官身穿厚重的藍色制服，坐在孤零零的自動販賣機旁，玻璃幕後是一排排裝在小塑膠瓶、利樂包或一半大小的罐子裡的熱飲，有喬治亞黑咖啡、喬治亞寶石山綜合咖啡、義式濃縮咖啡，還有好幾種熱綠茶，熱飲的下面一排是冷飲，有可口可樂、樂活天然礦泉水、葡萄芬達、水瓶座運動飲料和蘆薈白葡萄汁。機器就在隔離區外，理論上屬於「安全的日本」，但它距離「汙染的日本」不到一英尺，那裡的輻射程度被認為高到不適合人居住。在福島陰影下，誰會從機器買飲料呢？目前未有定論。這家公司在玻璃上擺了一張不起眼的白色告示牌，寫著「暫停販售」。

另一個鄰近城鎮飯館村遠在隔離區外，但卻被指定為「熱點」，也就是大量輻射像無形霧靄聚集的地方，雖然飯館村離福島第一核電廠有二十五英里，但與另外五個地方都驗到土地裡有微量的鈽元素，現在它可以說是被棄守了，只剩下幾個身穿橘色夾克的男人在巡邏空無一物的房子，世人對於海嘯浩劫後，日本庶民的秩序和紀律留下深刻印象，有些外國媒體的電視主播對沒有人趁亂搶劫感到訝異，畢竟這可不是紐奧良，但是犯罪也不是完全沒有，有住在離福島第一核電廠幾英里的人向官員表示，「每次我們被允許短暫回家，卻發現又遭到搶劫，真是讓人失望。」[2]

飯館村老人們的家還亮著燈。當村民被撤離時，當局研判情況太嚴峻而無法遷移年長居民，此外這些人幾乎可以確定會在任何輻射毒害的效果出現前死去，年輕人逃離飯館村之際，年長者卻排著隊住進來，日本的養老院一位難求，如今竟然有一百多人排在候補，希望搬進飯館村的養老設施，他們不像那些年輕人及其家人，願意在這安靜到令人毛骨悚然的死亡區中度過餘生。

近幾個月來，一群人穿著科幻電影中的防護衣和白色口罩在花園刮取表土，他們用高壓水柱沖洗牆壁，試圖將這區域的輻射清乾淨，在不遠處的農田，裝滿泥土的工業用塑膠袋整齊排放著，每個袋子上都有個小標籤，寫著 4.5μSv/h（每小時四．五微西弗）、7.32μSv/h、7.67μSv/h，「μ」代表土壤釋放出多少微西弗的輻射物，塑膠袋標著「暫時、暫時、暫時、儲存」，這些臨時的堆放物不是長久之計，當地人懷疑這所有的沖水、刮土和裝袋到底有什麼用，每次一下雨，輻射度就再度飆高，因為新的汙染物又從四周山丘上沖刷下來，一位白天在養老院工作的女士，如今從好幾英里外的城鎮通勤上班，在被問到未來願不願意帶孩子回到飯館村居住時，她慢慢地搖了搖頭。

根據我自己粗淺的推測，輻射程度確實有下降之勢，當我二〇一一年夏天來到同一個地方時，我的輻射測量器彷彿被設定了似地，每二十秒就「嗶嗶」叫。二〇一二年三月再來這裡，這台機器幾乎安靜無聲。前一年夏天來這裡時，我遇到一位三十四歲在卡車公司上班的齊藤洋介（音譯），他走在一條被拋棄的街道上。看到活人令我相當吃驚，當時正值祭拜亡者的盂蘭盆節，他回到被棄守的家來替祖先上香，在飯館村，只有年邁長者與亡靈還徘徊不去。

福島第一核電廠的三次爐心熔毀，是二十五年來最嚴重的核子事件，與一九八六年的車諾比同樣被評為第「七」級，也是國際原子能機構（International Automic Agency）評定的最高等級。一九七九年發生部分爐心熔毀的賓州三浬島（Three Mile Island）發電廠被評為第「五」級，福島大災難波及六座面海的核子反應爐，影響所及擴及全世界，使好幾國政府對核能的安全性、甚至可行性信心動搖，事件發生幾個禮拜，德國總理梅克爾（Angela Merkel）表示她的國家將在十年內分階段廢除所有核能發電，[3]日本的統治集團很早以前就打算利用核能幫助國家拚經濟——哪怕日本是唯一慘遭核子摧毀的國家。但如今即使是日本，長久以來形成的共識也開始出現裂痕。

事件立即暴露出「舊日本」在菁英主義和祕密的官僚文化下一些最糟的特質，這種文化推動了戰後日本在經濟上急起直追，但卻是深度瑕疵的。根據國會緊迫盯人的調查結果，福島根本不是天災而是「明顯的人禍」，是「刻意疏忽」的結果。這份調查由黑川清帶領，黑川是醫師，也曾經擔任日本科學委員會（the Science Council of Japan）會長，他發現管理者、政府和福島電廠的操作者全都「背離了國民有免於核子事件的權利」，這份調查結果與經營福島電廠的東京電力公司說法大異其趣，該公司將這一發不可收拾的危機，怪罪到自然界千年僅見的異常現象，力量如此巨大的海嘯，任誰都不可能預測或反制。

國會調查小組強烈不同意。這次事件是可預見的，這份六百四十一頁的報告如此斷言。許多證據顯示，三一一規模的海嘯過去也曾經襲擊日本，但東電卻選擇忽視，調查報告指出，它的疏忽是東電與負責管理的機構之間有計畫地勾結所造成，在雙方對核能的盲目熱中以及對日本技術的高傲信念下，將安全當成了犧牲品，由於他們沒有針對災難的發生制定計畫，一旦災難真的來臨，他們就無計可施。災難發生後幾天，廠內錄影片段顯示一些不知所措的畫面，經過兩次爆炸，現場經理懇求上司提供補給品和增援，「現場還在驚恐的狀態中，」他說：「我們盡一切所能，但士氣愈來愈低落。」[4]

一開始，電廠似乎熬得過自然的摧殘，當三月十一日下午兩點四十六分，土地開始猛烈上下起伏時，三座運轉中的反應爐進行了該有的動作，也就是「關機」。[5]中子吸收控制桿從地板彈起，好讓核分裂暫時停止，電廠的電力已經被切斷，但是備用的發電機還能供緊急系統運轉。不過，當猛烈的搖晃停止時，更糟的才在後頭，這個複合式建築物是蓋在海洋和周邊山丘之間的海岸上，介於核電廠和巨大海嘯之間的，是一座十九英寸高的防波堤，而如今即將被攻陷，當海浪在大約十五分鐘後如大軍壓境般到來，高度達到四十六英尺。

海浪一旦突破防波堤，海水就湧向電廠，沿途捲走汽車和瓦礫。波濤來到電廠和海洋之間一棟渦輪建築物的地下室，將安置在那裡的電廠備用柴油發電機淹沒，於是複合建築物陷入一片漆黑。核心冷卻系統立刻停止。東電七手八腳地企圖恢復電力，先是調來一台發電機卡車到現場，但是等它終於到了，插頭的規格竟然跟電廠的插座不符，日本最大的核電經營者就像沒準備好的旅人，連轉接插頭都忘了帶。幾小時內，一號機反應爐運轉所需的備用冷凝器故障，於是鈾燃料棒持續將水加熱到沸點而不斷產生蒸氣，最終導致放射線氣體爆炸。接下來幾小時的壓力確實增高到可容許上限的兩倍，迫使驚恐的東電高階幹部做出令人痛苦的決定：為了防止全面性爆炸以及大規模的輻射外洩，必須把放射性蒸氣放到大氣中，製造較小規模的外洩。但即使這麼做也不簡單，由於閥門被塞住，只配備了手電筒的技師花幾小時在漆黑中摸索著，試圖用手打開這些閥門。

海嘯次日的禮拜六早上十點排氣終於開始，這是背水一戰的賭注，但是到頭來證明達不到該有的效果。氫氣開始滲入空氣中而產生可燃氣體，下午三點三十六分發生巨大爆炸，包括我在內的數百萬人，看著電視播出核子反應爐所在的建築物被炸得四分五裂，將廢墟拋入空中，有那麼一會沒有人知道爐芯禁不禁得起爆炸，結果是禁得起，但接著另外兩座反應爐也出問題，到了禮拜一，技師們忙著從三座問題反應爐釋放放射線蒸氣，同時將海水打進爐芯降溫，這是個孤注一擲的舉動，表示反應爐將從此報廢。然而這麼做還是不夠，禮拜一近中午時，就在第一次爆炸發生後兩天，更大的爆炸衝破第三號機的反應爐，如今問題已經散播到一個裝有「使用過」鈾礦的儲存槽，不管使用過與否，少了循環水，燃料棒就開始變得非常熱，到禮拜二早上，一座儲存池起火，在此期間三號機反應爐的燃料棒融化，於是發生第三次爆炸，釋放出的輻射值是正常水準的一萬倍。

隨著危機升高到失控狀態，東電也把八百位在電廠工作的技工大多抽離現場，只留下所謂的「福島五十」，奮力遏止日本史上最嚴重的民用核子災難。後來有人推測，東電的管理階層早就討論要全面捨棄電廠，在那黑暗的幾小時內，政府暗中思考撤退全世界最大都會「東京」的應變計畫。[6] 然而黑川的國會調查在幾乎所有方面都表達了不滿，卻沒有發現證據顯示，東電曾經有意把所有人員從福島第一核子電廠抽離。

無論有或沒有，第二天三百位工人又回到崗位，他們在最嚴苛的條件下工作，只能趁空檔在襯了鉛的地板上睡幾小時，大夥分著少量的罐頭食物吃。管理者曾經充滿歉意地請求工作人員借錢給電廠，好讓廠方派一組人去買水、食物和燃料。[7] 正常情況下，工作人員在五年當中不得接收超過一百毫西弗的輻射劑量，否則據信罹癌風險將會上升，在奮力遏阻危機擴大的情況下，則暫時將輻射劑量的上限調高到兩百五十毫西弗，也是美國核子工業工作人員容許輻射劑量的五倍，[8] 管理階層透過擴音機宣布，「敬請工作人員理解」，他們被暴露在遠高於正常的輻射程度中。[9]

一切的努力幾乎成了一場鬧劇。軍隊的直升機從海裡舀水，再倒進其中一次爆炸造成的坑洞，大部分的水都被風吹散，全國各地的消防車來到福島，用小小的水管澆灌反應爐，當大量反應爐的水開始流到海裡，受過高度訓練的東電技師於是設法用報紙和類似尿片的吸水布塞住裂縫。[10]幾個禮拜過去，電廠在巍巍顫顫中危機不斷，四月東電從電廠的儲存槽將一萬公噸的汙染水倒進大海，以騰出空間來儲存更多高度汙染的水。

到了十二月，距離第一次爆炸九個月後，電廠終於進入相對安全的「冷關機」（cold shutdown）狀態，即使如此，其中一個燃料儲存池的不穩定仍令人關切，專家擔心萬一又來一次地震，恐怕會有倒塌之虞。他們說，這將帶來比三月更嚴重的輻射外洩，不用說也知道，嚴重受損加上海水淹灌的福島電廠，永遠不能夠再使用，要經過數十年的時間、花費數十億甚至數百億美元才能退役，福島的意思是「有福氣的島」，現在卻沒什麼福氣可言。

國會調查報告將最嚴厲的批判給了所謂的「核子村」，也就是企業、官僚和管理者構成的核子產業網絡。日本在一九六〇年代中開始生產核能，一九七〇年代的石油危機，暴露了日本對外國能源的高度依賴，在那之後政府便以激烈的手段加速計畫進行，日本在三〇和四〇年代的殖民災難，部分受到納粹德國的「生存空間」（Lebensraum）概念所啟發，意思是向外獲取自己的資源。八〇年代中擔任首相的中曾根康弘很早就站出來擁核，一九四五年八月擔任海軍軍官的中曾根曾經從遠處目睹廣島上空的蕈狀雲，「在那一刻，我感受到下個年代就是核子年代。」他後來寫道。[11]核能不僅可以解決日本的能源問題，日本也能藉此研究核子武器背後的祕密技術，《朝日新聞》的船橋洋一在海嘯後擔任重建日本倡議基金會（Rebuild Japan Initiative Foundation）主席，*他表示：「日本戰後史上最震撼的經驗之一，就是中國一九六四年的核子試爆，東京也在同一年舉辦奧運，有些人往往將此舉動，解釋為中國企圖藉由展現新的力量，好讓日本難堪。」船橋說，有些政治人物希望日本也發展核能作為因應，退而求其次是開發鈾和鈽的再加工等核彈背後的技術，保留一些模糊空間。[12]

一九七〇年代，主導日本加速開發核子技術的負責人，抱著日本戰後復興國家的那股熱忱，先是向英美買進反應爐，但是很快就開始著手將專業技能轉移到日本國內，核電廠的廠址也已選定，多半是在東北海岸之類人口稀少、對政府的巨額補助款難以抗拒的貧窮地區，二〇一一年三月海嘯導致福島電廠陷入癱瘓時，日本的核能發電占了至少百分之三十，甚至還計劃再興建十四座反應爐，並且在二〇三〇年以前，將核能占全國電力供應的比重提高到百分之五十。

核能一旦成為國家生存不可或缺的東西，接下來「核能是安全的」就幾乎成了一種信念，否則在地球上地震最多的國家再建造五十四座核子反應爐——約占全世界總數的十分之一——又怎麼說得過去呢？將核能視為不可或缺的東西，也助長一種拒絕、高傲和粉飾太平的驚人文化。原子力安全保安院（The Nuclear and Industrial Safety

＊編註：重建日本倡議基金會於二〇一七年七月擴大改組為亞洲太平洋委員會（Asia Pacific Initiative），仍由船橋洋一擔任主席。

Agency）原本是負責規範核電廠的機構，隸屬於經濟產業省，也是日本擁護核子技術不遺餘力的啦啦隊，這就像是讓全國來福槍學會（National Rifle Association）負責管理槍枝一樣，學術界接受核子產業的資助，如同媒體收取高額廣告收入般。國會堅持要學校教科書對車諾比等核子事件輕描淡寫，許多電廠為了做公關而蓋了一些附帶遊樂園的建築物，還以微笑的鈾原子作為標誌，《紐約時報》的大西哲光參觀其中一座原子迪士尼樂園，卡羅爾（Lewis Carroll）筆下的愛麗絲被「徵召」去說明核能的安全性。「可怕啊，真可怕啊！」一件展示品的白兔說。「我們要沒有能源了，愛麗絲。」當機器人嘟嘟解釋，有一種叫作核能的乾淨、安全又可以再生的替代品，愛麗絲開心極了。「你可以說，這對資源缺乏的日本來說再適合不過了。」她輕柔地說著，接著就消失在地上的兔子洞裡。[13]

核子產業也深度懷疑勞工政策，使它在泡沫崩壞以來，成為主導二線勞動市場的小宇宙，大部分的危險工作都交給約僱人員，他們的薪水比正規員工少，且暴露在較高的輻射下，福島第一核電廠截至二〇一〇年三月，近九成工作者屬於約僱人員、轉包人員或再轉包人員，在定期維修關機期間，就請來專門在各個核電廠工作的「核子吉普賽人」來清理輻射，他們往往只用拖把或抹布清掃，是從低度就業的營建工人、當地農民、到處打零工的人以及街友當中找來的，有些人則受僱於黑道分子，[14]即使在爐心熔毀後，東電還是繼續僱用上百名約僱人員，祭出每天一千美元的重賞，引誘白天班的工人回來工作，兩名下包工在踩進輻射水後住院治療，許多人則是暴露在遠高於正常允許範圍的輻射劑量中，《東京電力：帝國的黑暗》作者恩田勝亘宣稱，這些年來有上萬名約僱人員暴露在不安全的輻射劑量下。[15]

「安全迷思」瀰漫的範圍之廣，致使許多核電廠的經營者從不曾主動與生活在發電廠陰影下的當地居民討論「疏散」這個議題，因為這麼做等於承認有發生意外的可能。寫過關於輻射外洩文章的記者被嘲笑不懂科學，二〇〇六年新潟地震後，大片羽毛狀的黑色煙雲從柏崎的核電廠竄出（救火員無法撲滅熊熊火焰，理由讓人很驚訝，是因為水管被地震震裂）。不過記者被告知不要大驚小怪，住在電廠周圍的人被曝的輻射量，是東京、紐約來回飛行輻射量的一百萬分之一，這就好像鐵達尼號的船東相信這艘船永遠不沉，因而沒有安裝足夠的救生艇，福島電廠的經營者手頭也沒有夠多的巴士在海嘯當時疏散職員。至於執法機關，黑川的調查結論是遭到「俘虜」，他們非但沒有督促經營者改善安全，反而幫他們鑽漏洞。

多年來，「核子法規是騙局」的證據一直不為民眾所知，一連串事件和粉飾太平，足證這個產業習慣抄捷徑然後撒謊。一九九五年曾經掩飾文殊快中子增殖反應爐事件的嚴重程度，四年後東海村反應爐有兩名訓練不足的員工因為在桶子裡混了鈾，因而罹患嚴重的放射線疾病而死於器官衰竭，二〇〇二年，東電承認偽造核電廠裂縫的安全資料長達二十年，後續主管機關的所謂「嚴厲處置」不是懲罰東電，似乎反倒有意幫該公司延長老舊電廠的使用年限。事件發生當時，福島電廠已經營運四十年之久，一位進行調查的記者，形容電廠內老舊不堪的管線網絡就像等著爆掉的「怪物血管」，[16]二〇〇四年，超高溫蒸氣從美濱町某核電廠破裂的管線中噴出，造成四名工人死亡、七人受傷。二〇〇七年七月，芮氏規模六．八的地震撼動了全世界最大的柏崎刈羽核能發電廠，後來顯示該電廠當初建造的時候，並不是用來承受那麼大規模的地震，更糟的是，這座電廠當初可能不小心被蓋在一條活動斷層上面。

所以說，福島事件的反應缺乏透明度，也就沒什麼好奇怪的了。東電一概否認發生過爐心熔毀，核電產業的同情者則怪罪外國媒體沒考慮後果就脫口說出「爐心熔毀」四個字，但是發生爐心熔毀是事實，東電稍後承認，三座反應爐的燃料棒融入一小團鈾，即使依據最嚴格的定義，這不是爐心熔毀，什麼才是？影帶顯示官員早在災難發生之前的幾天就完全知悉可能性，有一次還透過擴音器宣布：「燃料至今已經被暴露多時，有爐心熔毀的可能。重複，有燃料爐心熔毀的可能。」[17]東電對於將海水注入反應爐也支吾其詞，可能是因為這麼做就代表幾十億美元的設備永遠報廢，電廠經理吉田昌郎勇敢地把責任一肩挑起堅持注入海水，但不是每個人都這麼果決。事件發生後幾天，東電總裁清水正孝都不見人影，正當災難接連發生時，他卻躲在自己的辦公室裡。

長篇累牘的國會報告最有趣的部分是第一頁，黑川在他「來自主席的訊息」中，並未將災難怪罪特定個人——儘管這篇報告指名哪些人犯了嚴重錯誤——而是整個日本文化，「這是個『日本製』的災難，」他說：「它的基本成因，從日本文化的積習中就找得到，包括我們反射性地順從，不願意質疑權威、凡事非得要『照計畫走』、我們的團體主義和島國性格。」

黑川列的「文化缺陷」有點像是反日本人論，也就是「日本人精髓」的研究，一些書店還專門設有日本人論的專區，雖然大部分日本人論的作家盲目崇拜他們宣稱這個國家獨有的優越特質，像是團體高於個人、感情勝過邏輯以及默契勝過言語等，但是黑川卻把這些教養評得一文不值，他認為日本人如此引以為豪的民族性，其實是致命的缺陷，「如果其他日本人曾經為扛起這次事件責任的人設身處地著想，結果很可能還是一樣。」他斷言。這是因為做出福島災難性決策的「心態」，「在日本各地都找得到」。

黑川對整個文化的看法招來明顯的反唇相譏，其中之一是，藉由責怪整個社會，他聰明地讓個人解套了，這篇報告甚至可以跟集體評估日本戰時的責任劃上等號，換言之，每個人都有罪，但沒有一個人有罪。哥倫比亞大學的日本專家寇蒂斯，是許多對黑川結論不滿的人之一，「翻遍整篇報告都找不到該責怪的人，」他在一篇尖銳的社論中寫道：「歸咎文化等於是從根本放棄。」[18] 寇蒂斯說，個人當然要負責，東電總裁完全不對外溝通，讓情況雪上加霜，電廠經理、同時也是英雄的吉田違反命令將海水灌進反應爐，可能因此而轉危為安，他沒有以團體利益為先而盲目服從指令，也不是個只會「照計畫走」的人。寇蒂斯又說，「核子村」內的勾結文化並非日本獨有，當初美國的銀行和執法機關之間的勾結不也是大同小異?幾家全美最大的金融機構,帶領國家走向金融崩潰邊緣,政府卻睜一隻眼、閉一隻眼,如果日本文化是將組織利益置於公眾利益之上,寇蒂斯的結論是,「那我們全都是日本人」。

如果採取文化不能免責的觀點,黑川對文化的解釋確實沒什麼用處。認為文化僵固不知變通,近似於地理和種族的決定論,但是黑川或許曾經試圖表達一些很不一樣的東西,住在日本的人很少會否認,他們也覺察到他指出的一些民族特質,像是傾向探究內心深處、聽從權威、降低個人的重要性。然而認真的日本觀察者卻都不會假裝這就是日本的全部,日本人——無論是個人還是集體——用千百種方式不斷挑戰並且推翻類似的規範,黑川勾勒的性格特徵不能算是「文化」,而是對日本戰後體制與規範的批判,如果那就是他所謂的文化,也就意謂著是可以被改變的。

黑川說,幫助日本打造戰後奇蹟的組織特點,也是「核子村」最糟糕的特質。菁英官僚負責規劃,幾乎不傾聽民意就把國家的資金掃進自己偏好的案子,這些全都是戰後成功的要素,但也因此埋下大災難的種子,國家核子產業的監護人,感覺國家賦予自己不惜代價也要提高核能的使命,於是成了「一股萬夫莫敵的力量,不受公民社團的監督」,黑川寫道。這樣的規範可以、也應該接受質疑,他暗示。這和文化決定論恰恰相反,「我們應該反省每個人在民主社會中應負的責任」,他說到福島的集體失敗,意思是強化他所說的「公民社會」,從這角度看來,黑川的話不是為了讓人解套,而是對個人和集體行動的呼籲。

海嘯前，日本一直是地球上最仰賴核能的經濟體之一，海嘯後，一切都變了。到二〇一二年五月，第三次爐心熔毀後第十四個月，所有核能電廠停止運轉，幾個月來，直到位在西日本大飯的一處電廠跌跌撞撞地恢復生機前，日本五十年來首度處在完全零核電的狀態。關於這個能源政策的大轉變，第一個要注意的是電燈繼續亮著，日本沒有把店門拉上，從海嘯摧毀大部分核能後的第一個月，日本就學著在電力較少的情況下生活，各汽車製造商將生產日期錯開，以免造成同一時間的電力需求大增，豐田是從禮拜三至禮拜日生產，至於市區的公司行號調高冷氣的溫度設定，辦公大樓提早關閉，上班族不能加班到深夜。二〇一一年夏天，連全世界前幾名的發電公司東電在開記者會時，都是關上電燈，打開窗戶讓微風進來，每當子彈列車在附近的高架軌道呼嘯而過時，發出的聲音將人聲蓋過，[19]反正那時東電說什麼也很少人想聽。

對許多日本人而言，節能成了時尚，人們紛紛質疑國家以前用電無度的行為，在都知事的命令下，東京許多明亮的自動販賣機改成微光，根據皇室發言人的說法，就連天皇和皇后也善盡義務，晚上改用蠟燭。[20]節能帶來的效果立見，二〇一一年夏天，即使當氣溫升高到華氏九十度以上，尖峰用電量也比前一年夏天下降約四分之一，有些人認為日本付出的代價太大。「到處的生活水準都下降了。」當了大半輩子外交官的岡本行夫在通風不良的辦公室裡揮汗如雨地抱怨，他說就像九一一恐怖攻擊成為美國史上的轉捩點，日本經過三一一後也不會一樣了，「缺電會成為公民與工業社會的特徵。」[21]岡崎說的不只是個人的不安，他跟許多人一樣，也擔心電力供應不穩與電價上漲可能會是日本產業的最後一根稻草。[22]他說，企業已經要對抗日圓強勢的災難、沉重的公司稅、不切實際的碳排放目標以及缺乏彈性的勞工法律，日本的製造業者被韓國的對手搞得七零八落，韓國受惠於通貨貶值與自由貿易協定的外國市場免關稅待遇，後者也是保護主義的日本一直沒能夠簽訂的，如果再加上更高的電價，他不曉得日本製造業者到底該怎麼活下去。

還有其他成本。節能最多也只能到一定程度，為了彌補核能的損失，日本必須進口更多石油和液態天然氣，於是提高二氧化碳排放量，飆高的電費也抵消日本的貿易順差，迫使國家在三十年來首度面對貿易赤字，[23]雖然日本巨額海外投資產生的報酬，使它仍然擁有外匯存底，但許多人擔心永久性的調漲電費恐怕連外匯存底都不保，如果日本突然產生赤字，經濟學家質疑它是否有能力支付天文數字的國債，資深政治家仙谷由人不懷疑這件事對日本的嚴重性，將放棄核能比喻成「集體自殺」。[24]

許多實業家同意他的說法。他們認為用再生能源取代核能根本是幻想。「我們能關閉核能嗎？我的答案是不行，」三菱公司前董事長槙原稔說：「核能在各種發電方式中，勢必位居要角。」[25]過去經營索尼的出井伸之也這麼認為。「核能是未來最重要的技術之一，」他說：「我們不應該放棄。」[26]傳奇人物稻盛和夫創辦的公司，在日本率先採用太陽能板，但連他也認為替代能源太不穩定。他表示除非找到方法，在太陽照射或風吹的時候將大量能源儲存起來，否則日本廢核將會是愚蠢之舉。[27]

擁核人士主張，核能比較乾淨、穩定，而且更便宜。海嘯發生前，每千瓦小時的核能成本為五到七日圓，相對的風力發電是十一日圓，地熱為十二到二十日圓，太陽能則是四十七日圓。海嘯發生後，核能的評論家更仔細檢視以上數字，他們表示關於核能成本的數字沒有考慮隱藏成本，例如付給核電廠周遭社群的補助（更別說是賄賂），或是處理核廢料的成本，至於福島事件後所需數十億美元的清除成本就更不在考慮之列，立命館大學的能源專家大島堅一，計算核能的真正成本為每千瓦小時十二．二三日圓，高於地熱或水力發電。[28]業界的重量級人物——奇異電子的執行長伊梅爾特（Jeff Immelt），不僅是民用核能的先驅者之一，他的公司也曾經幫忙建造福島第一核電廠，但他堅決認為核能比較省錢的說法站不住腳，美國等地方發現大量頁岩天然氣，將能源成本翻轉過來，使燃燒天然氣的發電廠製造出來的電便宜許多，這是因為福島事件後對核安的要求提高，連帶使核能成本提高所導致，「他們一直在挖掘天然氣，所以很難替核能發電平反，」伊梅爾特說：「天然氣真是便宜，就某方面來說，省錢勝過一切。」他說未來「會是天然氣和風力或太陽能的組合……全世界大部分國家會朝這個方向走」。[29]

河野太郎是少數幾位長時間反核的自民黨國會議員之一，他認為「核子村」刻意阻撓再生能源的發展。他說，二〇〇〇年擁核人士對提出「電力收購制度」（feed-in tariff）法案從中作梗，這項法案是為了保障替代能源生產者的價格競爭力，結果必須等到發生福島災難，才得以說服政府設定優渥的電力收購費率，使各個電力公司向獨立發電業者購買無限數量的再生能源。[30]

日本的電大約百分之八到九來自再生能源，水力占大部分，風力和太陽能僅占約百分之一，積極鼓勵再生能源的德國則是大約百分之二十五。理論上電力收購制度也可能改變日本的誘因，只是擁護再生電力的人說，新法的適用範圍太窄，河野在節能的辦公室裡透著昏暗的燈光表示，日本蘊含的地熱為全世界第三高，海域則是第六大，有利於近海的風力，他憤怒地說，曾經是太陽能先驅的日本，簡直就是故意將領先地位拱手讓人。

軟體銀行電信公司的創辦人孫正義，是日本最活躍的創業家之一，他立刻運用自己的影響力來支持再生能源，他的公司表示，將建造至少十座大型太陽能電廠，以打造「東日本太陽能帶」。孫推測，如果他能說服管理機關騰出五分之一的閒置農地充作太陽能發電站，就能產生與東電同樣多的電力。[31]「我們將把天然能源散播到全日本。」二〇一二年他準時在京都推出第一個太陽能計畫時，對著觀眾這麼說。[32] 孫希望能刺激其他人跟進，就連沒有發電經驗的羅森便利商店，都表示將在兩千家店面裝設太陽能，然後出售多餘的電力。[33]網路創業家三木谷浩史也採取了新的主張，他脫離勢力龐大的商業遊說組織「經團連」，來證明他反核的決心，三木谷在解釋脫離的決定時說，經團連是盲目擁核。他說他自己的公司「樂天」是家網路購物商城，透過簡單的措施就減少用電達百分之三十五，他對於日本沒有核電就不能活的說法，一向抱持懷疑態度。[34]

輿論驟然轉而反對核能。儘管民調起起伏伏，但卻顯示至少半數人民贊成終極廢核，只有四分之一表示應該保留。[35]反核的觀點正在緩慢延燒，福島災難後的頭幾個月，半個世界外的德國反核聲浪比日本還要大，但是隨著時間過去，日本的人數也逐漸壯大，二〇一二年夏天，首相辦公室外的固定示威吸引上萬人參與。[36]曾經在散文《廣島筆記》（*Hiroshima Notes*）中寫到核彈後續效應的大江健三郎，在七月發表反核演說，代代木公園的群眾是自從一九六〇年反對美日安保條約續約的大規模抗議以來最多的，發起者宣稱有十七萬人參加「再見核武」抗議，連警察都承認有七萬五千人參加。[37]公營電視台NHK還是打算採取官方路線，幾乎沒有報導這個發生在總部步行距離內的事件。[38]

民眾一方面是恐懼輻射，另一方面也是對災難背後的傲慢無能感到憤怒才站出來，「核子村」的表現依舊不改欺騙的本質，使群眾的怒火更加熾熱，為了重啟九州核電廠，當地電廠的經營者竟然權充一般庶民傳送大量擁核訊息，想藉此唬弄為「市民會議」，後來東窗事發，民眾的強烈抗議才讓電廠繼續無限期關閉。雖然核電廠周邊的一些村落已經必須靠補助款為生，但是當地民情卻轉而反對該產業，特別是在核電廠附近但又沒有收到中央分配款的鄉鎮。地方政治人物開始順應反核民情，這下子中央政府想要協調啟動閒置電廠，就變得更加困難。「我不相信電不夠所以不能沒有核能的說法，」民粹主義者大阪市長橋下徹說：「一般來說，電綽綽有餘。」[39]

帶頭下令反核的首相菅直人，曾經認真思考將東京三千萬人撤離，但若真這麼做，此舉「距離亡國僅有咫尺之遠」[40]。隨著二〇一一年即將過去，他感受到自己的首相一職也將接近尾聲，於是決定讓核子產業跟著他一起下台，他針對全國的能源政策發動大規模檢討，其中包括完全捨棄核能的可能性，菅的立場非常明確。「我們的國家，應該朝向不用核能也能生存的目標邁進。」他說。菅下令進行一系列的「壓力測試」，以確認核子反應爐耐得住極端狀況，並將東電國有化，發動計畫廢除過去炙手可熱的原子力安全保安院，新的管理機關將從擁核的通產省抽離，安置在環境省轄下。此外也談及廢除發電產業對發電和傳輸電力的限制，過去的獨占架構使它得以收取全世界最昂貴的電價之一，菅的反核熱忱比他的官運長命，二〇一二年九月，政府不顧產業的反對，正式採行到二〇四〇年之前的逐步廢核政策。

辯論的動力來自對輻射的擔心，日本人是兩顆原子彈的受害者，內心深處厭惡核子那看不見的恐怖，一九五〇年代起放映的《哥吉拉》系列電影，描述核爆釋放出怪獸般的力量，福島危機將輻射投入大氣並灌注到海洋，於是民眾很快就學會了毫西弗、貝克和鈍這些輻射的專有名詞，當政府宣布東京供水中的放射性同位素碘一三一含量，是嬰兒可容許量的兩倍後，超市的罐裝水在一夜之間幾乎被搶購一空，四月，一種名叫玉筋魚的小魚在福島南邊的海域被捕獲，結果發現每一公斤含有五百二十六貝克的銫，超過法律訂定的上限五百貝克，接下來的幾個月間，各種各樣的魚、蔬菜和米被發現含有超過正常水準的輻射量，日本各地的牧場以汙染區的稻草餵食牛隻，這下子又引發人民對牛肉的恐慌，就連在北海道外海捕獲的兩條小鬚鯨，都出現了微量的放射性銫，只是掌管漁業的官署宣布安全可食。[41] 政府警告父母不要讓嬰幼兒飲用來自汙染區的牛奶，十五個月後，從日本沖刷到俄勒岡州七十英尺長的碼頭也接受輻射測試，估計有超過一百萬噸的廢墟將漂流到美國的太平洋海岸，而這只是其中一部分。

意外事件發生後約一年半，琉球大學的科學家們發現，福島周邊的蝴蝶突變導致眼睛凹陷、翅膀發育不全，但是另一項大約同一時間發表的研究，卻顯示居住在福島周邊的人輻射量極低，[42] 類似的相互矛盾的資訊排山倒海而來，人民完全不曉得什麼是安全、什麼不是，或者他們應該採取哪些合理的預防措施。一些人會小心翼翼避免購買福島附近的魚類、蔬菜或肉類，有些則採取完全相反的做法，只購買來自這些地區的產品，表示與這些辛苦的農民站在一起。

為了判斷福島居民的健康長期可能受到哪些影響，唯一真實的比較對象是車諾比。自從二十五年前烏克蘭電廠的意外事件以來，大約發生六千個甲狀腺癌的案例，其中幾乎都是十六歲以下的兒童，至今只有約二十個病例被認為致命，史丹佛大學研究人員的報告斷言，福島事件導致的癌症病例可能低到十五例或高到一千三百例，最合理的推測會是一百三十個死亡案例。[43]但是，有些科學家則辯稱，日本當局不但沒有企圖掩蓋輻射的真實危險，反而過度反應，散播恐慌導致情況惡化，對車諾比事件相當有經驗的血液病學者蓋爾（Robert Gale）甚至堅持認為福島汙染程度相對低，然而對輻射的恐懼可能比輻射本身更糟，[44]舉例來說，高達六百個年長病人的死亡案例被認定「與災難相關」，是他們從福島地區倉促撤退時造成的。[45]福島醫科大學的山下俊一也表示，暴露在低劑量的輻射下幾乎不會對健康帶來風險，結果他成了眾矢之的。網路評論員將山下比喻成集中營的醫師門格勒（Josef Mengele），事實上，山下的母親是長崎原爆的生還者，他則勇敢地忠於資料所顯示的。[46]

此外，當民眾發現政府因為尚未揭露風向改變的資訊，導致有些人被疏散到高輻射區，也引發相當強烈的民怨，官員揭露飯館村等「熱點」區域的資訊慢半拍，導致這些熱點區的居民，在福島三度爐心熔毀後超過兩個月還沒有被疏散，一些熱點出現在遙遠的東京，就在學校棒球場的邊緣或是在用作堆肥的樹葉堆裡，意外發生後幾個月的民調顯示，高達五分之四的日本人誤信了政府提供的輻射資訊，人民最常指控的，是當局因為擔心支付巨額賠償金，而將汙染的風險輕輕帶過，新聞節目開始像播報氣象似地，現場直播輻射擴散圖。

人民對缺乏可信資訊的憤懣偶爾會擦槍走火，推翻日本人給人消極且不關心政治的一般印象，當日本人覺得遭到無理對待時，也可能變得頑強好鬥。災難後幾個月，一群抗議者從福島來到東京，群聚在文部科學省外，他們的憤怒源自對孩子們的擔心，當地政府無視抗議者的意見，恣意決定將輻射上限提高，好讓福島學校達到開放的標準，在這群父母高舉標語牌、呼喊口號的大聲示威後，該省終於讓步，將輻射上限回復到先前較低的水準。[47]

當某位外國平面媒體的記者前往福島報導學校的輻射量，兩位孩子的母親初澤智子（音譯）交給她一封信，收件人是「美國與全世界的人民」，信的開頭寫道：

> 我為日本外洩到環境的釉和鈽感到非常抱歉，福島的輻射落塵已經繞地球好幾圈，來到夏威夷、阿拉斯加，甚至紐約。我們住在距離電廠六十公里處，我們的家被汙染的程度超過車諾比，他們在土裡發現的銫一三七將會存在三十年，但是政府不幫助我們。他們叫我們留在原地。他們叫我們的孩子戴上口罩跟帽子，繼續上學。今年夏天，我們的孩子不能去游泳。他們不能在外面玩，不能吃福島的美味桃子，連福島農民種的稻米都不能吃。他們不能去看福島美麗的河、山和湖，我很難過。我感到非常遺憾。[48]

這封夾雜滿腔遺憾和抗議的信，最終以要求外國人施壓日本政府採取行動作結。

福島居民並不是不能自己施壓，在某場鄉民會議中，正當官僚不斷重複陳腔濫調之際，觀眾從觀眾席上吼叫，大聲訓斥東京派來的政府官員，「回答問題！我們沒有權利嗎？」當連番遭到炮轟的官員終於結束會議、準備離開會場時，鄉民們追到走廊，手中揮舞孩子的尿液，要求檢查輻射量。最後會議在混亂中結束，抗議群眾將官員團團包圍——恐怕是他們職業生涯中的第一遭也是最後一遭——民眾反覆地說：「求求你們把尿液拿去。」[49]

第十五章
公民

人民不相信政府會正確處理輻射問題，但若是如此，就沒什麼可以相信的了，日本領導者在海嘯後的表現，只是讓民眾對原本就不相信的政治體系更加厭惡，也讓他們更加確信了一個長久以來的想法，就是日本的人民比領導者更能幹也更可靠，國家的許多問題，在政治圈外能夠獲得更妥善解決。

的確，自從一九九〇年泡沫崩壞以來，人民多半對國家領導人失去信心，從那時起，執政黨大部分的時間都還是抱著它金錢政治的閃亮招牌不放，只是缺了一樣——金錢。快速成長已成過眼雲煙，裙帶政治不再那麼吃得開，人民信賴的官僚，過去被認為是經濟奇蹟的守護者，而今也被嚴重撼動，太多官僚顯露出欺騙和無能，兩種醜態加起來使人民立刻失去耐性，對政府的熱情曾經短暫竄起，尤其是在小泉純一郎主導大局的那五年半間，支持者認為，小泉為政治和經濟帶來動能以及耳目一新的希望，使國家再度振作起來，但是除了這個插曲令某些人興奮，某些人感到具破壞性，大部分的政治人物來了又去，幾乎沒有人注意到。

但是二〇〇九年發生了一件前所未見的事——至少看似如此。經過自民黨半世紀的執政，相對年輕的中間偏左日本民主黨，在鳩山由紀夫的領導下勝選執政，同一年夏天千葉市長的選舉，預示了改變即將到來，一位反對黨的候選人，以「年輕、對政治沒經驗而且沒錢」等刻意自我矮化的政見勝選，二〇〇九年八月接下來的大選，民主黨在人民望治心切下輕易獲得大勝。的確，選民投他們的目的比較是為了趕走舊的自民黨，該黨自從小泉下台後就處在權力不穩的狀態，倒不是人民對這組新的政治人物有多大信心，畢竟有些民主黨的重量級人物是從執政黨出走的叛將，民主黨也和統治許久的政黨一樣，是由社會保守主義分子與自由分子、財政鷹派和揮霍無度者、自由市場的主張者和社會主義者、民族主義者和國際主義者等組成的大雜燴。

因此，人民對表面看似劇烈的政權移轉並不太興奮，選舉當晚一位外國電視的工作人員被派到東京街頭，拍攝民主黨終結自民黨半世紀的政治霸權後必定伴隨的慶祝畫面，結果卻空手而回，黨中央沒有群眾聚集，沒有車子鳴喇叭，沒有噴水池噴水。同志社大學的濱矩子說，選民是經過算計後，抱著放手一搏的心情才投下票的，另一位朋友則是記得二〇〇八年歐巴馬當選美國總統時那種發自內心的欣喜，認為日本人「選擇他們不相信的改變，以及一位他們沒那麼熱愛的領導者」。

但是表面上民主黨的確實現承諾，給人民不一樣的，長久以來它一直以英國的新勞工黨為模範，多年前開始發行詳細的宣言概述其政治信條，這在日本傳統上往往以個人關係而非政治偏好來投票的慣例相當不同，鳩山以他略為超脫塵世的風度而被稱為「外星人」，對於自己即將領導國家，驚訝之情溢於言表，鳩山對選舉缺乏必勝信念，如果你看到他在選舉之夜的演講上沉默無聲，會以為他落選了。不過，他的政府倒是充滿企圖心，鳩山說他希望將政策制定帶到公眾的範疇，就像小泉曾經試圖做的，他要讓長久躲在幕後操縱的官僚使不上力，他的政黨將擺脫幾十年來主宰日本的汙穢金錢政治，開啟一個以能力和專家治國的年代，它將推行友善家庭的政策，並承諾將每個月的育兒津貼加倍至兩萬六千日圓（約合當時三百美元），以提高家計支出同時反轉生育率下降的趨勢，它將重消費者、輕大企業，特別是幾十年來經濟體圍著團團轉的巨型外銷業者，它將尋求修補與亞洲鄰國的關係，發展一套對外政策，使日本不再是美國在太平洋的寵物。

有些政治分析師認為，即使新政府不穩固，它的勝利或許可以開啟比較健康的兩黨制，就像西方民主中，選民可以在相互競爭的意識型態上選擇，而不再是某單一政黨關著門，由彼此對立的派系拚命思索政策與分派工作，未來將有兩個政黨分別闡述定義清晰且可供選擇的願景，讓選民決定究竟是要一個稅率較高、社會福利比較好的日本，還是比較窮、但保留較多空間給自由市場的國家。二〇〇九年的選舉到底是不是這樣兩黨制的開端還言之過早，兩個主要政黨在意識型態上依舊沒有明確定義，哥倫比亞大學的寇蒂斯認為，美國人傾向對某個政黨的顏色效忠，但這種型態的政治並不適合日本。「日本社會不分彼此，並不存在種族或宗教之類根本上的差異或深度的裂痕，」他說：「某方面來說，差異是『你想買日產車還是豐田車？』」[1]在這樣的環境下，很難維繫有強烈意識型態信念的政治。

不過，我們可能已經對民主黨接下來三年的執政提出評斷，他們可說是錯失良機。民眾投票給一種新的政治風格，然而到頭來卻是更迭更加頻繁的首相以及半吊子的政策（舉例來說，當雷曼震撼導致經濟體急速萎縮時，民主黨只好將育兒津貼的承諾縮水）。鳩山只做了九個月，下台的原因主要是沒有兌現沖繩基地的承諾，繼他之後是曾經做過專利律師的菅直人，結果也是半斤八兩，說來也是運氣不好，三一一地震海嘯就是在他任內發生，只是當時他的政府已經搖搖欲墜。菅一開始因為快速派遣十萬名自衛隊員協助搶救而贏得讚許，然而當池中的水含有使用過的核子燃料棒，人民對他執政的信心立即蒸發，菅因為溝通能力欠佳而受到責難，也被指責沒有處理好內閣與電廠經營者之間的關係，只是基於東電的無能，這麼說或許並不公允。之後人民又抱怨政府建造臨時屋的速度太慢，儘管它在災難發生的十個禮拜內已經努力提供兩萬七千兩百個單位。[2]更廣泛的抱怨是，人民不了解國難當頭政府為何還在鬧內鬨，二〇一一年六月，當十萬人還被困在疏散中心、福島的危急狀況尚未獲得適當控制前，國會議員竟然忙著對菅進行不信任投票。至於海嘯發生不過幾天，反對黨的領導人谷垣禎一竟然拒絕以代理首相的身分加入緊急內閣，充分顯示國家發生危機時，政治階級無法團結一心。[3]

有時候，政治人物似乎是活在別的星球。松本龍擔任環境大臣——這個職位應該是要負責協調各方的重建力量——短短九天，就因為嚴厲斥責某個受災嚴重縣分的縣知事，結果被錄了下來而辭職，該縣知事的「罪」就是晚了幾分鐘出現在會議場上，他的縣民有上千人被海嘯沖走，松本卻用手指猛指著這個可憐的人，告訴他這種違反禮節的事是不可接受的，他那無人能及的麻木不仁終歸就是與現實脫節的執政菁英所犯的錯，大浪沖垮東北海岸的半年後，菅的政府也一蹶不振。

民主黨的第三位、也是最後一位首相是野田佳彥，他將自己比喻成巴士司機，讓人難以對他產生最高期待，持平而論，野田確實做了一些事，他的政府通過追加預算，總共將預留的超過兩千億美元用來重建東北，此外也開始針對加入跨太平洋夥伴協定進行試驗性會談，這是一個美國即將加入的高階自由貿易協定，但此舉在日本的保護主義遊說團體之間引起爭議。同樣影響深遠的是通過立法，到二〇一五年將消費稅加倍，有些人認為這是多年來頭一次認真試圖處理債務問題，野田用他典型土裡土氣的語言警告，希臘那種歐洲式的倒帳型態「可不是隔岸的火災」，但是加稅討好不了選民，連幾位經濟學者都認為時機尚未成熟，反而會導致經濟體陷入另一次不景氣而適得其反，法案通過是因為承諾將普選提前至二〇一二年十二月，民主黨如預期般敗選，在位短短三年又將政權交回自民黨手上，野田的巴士猛然衝過斷崖。

令人失望的不僅是民主黨，更是整個政治階級，全國對海嘯的回應似乎坐實了幾十年來逐漸形成的想法，那就是「每一個日本人展現無比的強韌，但整體來說我認為我們是一團糟」。《朝日新聞》的評論員三浦俊章向我表示。我們往往以為國家整體是強大的，個人是弱小的，到頭來卻證明剛好相反，他說。結果日本是個人強大、國家弱小，這讓我想到我的朋友緒方四十郎曾經告訴我的，「日本是個士兵很強但指揮官很弱的國家。」東京大學的社會學家白波瀨佐和子得到類似的結論。「很奇怪，」她說到如過客般的首相們：「以前日本社會的特徵是很標準的從上到下，但我們已經知道，沒有領導者也活得下去。」

日本人正在用各種方式，學習如何「在沒有領導者的情況下過活」，或者說是，自力救濟。你可以稱這種現象是公民社會在這個國家穩定緩慢地形成，也是認知到真正的改變，日本企業不再像過去那樣照顧人民，愈來愈多日本人從事非正式工作、沒有終身事業展望；愈來愈多日本人在這個自認是先進國家中具獨特平等主義的社會裡，正過著清苦的生活，濱說就連語言都變了，她指出鳩山在二〇〇九年的就職演說中，依照法國革命的稱法將選民稱為公民而不是一般用來指國家一分子的國民，或是屬於企業一分子的「社員」，公民不屬於任何事物，她說，公民社會逐漸「從各種人民和上班族中竄出」。

許多行業中，出現人們更希望自己作主的跡象，其中之一是志工，自從一九九五年所謂「志工之年」的阪神地震以來進展相當明顯，超過一百萬名志工自動自發趕往災區協助，民眾的支持力量暴增讓全國驚訝，志工也因為展現了公民責任而廣受好評，並受到神戶的熱烈歡迎，只不過許多志工並沒有經過妥善組織，幾位志工來到災區卻沒有食物也不知道要睡在哪裡，這些人就成了幫倒忙的志工，[4]神戶激起又一股社會團結和集體行動的精神，但是大部而言卻以業餘的成分居多，二〇一一年的情況就很不同了，海嘯前夕全國至少有四萬[5]個登錄的非營利組織，而且這些組織更專業、資金更充裕，協調得也更好，一些志工組織透過各地的「企業責任」計畫，從各大企業獲得金錢奧援，災難來襲時，志工立刻被派往災區分配食物、提供醫療和諮詢，私人企業則派出上千名自家員工擔任人道志工，並且提供後勤協助讓工廠恢復運轉，製造業的供應鏈在災難發生後幾個禮拜或幾個月復原，有時速度之快更堪稱奇蹟。

政府努力協調這些團體，災難發生幾天內就指定知名的前活躍分子辻元清美——也是和平船團體（Peace Boat）的共同創辦人——來擔任首相副官，負責救災志工的事宜，她的人事任命贏得讚許，只是實務上她的角色並不是都很明確，在日本受災最重的區域，很常聽到人民在讚美志工之際，也嚴加撻伐政府官僚，典型的發言是龜山重光，這位捕蚵的漁民在宮城縣氣仙沼市差點被海嘯滅頂。「自從地震以來，我沒有從政府得到一樣東西，」他輕蔑地告訴我：「食物是志工給我們的。」他說，也是志工提供他具體的建議，教他如何從受災慘重的捕蚵事業再站起來，他計劃蓋民宿，還打算成立一家小餐館，讓訪客享用海水現撈的宮城蚵仔，有些人則是和湧入東北的志工成為朋友，他們有的打掃大樓、整理廢墟，或是拯救被水淹過的財物，一位研究過日本志工部門的學者作出如下結論：自從神戶地震以來的這些年，日本志工「已經達到一種新型態的專業主義、組織、社會合法性以及制度化」。[6]

日本緊急非政府組織（Japan Emergency NGOs）曾經在前南斯拉夫、阿根廷、伊拉克和巴基斯坦運作並組織志工前往東北，該組織的祕書長木山啟子也認為自從神戶地震以來有很大的進步。但是她告訴我，日本的志工部門還追不上歐美的水準。「即使現在，我都還覺得公民社會不夠強大，我認為我們日本人單打獨鬥或是小團體運作還可能，但我們在組織管理上並不強。我們要能夠為了大目標而消除微小差異，我們不是那麼擅長為一個大的理念共同努力。」木山認為，政府並不了解如何應付志工人數暴增的情況，她說，官僚系統有時候窒礙難行，政府部門不願意放手，他們不知如何應付超出官僚體制經驗的提案，例如志工團體希望提供災民亟需的心理諮商。一位來自志工團體「Give2Asia」的幹部的故事，似乎與木山對於照章行事的官僚充滿妒意保衛地盤的印象不謀而合。一些團體被告知，為了公平起見，他們必須分配給每個人完全相同的物資，「他們每一項物資都必須提供七萬份，包括相同的品牌等等，」這位「Give2Asia」的幹部說：「我們聽說，有個團體帶來一百九十七根香蕉（到疏散中心），但是因為在場有一百九十九人，所以遭到拒收，因為不是每個人都有得吃。」[7]

撇開諸如此類的障礙，《朝日新聞》的三浦說，有件事情絕對改變了。海嘯過後幾個月來，他有位學法律的朋友，每個週末帶著補給品前往東北並提供當地協助，「現在這些天之驕子有這樣的想法，而且從事志願工作，是相當自然的事了，這種現象非常、非常新鮮。」三浦說。我也為我在東北看到的志工人數之多留下深刻印象，不僅是海嘯發生後緊接著的幾天，而是在那之後的好幾個月。開車經過殘破的海邊城鎮時，經常會遇到哪個來自廣島的棒球校隊或一群三菱的上班族，正挖掘被淹沒的稻田，或小心翼翼檢視從淹水戶救出來的相本然後分類，自衛隊也無所不在，他們尋找罹難者遺體，也為生還者送餐，還在某個城鎮的停車場，於軍用的綠色防水布底下架設一個移動式的公共浴場，讓海嘯生還者享受最重要的洗澡儀式。「我確實有點相信，新的精神和理念正在社會的許多地方出現，」三浦談及他在海嘯後察覺到的改變：「我相信這場危機播下了新思維的種子，雖然還沒有出現任何新的意識型態或者新型態的領導者，但人們的想法已經不同了。」

宣稱單一事件能在一夜之間改變社會，可能有些輕率——即使是像三一一海嘯這樣的悲劇性事件。比較可能的是，為多年來的變化提供靈感，當然，隨著日本適應了經濟成長大幅下滑，個人以及團體中的個人想用許多不同的方式更積極參與社會，例如南九州大分縣的小鄉鎮和村落聯合起來照顧老人，他們編制家庭訪問名冊，並且為社區的年長者舉辦書法或當地歷史課等活動。長期研究日本的學者金士頓（Jeff Kingston）表示，創造充滿生氣的公民社會，一方面需要改變習慣性的做法，另一方面則是靠立法，他在著作《日本的寂靜轉變》（*Japan's Quiet Transformation*）中，記錄法律及人民的心態緩慢轉變，促使他所謂「發育遲緩」的公民社會成長並賦予活力，「一般公民要求更民主的社會，特徵包括更透明的統治、更多的公共參與和監督，以及更勇於承擔法律責任。」[8]

他說，其中一個明顯的進步在資訊，也就是民眾知的權利。自從一九九〇年代以來，人民要求政府揭露的聲音愈來愈殷切，對透明度的施壓至少上溯一九六〇年代，當時公民團體要求政府公開關於殺蟲劑、食品添加物和藥品副作用的資訊，但多半未獲成功，一九八五年日本發生死亡最慘重的空難，五百二十多位罹難者的家屬促請使用美國資訊自由法案（US Freedom of Information Act）來了解事件的真相，也暴露出日本本國法律的不足，後來草根團體終於強迫縣政府採行資訊揭露的法令，一九九六年，也就是神戶地震次年，四十七個縣一致通過這類立法，於是公民立刻行使這項新的權利揭發不法情事，包括官僚假報差旅費，以及金額大到離譜的交際應酬津貼等，有官員甚至申報搭乘了數十趟並未運行的子彈列車。

法庭更支持公民要求知的權利，二〇〇一年在長期的施壓下，總算頒布了全國資訊揭露法案，金士頓說公民對福島核災的懷疑態度，顯示情況多麼嚴重。人民沒心情再受千篇一律的官方保證或行禮如儀的「鎮民大會」欺騙，他們不像過去那樣，對政府的花招照單全收，例如提高可接受的輻射上限標準，企圖使學校操場成為「安全」的地方。

他們也不再忍受在處理災難方面不誠實又無能的政府，最後，這樣的公共壓力使政府搖搖欲墜，也因此催生了一份獨立的核災國會調查報告，調查期間舉行公聽會，並有檔案資料為證詞，調查發現則在網路上廣為散播，包括公布影帶，顯示核子危機出現時反應爐內部的情形，「撇開一些缺點不談，這是公開透明的里程碑。」金士頓說。[9]

公民更加主動出擊的例子還有許多，有些則是由政府主動發起，像是在刑事審判中設置裁判員（lay judge）等。此外反對引進國家身分認證系統，也是公民對心目中的專橫國家所作的抗拒。二〇〇二年，住基網絡*提議收集每位公民的資料庫，列出他們的姓名、年齡、性別、出生日、居住地，以及十一個數字的身分識別碼，基於日本社會的井然有序，加上一八七二年起就有完善的戶籍登錄制度，人民並沒有預期住基網絡會激起很大的不安，但是公民團體的反應卻很激烈，針對這項計畫提出不下三十五件訴訟案，退休的貿易公司職員貴義明（音譯）說出許多人的心聲：「政府替人編號，好像我們是動物還是工業產品似的，我對這些無關緊要的人想知道我們的個資感到相當憤怒。」[10]

海嘯期間，公民記者也起了模範作用，他們不僅使用新媒體傳播最新訊息，很多人也報導目前檯面上的媒體會迴避的內容，各報將他們的記者全數抽離輻射汙染區，但自由撰稿記者卻進入遞補，與官方路線不一致的外國媒體記者或專家所做的報導，很快就

＊編註：全稱為「住民基本台帳網路系統」，指日本為優化行政作業流程，統合民眾個人資訊所設立的網路系統。

經過翻譯在媒體傳開來，主流媒體往往報導記者會中無關痛癢的內容，於是有些記者就略過它們，連續轉播記者會的實況，一份針對震災期間社會媒體的影響所做的學術研究發現，「證據顯示這群敢衝的記者或翻譯者進行的社會媒體活動，讓其他記者更敢於提出更具挑戰性的問題」。[11]

我的攝影師朋友瀨上俊樹連續花了好幾個禮拜在福島周邊不宜進入的區域，記錄這些在核電廠陰影下被遺棄的鄉鎮，他發現了一條進入隔離區的路徑，這條路遠離管制嚴格的檢查點，讓他能不受監督地進出這區域，他拍了相片，作了詳細記錄，計劃出一本書讓大家看到官方不讓媒體進去的核子災區內部的狀況，他曾經被警察拘留，警告他在這裡是違法的，但俊樹完全不買帳。「政府沒理由告訴我，我在自己的國家到底哪裡能去、哪裡不能去。」他說。此刻他已經弄到一台蓋格計數器了。

第十六章

海嘯過後

佐藤清三郎一九二九年生於岩手縣，是個木工師傅，也是義勇消防員，他還記得十幾歲時，學會用削尖的竹棒對抗入侵美國人的情形。戰爭進入尾聲，美國飛機低空越過田園對著他們掃射，他能做的只有躲。他也記得當飛機轟隆隆從頭頂飛過時，他躲在一輛小卡車後面的情景。日本投降後飛機又回來了，這次它們投下一桶桶衣服和藥品，佐藤說，當時沒有運輸工具，所以他永遠都沒法及時接到那些物資，桶子似乎總是落在一些遙遠的山丘，「我們輸了這場戰爭，所以糧食短缺，又沒有工作，」他回想戰敗後的那些年：「當時他們需要木工師傅、粉刷工人，這些人就找得到工作。」[1] 佐藤的父母把他送到仙台當學徒，當時的仙台和現在一樣，是北方的「首都」，他在那裡待了四年，沒有薪水，只有零用錢，但是夠他偶爾買張電影票。在仙台，美國大兵坐在卡車裡呼嘯而過，有回他去觀賞他們的棒球賽。「我就是在那時第一次喝到可口可樂。」那個時候他怕女生，況且在公開場合和女生交談也被認為是不恰當的行為——除了和在理髮店工作的洗頭小妹以外。他二十歲出頭搬回岩手縣的家鄉，在那裡學會製作紙屏風和紙門，這時他開始有收入，於是夢想買腳踏車、收音機，甚至手表。「父母告訴我有個女孩很不錯，不妨娶她為妻。」那年頭比較少「自由戀愛」，許多婚姻都是媒人說了算。佐藤真的聽話照做，他與新婚妻子搬到妻子親戚居住了十八代的漁業鎮，那個鎮就叫作大船渡。

我第一次見到佐藤，是在海嘯發生一個禮拜後，我看見一位老人頭戴白色硬殼帽，在曾經是他家的廢墟中撿東西，佐藤的家不像許多建築物坍塌成無法辨認的土石，還幾乎是矗立著的，房子有屋頂和骨架，只是沒了牆壁，屋裡的東西全都被大水沖到屋外，連日本人家中不可或缺的榻榻米都被濺上汙泥，一輛白色轎車的所在位置肯定曾經是他家客廳，或者是屋外也說不定，這些無可名狀的斷垣殘壁盡皆難以辨認。

我爬下一座陡峭的堤岸，探看這位老先生在做什麼，他顯然正在把有紀念意義的東西裝進袋子裡——任何可以從鹽和泥土中救出來的小東西。令我最驚訝的是他堅定的意志，所有的東西都被水淹得亂七八糟，他所做的事似乎沒有意義，就像試圖把全市堆放的垃圾整理乾淨一樣，但是佐藤還是打起精神繼續他的任務。我問他在做什麼，「我會努力，」他用常聽到的日文回答：「我們一定要繼續拚命下去。」

佐藤八十二歲了。除了頭上那頂白色硬殼帽增添些許卡通人物的趣味，他還穿著一件藍色擋風夾克和紫色橡膠靴，他因為四十年前一場工地意外而瞎了一隻眼，但似乎沒有為他帶來太大的不便，他還是繼續擔任義消。他從瓦礫堆中救出來的其中一樣東西，是帽頂尖尖的消防員帽，他摘下頭上的硬殼帽，戴上這頂消防員帽行舉手禮。帽了裡滿滿的水慢慢流下他的臉，但他還是保持行禮的姿勢不動。佐藤家的客廳有股海水的氣味，我輕手輕腳踏過門檻，踩在散落著殘骸的地上，我還穿著鞋子，若是平常可就失禮了，但這不是平常時期，佐藤也穿著雨靴，他指著一個看起來很牢固、漆了金色和黑色油漆的神龕，那是他為前一年過世的母親製作的，這是個寶貝，而且奇蹟似的，這是屋裡經過海水衝擊後，留存下來的唯一一件東西。

初次見面後，我又兩度回到大船渡市看望佐藤，第一次是二〇一一年的八月，也就是海嘯過後五個月，他站在街上，手裡拿著鑽子忙著做東西，原來是在製作紗門，他說比買的好。他的脖子上繞了一條黃色毛巾吸收汗水，身上穿了短褲和破舊的皮鞋，他踩著鞋後跟走路以方便穿脫，佐藤已經跟妻子女兒搬進陡峭堤防頂端的小屋，距離我第一次和他見面時那棟被毀的屋子不遠，所有瓦礫都被清運走了，政府幫他的新家付房租，他說。他可以住在那裡兩年。聞起來有股新鋪的榻榻米味，舊的榻榻米被海水浸濕已經丟了，在鄰居的幫忙下，佐藤把當初為他母親做的佛壇拉上堤防進入新家，佛壇的體積相當龐大，在比較小的新家顯得頗有壓迫感。「這一帶只有兩個人努力搶救他們的佛壇。」他說。牆上掛了一張昭和裕仁天皇的相片，以及一張義消服務三十年的證書。

佐藤帶我到他分配到的屋子，位在鎮上地勢較高的山丘。他每天騎著小小的本田CD Benly（Benly指的是日文「便利」）機車爬上陡坡，那裡有一大片地，他在上面種了種類繁多的蔬果，有柿子、小蘿蔔、番茄、洋蔥、紫蘇、小黃瓜、青椒、橘子、馬鈴薯、茄子、毛豆、大豆莢和玉米。他架設了網子把雞隔開，又做了個日本飛機形狀的風斗，飛機上還有一面旭日旗。角落有一只稻草人，頭上戴著防撞頭盔，很像佐藤五個月前戴的那頂。

第二年夏天我又來了，當時是二〇一二年六月，佐藤還是如往常般強健。他才剛在附近的房子鋪設地板，我到的時候，他正在工具室裡東摸西摸，我從沒見過他坐著不動，有本雜誌以我寫的佐藤作為專題，他將一份文章的拷貝擺在特別的木盒子裡，將雜誌封面（是慘狀的照片）貼在盒蓋上。[2]「這是我的海嘯寶貝。」他小心翼翼拿出雜誌啪啪翻著。佐藤說，大船渡市比下一個山谷的陸前高田受災輕微，「他們什麼都沒了，在大船渡這裡我們還可以吃飯，還有臨時屋。」他說：「戰後，人們從垃圾堆中撿錫蓋房子，而這年頭的人只要沒有冷暖氣就要抱怨。」他對日本變得如此沒用感到不以為然。

大船渡確實如佐藤說的，逐漸開始恢復正常生活，大部分的臨海區域還是光溜溜的土地，但所有瓦礫都被清運走了，與海有點距離的地方設立了「臨時主幹道」，這一區全都是組合屋，搭在幾條以木頭棧板架高的街道上，有賣電子產品、化妝品、書籍、CD和蛋糕的商店，有啾啾服飾店——凡是像樣的主幹道，哪怕只是臨時的，一定會有這家店——還有一家專賣啤酒和煎餃的飯館。我來是為了看 Hy's Café 這間特別的店，這是下館博美和木村靖子合開的，她們正是很久以前我在海嘯過後，看到像難民般沿著鐵道走的兩位女士。原始的店已經被毀，如今復活了。

那一天，兩位女士在扭曲變形的鐵軌邊篩選著殘骸，下館在距離咖啡店舊址數百碼的地方找到一只小篩子，我離開後，她們又在廢墟中找到更多東西，包括奇蹟般完好無損的聖代杯、一只堪用的炒鍋、一台義式咖啡機和電動刨冰機，只是這兩台機器都損壞到無法修復，此外還找到被水沖成碎片的木製家具，以及幾張完好的不鏽鋼椅。「這些都還很好，」下館說：「我把它們擺在一邊，想說明天再來拿，但是等我回去找的時候，它們已經不見了。」

新的咖啡店溫馨舒適，菜單用粉筆寫在黑板上，冷麵沙拉是推薦餐點，我則點了「法式濾壓咖啡」。與我在冷冽刺骨的那天看見在廢墟中撿拾殘骸的女士一起喝咖啡，似乎有種超現實感，下館已經搬進小巧的臨時屋，在那之前她與哥哥住在一起，她的哥哥經營下館修車廠，但是經過一連串餘震，房子開始傾斜且角度有安全之虞，餘震持續了好幾個月，隨著每次震動，房子就又更歪了一點，下館於是決定搬家。她開始加入志工的行列，幫助分送日本其他地方送來的食品包裹，下館在東京有位當女演員的朋友，向她的相識收集了一堆衣服寄到大船渡市，沒多久漁夫的太太們就穿著東京時髦演員穿過的衣服趴趴走。下館說，更重要的是，大家都想再吃到新鮮的魚。海嘯發生幾個月後，他們看見捕烏賊船夜裡在岸邊閃著燈光就欣喜不已，「但我對於吃海裡的東西有種罪惡感，那麼多人因為海而失去生命。大家都覺得，等一百天會比較好。」她指的是佛教的服喪期。

Hy's Café 的店名，取自兩人名字「博美」（Hiromi）、「靖子」（Yasuko）的字首，下館擔心大家會不想或者沒錢外食，但自從這家小餐廳幾個月前重新開張以來，生意一直相當熱絡，兩位女士的心情也跟著好起來。「那天你看見我們在寒冷中一面看著地上一面走著，大概覺得我們很可憐吧。」木村說。現在少了口罩的她就像變了個人似地，漂亮且穿著得宜，手機吊飾是一隻小小的粉紅泰迪熊。

木村說，大船渡市比沿海其他城鎮的復原速度快，受災更嚴重的陸前高田都還不能建造暫時的主幹道，即使如此，大船渡的人口從海嘯以來微幅縮水，當地居民漂流到東京或仙台謀職，而仙台也是「重建熱潮」的中心所在，兩位女士不知道一旦搬出臨時屋該住在哪裡，她們曾經討論過在山丘蓋房子，但一切都還未成定數。「山丘上沒有很多適合蓋房子的土地，」下館說：「他們可以把山夷平來蓋公寓，但我認為很難說服大家搬去住。所以城市本身可能需要重建在這裡。」她的意思是跟原來一模一樣的位置。「他們可能需要運土過來把地墊高。」沿著整條海岸線的土地最高下沉五英尺，使得住在海邊比過去還要危險，就算找到合適的土地，下館也不知道有沒有財力來蓋一棟新房子。有些人還在替已經被沖到海裡的房子付房貸。

咖啡店的牆上有一張音樂會的海報，主秀是一個名叫 Deftech 的嘻哈樂團，負責暖場的則是地方樂團「Lawblow」，這場音樂會將在當年七月舉行，Lawblow 錄製過名為《回家吧！》的音樂錄影帶，唱的是大船渡老百姓走過滿目瘡痍的街道，但也唱出他們對重新出發的希望。木村說，這是首純粹的傷感之作，人們聽到時總會掉下淚來。幾位客人走進咖啡店，其中兩位小姐想趁晚上出來透氣，她們各點了一杯生啤酒，以及凱薩沙拉、薯條和一份毛豆分著吃。下館趕緊去準備食物。她衝進廚房時說，咖啡由店家請客。

大船渡這個大家庭似乎凝聚了起來，從廢墟和空地上打造出類似城鎮的地方，但是大船渡市可不是一般的城鎮，有人告訴我，雖然車站的小小建築物被沖刷殆盡，但這鎮上有一位計程車司機，還繼續在電車站外等候。這令我想起忠犬八公每天晚上在澀谷車站外等待主人的故事，有一天主人猝逝而沒有出現，不灰心的八公第二天晚上又回到車站等候，九年來這隻狗每天都回來等，直到嚥下最後一口氣。我不禁想到，大船渡市這位忠實的計程車司機也是如此，在不存在的車站，等候著不存在的乘客下車。

從佐佐木一義帶我進入首都飯店看那殘破的內部以來，發生了許多改變。首先，佐佐木以一千四百票的高票當選市議員，首都飯店依然空蕩蕩，但他們已經計劃在海平面以上六十英尺的另一個地點蓋一間新的旅館，工程預計八月開工，數億日圓的資金將由政府提供。舊飯店的經理大山義盛（音譯）表示新飯店會是舊飯店的一半大小，預計二〇一三年春天完工，大山原本希望將飯店重建在原址，他說這座飯店當初設計就是禁得起海嘯，因此海浪雖然衝進來，但主結構仍然完好，他舉出他的理由，只是其他人都反對，他們說，飯店客人對於睡在海邊會感到緊張，他們寧可選擇地勢較高所帶來的安全感。

陸前高田過去所在的平坦谷地也見不到瓦礫的蹤跡，過去殘骸所在的地方冒出稀疏的草，將土地重新交給大自然，我在一個涼爽的夏夜來到這裡，從山谷上的制高點聽見鳥兒的鳴囀和孩子打棒球的聲音，大約十來棟建築物還保持過去兩萬三千名住民居住時的樣貌，然而就連這些也破敗不堪，曾經住在這裡的人們到了臨時屋，或者跟親戚朋友到周邊的山丘上，有些人整個遷走，恐怕再也不回來，超過一千九百人死亡。幾輛車子沿著依稀記得的格子狀道路在谷地緩緩前進，道路再過去就是海，平靜如一面淡藍色的鏡子，很難想像它曾經翻天覆地將建築物和人們淹沒，松木的香氣從四周茂密的樹林傳來，只是海岸邊的七萬株松樹已經不見。我站在一根高數英尺的石柱附近，柱子上刻了三一一這個日期。小小的紀念碑標註了水位曾經到達的最高點，它就像沿著海岸邊散見的古老石頭記號，用來警告後代的子子孫孫。

「船」對陸前高田的許多人來說就是一切。三月十一日，當地殼停止搖動，海岸的水開始在泥水池裡翻攪，代表海嘯即將來襲，這時許多漁夫趕緊衝向他們的漁船。六十歲的菅野修一（音譯）沒有往山上跑，而是不顧女兒的反對下水，「沒了船就別想活命了。」他說。他決定拯救三條船中最大的那一條，於是讓這條船隨著即將來襲的海嘯漂流，這也是幾代以來漁民學會的生存技巧。「我一點也不害怕。我只想保護我的船，智利地震那次我們也是這麼做的。」他指的是一九六〇年半個地球外發生地震後，將陸前高田淹沒的那次海嘯。

失去船的人過著艱苦的生活。菅野修一的妻子、六十二歲的菅野幸子（音譯）說，政府的補償金發得又慢又少，「沒有錢，但就算有錢也沒有造船公司。要花好幾年的功夫，到那時我們全都老了。」菅野太太是個眼睛炯炯有神的堅強女性，家居服與運動褲外罩著連身圍裙，圍裙上夾著衣夾子以便隨時使用，「沒有船的人就撿海藻，這一帶的海藻很有名，不然他們就去工地或田裡工作，有些人什麼工作都沒有。」她說現在是海膽的季節，漁夫們紛紛採集最有價值的海膽，在日本各地都賣得高價，他們把鏡子裝在幾公尺長的桿子上，捕捉海床上的這種多刺生物，但是許多桿子都被大水沖走，於是工會成員爆發爭執，有些人認為，有桿子的人可以捕魚，沒有桿子的人卻不能，這樣是不公平的，當地還為了研究皆大歡喜的辦法而召開會議。

那天早上我遇見佐佐木議員，他帶我回到普門寺，身分不明的罹難者遺體裹著棉布裝在木箱裡，上回來這裡有三百具，這次只剩下二十三具，其他則是從遺體的DNA辨認或者由親戚領回。有一個箱子是新的，是那年四月颱風時將一名一年前在海嘯中罹難的死者遺體沖上岸。「我們百分之九十五可以確定是誰，」佐佐木說：「現在只缺DNA證據。」這具被沖上岸的遺體，身上的碎布是首都飯店的制服。佐佐木說，一定是一位海嘯當天失蹤的同事，「我們搭巴士逃難，但她開車接母親去疏散中心。」他哽咽地說著，然後沉默了。「我們覺得她回來找我們了。」最後他終於開口。

日本各地送來的物資被放在祭壇旁邊一排排架子上，有一罐罐運動飲料、果凍甜點、棉花糖、北海道餅乾。身穿藍色僧袍、紫色袈裟的和尚，指著寺廟屋頂的橫梁說，這是長十二間*的木頭，相當於八十英尺。「再也找不到像這麼長的木頭了，」他說：「當初一定是花了一整年才找到的。」這座寺廟建於十三世紀，可能是因為遭海嘯毀壞，十六世紀初在遠離海岸的地方重建。神龕上的佛像中，有一尊看似凶惡的半裸鬼神，一隻手握著劍，另一隻手上則拿著彈弓之類的東西，這個凶巴巴的神像騎在浪頭上，海浪豎起形成一圈。「這叫作浪切不動明王，是殺死海浪的神，」和尚說：「這間廟從古時候起，就保護人們不受海嘯攻擊。」

然而神力在二〇一一年顯然不夠。大船渡市緩慢朝海前進，至於陸前高田的受災之嚴重，據說永遠不可能在之前的位置重建。整個城鎮根據二〇一〇年的普查，有兩萬三千三百零二位住民，最後可能從海岸轉向山丘，這還是假設人民會留下來。佐佐木擔心，除非企業趕快重新開始營運，否則人民只能到外地謀職，註冊的居民人數已經減少到一萬九千人且逐月減少，陸前高田也和大船渡市一樣，計劃設置一個臨時的商店街，只是還沒決定地點，重建經費則從東京挹注，佐佐木說，陸前高田的預算增加了七倍——只是人手不夠。這裡約三分之一的政府官員在海嘯中罹難，留下來的人無論知識和專業技能都很欠缺，他們曾經計劃興建一座堤防，是之前沖垮的堤防的兩倍高，佐佐木有把握，這麼一來人們最終會再回流。「現在大家必須住在地勢較高的地方，但過一陣子他們就會遷回海岸邊，因為他們愛海也尊敬海，」他說：「他們知道，總有一天又會被海嘯襲擊，但就是情不自禁。那是他們的文化。」

一些重建工作已經開始，佐佐木帶我去城鎮外圍一處竣工典禮，慶祝陸前高田市立餐廳的完工，工程經費是由神奈川縣逗子市的人民捐獻的，逗子市的代表們也出席，木工師傅穿著叫作地下足袋的傳統靴子忙裡忙外，田野的一邊盡頭是一座新建穀倉的骨架，另一端則豎立了帳篷，志工們正在做炒麵和高麗菜，大罐清酒排成一排待會要喝，孩子們學著在巨型研缽裡搗麻糬，每次揮動大槌，群眾便吆喝著加油，舉起大槌的時候，一位老太太徒手潑水進研缽裡，在大槌子「咚」地落下前趕緊抽手，新建的屋子骨架裡有個小小的「神桌」，供奉了米飯、仙貝、鳳梨、香蕉、保齡球大小的蘋果、一瓶清酒和一尾被視為幸運魚的鯛魚，[3]屋頂上，木工師傅們正忙著把最後幾片夾板釘到正確的位置，當時的氣氛，令我想像起愛米許人（Amish）蓋穀倉的情景。

＊編註：日本舊制「尺貫法」的度量單位，一間相當於一．八二公尺，十二間則約二十二公尺。

幾個人上台講話，內容詼諧多過哀傷，接著和尚進到屋內，身穿紫色披風和黑色高帽，又叫作烏帽子。他從身邊的長筒抽出一個卷軸，將它展開，開始用一種半吟誦、半念經的方式讀出聲來，那幾乎是一種來自其他世界的聲音，就像某人在吹海螺般，文字本身倒是乏味得很，他點名建設公司，感謝木工師傅們，並且列出餐廳提供的食物項目，想像一位和尚用主禱文的節奏念誦「豬肉片、魚配飯、麵線」的樣子，父母叫孩子別出聲，要敬重神明，和尚最後以警笛般刺耳的聲音結束，這聲音從響亮的高音階漸漸變成柔和的低音階，終至無聲，「我們希望以後還有更多像這樣的典禮，」結束時佐佐木表示：「這就代表我們有進度。」

我想去看一株松，那棵歷經海嘯而倖存的兩百七十歲的老松樹，我從遠處看到它，一個背對海洋，纖細、孤獨的生還者象徵。我們將車開到它附近，它就立在一座小石橋旁，樹幹長且單薄，最頂端有一簇樹枝，它的高度超過八十英尺，但稍稍傾向一邊，樹幹底部的一半被用繃帶般的綠色東西裹住保護，路對面通往海的方向，有一棟蒼白的長形市政府建築物，一側傾倒，像是脖子在地上的雷龍。有位觀光客站在樹下往上凝視，原來她曾親身經歷過一九九五年的神戶地震。「這是奇蹟，對不對？」她搖著頭說。「七萬棵樹當中，這是唯一存活的。」佐佐木說，其實消息不太妙。技術上，這棵樹死了，海嘯過後，鎮民將它的樹幹覆蓋起來以抵禦雪和害蟲，他們在樹的周圍挖了一道大溝渠，又裝置一個基座防止滲入的海水把樹根鹹死，但是土地嚴重下沉，樹根還是浸在海水裡，日本各地的樹木專家前來檢視這棵樹，佐佐木說，正常情況下五月應該開花才對，但卻一朵也沒有。「即使盡了一切努力，專家們依舊宣告它死亡。」

筑波研究學會（Tsukuba Research Institute）的專家們後續又取走幾顆毬果，設法從種子培養十八棵幼苗，佐佐木對於處置這棵孤獨松樹的方式則是不置可否，他認為陸前高田應該忘記這棵死去的樹，把力氣集中在還活著的樹上面，但是這棵孤獨的松樹已經成為該市堅忍不拔的象徵，同時也是觀光景點——市長戶羽太主導了方向。「作為重建的象徵，這棵孤獨的松樹為本市市民提供了情感的支持。」他說。[4]

陸前高田的官員想到一個計畫。他們打算募款一億五千萬日圓（折合當時約兩百萬美元）作為行動所需的經費，並成立官方的臉書專頁「加油吧！陸前高田」幫助募款。[5]佐佐木解釋，這個概念是把樹送到京都，「像乾燥花一樣」保存起來，樹幹將切成九段，每一段挖空後，將碳棒插入重新組裝這棵樹成為以前的樣子。樹枝本身就比較麻煩了，計劃以原來的樹為模型，用高級塑膠製造出幾可亂真的複製品，佐佐木說，希望二〇一三年三月前，讓這棵樹回到目前的所在地，以代替原來那棵樹，成為海嘯兩週年的紀念。[6]我一面聽，一面想到這棵樹的意義、塑膠做的樹枝，以及京都工匠們安裝在樹裡的新奇碳棒，「奇蹟的松樹」既是原本的那一棵，又是新的；雖然死了，卻又保留了下來。將這棵樹以真實的樹的姿態呈現，會是頗奇妙的一件事，代表它戰勝了困境，它與過去的那棵樹不同，但某方面來說又一樣。我在那當下突然想到，用它來象徵日本，還挺合適的。

後記

二〇一一年地震海嘯後不久，傑出的日本戰後學者道爾想知道這場悲劇的震撼是否會激起改變，是否如他所說的，有個新的東西可能「蹦開」或「蓄勢待發」。多年來，人們一直在揣想日本該如何再度動起來，畢竟這個國家的歷史（至少表面）似乎是歷經長時期的靜止不動，之後又突然爆發許多轉型的活動。[1] 大的外部震撼會帶來決定性的方向改變，已經成為日本學者的陳腔濫調，十九世紀，日本在被殖民的威脅下，於一八六八年明治維新時期幾乎一夜間捨棄了封建制度；二次大戰的戰敗，則使日本藉由經濟而非軍事的手段追求「偉大」。

近年來有兩起事件似乎重大到足以催化劇變，第一是中國崛起，百年來全球勢力的最大移轉，而且與日本息息相關，日本曾在十九世紀斷然與中國決裂，二十世紀又與之激烈戰鬥。第二是一九九〇年經濟危機後的影響，首先是泡沫崩壞，而後以經年累月的通貨緊縮和失去經濟動能告終。人們將兩大震撼與黑船比較，黑船的來勢洶洶在十九世紀引發政治革命，兩件事確實都產生深遂的影響，激起日本社會和經濟結構的深度改變，但是無論中國的崛起還是日本的衰弱，都無法像一八六八年或一九四五年後，造成如此大規模的決定性轉向。

道爾問，海嘯呢？它是否打開日本的「空間」，讓日本在其中嘗試新的事物？他的問題讓我想到十年前一位財經首長說過的話，我們在東京一家法國小酒館吃午餐時，他接下來的發言著實讓我驚訝。「日本需要一場真正厲害的地震。」他的解釋顯然是刻意要讓我震撼，如此不但能使營造業欣欣向榮，更重要的是，會激發日本人在戰後展現的那種事在人為的精神，而這種精神因為富裕和傲慢而漸漸黯淡。過去的天災使國家做出重要的重新評估，只是這些重新評估不盡然對日本是好事。一九二三年的關東大地震將東京夷平，約十四萬人罹難，也使集體主義的傾向更為明確，地震後短短一個禮拜，大正天皇發布詔書，表示儘管「科學與人類智慧」有許多進展，但卻伴隨著「輕薄與奢侈無度的習慣」（地震摧毀東京東部吉原占地廣大的聲色場所）*他暗示這場災難是某種天譴，但是一九二三年的不幸中也有大幸，東京重建為一座現代都市，有地鐵、百貨公司、咖啡店、戲院和公園，道爾談及一個通俗社會的繁榮，至少曾經片刻帶來「成為世界一分子的真正意識」，他口中的現代東京「有加油站、電影院、舞廳」，二十年後「在空襲中全毀，成了一座消失了的城市」。[2]

二〇一一年大海嘯過後的幾個禮拜和幾個月，不祥的預感以及預感成真的可能性都

＊譯註：今日東京台東區一帶。

還存在著，有些人認為，經過多年潛伏的悲觀主義，大災難帶來的心理打擊把日本逼到臨界點，相反地，有些人卻覺得這場悲劇可能喚醒醉生夢死的日本，製造出道爾所稱的「某種清醒」。舉例來說，他想知道遭受海嘯吞沒的東北海岸能不能改建成「有未來感」的樣子（並不能），或者核子大災難是否使草根的反對運動動了起來，迫使政府重新評估能源政策。的確，反核意見驟增使政府如道爾預測的重新評估能源策略，日本大部分的核電廠停擺，老舊的能源壟斷者因為發電和配電事業分開而被拆解，些微競爭進入民生用電市場，政府設置慷慨的「電力收購制度」，鼓勵企業生產替代能源來出售，因而激起一些想像。近期加入的企業為巨型商社丸紅，其於二〇一三年宣布計劃在北海道國家公園調查地熱的蘊藏，日本科學家也宣布從海底沉積物抽取的沼氣，也就是所謂的「可燃冰」（fire ice），可望成為能源領域的重大突破——雖然這項技術還在初期階段。能源官員南龍（音譯）將它比擬成發現頁岩氣，這種氣體的抽取曾經為美國能源前景帶來翻天覆地的革命。[3]

然而在我著手寫這本書的時候，要宣稱日本抓住時機尚言之過早，政府當局以令人欽佩的效率清除瓦礫，但是對接下來該做什麼似乎沒有想法，尤其經濟變得更糟，企業加速海外投資，經濟體收縮。少了核能便多了能源和收支平衡的危機，日本需要花更多外匯存底來進口石油和天然氣，公共債務繼續攀升，政治人物似乎比過去更與現實脫節，換言之，日本夠強韌，但卻茫然不知所措。

接著，一件令人感到好奇的事發生了。二〇一二年秋天，就在我完成本書初稿後幾個月，一股明顯的樂觀主義——至少是明顯的期待——回到了日本。興奮的原因或許來自最想像不到的地方，也就是安倍晉三再度當選。安倍的第一任首相任期持續不到一年，說到底是個十足的災難，他的民族主義思想與時而反動派的堅強信念，完全不合廣大選民的胃口而一敗塗地，如今他像遲來的聖誕禮物般，於二〇一二年十二月二十六日就任，為什麼他再度當選首相，竟然沒有喚起人們恐怖的記憶？答案是，相較於安倍一世展現對修正主義的喜好，但是對經濟事務卻興趣缺缺，這次的安倍二世對經濟可是有備而來，就叫作「安倍經濟學」。

簡單來說，安倍經濟學是對人民心理的大膽實驗，有人稱為魯莽行事，目的是不擇手段趕走十五年來的通貨緊縮，雖比不上明治維新，但卻是政策的急轉彎，安倍確信除非擺脫通貨緊縮的陷阱，否則日本的經濟將永遠無法回復活力。他宣布如果再度當選首相，將強迫日本銀行達到百分之二的通貨膨脹率目標，換言之，他將在中央銀行安排一位主事者，他堅信通貨緊縮是全民的頭號公敵，而且銀行擁有火力來抑制它，這兩個想法都頗為新奇。

安倍傳遞的訊息簡明大膽，被許多人批為過度簡化且危險。他們認為日本的問題深入結構中，不是光跑跑印刷機就能解決，但也正是安倍經濟學這種幾近魯莽的大無畏精神，才讓人民的精神為之一振，多年來政策搖擺不定，這位領導者卻願意以破釜沉舟的決心，在恢復通膨的目標上放手一搏，無論你對他民族主義的信念有什麼想法，按照一位政論家的說法，安倍就是能「改變政治氣候」。[4]

前面幾章探討長期的通貨緊縮可能使經濟體失去「動物本能」，長久下來可能無法存續，這是因為當物價下降，舊的債務在縮水的大餅所占的比例隨之上升，當經濟活動減少，稅收也跟著減少，於是日本的公共債務就像吹氣球般，毛額達到產出的二．三倍以上，低利率使利息支付也跟著變輕鬆，但是債務還是不斷成長，日本多年來處在一種穩定的通縮平衡狀態，相當於經濟低溫狀態，但總有一天需要再度讓通貨膨脹的血液流遍它的血管。

如果安倍經濟學進展順利——不順利的風險當然頗高——日本將從通貨緊縮的均衡狀態和緩移動到溫和通貨膨脹的均衡狀態。假設達成安倍的百分之二通貨膨脹率，就能使年成長再多個百分之一．五，換言之，名目成長率會是相當健康的百分之三．五。如果企業賺錢，工資和稅收也跟著增加，包括公共債務在內的一切將開始有起色。「我們必須向萎縮的經濟說再見。」安倍這麼說。[5]當然，日本還是存在重大的結構性問題，也就是在勞動力下降的情況下，如何支應退休金與醫療的費用，如何提升生產力、如何與國際競爭等。但是它將脫離通貨緊縮的陷阱，進入更好的境地。

安倍經濟學共分為金融寬鬆、財政擴張和結構改革三大部分，安倍稱之為三支箭，來自十六世紀的大名毛利元就教導三個兒子團結就是力量的道理，大名解釋要折斷一支箭很容易，但是三支箭綁在一起就很難折斷。安倍幾乎一上任就射出第一支箭，他公布約合當時一千一百一十億美元的支出計畫，相當於國內生產毛額的百分之二，這筆錢將主要用在基礎建設，包括修理和興建防震道路、橋梁與隧道，而且是震不壞的橋梁，而不是沒頭沒尾的橋梁。第二支箭是任命新的央行行長來執行激烈的金融寬鬆政策，早在他相中人選前，市場就如預期般反應熱烈，日圓開始貶值，長期疲軟的股市也因為貨幣走貶，與通膨預期將為日本企業帶來價格競爭力而開始上漲。

安倍在日本銀行安置的人叫作黑田東彥，他是經管金融事務的老手，對央行無法處理通貨緊縮早就頗有微詞，操著流利英語的黑田曾經擔任亞洲開發銀行總裁，這是由日本資助的區域性機構，他具備恰到好處的嚴厲和靈活度來看管變化，從中央銀行的角度告訴驕傲的官員，多年來他們一切都搞錯了。在黑田上任後的第一次理監事會議上，央行同意政策轉向，二〇一四年年底前，把包括流通的紙鈔、銅板和電子貨幣在內的貨幣基礎加倍到約占GDP的百分之五十五，也是美國與歐洲各國的兩倍以上，為了達到這個目標，銀行將大舉提高買進政府公債的金額，因為一旦把政府公債買光，日本的銀行、退休基金和保險公司就不得不把錢投入不動產和股票等風險較高的資產，另一方面他們可以投資海外，如此將使日圓弱化。事實上，日圓貶值才是這項計畫的重點，只是官員基於國際上的江湖道義而不得不聲東擊西。但是二十大工業國和國際貨幣基金（International Monetary）樂見日本的新政策，就連華盛頓都支持。世界各國似乎在說，與其過度擔心通貨貶值，日本經濟恢復些許健康反而比較好，我服務的《金融時報》表示，各項新措施「可能是這個重要國家的央行所做過最大膽的實驗」，而專題報導的標題很簡單：「日本展開貨幣革命」。

二〇一三年五月，安倍經濟學成為定局後的半年，日本股市整體上漲百分之六十五，創幾十年來的最大漲幅，後來又進一步上漲，但是到了辛苦的六月，市場和評論員開始對安倍振興經濟的能力感到不安，於是股市些許下挫，但是曾經一美元兌換七十七的強勁日圓，掉到大約一百日圓，日圓的崩跌也為出口帶來強大的競爭力，中央銀行有信心達成通膨目標，於是將二〇一三年的成長預測上調至相當體面的百分之二·九。儘管市場不穩定，但是認同安倍經濟學的投資人繼續砸錢進來，其中一位開玩笑地告訴我，他的電子郵件最後都會附上一句「安倍萬歲」。[6]

安倍經濟學當然會有許多懷疑者。有些人說，新的政策會逐漸退燒，認為通貨緊縮是結構性的問題，源自人口結構和需求欠缺，想要透過無止盡印鈔票來解決終將是白忙一場，況且安倍經濟學也不是新東西，只是一味重複一九九〇年代借錢然後花錢、最後慘敗的政策。為什麼刺激政策用在今天就會比較有效？安倍暗示，這是因為過去的刺激方案是停停走走。「過去的確曾經射過這三支箭，但當時畏畏縮縮而且只敢一次一點，」他回到他最喜歡的比喻：「在我的計畫中，這三支箭是同一時間又快又狠地射出。」[7]

經濟學家極其喜歡追根究柢。有些受過枯燥科學訓練的經濟學家擔心的不是安倍經濟學會失敗，而是太成功。他們不是擔心造成通貨膨脹而是超級通膨，一位安倍經濟學的支持者，甚至把通貨膨脹比喻成用橡皮筋抽積木。首先積木一動不動，接著不受控制地往前掉，[8]憂慮之一是當通貨膨脹回來，儲蓄的幣值遭到腐蝕，於是錢會流向海外，如果外流的金額龐大，可能使政府欠缺所需的資金來滿足入不敷出的習慣，於是只好借外債或印更多鈔票，直到日圓貶到最低點，在此期間，政府會更難以支付公共債務的利息。通貨緊縮的好處之一，就是政府可以用超低利率借錢，如果利率開始上升，支付利息就會變得困難，此外資產負債表上有一堆政府公債的商業銀行也令人擔憂，如果利率隨通膨預期而上升，持有的債券價值就下降，[9]對銀行的償債能力將形成潛在風險，套用經濟學者伊藤隆敏的話，這意謂著踏上「窄路」。預測安倍經濟學將以災難告終的經濟學家不在少數。

其他問題還包括通貨膨脹對日本民眾的影響，如果工資不跟著增加，物價上漲就不是什麼好事了，通貨緊縮有助維持生活品質於不墜，但通貨膨脹卻可能腐蝕生活品質，四月麥當勞宣布有意調高漢堡價格二十五美分，但是員工工資並沒有等量增加，安倍要求日本企業提高工資以配合他的景氣恢復計畫，許多企業不為所動，但有些確實願意配合，連鎖便利商店羅森從二〇一三年四月起調高大部分職員的薪水達百分之三，但大老闆新浪剛史本身就是安倍的「產業競爭力會議」成員，豐田在幾年的艱苦經營後又回復健康，發給員工平均兩百萬零五千日圓的紅利（約合當時的兩萬一千美元），也是五年來最多。但是，如果希望勞工不會因為通貨膨脹而感覺變窮，類似的加薪要更普遍才行。

批評者也反對用錢把日本淹沒，而忽視了基本的經濟問題。他們問，如何透過印鈔票來鼓勵更多女性工作、引進更多移民，或者使企業更具創新力？關於這些，安倍「算是」有答案。他的第三支箭是結構改革，或者說是以創造更高競爭力為目標的法規鬆綁，除了放寬能源法規外，安倍提議也放寬商業農場以及醫院和養老院的規定，他重提特別經濟區的概念，區內享有租稅優惠且可以不受一些政府法規的限制，他甚至談論起讓更多女性進入職場，並且提議立新法，強迫企業至少將一位女性拔擢到高階管理階層，「女性是日本最沒有被充分利用的資源。」他呼應外國人多年來對日本說的話。[10]

安倍的第三支箭引來許多懷疑，聽在很多人耳裡只是口惠以及老調重彈，但是安倍依然語出驚人地承諾，日本將加入跨太平洋夥伴協定（Trans-Pacific Partnership，簡稱TPP）*，也就是由美國與幾個亞洲國家策劃多年的貿易協定——所有以英文縮寫代表的貿易協定中最醒目的，理由之一在於它不包含中國在內，對於鷹派的安倍來說不啻為一大誘因，其二，TPP的目標是制定法規來規範智慧財產權、非關稅壁壘、國營企業以及公開招標，可說是貿易協議中的勞斯萊斯，受縱容的日本農民對這個理念的反應一如預期地「恐懼」，但是贊成者主張TPP將逼得日本企業提高生產力，會是反制勞動人口下降的影響一股不可或缺的力量，「這是日本最後的機會。」經濟學家菅野雅明略帶誇張地說。[11]

至於安倍則是告訴國會，「日本經濟成長的前途，要看我們是否有意志力和勇氣，毫不猶豫地航向全球競爭的驚滔駭浪中。」過去就曾經針對島國的意義進行過辯論，究竟是要向內看並且防禦外來勢力，還是開放並且向外擴張。安倍顯然主張後者。事實上，有些日本企業領導人早就搶先一步，二〇一二年，日本企業花了高達一千一百三十億美元收購外國企業，金額僅次於美國，且遠高於中國的六百三十億美元以及英國的五百六十億美元。[12]光是孫正義領軍的軟體銀行，就提議支付兩百億美元取得美國第三大行動通訊業者史普林特（Sprint Nextel）以取得控制股權，日本企業往往在政府撐腰下，將數十億美元撒向新興亞洲市場，包括中國、印尼、印度和緬甸。日本快速成長的歲月已成過去，但它依然位在全世界最動態的區域。日本的企業可沒打算呆呆站在一邊。

承諾恢復經濟活力，還不是安倍唯一的賣點，選民當初也在尋找一個能挺身對抗中國的人。國際情勢的改變，使安倍的民族主義在許多選民心目中從負面轉成正面，就在他回鍋首相的前幾個月，中日關係因為東海五個無人居住的尖閣諸島，也就是中國所

＊編註：由於美國於二〇一七年年初退出，TPP遂於同年年底改組，並改名為「跨太平洋夥伴全面進步協定」(Comprehensive and Progressive Agreement for Trans-Pacific Partnership，簡稱CPTPP)。

稱的釣魚島問題陷入黑暗，東京認為這些島嶼早在一八九五年就納入日本領土，北京則說它們早在古時候就是中國的，只是後來被偷。二〇一二年夏天，高齡八十歲的右翼分子石原慎太郎在東京都知事任內做出最後的大動作，是開始募款購買並開發其中三個島嶼，目的當然是激怒中國，逼得日本政府不得不表明立場——結果如他所願。

「如果石原的計畫引來行動，將會造成日本和中國之間極端重大的危機。」日本駐北京大使脫稿的一番警告，結果遭到被撤換的下場。[13] 官方說法是，所有權的移轉並沒有差別，因為這些島嶼本來就毫無疑問是日本的，但是為了避免摩擦，日本政府決定封殺石原的計畫，自己買下這些島嶼，如此一來就可以讓這些島嶼繼續保持在未開發的狀態，緩和與中國之間的爭端。這真是個拙劣的外交手段，從北京的觀點來看，日本已經將這些島嶼「國有化」，於是對日本下戰帖。

二〇一二年九月，東京以兩千多萬美元買下島嶼的那一天，情況陷入緊張混亂。中國的五十七個城市爆發戰爭以來最嚴重的反日示威，上萬名抗議群眾占領街道，縱火焚燒日本工廠，將日本商店洗劫一空，如今擁有八百萬人口的古都西安，抗議群眾翻倒日本製的警車時，也代表他們不再把中國公安的警力放在眼裡，中國男子李江利（音譯）被逮到駕駛豐田的可樂娜（Corolla）汽車而被拖出車外，差點被用腳踏車鎖打死，[14] 成都有上千人遊行，一面橫幅上的文字更是令人不寒而慄：「就算中國屍橫遍野，也一定要把日本人殺光。」[15]

這就是安倍再度當選的背景。許多日本選民擔心安倍的修正主義傾向和社會保守主義，同時也對中國的企圖心愈來愈緊張，因此強人出線就成了民心之所向。安倍上任後表示會強化日本的軍力，甚至暗示可能會在尖閣諸島駐軍，他不僅挺身對抗中國，也包括南韓和俄羅斯，這兩個國家早在二次大戰就與日本有過激烈的領土之爭。[16]安倍的回鍋與中國十年一度的政權轉移剛好湊在一塊，新任中國總理習近平也不是省油的燈，現在尖閣周邊的海域幾乎每天都有中國和日本的海岸巡防船在對峙，雙方的激進分子試圖在遙遠的島嶼上插旗，二〇一三年一月十日，安倍上任後兩個禮拜，中國和日本的戰鬥機在尖閣上空糾纏，幾天後《解放軍報》（*PLA Daily*）報導，參謀總部下令各單位進入備戰狀態，可能是中國自從一九七九年越戰以來首見，[17]接下來的一個月，東京指控中國海軍將火控雷達在內的武器瞄準日本戰艦，如果日本船艦認定受到攻擊可以回擊，到時就可能擦槍走火（北京表示它只是使用正常的監視雷達）。日本防衛大臣小野寺五典稱其為「極端反常的行為」[18]，他暗示只要一個小差池，就可能導致戰爭。

將各島嶼提升到戰爭邊緣的策略具雙重危險，因為美國受到美日安保條約的規定，一旦日本遭到攻擊就會馳援，令北京憤怒的是，華盛頓確認尖閣諸島在條約涵蓋的範圍內，只是許多政策制定者私下懷疑美國會不會真的冒著美國人命的危險，來捍衛幾塊無人居住的岩石。[19]幾個月前，全世界幾乎沒聽過尖閣諸島，如今卻成了地球上最危險的戰爭爆發點，由十個會員國組成的東南亞國家協會（Association of Southeast Asian

Nations）祕書長比茲萬（Surin Pitsuwan）稱這些島嶼為「亞洲的巴勒斯坦」，[20]世界各國對新興勢力都有適應不良的紀錄，一位學術界人士計算，從一五〇〇年以來，當新興勢力崛起挑戰到統治勢力時，十五個案例中有十一個結果會是戰爭。[21]在這情況下，新興勢力是中國，統治勢力是美國，至於日本則是華盛頓在太平洋的代表，且背負許多自己的歷史包袱。

身為首相的安倍堅持日本決心捍衛毫無爭議可言的領土，「沒有一個國家應該低估我們決心的堅定，沒有人應該懷疑日美同盟的堅實。」他說。[22]隨著經濟露出一線曙光，加上他的支持率上升到七成以上，他開始展現民族主義者的色彩。四月，他連同幾位閣員獻上一株柏樹給靖國神社，在神社祭拜陣亡者的國會議員人數創紀錄地達到一百六十八名之多，幾年前我訪問他時，他說：「靖國神社在日本，建議首相不能踏上自己土地的某個地方是荒謬的。當他們（北京）發覺沒有談判餘地時，就會停止抱怨。」[23]

安倍也針對日本一九九五年為戰時暴行道歉一事提出質疑，他採用與東條由布子（戰時首相東條英機的孫女，於二〇一三年去世）相同的邏輯，質疑用「侵略」來形容日本在一九三〇和四〇年代占領大半個亞洲的行為。[24]他也加緊腳步，實現修改和平憲章的計畫，做法是改變第九十六條有關修憲程序的規定。他提議採簡單多數決來取代原來要求的參眾兩院三分之二同意後提交公投的規定。「實施以來已經超過六十年，它的內容已經過時。」他說。[25]日本自從一九四七年以來還沒有修改過憲法一個字，反觀德國自從一九四九年以來已經修改憲章整整五十八次之多，安倍想改變的，還包括回復天皇「一國之首」的角色，而不僅僅是象徵，以及重新確立日本具有發動戰爭的「主權」，儘管歷經六十年的和平主義，《中國日報》（*China Daily*）的社論仍替日本按上不知悔改的軍國主義國家之名，認為如果拿掉憲法束縛，十有八九必會作亂。[26]安倍政權則是忙著火上加油，舉行戰爭以來日本所打造的最大的海軍船艦下水典禮，這艘船名目上是驅逐艦，其實是艘不折不扣的航空母艦。安倍開始挑釁式地站在軍事裝備頂上露面，副首相麻生太郎的修正主義信念與上司相似，他不經意地暗示日本應該向納粹德國學幾招。「我們應該採用鴨子划水的方式進行，」他提到修改憲法的計畫：「有一天，人民發現威瑪憲法已經改成納粹憲法，我們何不學起來？」不可思議的是，這些發言沒有使他遭到撤換，而是叫人難堪到極點的澄清：「安倍政權並不以正面看待納粹德國。」[27]無怪乎傑出的學者甘迺迪（Paul Kennedy）在大約同一時間極其精準地下結論：「（日本）依舊對外面的世界感到不知所措，（同時）被它的過去箝制著。」[28]

在日本，許多人也因安倍的修正主義以及他對往昔傳統價值的嚮往而驚恐，東京大學國際政治教授藤原歸一表示，他對於計劃搬弄憲法中保護平等和個人權利的條款非常害怕，他說安倍的提議與其說是修憲，不如說是「卸除憲法的防護措施」。[29]大部分的反對意見都集中在對和平憲章第九條的威脅。「如果真是如此，所有事情都會接著來。」同志社大學的濱矩子說。「誰會在乎是不是美國人寫的，」她提到憲法源自美國占領期間：「這在根本上是很正當的文件，憲法是為了保護人民免於受強權欺壓，安倍的版本是人民對國家有責任，而不是國家對人民有責任。」[30]

自從一九九〇年代調查顯示三分之二的日本人反對修憲以來，這股力量有漸趨緩和的趨勢。但是二〇一三年國際民調組織（Pew）發現，百分之五十六的日本人反對修憲，[31]如果想修改憲法，必須將這個議題訴諸人民評斷，若是如此，大部分的日本學者表示，這個議案將會直接遭到否決，就連安倍也承認沒什麼把握。二〇一三年夏天，修憲的議題被擱置，而且已經不是第一次了，一個進步且獨特的和平主義文件受到如此根深柢固的支持，足見日本站在民族主義復興邊緣的想法並非事實。

我們不能以任何精準度假裝釐清了歷史的因與果，但是從安倍經濟學這種企圖使經濟恢復通貨膨脹的大膽做法看來，想藉由二〇一一年海嘯和崛起的中國這兩大衝擊，讓日本人民振作起來或許不無可能。回顧過去，地震和海嘯似乎撼動了日本的心理狀態，石原呼應過去大正天皇的說法，宣稱災難是天譴，雖然他的言論引來憤怒且不同以往地道了歉，但他仍牽動了某一條神經。或許他所謂的「自我主義」使日本的感覺變得遲鈍，或許日本的領導者多年來一直在愚弄自己，想像日本還是可能如往常般地跌跌撞撞走下去。海嘯帶來危機感，隨它而來的是經濟萎縮、日本企業擔心工廠設在斷層帶會禁不起天災，以及對外國能源的依賴，不是有位政治家就把關閉核子反應爐比喻成「集體自殺」嗎？但那正是他們在做的事。如今一個將戰後繁榮建立在外銷上的國家，卻長期處在外貿赤字，不久它的未來或許就典當給外國人了。即使沒有立即危機，但是日本還能坐視經濟衰退幾年？《朝日新聞》的船橋洋一不這麼認為。他說，東北亞是「叢林」，如果日本弱的話，東北亞就活不下去。[32]

於是中國趁虛而入。北京對尖閣諸島的堅定立場，令安倍從未如此地確信日本需要跟美國更靠攏些，這也是它同意加入跨太平洋夥伴協定的理由之一，安倍希望在辯論國際法規的會議桌上取得一個席次，如果要日本受到重視，就必須遏止經濟衰退，富國強兵的概念來自明治維新，也成為日本現代化的號召，[33]少了強盛的經濟，日本又如何期望兌現安倍提高國防支出的競選支票？更基本的在於，日本如何期待獲得世界重視，贏得它一百五十年來處心積慮追求的尊敬與身分？

二〇一三年安倍拜訪歐巴馬，宣示日本永遠不會成為「二流國家」時，就把這當中的關聯弄得一清二楚，他發表演講，題目是「日本回來了」，其中不只一次將經濟實力與國家安全連在一塊。「日本一定要強，首先是經濟強，其次國防也要強，」他宣告：「我將帶回強大的日本，強到足以為改善世界盡更多力。」[34]

由此看來，安倍經濟學是北京與東北並重，但也不全然是外侮或天災下的產物，日本自從泡沫崩壞以來，二十年間並不是站著不動，這點與一般的認知不同，繼任的政府試驗各種傳統或非傳統的政策，只為了讓經濟再度動起來，這些政策不見得有用，部分是政策本身的缺失，部分則證明了日本一九九〇年不動產和股票泡沫崩壞的打擊之深，日本勞動市場從此被翻轉，有時甚至為人們帶來不安，特別是與「終身僱用」無緣的年輕人。然而，企業因著這樣的改變下調工資而未導致失業潮，泡沫崩壞前的確定性，在困窘時期被更加複雜的變化取代，也使兩性關係發生變化，至於傳統觀念受到挑戰，以及經濟現實導致不同世代間的衝突，連帶改變年輕人與年長者的關係。就連政治都被改造。兩黨制逐漸成形，只是如今自民黨果決地拿回政權，後小泉時期的都市選民更具影響力，各政黨再也無法仰賴特定族群選民的忠誠，而必須詳細說明自己的政見——這年頭的各政黨竟然寫起宣言來。

儘管說到了孤立，但如今的日本企業比過去更全球化，你駕駛的豐田汽車可能在密西西比州的土佩洛（Tupelo）、也可能在日本名古屋製造，一百二十萬名日本人在海外生活——其中光是中國就有十四萬人——總人數是一九九〇年的兩倍，同樣地，儘管批評日本封閉是有憑有據的，但如今有兩百多萬外國居民住在日本，是二十年前的近兩倍。[35]

日本仍然與世界同步脈動，二〇一三年九月國際奧林匹克委員會（International Olympic Committee）淘汰馬德里和伊斯坦堡，選擇東京成為二〇二〇年夏季奧運的主辦國，儘管日本的問題接二連三浮上檯面，加上福島電廠持續外洩，委員會還是認定東京最有勝算，在財力與社會安定方面都足以輕鬆主辦奧運，一些日本人則將這項決定視為對國家多年來所做努力的肯定。

雖然我們漸漸習慣日本經濟衰退這項無法改變的事實，但它仍然安坐在世界第三大經濟體的位子上，是英國與法國經濟體的總和，也是印度經濟體的三倍，日本是亞洲最富有的經濟體，國民平均比中國人富有八倍，[36] 儘管問題不少，但依舊是非西方國家趕上先進生活水準的優良典範，[37] 我們或許可以認為，無論安倍經濟學是否可行，未來幾十年日本將依舊排在全世界的前五大經濟體。

一九八〇年代，世人誤以為日本在經濟上堪稱所向無敵，二〇一三年，把這個國家當作明日黃花也未免言之過早。儘管經歷兩次「失落的十年」加上林林總總的問題，但是報導日本自此一蹶不振也著實誇張了些。

二〇一三年九月於香港

新章

元年　寫在東奧之前

平成三十一年（二〇一九）五月一日，日本又來到了「元年」，這是從恢復天皇制度以來，每個新時代開始都會發生的事。新時代通常始於天皇駕崩後，但在這變遷的年代，明仁天皇改變傳統，卸下了菊花王朝的寶座。

天皇有意辭去三十一年來的職務，遭到政府內保守勢力和宮內廳的強烈反對，皇室猶如囚徒，被宮內廳拘禁在東京市中心的皇居裡。保守派堅守傳統，認為在位者必須鞠躬盡瘁，死而後已。

但明仁卻不這麼認為。說來諷刺，明仁深明事理與開通的程度，遠勝過為他發言的機構——至少勝過他所代表的制度。明仁不像現任首相安倍晉三在內的幾任首相，他會避免去參拜靖國神社，因為那裡供奉著被判罪的犯人；也會在官方場合中，為日本戰時的所作所為誠心懺悔，這點同樣超越了多數首相，然而天皇在重大事情上多半有口難言，只能以最隱微迂迴的方式來暗示他真正的感受。

因此，即使明仁於二〇一六年八月在鏡頭前表達出了退位意願，當時年近八十二歲的他卻並非直截了當地說出口。「身為天皇，我應避免針對現行的皇室制度做出評論，」他說：「我想以個人身分，向大家說說我一直以來的想法。」他提到自己的健康逐漸衰退，擔心終有一天沒有能力履行職務。「我們處在快速老化的社會中，今天我要向大家說一說，在天皇也年事漸增時所該扮演的角色。」[1]

明仁逐漸老去，成為日本這個高齡化國家的象徵，而「象徵」這兩個字是重要的。他在演說中多次使用這個字眼，指出根據戰後憲法，自己的角色是作為「國家的象徵」，也隱約是對憲法致敬。這部由美國人撰寫後強加給戰敗日本的憲法，剝奪了天皇的神格地位，明仁的父親裕仁是神，但是按照美國占領軍的首領麥克阿瑟的說法，今日的天皇不僅不具神性，就連君主都不再是，既不是國家的化身，更不代表國家的意志，就只是象徵而已。保守派對此深惡痛絕，他們長久以來都想修改憲法，賦予天皇該有的地位。明仁的演說明白表示他無法置評，又以日語特有的、細緻的遣詞用句，讓所有願意聆聽的人知道他誓死反對。

明仁退位的理由，不光是體力日衰。「一直以來，每當天皇過世，皇室會連續兩個月舉行盛大的哀悼儀式，之後的葬禮儀式則持續一整年，這些活動與新時代的典禮同時舉行，對參與的相關人等造成極大負擔，特別是在他們背後支持的家人。我時常思考著，是否可以避免類似情形發生……我由衷希望各位諒解。」他只差沒說他想離開。然而對民族性如此纖細的國家來說，他的意向再明顯不過，那就是天皇表明希望將職務交棒給年輕人。

而且要是個男人。皇室成員日漸稀少，缺乏男性繼承人，造就女性繼位的必要性，然而在保守派和民族主義者的反對下，這個想法旋即被擱置，儘管就天皇的立場，幾乎可以確定他會支持這樣的改變，但這爭議將留給下一代討論。二〇〇六年，明仁次子的妻子紀子妃產下男嬰，結束了一場可能的重大憲政危機。[2]

於是平成三十一年五月一日，明仁天皇退位，由五十九歲的長子德仁繼承。德仁似乎也是個開明的人，他極力主張保護水資源並以此為博士後研究的論文，但基於某些理由，這份題名為《十八世紀泰晤士河上游水運交通之研究》（*A Study of Navigation and Traffic on the Upper Thames in the 18th Century*）的論文，從未提交給他就讀的牛津學院（Oxford college）——或許是泰晤士河下游令他分了神。

德仁的妻子雅子是位平民，畢業於哈佛大學，深居皇室大院使她多次憂鬱症發作，而生下男性繼承人的壓力，更使她難以適應皇室傳統加諸的桎梏，十多年前德仁向記者表示，宮內廳曾試圖「否定」妻子的性格並妨礙她的職涯發展，又說「雅子為了適應環境而身心俱疲」，讓日本人民一窺他生活的蛛絲馬跡。然而，德仁有義務留在皇宮內，他登上皇位，成為世界上最古老王朝的第一百二十六任天皇。明仁在一九八九年登上菊花王朝的王位，而平成的意思是「成就和平」[3]，是在裕仁天皇駕崩的那一天選定的年號，日本曾經在裕仁的帶領下，於全亞洲發動浴血之戰，「和平」確實是後來幾十年的要務。那場戰爭以來——包括平成時代的三十一年在內——日本士兵無一曾在軍事衝突中發射過武器。

新時代需要新年號，而且跟過去一樣，必須要由兩個漢字構成。最後選定的是「令和」，在首相辦公室實況轉播的儀式中，官房長官莊重地舉起用毛筆寫了這兩個漢字的牌子。在此之前的幾個月以來，九位專家組成的委會員，以高度機密的規格慎重思索新時代的年號，依據規定，新年號必須饒富意義，卻又簡單到學童能夠書寫，且不能和近幾個年代的年號相近，同時要不具政治意涵。其中一個受矚目的字是「安」，意思是堅若磐石的穩定，可惜與現任首相安倍的「安」相同，於是這項建議遭到否決，委員們只得繼續找尋其他的字。

經過一番周折，令和成為新的年號，公布後短短幾天就出現在各處——包括可口可樂的瓶身，一隻受過訓練的海豹甚至銜著毛筆寫出令和兩字。話說回來，這兩個字究竟能包含多少意義？日文以其簡約婉轉為特徵，因此令和兩字在日本別具意義，「令」代表「好」或「傑出」，但也有「命令」、「指令」的意思，對某些人來說，後者的軍國主義意味就太過濃厚了。儘管安倍政權向右靠，但多數民眾依然對任何暗示獨裁主義的蛛絲馬跡心存顧忌，特別是年長的一輩。至於「和」就比較不具爭議，意思是和諧，這兩個字既可以解釋成「和氣滿盈」，也能代表「命令與和平」。首相辦公室發言人以書面向記者明確排除第二種解釋，然而只要新的年號一訂下來，就會由這一代、甚至未來世代的日本民眾賦予其意義。

不只如此，活在逐漸崛起且一直伺機報復的中國陰影下，儼然成為日本的隱憂。一千三百年來，新的年號首次不出自中國古代典籍，以此作為脫離中國的象徵，「令和」來自日本八世紀的詩集《萬葉集》，而日本自有史以來便想脫離中國文化統治的枷鎖。英國是透過備忘錄以及脫歐爭議來確立它獨立於歐洲大陸之外，日本則是藉由一本八世紀的古詩集來聲張其自主性。委婉的好處可見一斑。

「令和」兩字擷取自一首詩，描寫寒冬過後綻放的花朵。日本經歷了調適的年代，平成始自泡沫崩壞的一九八九年，之後是長達二十多年所謂「失落的年代」。本書認為這種說法在許多方面是有瑕疵的，但是快速成長的結束、中國崛起以及人口減少與高齡化，多少削弱了日本的雄心壯志，也令國民的心中蒙上陰影，新的年號或許預示日本將恢復集體平衡狀態與自我意識。將帶領民眾迎接東京奧運、也是日本戰後在任最久的首相安倍晉三，當然抱持著這樣的想法，保守派要安倍以安頓經濟、不向中國低頭及重申「日本價值」為使命，因此詮釋令和「就像美麗的梅花綻放，預告寒冬過後春天來臨，每個日本人都可以懷抱希望，綻放自己的花朵」。簡單兩個字的意義還真不簡單。

安倍晉三是日本二〇一三年爭取到奧運主辦國的關鍵人物，當時距福島危機才兩年，許多日本人對核子輻射的影響仍感到不安，安倍首相趕忙離開在俄羅斯舉行的二十國峰會（G-20），飛到布宜諾斯艾利斯去固票。他對著在場的國際奧運委員會評審委員發表了一番文情並茂的演講，向他們保證損壞的核能電廠已經在控制中，日本有能力在絕對安全的情況下主辦奧運。他告訴委員們：「核能電廠絕對不會、也永遠不會對東京帶來任何損害，直到現在都沒有發生與健康相關的問題，未來也將不會發生，我要用最堅定、最明確的方式向各位保證，情況已經受到控制。」[4]

其實並不盡然。儘管如此，日本還是以六十票獲得壓倒性勝利，使得居次的伊斯坦堡僅獲得三十六票。土耳其競選失利，是因為鄰國敘利亞的戰爭與土耳其國內的反政府示威使人擔憂，且後者一直以暴力壓制政府申奧的決定。另一個競爭對手國西班牙及其首都馬德里，則是陷入不景氣的泥淖中。當世界進入政治外交動盪不安的混亂時期，依舊處在核子危機中的日本，顯然被認為是最安全的選擇。於是日本這個「亞洲的瑞士」被誤解的「無趣和可預測性」，突然成了優點。

很快就有人針對日本二度成為奧運主辦國加以解讀。一位日本評論員向《紐約時報》表示，在面對中國以亞洲統治勢力之姿重新崛起之際，主辦奧運幫助日本克服自卑情結。「奧運讓日本有如重獲新生，深切感受自己還是充滿生命力。」安倍對奧運的重要性亦深信不疑：「申奧成功的喜悅甚至勝過我贏得選舉。」三年後，在二〇一六年的里約奧運閉幕式上，安倍一改平日嚴肅的形象，穿上藍色西裝，披上紅色斗篷，頭戴紅色帽子，手上抓著一顆紅色的大球，以超級瑪利歐的裝扮慶祝勝利。安倍這位日本民族主義的縮影以及謹小慎微的保守主義者，也玩起角色扮演來。

東京申奧成功也有其黯淡的一面。就在奧運比賽前一年，七十一歲的日本奧委會主席竹田恆和因醜聞辭去職務，儘管否認指控，但這位前奧運馬術障礙賽的參賽者、同時也是明治天皇遠親的人物，被法國調查員指控支付兩百萬美元給一家名為黑潮（Black Tidings）的新加坡公司，企圖賄賂奧會代表。該公司的經營者為帕帕・瑪薩・迪亞克（Papa Massa Diack）的親近友人，迪亞克本人則曾任國際田徑總會的塞內加爾行銷官員。日本調查宣稱支付的款項一切合法——據稱是顧問費，但這件事對日本來說並不新鮮，根據奧運歷史學家安德魯・詹寧斯（Andrew Jennings）所言，東京還曾經利用高級應召女的服務，來確保取得一九六四年的奧運主辦權。

本屆奧運與一九六四年日本首度主辦的東京夏季奧運相隔六十餘年，日本廣大民眾記憶裡的那場盛事，是戰後面對世人的一大成功。我的老友、日本新聞界的老前輩船橋洋一，回想起舉辦第一次東京奧運時社會正處在動盪時期。船橋現年七十五歲，有著令人羨慕的好體格且思路清晰，他生於戰爭尾聲，當年是個十九歲的小夥子，而他那個世代的人們，都全力擁護象徵放眼未來新世代的奧運賽。

船橋用沙啞的嗓音說道：「我非常興奮。那個時候，我還是個大學生。」我來到六本木的**Ark Hills**大樓，他經常在那裡接待客人。一如往常，我忘記依規定繫上領帶，但這次負責照管前檯的服務生故意對我服裝的缺失視而不見，從這一點或許也看得出日本不似以前那樣拘謹了。船橋說：「那是我們那一代的黃金年代。日本更清楚未來走向，徹底告別過去。」他指的是脫離過去把日本推向戰爭的意識型態。「奧運是在慶祝這樣的徹底告別。我們重獲新生。世人終於接受、甚至祝福我們。」

有很多值得興奮的理由。日本傾注大量財力來改造東京，在一九六四年東京奧運的短短二十多年前，這座城市被美軍轟炸到只剩灰燼。建設東京的計畫包括打造一萬棟辦公和住宅大樓、二十二條高速公路和高架快速道路，以及二十五英里的地鐵線。此外還有整修、擴建位於東京灣附近人工填海而成的羽田國際機場，並且在機場和市區間打造一條輕軌，這條輕軌時至今日依舊充滿未來感——儘管不久因為成本巨大，只得縮短建造區間。

日本政府打造了幾座一流的體育場，包括為游泳競賽所建的國立代代木競技場，自高處往下的弧形屋頂融合了西方與日本建築，這座由建築師丹下健三設計的競技場，在建造當時是全世界最大的懸吊式屋頂，此外日本也試著為東京增添綠意——當時的東京是個為了繁榮不惜犧牲居民福祉所打造的水泥叢林，也是骯髒的都市。5

改頭換面的不光是東京。最大的亮點，或許是日本人趁著奧運熱，揭開新幹線子彈列車這個嶄新的科技產物，並趕在奧運開賽的十月十日前九天開始營運。新幹線以世界最快的兩百一十公里時速運行，大幅縮短了東京與日本第二大城市大阪之間的距離，也向世人宣布，日本是和平科技的先驅。近七十年後，無論是英國或美國都還無法匹敵。一九六四年的東京奧運首次用電腦追蹤比賽成績，也是第一次以彩色畫面轉播特定的賽事。如果說奧運是為了向世人展示未來的日本，那麼它也是向過去致意——奧運聖火是由誕生於一九四五年八月六日的人點燃，一顆原子彈就在那天讓大半城市灰飛煙滅。

一九六四年是心理上轉變的一年。日本當時即將接待空前眾多的外國人，有大約三十五萬人來訪，其中大部分是西方人，這樣的觀光人數遠比日本兩千年歷史中的任何一年都要來得多。相較之下，本屆奧運預計將有四千萬人訪日，肯定是觀光產業的盛事。日本直到一九六四年之前一直嚴格控管國人出國旅遊，只有商務、外交、技術任務或參與運動賽事能出國，主要是為了保存外匯存底。奧運那一年，所有類似的限制都被取消，當世界開始發現日本，日本人也開始發現世界。當時的日本就跟現在一樣，苦於不知如何向外人呈現自己，為了鼓勵民眾在一九六四年的奧運期間展現端正的禮儀，官方還張貼公告，警告國人不得在公共場所隨地便溺及穿睡衣外出[6]（上海舉辦二〇一〇年世界博覽會時，也針對穿睡衣外出提出類似的告誡）。船橋說，當時主辦單位請來一流的法國大廚，確保外國訪客——至少是出得起錢的外國訪客——吃得滿意。

一九六四年，外人對日本所知甚少，更不知道經濟復甦正在悄悄改造這個國家。而日本人想讓世人刮目相看。由於預期到自己國家的語言文化的複雜性，政府委外精心設計了一套標誌，從廁所門上的標示，到代表每種奧運賽事的圖像在內，幫助訪客在城市中暢行無阻。日語或許曾經從中國引進文字意象，但是現代的圖像標示以及近期放諸四海皆準的表情符號，卻是日本送給世界的禮物。

船橋回想起柔道。高頭大馬的荷蘭人安東・赫辛克（Anton Geesink）的表現方式，似乎透露出他所蘊含的武士道精神。柔道在當時首次成為奧運的比賽項目，雖然日本占有絕對優勢地位，但赫辛克卻取得無差別級競賽金牌，也贏得了數百萬日本粉絲。「日本人對於柔道被接受、成為正式的比賽項目感到很興奮，我們很高興看到一位身高六呎的荷蘭人，完全接受柔道的比賽規矩。像這樣的事不勝枚舉。很多事代表了對日本的肯定，這部分應該保持下去，同時有些部分應該捨棄。」奧運是日本在運動上的勝利，其總共贏得了十六面金牌、五面銀牌和八面銅牌，運動往往反映國家的經濟實力，這番成績僅次於美國和蘇聯，同時也預示了未來。一九六〇年代末，日本成為全世界第三大經濟體，對日本人來說，比賽的最大亮點要屬女子排球隊的勝利，這群「東洋魔女」在冠軍賽中克服身高缺陷，打敗身材魁梧的蘇聯隊，奪得金牌。那場對戰以彩色畫面現場轉播給目瞪口呆的日本國民，直到今日，許多日本人仍舊未曾忘記那一刻。「我們搞不好都還記得全體隊員的名字。」船橋說。

在歷史的美化下，東京奧運看似美麗無瑕，絕大多數日本人的記憶是日本的重生和重新被世人接受，但其實當中也存在著黑暗面。丹谷幸吉是位備受敬重的跑者，也是日本自衛隊的一員，自衛隊在許多日本人的心目中，依舊與過去的軍國主義綁在一塊，而丹谷則讓這個組織臉上有光。他極度渴望贏得馬拉松金牌，這種需要紀律與耐力的競賽項目，在日本人的認知裡十分重要。賽事恰好在奧運的最後一天舉行，運動員來到競技場，進入最後幾圈的比賽，丹谷跑在第二位，看來勝算不大。到了最後衝刺時，他被英國跑者超越，落居第三。幾年後，丹谷因為苦於背部舊疾，加上歸咎自己戰術失利而感到羞愧，於是刎頸自殺。他被發現時已經死亡，手上還抓著當時獲得的銅牌。

奧運那年還發生了一件事。一九六四年，和美日均無外交關係的共產中國並未參加比賽，但也沒閒著。就在開幕式後六天，中國在新疆戈壁沙漠引爆核彈，向全世界宣布自己成為全球第五大核子勢力。船橋說：「那個舉動確實徹底撼動了日本。這件事連同其他事情，或許多少開始改變日本人對中國的罪惡感。中國為什麼要選在那個時間試爆核彈？目的是什麼？這些問題立刻被提出來。當時沒有人知道答案，但現在知道了。」

六十幾年後，日本的情況不同當年。第一次東京奧運後的日本飛快成長，直到一九八九年的經濟軟著陸。而中國早就超越日本，成為亞洲第一大經濟體，更在二〇〇八年於北京主辦了盛大的奧運比賽，成為繼日本和南韓之後亞洲第三個奧運主辦國。船橋說，如今中國製造運動健將幾乎跟它生產鋼鐵和手機一樣輕而易舉，如果在本屆奧運沒有拿到最多獎牌，那才讓人吃驚呢。

一九六四年，日本處在優越地位，國家充滿希望。而如今的日本安定繁榮，只是最風光的日子已成過往——或者說，人們這麼認為。一九六四年的日本顯然比現在年輕許多，年齡的中位數為二十七歲，與當今快速成長的孟加拉差不多，但此刻的日本卻是除了摩納哥以外全世界最老的國家，年齡中位數為四十七歲，與德國相同，而義大利則是四十六歲。為什麼日本在高齡化的警訊上總是名列第一，而德國卻經常被視為工業持續成長茁壯的例子？日本和德國的女性平均只生育一．四個孩子，遠低於保持人口穩定所需的二．一個孩子，只是德國對移民採取較開放的態度——儘管二〇一五至二〇一六年間從中東湧入一百萬難民後，德國開始檢討其移民政策——才使兩國有所差距。

日本經常被認為是生育率極低的國家，殊不知，它是全世界八十五個生育率得以保障人口不減少的國家之一，如果繼續維持目前的水準，近年來日本的人口其實是微幅增加。低生育率國家包括幾乎所有歐洲國家、大部分的東北亞和東南亞，以及幾個拉丁美洲國家，例如巴西。值得注意的是，中國也在其中，早在中國的繁榮達到日本的水準前，其勞動人口就已經在減少，如果按照某些抨擊日本的人所堅稱的，低出生率是國家邁向衰亡的凶兆，那麼日本並不孤單。

一九六四年，日本的年輕人口正在攀升，如今老年人口一年增加超過三十萬人，這現象無疑將帶來許多問題，特別是年金和老人照顧費用來自日漸減少的勞動人口的稅金。許多人認為老年社會也比年輕社會較不具創造力與經濟活力，果真如此，年齡中位數是十九歲的非洲大陸，經濟前景肯定看好。若要說日本在人口結構上的困難，那是跟勞動力規模相對可支領年金的人口數有關，無關於一般人往往錯誤認知的絕對人口數。一九六四年，日本人口為九千八百萬人，如今是一億兩千七百萬人。以目前的減少速率來看，日本的人口要好幾十年才會回到比較充滿希望的一九六〇年代。

心理測驗顯示，人類對失去的厭惡勝過對獲得的喜悅，在樂觀的一九六四年，日本人均所得遠低於一千美元，相較之下，陰鬱的二〇一九年則是約三萬九千美元。根據一篇文章所示，一九六四年僅有四分之一的東京居民家中有抽水馬桶，其他人則是利用水肥車收集糞便，之後運送到附近的稻田做肥料。在當年奧運的準備工作如火如荼地展開之際，水資源短缺問題嚴重，以致要採取配給制，東京的蕎麥麵業者必須減少營業，神道教的神官則表演祈雨舞蹈。[7] 無論從什麼標準看來，今日的日本都遠比過去繁榮成功，但年輕的雄心壯志總是比安逸養老更令人興奮。

這一屆東京奧運的構想比較有節制，據稱這是在經濟成長趨緩和緊縮的時期較合適的做法，但其實不然。事實上，本屆奧運將會是驚人地昂貴——因為日本驚人地富有。然而，最初東京賽事的提案，有一部分是以「儉樸」作為對國際奧委會的賣點，每屆奧運都因為預算超支和工程延宕而讓奧委會跳腳，主辦奧運根本無法促進經濟，反而成為禍害，很少有已開發國家會搶著做。日本再三保證自己已經具備多數基礎建設，這不啻是大好消息，東京方面表示，賽事將只花費七十三億美元，遠低於二〇〇八年北京奧運花費的四百五十億美元，日本也不會像二〇一六年的里約奧運那樣，到開幕式前幾天才七拼八湊完成競技場和道路。

東京確實將重複使用當初為一九六四年奧運所建造的許多建築物，包括日本武道館。武道館是日本柔道界的終極目標，後來則是外國搖滾明星的演唱會場，披頭四跟巴布．狄倫都曾在此舉辦演唱會。柔道比賽以及之後也被納入奧運比賽項目的空手道，都會在日本武道館舉行，至於如今依舊充滿現代感的國立代代木競技場，則將用來舉行手球比賽。安倍首相之所以否決札哈．哈蒂（Zaha Hadid）設計的主要體育競技場，據說也是基於成本考量，該座競技場預計至少耗資二十億美元，而它的外形卻被嘲笑像是腳踏車的頭盔乃至馬桶座等，有些人則推測是因為日本還沒辦法接受奧運的主場館是由一位生在伊拉克的外國建築師所設計的。東京採用了日本建築師隈研吾較為內斂的作品，他把經過多次嘗試的木板用在設計上，而二〇一六年去世的哈蒂當然聲稱這個決定是因為排外心理和過度吝嗇。儘管當局保證不花大錢，但東京奧運很可能一點也不便宜。一九六四年，承辦奧運比賽促使東京大幅翻新基礎建設和公共運輸，當今日本已經擁有令全世界豔羨的公共運輸系統，然而這次還是計劃了兩條新的鐵道路線，其中一條將使東京車站到成田機場的時間從五十五分鐘縮短成三十六分鐘，加上其他許多和運動賽事密切相關或不怎麼相關的公共工程在內——其中之一是建設一座儲存天花疫苗的設施——支出金額將膨脹到至少兩百五十億美元，而且可能持續增加。

有人指出，這將使日本當前的巨額國債更加沉重，但它對健全日本的經濟體質卻有所助益——不管那些烏鴉嘴說的——這筆支出已經被吸收，且除了建築工人明顯短缺以外，並沒有其他顯著的影響。女性在日本的大樓工地做工已不少見，但這或許並不值得讚美，因為就在眾人忙著裝點東京好讓世界留下深刻印象的當下，幾乎所有的建設工事都集中在首都，於是重建日本東北方受海嘯重創的海岸線一事就遭到忽視。

這一屆的東京奧運和任何一屆一樣，不可能沒有問題。一開始是東京奧運與殘障奧運的會徽公布後旋即被撤下，原因是和比利時某劇院公司的標誌設計類似，此外，不同於一九六四年奧運是在涼爽的十月，這次主辦單位屈服於來自美國電視網路的壓力，將在暑熱濕氣嚴重的七、八月間舉行，使這個決定成為運動員本身不樂見的商業利益讓步。

一如一九六四年，日本擔心自己的語言文化會使外國訪客感到困惑，經濟產業省公布委外製作的全新標示，讓訪客得以免於城市的紛擾，克服文化差異帶來的困難——此刻的日本人覺得外國人不了解自己是件再令人高興不過的事。國際奧委會負責該業務的委員會對某些原創標誌感到頭痛，包括一個圓圈和三條曲線的圖案，這個符號指的是遍布日本各地的溫泉，但主辦單位擔心訪客誤以為是可以喝的湯，於是將這個圖案改成三個人在洗澡，只是結果可能同樣讓人困惑。[8]

就算訪客總算知道如何區分喝的湯和泡的湯，但障礙還不只如此。雖然紋身已經成為世界大多地方常見的時尚表徵，但在日本卻依舊讓人聯想到黑道，因此大部分的澡堂會婉拒有紋身的客人，這在奧運期間也可能是個令人頭痛的問題。二〇一九年世界足球賽時，主辦其中幾場比賽的別府（也是大分縣的溫泉勝地）就很有冒險精神，製作了一份「紋身ＯＫ」的溫泉地圖——至於到時奧運會不會有一份「提供熱湯」的店家地圖，就不得而知了。

雖然日本很想呈現在後現代外表下安適自在的國家形象，但從某些議題中，隱約可見它和其他國家的關係有時仍有些彆扭。近年日本終於誕生了一位稱霸世界的網球選手大坂直美（Naomi Osaka），她於二〇一八年美國公開賽的決賽中擊敗小威廉斯（Serena Williams），之後又在澳洲贏得第二項大滿貫，這樣的大坂理應成為日本在奧運會上的閃亮明星——但問題來了。二〇一九年，大坂面臨了一個選擇：她究竟是不是日本人？生於日本的大坂三歲以後就在美國成長，換句話說，她擁有雙重國籍。根據日本從明治時代以來的法律規定，凡年滿二十二歲就不得持有雙重國籍，但隨著擁有雙重國籍的人數逐漸增加——部分是因為有些日本女性不願嫁給男性同胞——許多人無視規定，默默拿著兩本護照，假裝只擁有日本國籍。高知名度的大坂擁有美國護照的事當然藏不住，就在二〇一九年十月、二十二歲生日的那天，她被迫做出選擇。一位《每日新聞》的評論員以略帶誇張的語氣寫道，大坂的案例「如果處理不當，可能拖垮政府」。[9]

某位高層人士向我表示，日本曾經下定決心要在世界各國的人於奧運當年來訪之前，選出一位女性首相，據解釋是希望緩和外界對日本在性別平等上有點跟不上時代的印象。就某一點而言，女性首相不無可能，小池百合子便可說是日本史上最成功的女性政治家。她曾任電視節目主持人，而且會說阿拉伯語，在前首相小泉純一郎任內擔任環境大臣，推行「清涼商務」（Cool Biz）節能運動，也曾擔任防衛大臣和國家安全顧問。

二〇一七年，小池決定參選首相，某位新聞記者形容這個驚人之舉猶如「被相撲力士呼巴掌」[10]，最初的反應是一片叫好，同一篇文章寫道，日本第一位女性領導者的大位「近在咫尺」。但結果並非如此。就在選舉即將到來之際，反對陣營分裂，挑戰首相之路也就無疾而終。小池在回顧戰敗的過程時表示，日本的天花板不是玻璃做的，而是「鐵板一塊」*。在撰寫本文的此刻，安倍晉三的二十名閣員當中有一名女性成員片山皐月，文件資料載明她的職務為性別平等以及賦予女性更多權力，也包括地方創生和規制改革。

除了少有女性從政，本屆東京奧運的訪客來到的會是什麼樣的地方？完成本書第一版五年後，距離上回訪日已經好一陣子，我於是在二〇一九年春天回到日本感受當地的變化。我離開日本太久，以致當計程車車門自動開啟、廁所裡的馬桶蓋自動打開時，都令我吃驚。我這個「日本通」又變回外行人，但至少這表示我比較會注意到自己不在的這段時間，日本發生了哪些改變。

就連成田機場的入境隊伍都有些小事令我震驚。成田機場是人們前往東京所使用的兩大機場之一，僅次於以較為俗豔、便利之姿再度成為國際樞紐的羽田機場。成田機場導入了一套系統來解決入境的人龍，日本的觀光一片榮景，二〇一二年至今，訪日人數增加近三倍，愈來愈多日本人敢於測試自己的英文實力，就連皇居外的一位警察都把我叫住，在護城河邊用不太流利的英文與我聊天——這是我過去從未遇到的。

此外，英文標示愈來愈多，如今東京地鐵的廣播也包含該站的編號和站名，應該是為了幫助訪客優遊在這個錯綜複雜、連結都會區三千六百萬人的網絡。在這套新系統下，T-03 代表高田馬場站，四谷三丁目則成為 M-11。許多新訪客來自亞洲，特別是中國，據說這陣子在香噴噴的銀座百貨公司，聽見用普通話說的「歡迎」多過用日文說的。

＊編註：小池百合子於二〇一六年當選東京都知事，並於二〇二〇年七月成功連任。

訪客大量湧入，一部分是因為日圓貶值，而日圓貶值本身是貨幣寬鬆政策的產物，後者也是安倍經濟振興計畫的核心，即所謂的安倍經濟學，目的是使日本脫離通貨緊縮的停滯不前。如今是數十年以來第一次有部分物價還上揚，哪怕只是微幅。地鐵月台販售著一種我最愛吃的甜食，以往售價是一百日圓，後來多了八塊錢，變成一百零八日圓，儘管物價微幅上升，但日圓貶值加上一窩蜂興建專門提供背包客投宿的旅館，使得日本成為比較實惠的旅遊勝地，各國也不再老是嚷著日本經濟低迷，因為他們自己的經濟也不妙。相反地，「酷日本」的概念已經深植人心，成為這個國家的主要印象，許多人想到的日本不是債務、通貨緊縮和一堆老人，而是流行文化、漫畫、電玩、古怪的街頭時尚和漂亮的設計。幾年前，東京的餐廳在米其林指南中奪得的星星多於法國餐廳或任何其他城市，洩露了一個大祕密——東京是世界的美食之都。

於是，過去曾經讓入境的外國人感到冷清的成田機場入境大廳，如今交雜著各國語言和旅客。新的通關手續讓我回想起過去參觀的一處佳能的生產線，該生產線員工表示，只要稍稍改變製程，就能加速生產。現在成田機場把查驗乘客的程序分成兩部分，第一階段是由一位機場人員用手持式機器替訪客捺指紋，這台機器一次可以讓兩人按捺。安檢完畢，入境審查員只消一秒鐘查驗護照後，就揮手讓訪客入境。入境申請表格上的問題也精簡到極致，因為資訊老早存入電腦，諸如護照號碼、有效期限和出生年月日等問題都一概被刪除。

從新的通關程序得以管窺日本服務業正在進行一場安靜的革命。日本人不光持續思考如何提高效率，負責讓旅客按指紋的職員還多半是六、七十歲的人，勞動市場吃緊，有許多工作可以讓退休後想再度就業的人去做——其中多數是女性。以往遠落後世界各國的日本女性勞動參與率，已經一躍超過許多西方國家，只是許多女性從事的依然是薪資較低的兼職工作。

機場外，東京的餐廳、商店和大樓充斥著外國工作者。日本微調移民法律，讓外人較容易在這個國家居留和工作，只是依然嚴格控管永久居留權的發給，更別說是公民權了。有些人認為「培訓計畫」不過是利用廉價勞工罷了，但就像我一直以來猜想的，日本採取精心算計的步驟，把它那出了名嚴格的移民政策開一道後門，以解決國內面臨的勞動力短缺問題。我待在日本的多半時間裡，批評日本不遺餘力的人提出勞動市場的兩個互相拉扯（在我看來是互相矛盾）的擔憂。一是服務生產力的低下，對此我解讀成品質高但昂貴，所有的鞠躬和包裝都要花費時間和精力。二是高齡化的日本恐怕會無人力可用。我認為這兩個問題會互相抵消，日本的勞動力短缺時，就會削減一些可有可無的講究，或者用機器、電腦和更有效率的系統來取代人工作業，一如成田機場，按個鍵就能提升生產力，其他的人力不足，則由謹慎的移民政策來填補。

實際情況似乎正是如此。有天早上我離開飯店房間時，注意到門上貼了一個不起眼的標示，上面寫著四個日文字，意思是房間不會被清掃。一問之下，才發現我無意間預約了一個房價比較低、沒有每日清掃服務的房間，當天晚上我來到知名的澀谷十字路口一處中價位的餐廳用餐，在門口迎接我的服務生，照樣用正式的日文請我把鞋子放進小型鞋櫃，然後領我穿過鋪著榻榻米的地板，來到餐桌前。我翻了翻菜單，察覺沒有人來替我點餐，又過了一陣子，才注意到餐桌上有一個小小的平板裝置，我才剛點完餐——想必是把資訊直接傳送到廚房了——食物連同清酒就送來了。

於是我開始注意到日本各處都有類似的省工策略。在澀谷車站的 French Jean Francois 麵包店，顧客用金屬夾子夾起想買的東西，櫃檯人員卻不再幫忙結帳，而是請顧客把錢投入結帳櫃檯所設置的機器，機器會吐出正確的零錢，員工不再需要經手錢，就能專心沖泡咖啡、加熱糕餅和服務顧客。日本人還是喜歡使用現金，現金交易約占百分之六十五，是其他已開發經濟體平均值的兩倍，[11] 但這種情況將會改變，愈來愈多消費者被勸誘使用電子支付、甚至使用目前在中國逐漸受重視的瞳孔辨識科技。日本的便利商店已經在致力發展一套無人商店的原型，當貨品從貨架上被拿下時便會記錄並自動結帳。

自認長期以來對日本抱持樂觀看法的經濟學家賈斯柏·柯爾（Jesper Koll）告訴我，日本的經濟狀況相當良好。安倍政權的過去幾年來，日本的人均所得成長率還不錯（雖然不是很驚人），安倍經濟學為經濟體注入新生命，撇開長年的低迷，平均每年日本人都更富有一點。他說由於勞動市場吃緊，年輕人顯得炙手可熱，我曾經讀到，百分之九十七的日本大學畢業生一畢業就有工作，這個比率是在其他任何地方都沒有的。工作機會多到辭職變得相當常見，過去不認為跳槽是好事，如今則相當稀鬆平常，善於發明的日本人想出一種「辭職代行服務」，使那些想辭職的人省去遞交辭呈的尷尬——請人幫你辭職大約得花三百五十英鎊。[12]

柯爾說，全世界只有在東京，領星巴克的工資還買得起公寓。根據他的資料，領取平均薪資的人，不到五年半就買得起一間距離市中心通勤一小時以內的公寓，換做倫敦、紐約或北京可是想都不用想。泡沫期間，日本人的房貸要好幾代才還得清，在這趟於正常的日子，人們也比較買得起房子，進入勞動力的人口數減少使工資緩步上升，儘管增幅不如一個失業率近於零的經濟體來得快。柯爾說人口結構不但沒有拖垮經濟——至少此刻是如此——反而是件好事，「日本正處在人口結構的有利點上，我想重新生為二十三歲的日本人」。他用他特有的風格，像個指揮家似地揮著長手臂說道：「人口減少意謂年輕一代的經濟價值上升。預測日本將會是所有先進經濟體中，唯一還能看到新的中產階級崛起，以及這一代的青少年會比父母過得更好的地方。」

但並不是每個人都這麼認為。日本還是會逐漸體會到勞動市場的區隔，換言之，一部分的人口穩坐高薪的工作，另一部分的人（有時被稱為非正規僱用者）則是辛苦從事著臨時或兼職的工作。許多被創造出來的工作機會是低薪且相對低技術的，過去孕育出平等主義神話的日本，近來開始關注所得不均和貧困問題。日文的「格差社會」——指貧富懸殊的社會——已經成為日常話題的一部分。

大約百分之十六的日本家庭生活在相對貧窮中，這個模糊的概念，定義為所得中位數的一半，這對先進國家的標準來說相當高。雙薪家庭的比率從一九八〇年僅占所有家庭的百分之十五，到二〇一六年占結婚家庭的三分之二，反映的不僅是女性逐漸獲得解放，更代表需要兩份薪水才得以維持可接受的生活水準。[13] 二〇一八年的得獎電影〈小偷家族〉，描述某個家庭的成員全都靠偷東西為生，這個家族是在各種因緣際會下組成的，成員年齡不一，包括面黃肌瘦的孩子乃至領年金的老人。故事往往反映現實。二〇一六年，年過六十五歲的日本人當中，有近兩千五百人因為順手牽羊而坐牢，比十年前多了四倍。

但整體而言，日本的經濟依舊有合理且良好的表現，幾十年前就被唱衰的日本債務將導致經濟崩盤，至今完全沒有實現。所得差距變大不是日本獨有的現象，富裕、高齡化的社會不太可能恢復到比較年輕的成長期那種青春活力。但是日本歷經多年心理和經濟的迷失後，似乎已經恢復某種程度的自信。

此外政治上也有些好轉。本書提出的問題之一，是二〇一一年的地震海嘯對日本整體的政治是否有激勵的效果，雖說不能妄下論斷，但是地震海嘯對日本全國帶來的震撼，似乎改變了它的政治和實體的版圖。二〇一一年之前，日本六年間至少替換六任首相，他們就像過客般來來去去。然而自從安倍於二〇一二年二度當選首相後，這位日本幾十年來最保守的領導者至今仍不動如山——或許他不可愛，但也移不走。

讓一位不具領袖魅力的民族主義者掌舵，或許不符合某些人的喜好，但無論喜歡或不喜歡他——許多日本人，尤其是老一輩的，屬於後者——安倍為日本政治帶來前所未有的可預測性，日本的政治動盪曾經與義大利不相上下，如今則成為堅定不移的範例。

安倍堅守他的意識型態，加上長久在位，使日本不再感到漂移不定。他要大家別再陷入戰時罪惡感而無法自拔，也不要被其他國家推著團團轉，相較許多保守且傾向民族主義的老一輩日本人而言，較沒有戰爭罪惡感的年輕世代更能接受安倍。不斷為過去的罪惡道歉，躡手躡腳只為了不觸動鄰國的敏感神經，特別是中國和南韓，逐漸令日本人感到不耐。

安倍骨子裡是如此，但他也是個務實主義者。為了不讓中國不開心，他克制自己不去參拜安置日本將士亡靈、具爭議性的靖國神社——即便他一定很想去。他不斷談到取消憲法中的和平條款，但是擔心可能無法通過公投付諸實現，於是他扭曲憲法的解釋而非憲法本身，推翻之前有關集體自我防衛的禁忌，並且出售武器給澳洲等盟國。此外安倍也和印度培養情誼，印度不僅是亞洲另一個崛起中的巨人，也是唯一看似可以跟中國獨霸勢力抗衡的力量。日本近來宣布將購買一百架 F-35 匿蹤戰鬥機，同時將兩艘最大的軍艦改裝成航空母艦，對於一個憲法上完全禁止擁有軍隊的國家來說並不寒酸。[14]

安倍對日本的國家安全和對中國採取較不妥協的態度，反而改善了與北京的關係。中國共產黨認為日本之前的領導者很好對付且沒什麼分量，如今倒是勉為其難給予安倍尊重。中國總理李克強說，中國願意和日本「回到正常的（外交）軌道」，船橋對此感到欣慰，即使日本和中國「在策略上不一致」，但兩國關係總算是處在比較平穩的狀態。

安倍跟華盛頓的交往，也把務實主義放在意識型態之上。當川普於二〇一六年競選總統時，提出東京必須付給美國更多的軍事保護費，且華盛頓甚至考慮完全撤除其在亞太地區的軍隊，此番言論使東京的保守勢力感到不安。對日本來說，川普的發言等於是威脅將戰後構成日本安全基礎的美日聯盟一筆勾銷，川普更表示，如果日本擁有核武將符合華盛頓的利益，而核武對多數日本人來說依然是令人厭惡的——甚至包括許多右翼人士在內。

當時川普也宣布美國將會退出跨太平洋夥伴協定，這個華盛頓精心設計、花了許多年說服日本加入的自由貿易協定，當初安倍冒著被批判的風險放手一搏，遊說國內稻農，完全聽從美國，川普當選總統後卻兌現承諾退出TPP，留下安倍和剛成形的TPP。川普接著又執行讓人難堪的類似策略，像是廢除美日雙方同意的對平壤政策，並且和金正恩展開高峰會，立刻將北韓暴君從被看不起的「火箭人」，變成一個可以和川普打交道的領導者。

日本如何應付這位最重要盟國總統的怪異行為？安倍的因應之道雖然不怎麼光彩，但證實有效——他成了川普的頭號馬屁精。安倍直覺明白這位總統當選人禁不起被人誇，於是當川普一當選，在就任近兩個月前，他趕忙去川普位在紐約川普大樓的住所致敬。這位日本領導人除了說些感動人心的話以外，還送給川普鍍金的高爾夫球棍，更別說莫名其妙地提名川普角逐諾貝爾獎。有一回川普訪問日本，兩人一起打高爾夫球，攝影機捕捉到正當安倍摔倒在一處沙坑時，川普卻若無其事地在球道邁步，[15]貼切象徵兩人的關係。

安倍的策略可說是符合了日本的國家利益。雖然川普不是每件事都令安倍滿意，但他不再嚷著要捨棄東京，把最不利的美國貿易制裁留給日本，相反地，川普把他的惡毒行徑給了中國，令東京竊喜，也讓北京無暇顧及和日本的外交戰。最重要的是，大部分的外交家認為安倍應付川普的方式符合眾人的期待，如果川普在二〇二〇年當選連任，日本內部甚至有意將安倍的首相任期進一步延期。最懂得應付川普的，非安倍莫屬。

安倍內心深處是個兩極化的人，即使很少日本人想得到還有哪個可靠的人能取代他。對日本為數眾多的自由主義選民來說，安倍把國家帶往令人不愉快的方向。除了用匿跡戰鬥機來增強日本軍力，自由主義者懷疑安倍有偏狹、威權的傾向，如果新聞媒體令他的忠實追隨者憤怒，他們會是殘忍無情的，但大部分的人在任何情況下都會保持平靜。二〇一五年八月的某一天，十萬民眾遊行反對重新詮釋和平憲法，這也是日本幾十年來規模最大的抗議活動，但當天晚上NHK的新聞中，卻花更多時間報導身體接觸到品質不良的塑膠椅會產生的問題。[16]

本書認為日本對改變的適應力高於世人的印象，但是日本也堅守一些不適合二十一世紀的社會規範。有件令我驚訝的事，是當我在後哈維．韋恩斯坦（Harvey Weinstein）時期訪問日本時，幾乎影響世界各個角落的 #MeToo 運動，對日本竟幾乎不產生絲毫影響。我注意到唯一的讓步，是六本木——以女公關酒吧和色情俱樂部聞名的夜總會地段——的高速公路上的招牌，拿掉了長久以來高調展示的字，這些字眼原本是這個區域的非官方象徵——然而標示上不再寫著「東京摸摸城市」（Tokyo Touchtown）。

我注意到外國女性對日本的態度，往往不如外國男性那麼熱情。有幾次我說日本的好話，都會被去過日本的女性（經常是出差）打斷，她們眼中的日本是個父權和厭女的國家。不只一位女性明白表示她們討厭一個國家讓自己有受辱和被施恩的感覺，就在我即將完成本章時，因緣際會來到了蘇丹，這個國家的女性行為受到伊斯蘭教法的嚴格限制。她們長久以來或多或少被迫在公共場所配戴面紗，通姦依法仍舊要受石刑——儘管這項法律從未實施過。然而有一位蘇丹的機械工程師告訴我，她在日本工作了六個禮拜，日本男人對女人的態度落後到令她搖頭，尤其是在職場。這些嚴厲的觀察，是無法輕易被漠視的。

日本或許也有屬於它自己的 #MeToo 運動。二〇一七年春天，二十八歲的新聞記者伊藤詩織與一位東京 TBS 的資深記者見面，希望獲得實習的機會，[17]他們吃了烤雞肉串、喝了啤酒，之後去餐廳用餐，伊藤指控當天晚上這位記者山口敬之把她拉進旅館房間，趁她意識不清的時候強暴她。她懷疑被下了藥。

山口否認指控，表示伊藤喝醉了，性行為是基於你情我願。伊藤去報警，但警方卻要她別報案，並且懷疑她的說詞，原因是她在回憶事件經過的時候並沒有哭。後來警方發現監視攝影機顯示山口攙扶著神智不清的伊藤穿過旅館大廳，才認真看待她的控訴。稍後一位計程車司機作證，進一步證實了她的說法。

山口曾經撰寫過安倍首相的傳記，且和日本政府關係良好。警方看起來已經準備好要逮捕山口，卻又突然基於不明原因撤銷了這個案子——伊藤被告知別再追究下去，但她沒有聽話。伊藤做了一件很少日本女性敢做的事，那就是將事件公諸於世。她舉行記者會，寫了一本名為《黑箱》的書，描寫她所面對的「可怕的性侵環境」。而日本媒體多半忽視這個故事。

慶應大學教授嘉治佐保子告訴我，整起事件說明日本在性別平權上多麼落後。她帶著怒氣說道：「日本人對這種事情非常退縮。」即使當局再努力，也往往無意間透露出脫離現實的思維。近來有項運動，本來的目的是強調安倍晉三的女性經濟學，也就是女性對職場的貢獻，結果卻產生令人難堪的反效果。張貼在全市的海報邀請日本女性「發光」（shine）——嘉治說，不幸的是，這個字彙的發音是日本人最忌諱的「去死」（shi-ne）。她嘲諷說道，日本盡最大努力鼓勵女性擺脫束縛，結果卻是要「女人去死」，語氣中充滿憤怒和絕望。

日本在其他方面有時也會回到老路。舉例來說，在福島的反應爐核心熔毀後，日本曾可望運用其在工業上的優越技術，成為再生能源的先驅。日本在水力、熱能和風力方面擁有強大的技術和天然優勢，但在安倍政權下，核能發電設施反攻，推翻在這地震頻傳的國家對核子發電廠的強烈反對，恢復了核子產業的生機。合理推測日本對核能如此死忠，一方面是基於國家防衛體制，另一方面也是因為能源遊說。當一個國家公開討論類似議題，並不代表其民主制度成熟。一位學者告訴我，日本最近出版的十一本中學教科書中，沒有一本提到福島核災。[18]對日本的學生來說，核電廠反應爐核心熔毀或許從未發生過。

最後是卡洛斯．戈恩（Carlos Ghosn）。這位擁有黎巴嫩血統、出生於巴西的法國商人，曾經被視為日本為了追求商業卓越而願意接納外人的代表性人物，大約二十年前，戈恩經營法國雷諾汽車公司，該公司擁有日產汽車持股，他因此被延聘為日產汽車公司的董事長兼執行長，期待力挽這家公司的頹勢。戈恩在提升效率上毫不手軟，因而贏得成本殺手的封號，使略為矮胖的他成為日本的性感象徵，同時也是企業界的搖滾巨星，其生平甚至被畫成漫畫加以頌揚。

但是二〇一九年，日本與戈恩的戀愛關係畫上了句點。二〇一八年十一月十九日，當戈恩乘坐的公司噴射機降落在羽田機場時，他被執法人員帶下了飛機。[19]幾家當地的媒體事前就完整摘要說明他被指控的犯行，但卻表示他們來到現場記錄戈恩「意外」被捕。同一天晚上，於二〇一七年代替戈恩成為日產汽車執行長的西川廣人召開記者會，表示戈恩愈來愈貪得無厭，把日產汽車當作他的禁臠。

戈恩後來因低報所得——主要是透過將八千萬美金遞延至他退休後支付——以及被控濫用公司資產遭到起訴，被監禁的他不得與律師或家人會面，被關在一間寒冷的牢房，沒有足夠的毛毯可以禦寒，且不得接受醫療照護，清楚說明這套仰賴自白以確保百分之九十九定罪率的司法系統是多麼不可愛。監禁五十天後，戈恩戴上手銬，腹部套上繩索被領進法庭，他被允許向法官做十分鐘陳述。他變瘦了，頭髮灰白，外表明顯變老。一位作家將戈恩「突然被逮捕以及無限期拘留」，比擬成蘇聯的約瑟夫·史達林（Joseph Stalin）。

你會辯稱，日本的司法制度在某些方面運作得比西方先進國更有效，因犯人數很少，犯罪率極低且許多情況以仲裁解決，而不是透過西方國家偏好的法庭攻防戰。然而戈恩的案子突顯了這套制度中較不被人接受的地方——把太多權力交在拚了命想證明被告有罪的檢察官手上。

人們也不能合理辯稱——就像某些人曾試圖證明的——戈恩受到的待遇跟其他所有日本被告相同。無論人們怎麼看待戈恩，說他貪婪、傲慢或違法，顯然是要用他來殺一儆百。包括東芝和日立在內的幾家日本企業，曾經有過嚴重的會計弊案，卻沒有一家企業的高階主管遭到同樣的追逼，因此很難讓人不覺得，戈恩為他被控的罪行付出高額代價，只是因為一個不折不扣的事實——他是外國人。日本是個喜怒不形於色的國家。旅日多年且在此之前就關注這個國家，我的觀點很少固定在一個面向。這沒什麼好驚訝的，日本就像多數國家，有著各種對比和矛盾，一如過去人們口中的印度，日本也可能與你所認知的完全相反。任何國家無疑都是如此。但根據我的經驗，很少有國家的人民是如此欣然訴諸陳腐過時的思維。

我真心喜歡的日本當中，有一面只出現在夜晚，日本人甩掉白天的拘謹壓抑之際。待在東京的最後幾晚，有天晚上我去了兩家我最喜歡的酒吧。兩家酒吧都隱身在這城市中，一家位在地下三樓，厚重的大門上沒有招牌；另一家酒吧則在一棟老舊不起眼的大樓二樓，只有幾個不清不楚的標示，暗示有個地方值得你爬上樓去。推開第一扇門後是令人意外的寬敞空間，籠罩在日本人最會應用的奶油色軟調燈光下，背景演奏著爵士樂，幾名服務員穿著無可挑剔的燕尾服站在半圓形拋光的木質大吧檯後，他們一身白西裝，繫上黑色蝴蝶領結，搖著銀白色的雪克調酒器調製雞尾酒。沒有酒單也沒有價目表，一位客人坐在吧檯邊的木質高腳椅，一位用幾近宗教狂歡的方式討論酒。是要點蘇格蘭或日本的稀有威士忌，要點古典雞尾酒，還是請用心的酒品專家替你精心調製？

如果你點威士忌加冰塊，端來的會是一顆圓圓的冰球，這是顆被削鑿後再用手工拋光到完美的球體。如果你點馬丁尼，會是用這款酒應該達到的精確動作和最嚴謹的態度調製而成。我點了一杯血腥瑪麗。服務員從一堆番茄中挑出三種形狀、大小和顏色深淺各異的番茄，不用說，這是精挑細選、經過多年嘗試錯誤的結果。調製完成的血腥瑪麗被裝在一只精緻、薄如紙張的玻璃杯中，當它放在吧檯上，那充滿細節的單純彷彿是一件藝術品。當然，這也是我喝過最好的血腥瑪麗。

第二間酒吧只需要搭一段短程計程車，店內氣氛完全不同，這家店只有一位酒保，就是老闆本人，年約六、七十歲的男士。他有時冷漠，有時熱心，讓你覺得能和他套交情是你的特權，而這種禮遇可不是每個人都有的。

吧檯不是很乾淨，最多可以坐八個人。老闆戴著一頂無邊圓帽，在兩個黑膠唱盤之間忙來忙去，一面要把唱針精準放在下一曲的軌道上，同時專心聽他大型耳機裡的聲音，確保兩首曲子之間沒有冷場。他趁著每次換曲之間製作雞尾酒，把舊式的下酒小點端給客人。每張被選中的唱片，封套都會被放置在牆上的架子，讓大家知道正在演奏哪張專輯，這是他對客戶服務做出的唯一讓步。這裡是他的地盤，他每天晚上工作到凌晨兩、三點。

這裡跟第一家酒吧一樣，沒有酒單和價目表，而且嚴禁點歌。店裡播放的音樂從伊吉・帕普（Iggy Pop）、大衛・鮑伊（David Bowie）、坂本龍一到黃色魔術交響樂團（Yellow Magic Orchestra），都是老闆自己的判斷。他猶如蜥蜴般靈活操作唱機轉盤，對自己的決定毫不猶豫，哪怕他有超過五千片黑膠唱盤可供選擇。他以一種威權式的怪癖經營這間隱藏在市街的小店，而這種風格是我喜歡的。

東京有上千家像這樣的酒吧，日本各地也是。每一間酒吧反映老闆的偏好、甚至是執念。就在前一晚我去的一家酒吧，老闆彈奏著西班牙吉他，還把樂器和歌譜放在顧客面前，請大家為他伴奏同時跟著唱。

古諺有云「棒打出頭鳥」，日語裡也有這句話。本書不希望落入這樣的思維，而是呈現一種不同版本的日本，也是在我心中較具可信度的日本。這是個更複雜也更有趣的日本，一個挑戰外界對其既有論斷或歸類的日本；這是個反叛者與保守者的日本，一個在小處太講究，同時精緻到令人喜悅的日本，一個改變與傳承的日本。在這三月的晚上，在東京一個煙霧繚繞的角落，有個頭戴圓帽、耳朵掛著一副大耳機的男人，正把傑克·丹尼爾斯（Jack Daniels）威士忌倒進他堅持不拋光的冰塊上，然後放上一片紐約女孩（New York Dolls）的唱片。這是一隻抬頭挺立的鳥。

謝詞

林婉華／譯

協助我完成本書的人物陣容有如托爾斯泰的追隨者，恐怕我得寫出《戰爭與和平》（*War and Peace*）那般巨作，才足以向他們表達謝意。

我在二〇〇一年末抵達日本，當初對於這個國家實際上是一無所知的，而在將近七年後離開時，多少沒那麼無知了。對於我那少許程度的進步，必須感謝那些年來認識的幾百位人士——不管是透過正式訪談，還是比較不正式的會面。為了撰述本書這個特定目的，我自二〇一一年三月的海嘯以來，已多次重返日本，又多訪問了數十位人士。在此不可能逐一列名感謝每位有所貢獻的人，但對於在這幾頁當中所有提及與未提及的人，我衷心感謝你們。

我們應當從頭說起。松谷美津子和壽時信子是《金融時報》東京分社的兩大支柱，很難在其他地方再找到兩位這樣優雅但堅毅的支柱了。她們協助我層層追溯數十位受訪者，有知名人士，也有無名小卒。特別是松谷美津子，她發展出一套脅迫技巧，讓最不願配合的人也願意屈服，以日語的細膩微妙來說，這實非易事。她們兩位也在我東京生活的各方面支持我。不用說大家也知道，我欠妳們倆壽司大餐，而且其他方面還欠得更多。

我在試圖增進日文能力時，曾於兩個寄宿家庭住宿月餘，我也要謝謝你們。金澤的西田（Nishida）家，特別是淳子（Junko）和浩史（Hiroshi），感謝你們大方向我介紹日本的各種樂趣，從茶道到深夜拉麵等。金澤將永遠是我最喜愛的日本城市。我也要謝謝九州犬飼的雅也（Masaya Shin）和良枝（Yoshie Shin），他們開放自己的家給我和來自亞洲各地的學生。在你們美好的屋子裡，我用功讀書，準備最後的一級日語測驗，且在許久之後，開始著手撰寫本書。

我也想要感謝我的日語老師，包括金澤的下家浩一（Koichi Shimoie），以及東京的後藤博史（Hiroshi Goto）和小山明子（Akiko Koyama），我從他們身上獲益良多，不僅學習到文法和單字，也認識了日本本身。很多記者想要掌握一個國家的脈動時，會尋求計程車司機的看法，而我則是尋求你們的意見。

在《金融時報》的部分，我要特別感謝萊昂內爾．巴勃（Lionel Barber），我們才華洋溢且生氣勃勃的編輯，他十五年來始終支持著我，同意進行這個計畫。我能為如此優異的新聞組織工作這麼多年，確實相當幸運。本書中的許多資料，特別是關於小泉純一郎任職首相期間的資料，原先都是為《金融時報》所做的研究。我也要感謝理查．蘭柏特（Richard Lambert）和約翰．桑希爾（John Thornhill），兩位當時分別擔任《金融時報》的編輯與亞洲版編輯，在那麼多年前竟有勇氣派遣一名對日本一無所知的人到東京，看看他能產出什麼成果。在我出發之前，約翰．普倫德（John Plender）和我詳細討論過日本，有些我們當時討論的主題在本書中起了相當重要的作用。再往前追溯，我要熱切感謝已故的迪克．霍爾（Dick Hall），他本身是位人道主義者，也是「非洲援手」（Africa hand）的先驅，是他鼓勵我加入《金融時報》的行列。同樣也要感謝《金融時報》前非洲版編輯麥可．霍曼（Michael Holman），還有過去幾年優秀的《金融時報》旅遊編輯麥可．湯普森—諾爾（Michael Thompson-Noel），早在其他人看到任何潛能之前，你們三位就對我的寫作抱持著不可思議的信任。

而在東京，我一定要感謝強大的前任同事吉蓮．泰特（Gillian Tett），她始終慷慨地與我分享她的聯絡門路和建議。在《金融時報》分社，則要特別謝謝中本美智代（Michiyo Nakamoto），她是知識與智慧的泉源，還有過去與現在的同事土野健（Ken Hijino）、貝森．赫頓（Bethan Hutton）、戴維．伊比森（David Ibison）、今井敦子（Atsuko Imai）、露易絲．盧卡斯（Louise Lucas）、班．麥克蘭納翰（Ben McLannahan）、巴揚．拉赫曼（Bayan Rahman）、葛溫．羅賓遜（Gwen Robinson）、馬里科．桑查塔（Mariko Sanchanta）、喬納森．索布爾（Jonathan Soble）及林賽．維博（Lindsay Whipp），我從你們身上學到很多。我也要感謝我東京職務傑出的繼任者王明（Mure Dickie），他可能是你遇過最厲害的劍道大師。

在香港部分，我要特別感謝狄米崔・史瓦斯托普洛（Demetri Sevastopulo），他對於日本的了解遠勝於我未來能力所及，但他總是鼓勵我盡己所能地學習。在《金融時報》的日常新聞營運中，他還協助創造了一個小空間給我，讓我在每日繁忙的工作中也能思考寫作的事。我在《金融時報》的助理派翠西亞（Patricia Wong）確保了我的生活盡可能平順，如果沒有她，我會錯過飛機，還可能把這份原稿遺留在計程車後座。此外，《金融時報》的傑夫・戴爾（Geoff Dyer）和漢妮・桑德（Henny Sender）也從我可能沒有考慮到的角度，提供了我關於日本的寶貴觀點。

我要感謝閱讀本書各個章節、甚或全書的諸多人士。他們的評論確實寶貴無比。肯尼斯・派爾是位了不起的日本歷史學者，在他眼中我一定就像大學生般，笨拙地嘗試在一個章節中解釋從一六〇〇年延伸至一九四五年的歷史，但他卻仁慈地為我審閱內容。我親近的日本友人梶美沙子（Misako Kaji）也察看了好幾個章節，那種小心謹慎的程度或許只有她能做到。如果書中有不恰當的逗號，請容我致上誠摯的歉意。

緒方四十郎閱讀了談論日本戰後經濟復甦的章節，其中包括出自其自傳的一節。他一直是我在東京最喜愛交談的人之一。他反對偶像崇拜，是個國際主義者，以自己的方式追隨十九世紀偉大的自由主義思想家福澤諭吉。我也有幸得以認識比他更知名的妻子（這是他說的，不是我）、前聯合國難民署高級專員緒方貞子。傑出的日本政治學者傑瑞德・寇蒂斯（Gerald L. Curtis）評論了關於小泉純一郎的章節，同樣極為慷慨地和我分享他的時間及多年來的敏銳觀察。

喬納森・索布爾、王明和羽田佳惠（Kae Hada）檢視了部分或全部海嘯及海嘯後的章節，謝謝你們的協助與支持。一位在香港的朋友朱晉酈（Jennifer Zhu Scott）閱讀了好幾章，提出了有用的意見。拉胡爾・傑克布（Rahul Jacob）則看了早先的一章，對於我撰寫的內容寬容以對，讓我決心繼續寫下去。巴尼・喬普森（Barney Jopson）是我在東京的前同事，以他慣常的精確度和敏感度讀過了整份原稿。我希望他已原諒我推薦他回到倫敦成為我們的會計通訊記者（後來他就逃到紐約去了）。

經濟方面的章節，有幸獲得無與倫比的馬丁・伍爾夫（Martin Wolf）檢視我的作品，他是《金融時報》最聰明的首席經濟評論員，記得當時我誠惶誠恐地將自己努力的成果寄給他。我還想要感謝基斯・福雷（Keith Fray），我們在《金融時報》的統計負責人，他提供了我許多數據資料。形容自己是日本最後一個樂觀主義者的傑斯珀・科爾（Jesper Koll）、摩根大通（JP Morgan）首席經濟學家菅野雅明，以及花旗集團（Citigroup Inc.）經濟學家村島喜一（Kiichi Murashima）全都讀過相關章節，並且幫助我了解日本這些年來的經濟情況。他們孜孜不倦地提供我個別指導，現任標準普爾（Standard & Poor's）首席經濟學家的保羅・謝爾德（Paul Sheard）、阿克斯投顧（Arcus Investments）中兼具野蠻智慧和精敏機智的彼得・塔斯克（Peter Tasker）、大和總研

（Daiwa Institute）的智者田谷禎三（Teizo Taya）、現在任職於新加坡銀行（Bank of Singapore）的理查·傑拉姆（Richard Jerram）也都扮演了類似的角色。我和日本專家克萊德·普雷斯托維茲（Clyde Prestowitz）曾進行多次深具啟發性的對話，他閱讀了日本戰後經濟復甦的章節，提出了重要的建議。

說到經濟，我最感謝的是日本銀行（Bank of Japan）的諸多人士，多年來他們花費數不清的時間向我解釋貨幣政策、通貨緊縮以及結構改革的錯綜複雜。這些人士包括現任總裁黑田東彥、前任總裁白川方明、現任副總裁中曾宏，以及兩位前日本銀行主管平野英治和堀井昭成。日本財務省現任和前任官員中，我特別想要感謝竹內洋（Yo Takeuchi），他的幽默與洞察力讓人耳目一新，而大村正樹（Masaki Omura）則幫助我更了解大阪，此外當然也要感謝宮崎成人（Masato Miyazaki）。我還要感謝東京大學的伊藤隆敏以及竹中平藏，他們始終是我最強大的助力。

而提到閱讀章節和提供建議時，我一定要感謝傑夫·金士頓（Jeff Kingston），他可說實際上逐字閱讀了原稿，提供了翔實且最豐富的評論。我厚顏地汲取他對於日本廣博的知識，以及他的廣大的人脈網絡。我感謝他的智慧，但最重要的是感謝他的友誼和鼓勵。他的妻子大澤真知子也很有想法，尤其是在幫助我詮釋社會趨勢方面。她曾為了跟我談話，搭乘新幹線遠行數百英里。

在「最重要」的清單中，我一定要感謝瀨上俊樹，他是我一位優秀的朋友及勇敢無畏的攝影記者。在海嘯發生後，他隨即與我遠赴飽受肆虐的東北海岸，後來又去了兩趟，兼任司機、攝影師、修理工等角色，甚至當食物短缺或時間不夠時，他還要負責下廚。我永遠都會心懷感激，雖然我一直都沒把那個蓋格計數器帶給你。

俊樹也大方地讓我在書中使用他為大船渡市和陸前高田市拍攝的精采照片。此外我也要謝謝太田光（Hikari Ohta）和英賀廣志（Ega Hiroshi），他們幫助我理解濃厚的東北地方口音，更重要的是，在這幾趟北上旅程中，他們提供了美好的友誼。

在其他方面幫助過我的人實在多到難以勝數。然而，如果不提及這幾位，恐怕我會無法原諒自己。船橋洋一是他那年代傑出的日本新聞記者，他多次招待我享用午餐，但更重要的是，他與我分享了無可匹敵的經驗與洞視。濱矩子多年來一直和我分享許多關於日本挑動人心的點子。嘉治佐保子寫給我許多長篇電子郵件，且慷慨地同意我引用其中一封內容。我最初是在倫敦結識岡本行夫，他極大方地付出了他的時間和敏銳的分析。武田一平是尼吉康企業的執行長，他教導我許多有關日本生意的知識，還招待我到京都高級餐廳享用精彩絕倫的美食佳餚。千葉明則一直是我在日本文化和態度方面可靠的傳聲筒。

在談論複雜的事務上，卡爾·伍夫倫一直都極有助益，也很體貼我在新聞工作上的努力，他的著作《日本國力之謎》富有驚人的原創性和深刻的洞察。雖然我和他們不太熟識，但我的英雄約翰·道爾和無與倫比的日本文學學者唐納德·基恩，曾花費了數小時和我討論本書的部分主題。已故的詹姆斯・阿貝格蘭在剖析日本商業如何運作的領域上堪稱先驅，他總是給我協助和鼓勵。派翠克・史密斯（Patrick Smith）是作家也是學者，對日本有廣泛的知識，一直以來都惠我良多。

我也很感激武部康夫（Yasuo Takebe）和的場順三，他們大力幫助我探索安倍晉三的政治根源。谷口智彥、鈴木浩和四方敬之多年來勤奮不懈、見聞廣博。歲川隆雄是個日本政治家很難對他保守祕密的人，他總是樂於分享得來不易的消息。同時也要感謝前經濟財政政策擔當大臣與謝野馨，以及後來擔任環境大臣而廣為人知的小池百合子，兩位總是為我騰出時間。

我也特別感激彼得・帕納門塔（Peter Pagnamenta），他親切地寄送一箱資料到香港，裡面包含了寶貴的珍藏資料，是他出色地探討日本戰後崛起的BBC紀錄片系列「Nippon」，其中的精彩訪談內容對書中〈魔術茶壺〉那一章來說非常寶貴。

在東京，我有幸擁有許多志同道合的夥伴。我親愛的朋友戴維・戴利（David d'Heilly）如同蘿蔔浸在湯中般沉浸於日本文化。他和妻子湯淺志津（Shizu Yuasa）大力協助我進行研究和詮釋，後者更發現模糊難解而多彩多姿的歷史片段——包括陸前高田市七萬株松樹的起源，而這正是本書的開端。

我也有幸擁有其他親近的友人，包括山口玲子（Reiko Yamaguchi），她大膽地將一次公車站的偶遇轉變成親近而持久的友誼。而飯田和人（Kazuto Iida）自一九八〇年代與先父在倫敦求學以來，一直和我們保有良好的友誼。史蒂芬（Stephen Barber）和喜美子（Kimiko Barber）夫婦經常造訪東京，在我們多次共享佳餚時，他們總能提供溫暖的話語和啟迪人心的談話。我永遠不會忘記有一次史蒂芬看到帳單時，彷彿見鬼般臉色發白。

致我在企鵝出版集團的編輯，美國的安．葛多夫（Ann Godoff）和英國的賽門．溫德（Simon Winder），謝謝你們。這是我的第一本書，我很確定假以時日會大放異彩。安直率且見解深刻的評論幫助我精簡架構，讓我的想法更為清晰。賽門嚴密的編輯有助於改善寫作，更重要的是，他灌輸我繼續前進的信心。貝拉．庫尼亞（Bela Cunha）是我在倫敦的審校編輯，抓到了好幾處不當的地方，並讓我的註解更好懂。我的經紀人——倫敦的費麗絲蒂．布萊恩（Felicity Bryan）和紐約的柔伊．帕格內曼塔（Zoe Pagnamenta），都提供了寶貴的意見，自始至終為我加油打氣。

如果沒有上述的每一位，以及更多其他人，就不可能會有現在的成果。儘管我很樂意把自己的錯誤歸咎於他們，把所有功勞歸功於自己，但基於慣例——還有忠於事實——迫使我反其道而行。這些書頁中包含的優點或智慧均屬於他人，錯誤則完全出自於我。

最後，我必須轉過身謝謝我的家人。我要向我母親表達最深的感謝，她是我靈感的泉源，我在新聞工作上的奮鬥讓我遠離倫敦如此之久，但她始終無私地支持著我。最重要的是，謝謝我的妻子英格麗（Ingrid），我最敏銳的讀者，終身的摯友，生命中的至愛，同時也要謝謝我那兩個神奇（或許太誇大了）的男孩，狄倫（Dylan）和崔維斯（Travis）。他們三位隨我一同展開我們的日本歷險，全都忍受我長期不斷的缺席。這一路上我們一起成長，如果沒有他們的愛和支持，一切都不可能實現。

7. Ibid.
8. Leo Lewis, 'Japan's Superbly Simple Signs Face Death By Committee', *Financial Times*, 18 October 2018.
9. Robin Harding, 'Naomi Osaka's Case Shines Light on Japan Dual Nationality Problem', *Financial Times*, 7 April 2019.
10. Robin Harding and Leo Lewis, 'Yuriko Koike, A Political Outsider Taking On Japan's Grey Elite', *Financial Times*, 29 September 2017.
11. Leo Lewis, 'Japan's Cash Addiction Will Not Be Easily Broken', *Financial Times*, 9 January 2019.
12. Leo Lewis, 'Japanese Workers Employ Service to Quit on Their Behalf', *Financial Times*, 11 November 2018.
13. Jeff Kingston, *Japan(Polity Histories)*, 2019, p.102.
14. Robin Harding, 'Japan to Expand Military with 100 More F-35 Stealth Fighters', *Financial Times*, 18 December 2018.
15. Jeff Kingston, *Japan(Polity Histories)*, p.49.
16. Ibid., p.145.
17. 這些內容主要取自 Motoko Rich, 'She Broke Japan's Silence on Rape', *The New York Times*, 27 December 2017。
18. 與傑夫・金士頓的談話，於東京天普大學，2019 年 3 月。
19. Kana Inagaki and Leo Lewis, 'Tokyo Prosecutors Charge Nissan and Ghosn for Understating Pay', *Financial Tim*es, 10 December 2018.

25. Yuka Hayashi, 'Abe Seeks to Rewrite Pacifist Charter', *Wall Street Journal*, 25 April 2013.
26. Ibid.
27. Gideon Rachman, 'A Gaffe-prone Japan is a Danger to Peace in Asia', *Financial Times*, 12 August 2013.
28. Paul Kennedy, 'The Great Powers, Then and Now', *International Herald Tribune*, 13 August 2013.
29. 當事人告知筆者的內容，東京，2013 年 7 月。
30. 當事人告知筆者的內容，東京，2013 年 7 月。
31. Pew Research Center, 'Global Attitudes Project', 11 July 2013.
32. 筆者訪談，於東京，2012 年 3 月。
33. Kenneth Pyle, *The Making of Modern Japan*, p.99.
34. 2013 年 2 月 22 日於華盛頓特區向戰略與國際研究中心致詞的內容。
35. Keizai Koho Center (Japanese Institute for Social and Economic Affairs), 'Japan 2013, An International Comparison'.
36. 國際貨幣基金組織，世界經濟展望數據庫，2013 年 4 月。即使依據購買力平價的基準（根據各國價格調整），日本人平均還是比中國人富裕 4 倍。
37. 在人均方面都比日本富裕的城市國家，例如新加坡和卡達，規模太小，無法提供有意義的比較。南韓和台灣都成功效法日本的經濟發展，但皆未趕上日本的生活水準，且都面臨跟日本一樣嚴重的人口問題。亞洲、拉丁美洲和非洲其他快速成長的經濟體仍然落後於日本的經濟和工業超強實力。

新章

1. 明仁天皇演講的紙本紀錄，《紐約時報》，2016 年 8 月 8 日。
2. 'Japanese Princess Kiko Gives Birth to a Boy', *New York Times*, 6 September 2006.
3. Robin Harding, 'Japan's New Imperial Era Named 'Reiwa'', *Financial Times*, 1 April 2019.
4. Ossian Shine, 'Abe Helps Secure 2020 Games for Tokyo', Reuters, 7 September 2013.
5. David Roberts and Robert Whiting, 'Are the 2020 Tokyo Olympics in Trouble?', *Foreign Policy*, 19 February 2016.
6. Ibid.

3. Jonathan Soble, 'Japan Warms to "Fire Ice" Potential', *Financial Times*, 12 March 2013.
4. 《金融時報》編輯萊昂內爾・巴勃（Lionel Barber）告知作者的內容，於雅加達，2013 年 3 月。
5. Ben McLannahan, 'Abe Takes First Step on Road to Recovery', *Financial Times*, 11 January 2013.
6. 與彼得・塔斯克電話訪談，於阿克斯投顧，2013 年 4 月。
7. 2013 年 2 月 22 日，安倍晉三於華盛頓特區向戰略與國際研究中心（Center for Strategic and International Studies，簡稱 CSIS）致詞的內容。
8. Martin Wolf, 'The Risky Task of Relaunching Japan', *Financial Times*, 5 March 2013.
9. 利率上升時，債券價格下降，反之亦然。
10. Jonathan Soble, 'Abe Pushes for More Women in Senior Roles', *Financial Times*, 19 April 2013.
11. 電話訪談，2013 年 4 月。
12. Dealogic, 'Global Cross-border M&A Volume by Acquirer Nationality, 2012'.
13. Mure Dickie, 'Tokyo Warned Over Plans to Buy Islands', *Financial Times*, 6 June 2012.
14. Amy Qin and Edward Wong, 'Smashed Skull Serves as Grim Symbol of Seething Patriotism', *New York Times*, 10 October 2012.
15. 'A Squall in the East China Sea', *Financial Times* Editorial, 21 August 2012.
16. 實際上，身為首相的安倍晉三持續與莫斯科就四個有爭議的島嶼展開協商。
17. John Garnaut, 'Xi's War Drums', *Foreign Policy*, May/June 2013.
18. Jonathan Soble and Kathrin Hille, 'Abe Blasts China over Maritime Incident', *Financial Times*, 6 February 2013.
19. 'Panetta Tells China That Senkakus Under US-Japan Security Treaty', *Asahi* newspaper, 21 September 2012.
20. Ben Bland, 'Asean Chief Warns on South China Sea Spats', *Financial Times*, 28 November 2012.
21. 哈佛大學貝爾福科學和國際問題研究中心主任格雷厄姆・艾利森（Graham Allison）所言，見 'Thucydides's Trap Has Been Sprung in the Pacific', *Financial Times*, 21 August 2012。
22. 2013 年 2 月 22 日於華盛頓特區向戰略與國際研究中心致詞的內容。
23. David Pilling, 'The Son Also Rises', *Financial Times*, 15 September 2006.
24. Toko Sekiguchi, 'Japanese Prime Minister Stokes Wartime Passions', *Wall Street Journal*, 25 April 2013.

5. 由辻元清美（Kiyomi Tsujimoto）提供的數據。
6. Avenell, 'From Kobe to Tohoku', p.54.
7. 電話訪談，2012 年 2 月。
8. Jeff Kingston, *Japan's Quiet Transformation: Social Change and Civil Society in the Twenty-first Century*, p.3.
9. 電子郵件通信，2012 年 8 月。
10. 當事人告知筆者的內容，於東京，2005 年 6 月。
11. David H. Slater, Nishimura Keiko and Love Kindstrand, 'Social Media in Disaster Japan', in Kingston (ed.), *Natural Disaster*, pp.94-108.

第十六章

1. 當事人向筆者敘述的內容，於大船渡市，2012 年 6 月。
2. David Pilling, 'Japan: The Aftermath', *Financial Times*, 25 March 2011.
3. 鯛魚的日文發音「tai」，包含在日語的「omedetai」中，意思是「可喜可賀」。因此鯛魚被視為可以帶來好運。
4. '"Miracle Pine" Preservation Plan Questioned Over Y150m Cost', *Japan Times*, 23 July 2012.
5. 我在 2012 年 9 月查看時，它有 7,584 個讚。
6. 2013 年 7 月，這棵保留下來的樹移除了支架，還用 LED 燈光展示。這個計畫預計讓它照亮一整年。《朝日新聞》，2013 年 6 月 29 日。

後記

1. 約翰·道爾和其他學者長久以來一直認為這種觀點過於簡單。道爾告訴我，在停滯後迅速變化的經典例子中，「所謂的挑戰，就是要修改這項觀點——認為日本在明治維新之前一直是個停滯的社會，是個黑暗的封建社會，接著就順理成章達成了明治的奇蹟，一切都改變了。當然，我們現在看到的，是這種驚人的動力正在（德川）社會的各個面向發生，並且成為一項基準，讓我們理解日本為何能在明治之後如此快速行動」。
2. 筆者訪談，於波士頓，2011 年 5 月。

35. Jonathan Soble, 'Japan to Phase Out Nuclear Power', *Financial Times*, 14 September 2012.
36. 警方和組織者對於人群規模的估計不可避免地差異很大。
37. 'Japan's Anti-Nuclear Protests', *The Economist*, 21 July 2012.
38. 出自與傑夫・金士頓的通信。
39. Landers, 'Japan Snaps Back with Less Power'.
40. Kyung Lah, 'Former Japanese Leader: "I Felt Fear" During Nuclear Crisis', CNN.com, 28 May 2012.
41. 'Nuclear Leaks Hit Marine Life', *Metro*, 17 June 2011.
42. 'Butterfly Mutations Found Near Fukushima', Associated Press, 16 August 2012.
43. Hiroko Tabuchi（田淵廣子）, 'Japan: Estimate of Cancer Toll', *New York Times*, 18 July 2012. 原始研究：John E. Ten Hoeve and Mark Z. Jacobson, 'Worldwide Health Effects of the Fukushima Daiichi Nuclear Accident', DOI 10.1039/c2ee22019a www.rsc/org/ees。
44. Pico Iyer, 'Heroes of the Hot Zone', *Vanity Fair*, 1 January 2012.
45. Hiroko Tabuchi（田淵廣子）, 'Inquiry Sees Chaos in Evacuations After Japan Tsunami', *New York Times*, 23 July 2012.
46. Mure Dickie, 'A Strange Kind of Homecoming', *Financial Times*, 10 March 2012.
47. Osnos, 'The Fallout: Letter from Fukushima'.
48. 田淵廣子譯，http://www.zerohedge.com/article/letter-fukushima-mother。
49. David Pilling, 'Japanese People Make Mandarins Feel Nuclear Heat', *Financial Times*, 31 July 2011.

第十五章

1. 筆者與傑瑞德・寇蒂斯在日本外國特派員協會（the Foreign Correspondents' Club of Japan）的談話，於東京，2005 年 9 月。
2. Jeff Kingston, 'The Politics of Disaster, Nuclear Crisis and Recovery', in Jeff Kingston (ed.), *Natural Disaster and Nuclear Crisis in Japan*, p.192.
3. Ibid., pp.188-9.
4. Simon Avenell, 'From Kobe to Tohoku' in Kingston (ed.), *Natural Disaster*, p.60.

12. 筆者訪談，於東京，2011 年 8 月。
13. Onishi, 'Safety Myth Left Japan Ripe for Nuclear Crisis'.
14. Hiroko Tabuchi（田淵廣子）, 'Braving Heat and Radiation for Temp Job', *New York Times*, 10 April 2011. Jake Adelstein, 'How the Yakuza Went Nuclear', *Daily Telegraph*, 21 February 2012.
15. 筆者訪談，於東京，2012 年 3 月。
16. 筆者訪談恩田勝亘（Onda Katsunobu），於東京，2012 年 3 月。
17. Tabuchi, 'A Window into Chaos of Fukushima'.
18. Gerald Curtis, 'Stop Blaming Fukushima on Japan's Culture', *Financial Times*, 10 July 2012.
19. 《金融時報》駐東京特派員喬納森．索布爾報導。
20. Peter Landers, 'Japan Snaps Back with Less Power', *Wall Street Journal*, 29 July 2011.
21. 筆者訪談，於東京，2011 年 6 月。
22. 東京電力公司（Tepco）宣布有意提高東京及周邊地區的電價，以彌補賠償和核電清理的費用。
23. Ben McLannahan, 'Japan Deficit Rises to Record in January', *Financial Times*, 21 February 2012.
24. Martin Fackler, 'Japanese Leaders, Pressed by Public, Fret as Nuclear Shutdown Nears', *New York Times*, 5 May 2012.
25. 筆者訪談，於東京，2011 年 8 月。
26. 筆者訪談，於東京，2012 年 3 月。
27. 筆者訪談，於東京，2012 年 7 月。
28. Andrew Dewitt et al., 'Fukushima and the Political Economy of Power Policy in Japan', in Jeff Kingston (ed.), *Natural Disaster and Nuclear Crisis in Japan*, pp.156-71.
29. Rebecca Bream, 'GE Chief Warns on Nuclear Prospects', *Financial Times*, 3 August 2012.
30. 以太陽能一度電 42 日圓的價格來說，這收費是德國設定的 2 倍、中國的 3 倍。
31. Mariko Yasu, 'Softbank's CEO Wants a Solar-powered Japan', *loombergBusinessweek*, 23 June 2011.
32. Mari Iwata, 'Renewable Hopes in Japan Fall Short', *Wall Street Journal*, 3 July 2012.
33. Kaneshima Hironori, 'Feed-in Tariff Energy System Gets Under Way', *The Daily Yomiuri*, 3 July 2012.
34. Landers, 'Japan Snaps Back with Less Power'.

由俄羅斯管理，稱之為南千島群島（Southern Kuriles）。日本還主張擁有其口中的竹島（Takeshima island），該島由韓國命名為獨島（Dokdo）管理。

25. 台灣稱其為釣魚台，也主張這些島嶼是台灣的一部分。
26. 引自 Han-Yi Shaw（邵漢儀），'The Inconvenient Truth Behind the Diaoyu/Senkaku Islands', http://kristof.blogs.nytimes.com/2012/09/19/the-inconvenient-truth-behind-the-diaoyusenkaku-islands。
27. Mure Dickie and Kathrin Hille, 'Japan's Arrest of Captain Angers Beijing', *Financial Times*, 8 September 2010.
28. Yoichi Funabashi（船橋洋一）, 'Japan-China Relations Stand at Ground Zero', *Asahi* newspaper, 9 October 2010.

第十四章

1. 出自福島核能事故獨立調查委員會的官方報告（撤離人員的調查附錄）。
2. Ibid.
3. Gerrit Wiessmann, 'Germany to Scrap Nuclear Power by 2022', *Financial Times*, 30 May 2011.
4. Hiroko Tabuchi（田淵廣子）, 'A Window into Chaos of Fukushima', *International Herald Tribune*, 11 August 2012.
5. 以下有部分描述取自 Jonathan Soble and Mure Dickie, 'How Fukushima Failed', *Financial Times*, 7 May 2011.
6. Martin Fackler, 'Evacuation of Tokyo Was Considered After Disaster', *International Herald Tribune*, 29 February 2012. 實際上，撤離如此龐大的城市會費時數週或數月，因此就所有實際目的來說，都不可能實施這種演習。
7. Tabuchi, 'A Window into Chaos of Fukushima'.
8. Evan Osnos, 'The Fallout: Letter from Fukushima', *New Yorker*, 17 October 2011.
9. Tabuchi, 'A Window into Chaos of Fukushima'.
10. Soble and Dickie, 'How Fukushima Failed'.
11. Norimitsu Onishi（大西哲光）, 'Safety Myth Left Japan Ripe for Nuclear Crisis', *New York Times*, 24 June 2011.

6. 日本軍事官員解釋，如果北韓發射一枚導彈，日本在確認它是射向日本或別的國家前，就需要先將導彈擊落。如果事實證明該導彈是射向美國，那麼藉由將其擊落，東京就參與了集體自衛。然而如果日本一直等到確定導彈將要落在日本才企圖將它擊落，根本就為時已晚。
7. David Pilling, 'Abe Assumes Command of "Pacifist" Forces', *Financial Times*, 1 May 2007.
8. 筆者訪談，於東京，2004 年 3 月。
9. Gavan McCormack, *Client State: Japan in the American Embrace*, p.198.
10. Norimitsu Onishi（大西哲光）, 'Abe Rejects Japan's Files on War Sex', *New York Times*, 2 March 2007.
11. Yukio Hatoyama（鳩山由紀夫）, 'The Wrong Memorial', *Financial Times*, 13 August 2001.
12. Martin Fackler, 'Cables Show US Concern on Japan's Readiness for Disaster', *New York Times*, 4 May 2011. 討論中的電報內容由維基解密洩露。
13. 筆者訪談，於東京，2006 年 7 月。
14. 小泉純一郎任內的軍隊人數已從約 5 萬人逐漸減少。
15. Steve Rabson, *Okinawa: Cold War Island*, p.79.
16. 筆者訪談，於沖繩那霸，2006 年 1 月。
17. 筆者訪談，於東京，2006 年 1 月。
18. 前美國駐日本大使賴世和（Edwin Reischauer），見 Yoichi Funabashi（船橋洋一）, *Alliance Adrift*, p.129。
19. 引自 Kenneth Pyle, *The Making of Modern Japan*, p.233。
20. See McCormack, *Client State*.
21. 石原慎太郎（Shintaro Ishihara）與索尼共同創辦人盛田昭夫（Akio Morita）於 1989 年共同撰寫這本書，認為日本不應該唯美國之命是從。
22. Martin Fackler, 'Japanese Leader Gives in to US on Okinawa Base', *New York Times*, 24 May 2010.
23. Martin Fackler, 'US Relations Played Major Role in Downfall of Japanese Prime Minister', *New York Times*, 3 June 2010.
24. 日本與俄羅斯及南韓有其他領土爭端。這兩例的情況都與日本跟中國的爭端相反。日本主張擁有它所稱的北方領土（Northern Territories），但自戰爭結束以來，這些領土一直

11. 在 1905 年擊敗俄國後，日本接管了南滿洲鐵道（the South Manchurian Railway）的營運，使其得以在滿洲立足。日本的影響力在 1917 年俄國革命之後擴散。1931 年，在大家所知的「奉天事變」（Mukden Incident，即九一八事變）中，日本軍方對鐵路發動攻擊，以此作為入侵整個滿洲的藉口，接著還扶植中國清朝最後一個皇帝溥儀，建立傀儡政權滿洲國（Manchukuo）。
12. Kenneth Pyle, *The Making of Modern Japan*, p.201. 由於日本與納粹德國（Nazi Germany）結盟，維希法國（Vichy France，二戰期間納粹德國控制下的法國政府）允許日本占領其在中南半島的殖民地，這一事實破壞了日本作為解放者的主張。法國人繼續在日本軍事占領下管理這個地區，大致相當於現代的柬埔寨、寮國和越南。
13. 關於家永三郎的詳細記述，請參閱 Buruma, *Wages of Guilt*, pp.189-201。
14. 當事人告知作者的內容，2004 年 8 月。2006 年，東京法院裁定，強迫教師站在國旗前或唱國歌是違憲的。但最高法院隨後的裁決撤銷了類似的案件，聲稱要求教師起立並不違法。請參閱 David Pilling, 'Japanese Teachers Freed from Singing National Anthem', *Financial Times*, 22 September 2006.
15. 筆者訪談，於東京，2006 年 12 月。
16. Kenneth Pyle, *Japan Rising*, p.373.
17. 小泉純一郎確實在 2002 年 4 月參加了首屆博鰲亞洲論壇，此論壇旨在成為中國的達沃斯世界經濟論壇（Davos）。
18. Hugh Williamson and Ray Marcelo, 'United Nations Warns on Asian Tensions', *Financial Times*, 12 April 2005.

第十三章

1. *Kokka no Hinkaku* 或 *Dignity of a Nation* 是藤原正彥 2005 年出版作品的書名。
2. John Dower, *Embracing Defeat*, p.454.
3. David Pilling, 'Abe to Work Towards New Japanese Constitution', *Financial Times*, 31 October 2006.
4. David Pilling, 'To Befit the Reality', *Financial Times*, 1 November 2006.
5. 筆者訪談，於東京，2006 年 8 月。

10. Yumi Wijers-Hasegawa, 'Gang Rape Ringleader Gets 14 Years', *Japan Times*, 3 November 2004.
11. William Pesek, 'A Failure to Innovate', *Bloomberg News*, 13 February 2007.
12. 比率從 1990 年的 1.28 / 1000 上升到 2001 年的 2.27。此後又落到 2.0 左右。相較之下，美國則為 3.6。有趣的是，日本在 19 世紀後期的離婚率非常高，後來持續下降，直到 1964 年，伴隨著快速的工業化，離婚率又開始上升。
13. Jeff Kingston, *Contemporary Japan*, pp.67-70.
14. Ibid., pp.69-74.
15. 當事人告知筆者的內容，於奈良，2012 年 3 月。事實上，有更多的日本男人與外國女性結婚，雖然這種婚姻經常是日本農村地區的男人從比較貧窮的東南亞國家中尋找新娘。
16. Machiko Osawa（大澤真知子）and Jeff Kingston, 'Japan Has to Address the "Precariat" ', *Financial Times*, 1 July 2010.
17. Yoshio Sugimoto（杉本良夫）, 'Class and Work in Cultural Capitalism: Japanese Trends', *The Asia-Pacific Journal*, 40-1-10, 4 October 2010.
18. Kingston, *Contemporary Japan*, p.71.
19. 並非她的真名，此外一些細節也已變更。

第十二章

1. 當事人告知筆者的內容，於馬尼拉，2012 年 12 月。
2. 'Beijing and Seoul Denounce Visit', *International Herald Tribune*, 14 August 2001.
3. 筆者訪談，於東京，2002 年 7 月。
4. John Dower, *Embracing Defeat*, p.28.
5. Ian Buruma, *The Wages of Guilt*, p.92.
6. Interview with author, Tokyo, July 2012.
7. Buruma, *Wages of Guilt*, p.143.
8. Ibid., p.64.
9. 筆者訪談，於東京，2003 年 11 月。
10. 她用來代表神的日語詞彙是「kami」，可以翻譯成「靈」，既可指稱居住在河流和樹木中的神靈，也可用於效忠天皇而死的士兵亡靈。

5. 這項調查是由日本生產性本部（Japan Productivity Center）製作的。
6. 筆者訪談，於東京，2004 年 7 月
7. 'Held Hostage to Public Opinion', *New Zealand Herald*, 1 May 2004.
8. Yoshio Sugimoto（杉本良夫）, 'Class and Work in Cultural Capitalism: Japanese Trends', *The Asia-Pacific Journal*, 40-1-10, 4 October 2010.
9. Camel Cigarettes, cited in Jeff Kingston, *Japan's Quiet Transformation: Social Change and Civil Society in the Twenty-first Century*, p.38.
10. Mure Dickie, 'Osaka Mayor Has Old Guard Running Scared', *Financial Times*, 19 May 2012.
11. Eric Johnston, 'Hashimoto Admits Affair, Doesn't Deny "Cosplay" ', *Japan Times*, 20 July 2012.

第十一章

1. 這兩條由貝雅特・西洛塔・戈登（Beate Sirota Gordon）撰寫，她是道格拉斯・麥克阿瑟（Douglas MacArthur）將軍擔任盟軍最高統帥任內的翻譯。她後來說將女性權益制度化至關重大，因為傳統上女性被當作家產，她們是可被任意買賣的財產。
2. 'Women's Economic Opportunity: A new global index and ranking', Economist Intelligence Unit, 2010.
3. 性別不平等指數（The Gender Inequality Index，2011 年）旨在衡量女性在生殖健康、賦權和勞動實踐方面的劣勢。賦權子類別衡量女性國會議員比率，以及接受中等和高等教育的機會。勞動要素是由女性勞動力參與率來衡量，這可能沒有充分考慮到其所從事的工作類型。
4. 舉例來說，《性別不平等指數報告》的作者謹慎地提到該指數的局限，指出許多數據很難收集，而且沒有試圖衡量性別暴力、決策參與，或甚至資產擁有權。
5. Mariko Sanchanta, 'Japan Weighs Female Quotas in Politics', *Wall Street Journal*, 24 June 2011.
6. 筆者訪談岩崎峰子（Mineko Iwasaki），於京都，2003 年 9 月。.
7. Gail Lee Bernstein, quoted by Kenneth Pyle, *The Making of Modern Japan*, pp.152-3.
8. Yayoi Kusama（草間彌生）, *Infinity Net: The Autobiography of Yayoi Kusama*, p.112.
9. Mari Yamaguchi（山口真理）, 'Japanese Rape Scandal Puts Spotlight on Club', *Los Angeles Times*, 14 September 2003.

43. 公平地說，對英國甚或德國也可以表示同樣的悲嘆。
44. 一些日本科學家的處境可能較不利，因為他們的論文傾向於用日文撰寫，這表示他們被引用的機會較少。
45. 筆者訪談，於東京，2011 年 7 月。
46. Daisuke Wakabayashi, 'How Japan Lost its Electronics Crown', *Wall Street Journal*, 15 August 2012.
47. Masayoshi Son（孫正義）, 'Beyond Nuts and Bolts', in Clay Chandler et al. (eds.), *Reimagining Japan: The Quest for a Future that Works*, pp.57-8.
48. 迪羅基金融市場平台（Dealogic）所提供的圖表。
49. Norihiro Kato（加藤典洋）, 'Japan and the Ancient Art of Shrugging', *New York Times*, 21 August 2010.
50. 根據購買力平價，考量到各國的商品成本，中國在很多年前即已超過日本。
51. 它在 2006 年再次暴漲，然後在 2007 年開始逐步穩定下降。
52. 聯合國人類發展指數（the UN Human Development Index）恰好是人均收入、平均壽命和教育／識字率的相當簡單的組合。
53. 根據購買力平價計算的人均收入。以美元計算，它的人均收入不到 2,000 美元。
54. Natsumi Iwasaki（岩崎夏海）, 'What Would Drucker Do?' in Clay Chandler et al. (eds.), *Reimagining Japan: The Quest for a Future that Works*, pp.133-7.
55. Stephen Miller, James Abegglen Obituary, *Wall Street Journal*, 12 May 2007.

第十章

1. 筆者訪談，於東京，2003 年 1 月。
2. 寬鬆（Yutori）也應用於教育，意指一種較不著重死記、填鴨，而強調批判性思考的課程系統。許多年長的日本人認為採用「寬鬆教育」是標準下降和經濟持續陷入困境的原因之一。
3. Masahiro Yamada（山田昌弘）, 'The Young and the Hopeless', in Clay Chandler et al. (eds.), *Reimagining Japan: A Quest for a Future that Works*, pp.176-80.
4. Ibid.

出年增長率為 1.71%，相較之下，美國則為 1.87%。日本的每工時產出大約為美國水平的 60%，反映出服務部門的效率較低或是人員配置較寬鬆。

26. 出自世界銀行的數據。女性在勞動力中的高參與率不能自動取代經濟發展或婦女權利。就女性參與而言，表現「最好」的國家包括中國（67%）、越南（68%）和莫三比克（85%）。

27. 慶應大學的清家篤（Atsushi Seike）表示，日本女性可以從事的工作範圍已擴大，儘管所謂女性的手比較溫暖的偏見，仍意謂著你永遠不會見到女性壽司師傅。但在清家篤所稱的「建築女性化」中，女性正在操作推土機及駕駛卡車。

28. Kathy Matsui, 'Womenomics', Goldman Sachs paper, October 2010.

29. 筆者訪談，於東京，2003 年 2 月。

30. Coco Masters, 'Japan to Immigrants: Thanks But You Can Go Home Now', *Time*, 20 April 2009.

31. 當事人告知作者的內容，於東京，2011 年 10 月。

32. 根據經濟合作暨發展組織的數字，可大致比較各國之間的情況，日本的青年失業率在 2012 年為 8.0%，跟幾乎所有其他先進國家相比是較有利的。相較之下，美國數字為 17.3%，英國為 20.0%，西班牙為 46.4%。OECD iLibrary, 'Employment and Labour Markets: Key Tables: 2. Youth nemployment Rate'.

33. 採自傑斯珀・科爾的估算，他是摩根大通證券股市調查部長。

34. Ibid.

35. 與筆者的談話，於東京，2012 年 3 月。

36. Jonathan Soble, 'In Search of Salvation', *Financial Times*, 5 January 2012.

37. Ibid.

38. 筆者訪談與謝野馨，於東京，2006 年 4 月。

39. Soble, 'In Search of Salvation'.

40. Christian Oliver, 'Samsung Poised to Overtake Rival HP in Sales', *Financial Times*, 29 January 2010. 請注意，日本電子業的衰落已變得司空見慣，以至於三星與日本同行相較之下的驚人利潤，甚至連新聞媒體都不認為值得關注。

41. Michiyo Nakamoto（中本美智代）, 'Scrutinising Stringer', *Financial Times*, 22 June 2006.

42. Yasuchika Hasegawa（長谷川閑史）, 'Toward a Lasting Recovery', in Clay Chandler et al. (eds.), *Reimagining Japan: The Quest for a Future that Works*, p.49.

4. 根據聯合國資料，英國2005年至2010年的平均生育率為1.82。
5. 東京的銀髮人力資源中心（Silver Human Resources Centre）提供的官方數據。
6. George Magnus, *The Age of Aging*, p.35.
7. David Pilling, 'Radical Steps Needed to Unlock Japan's Labour Market', *Financial Times*, 16 January 2004.
8. 'Japan's Centenarians at Record High', BBC, 12 September 2008.
9. United Nations, 'Life Expectancy at Birth, 2005-2010'.
10. 筆者訪談，於東京，2011年7月。
11. Magnus, *Age of Aging*, p.72.
12. Ibid.
13. 筆者訪談山田昌弘，於東京學藝大學，2012年3月。
14. 日本的情況值得跟俄羅斯的情況比較一下。蘇聯解體後，俄羅斯的人口已經連續15年下降，雖然自2009年起已再度回升，但不同於日本，那是平均壽命縮短的結果。俄羅斯的男性平均壽命為59歲，比日本低20多歲。顯然人口減少的途徑不只一種。
15. Magnus, *Age of Aging*, p.40.
16. Ibid., p.42.
17. Ibid., p.55.
18. 筆者訪談，於東京，2011年7月。
19. 事實上，日本年輕人非常懷疑退休金制度。許多人似乎假設到他們退休時，退休金制度將會破產，到時他們必須做好自己的安排。
20. Magnus, *Age of Aging*, p.70.
21. Pilling, 'Radical Steps Needed to Unlock Japan's Labour Market'.
22. 諷刺的是，這有部分是因為——姑且不談對於未來的憂慮——現在的金融穩定意識比戰後幾年來得高，那個年代對於貧困的記憶深刻。
23. 摩根大通的傑斯珀．科爾估算，在1000兆日圓的淨金融財富中，65歲以上的人擁有75%的財富。那筆財富將在他們的一生中花費，或部分由政府以遺產稅的形式收取。當今日的年輕人退休時，其儲蓄可能會更為有限。
24. 厚生勞動省和文部科學省對於學前教育的看法並非總是一致。
25. 根據美國經濟諮商會（Conference Board）的數據，從1995年到2011年，日本的每工時產

41. Ibid.
42. David Pilling, 'Koizumi Expects Speedy Passage of Postal Bills', *Financial Times*, 21 September 2005.
43. David Pilling, 'A Second Chance for Koizumi', *Financial Times*, 10 September 2005.
44. David Pilling, 'Koizumi Vindicated', *Financial Times*, 13 September 2005.
45. 筆者訪談，於長野，2006 年。
46. 及至 2000 年代後期，日本的基尼係數（Gini coefficient，判斷年收入分配公平程度的指標）為 0.329，而英國為 0.345，美國為 0.378，經濟合作暨發展組織的平均值為 0.314。數字愈大，就愈不平均，其中 0 是絕對平均，而 1 是絕對不平均。相比之下，瑞典的基尼係數為 0.259，德國為 0.295，所以這兩個國家都比日本更貼近平等社會，儘管近年來這兩個國家實際上都可看到比日本更高漲的不平均數據。智利也是經濟合作暨發展組織的成員國，係數為 0.494。請參閱 OECD（經濟合作暨發展組織），'Divided We Stand: Why Inequality Keeps Rising', 2011。
47. Pilling, 'Land of the Rising Inequality Coefficient'.
48. Tetsushi Kajimoto, 'Income Disparities Rising in Japan', *Japan Times*, 4 January 2006.
49. 筆者訪談，於東京，2007 年 3 月。
50. Takehiko Kambayashi, '"Tide of Populism" Decried', *Washington Times*, 16 June 2006.
51. 與筆者電話訪談，2011 年。
52. 筆者訪談，於東京，2007 年 3 月。
53. 筆者訪談，於京都，2011 年 4 月。
54. 筆者訪談，於香港，2012 年 5 月。

第九章

1. David Pilling, 'Reasons to Doubt the Doomsayers', *Financial Times*, 14 March 2007.
2. 1966 年，時值每 60 年出現一次的「火馬年」，生育率驟降至 1.58。那是因為大家認為在那年出生的女孩會受詛咒，讓丈夫早逝。而後到了 1967 年生育率便強勁反彈。
3. Keizai Koho Center (Japanese Institute for Social and Economic Affairs), 'Japan 2011, An International Comparison'.

無法保證銀行可以賺取未來利潤來抵消那些資產。請參閱 Takenaka, *Structural Reforms*, p.87。

23. Ibid., p.109.
24. David Pilling, 'Rising Sum', *Financial Times*, 15 November 2006.
25. Adam Posen, 'Send in the Samurai', in Clay Chandler et al. (eds.), *Reimagining Japan: The Quest for a Future that Works*, p.104.
26. 在 1990 年代末期，政府正試圖運用振興方案，刺激經濟重振活力，公共工程支出已增至國內生產總值的 6%。到小泉純一郎任期結束時，此數字已降至國內生產總值的 3% 左右。請參閱 Peter Tasker, 'Japan Needs a Radical to Tackle its Godzilla-size Public Debt', *Financial Times*, 28 June 2012.
27. David Pilling, 'Japan's PM Turns his Back on Big Government', *Financial Times*, 19 July 2002.
28. 筆者訪談，於長野，2002 年 7 月。
29. David Pilling, 'Tokyo on Road to Normality as S&P Upgrades Debt Outlook', *Financial Times*, 24 May 2006.
30. David Pilling, 'Japan's Economy and the Koizumi Myth', *Financial Times*, 17 October 2007.
31. 筆者訪談，於福岡，2003 年 1 月。
32. David Pilling, 'Land of the Rising Inequality Coefficient', *Financial Times*, 14 March 2006.
33. Noritmitsu Onishi（大西哲光）, 'It's a Landslide for Koizumi', *International Herald Tribune*, 12 September 2005.
34. Takenaka, *Structural Reforms*, p.129.
35. 筆者訪談，於東京，2002 年 5 月。
36. David Pilling, 'Japan's Post Office Sell-off Could Prove Hard to Deliver', *Financial Times*, 20 April 2005.
37. David Pilling, 'Storming the Castle, Koizumi Shakes up the World's Biggest Financial Institution', *Financial Times*, 13 September 2004.
38. 德州大學奧斯汀分校的派翠西亞・梅可蕾蘭（Patricia Maclachlan）告知筆者的內容，2005 年 4 月。
39. Julian Ryall, 'Ex-LDP Stalwart in Epic Battle', *South China Morning Post*, 8 September 2005.
40. Norimitsu Onishi（大西哲光）, 'Koizumi Party, Backing Reforms, Wins by a Landslide', *New York Times*, 12 September 2005.

2. Gregory Anderson, 'Lionheart or Paper Tiger? A First-term Koizumi Retrospective', *Asian Perspective*, vol.28, no.1, 2004, pp.149-82.
3. 橋本派系的後進大村秀章，引自《金融時報》，2001 年 4 月 21 日。
4. 筆者訪談，2003 年 11 月。
5. Heizo Takenaka（竹中平藏）, *The Structural Reforms of the Koizumi Cabinet*, p.7.
6. 她後來顯得有點太過直率敢言，情況變得幾近可笑，謹慎的外交部官僚不歡迎她，他們幾乎花費所有時間抨擊她。小泉純一郎於 2002 年 1 月解除其職務，日本第一位女性外務省大臣只當了十個月。
7. Takenaka, *Structural Reforms*, p.26.
8. http://www.kantei.go.jp/foreign/koizumispeech/2001/0507policyspeech_e.html, accessed 1 January 2012.
9. 筆者訪談，於東京，2003 年 10 月。
10. 筆者訪談，於東京，2003 年 10 月。
11. Takenaka, *Structural Reforms*, p17.
12. 當事人向筆者述說的回憶，2011 年 10 月。
13. 筆者訪談，於東京，2003 年 10 月。
14. Tim Larimer, 'Japan's Destroyer', *Time*, 17 September 2001.
15. 股票被視為銀行資本的一部分。
16. David Pilling, 'Advocate of "Hard Landing" May Join Debt Team in Japan', *Financial Times*, 3 October 2002.
17. David Pilling and Mariko Sanchanta, 'Japan Central Bank's Bad Loan Warnings Fall on Deaf Ears', *Financial Times*, 25 September 2002.
18. Gillian Tett, 'Revealing the Secrets of MoF-tan', *Financial Times*, 31 January 1998.
19. Takenaka, *Structural Reforms*, p.76.
20. *Newsweek*, October 2002.
21. Takenaka, *Structural Reforms*, p.87.
22. 資本充足率是銀行的核心資本與其風險加權資產的比率，里索那銀行（Resona）的資本充足率低於 4%，出現這赤字的原因，是銀行對於遞延稅項資產（credits on future tax bills）應如何擔起責任，稽核人員對此項的詮釋比較嚴格。在日本，這些被認為不可信任，因為

30. 與筆者電話訪談，2011 年 5 月。
31. 伊藤隆敏表示，通貨膨脹也有危險。舉例來說，如果價格開始以每年 4% 或 5% 的速度上漲，政府將需要為其債務支付更高的利息。矛盾的是，由於經濟活動減緩，因此借貸率降到最低點，政府就可以輕鬆管理其債務償還。這使得日本政府有悖常理地執著於低成長。要擺脫這種窘境，必須踩在伊藤隆敏所說的「窄路」上。
32. Peter Tasker, 'How to Make Monkeys out of the Ratings Agencies', *Financial Times*, 11 August 2011.
33. Richard Koo（辜朝明）, *The Holy Grail of Macroeconomics: Lessons from Japan's Great Recession*.
34. Martin Wolf, 'Unreformed, But Japan is Back', *Financial Times*, 7 March 2006.
35. 一些經濟學家主張私人債務應該包括在內，而且或許比公共債務更脆弱，更是危機的預兆。透過這種基準，美國債務上升至國內生產總值的 250%。考慮到日本比較高的儲蓄率，在此基準上，美國的債務狀況實際上比日本還差。請參閱 Steve Clemons and Richard Vague, 'How to Predict the Next Financial Crisis', 2012。
36. 'Arigato for Nothing, Keynes-san', *Wall Street Journal Europe*, 24 May 2012.
37. Peter Tasker, 'Japan Needs a Radical to Tackle its Godzilla-size Public Debt', *Financial Times*, 28 June 2012.
38. Paul Krugman, 'Nobody Understands Debt', *New York Times*, 1 January 2012.
39. 筆者訪談，於東京，2006 年 11 月。
40. 實際上，福利支出的大幅增長是因為所謂的「自動穩定器」（automatic stabilizers），包括經濟處於衰退或增長緩慢時的較高失業率和社會安全費用。
41. Anatole Kaletsky, 'Britain is Losing the Economic Olympics', Reuters, 25 July 2012.
42. 電子郵件通信，2013 年 1 月。
43. Niall Ferguson, 'Obama's Gotta Go', *Newsweek*, 19 April 2012.
44. Jon Hilsenrath, 'Fed Chief Gets Set to Apply Lessons of Japan's History', *Wall Street Journal*, 12 October 2010.

第八章

1. 「獅子心」也是他每週新聞通訊的名稱，該新聞通訊的高峰時期有約 200 萬名訂閱者。

11. 大和總研（Daiwa Institute）特別顧問暨前日本銀行董事田谷禎三估計，未償還貸款總額從1995 年的 600 萬億日圓縮水到 10 年後的 400 萬億日圓。
12. 與筆者及《金融時報》的同事中本美智代（Michiyo Nakamoto）訪談，於東京，2012 年 3 月。
13. Nicholas Eberstadt, 'Demography and Japan's Future', in Clay Chandler et al. (eds.), *Reimagining Japan: The Quest for a Future that Works*, pp.82-7.
14. 傑斯珀・科爾（Jesper Koll）是摩根大通證券股市調查部長。即使日圓升值，許多日本人仍認為倫敦和新加坡等城市消費非常昂貴，但提供的商品和服務品質卻較低。
15. 國際貨幣基金組織，世界經濟展望數據庫，2012 年 4 月。
16. 如果要比較 2002 年以來每人實質年均成長率，瑞士的成長率為 1%，德國的成長率為 1.3%，巴西的成長率為 2.7%，中國的成長率為 9.8%。
17. Organisation for Economic Co-operation and Development（經濟合作暨發展組織）, 'Harmonised Unemployment Rates', March 2012.
18. Organisation for Economic Co-operation and Development（經濟合作暨發展組織）, 'Divided We Stand: Why Inequality Keeps Rising', 2011.
19. Ibid.
20. Yoshio Sugimoto（杉本良夫）, *An Introduction to Japanese Society* (2nd edn), p.57.
21. Peter Hessler, 'All Due Respect, an American Reporter Takes on the Yakuza', *The New Yorker*, 12 January 2012.
22. European Institute for Crime Prevention and Control, International Statistics on Crime and Justice, 2010.
23. 假設美國人口為 3.15 億，日本人口為 1.27 億，則美國監獄人口的比例高出 10 倍。
24. 筆者訪談，於東京，2011 年 7 月。
25. Richard Jerram, personal correspondence, January 2013.
26. 有些人主張日本的淨債務（net debt）是比較好的衡量標準，約為 2012 年的一半，但仍高出令人不安的 113%。
27. Gavan McCormack, *The Emptiness of Japanese Affluence*, p.xiii.
28. 波札那（Botswana）的債務非常低，而且管理得當。
29. Peter Tasker, 'The Japanese Debt Disaster Movie', *Financial Times*, 27 January 2011.

Bruckner and Anita Tuladhar, 'Public Investment as a Fiscal Stimulus: Evidence from Japan's Regional Spending During the 1990s', International Monetary Fund (IMF) Working Paper, April 2010.
6. Richard Lloyd Parry, 'Found in Translation', *The Times*, 22 January 2005.
7. Haruki Murakami（村上春樹）, *After the Quake*, p.116.
8. 筆者訪談，於東京，2003 年 6 月。
9. David Pilling, 'Doomsday and After', *Financial Times*, 19 March 2005.
10. 筆者訪談，於東京，2003 年 1 月。

第七章

1. 根據東京摩根大通（JP Morgan）的菅野雅明提供的計算結果。1995 年日經指數（Nikkei）的平均值為 17,355.34。到了 2012 年 6 月，已降至 8,638.08。為了弄清楚 10 萬日圓以現今的購買價格來看價值多少，我們需要應用平均物價指數（GDP deflator）的價值基準，衡量隨時間推移的通貨膨脹（或通貨緊縮）。菅野雅明建議使用個人消費支出平均物價指數，使 1995 年的 10 萬日圓變成今天的 11 萬 2 千日圓。如果使用更廣泛的平均物價指數衡量，則價值 12 萬 2 千日圓。
2. Akio Mikuni quoted by David Pilling in 'Heads Down', *Financial Times*, 17 May 2003.
3. Martin Wolf, 'Japan on the Brink', *Financial Times*, 14 November 2001.
4. 與筆者電話訪談，2011 年。
5. 以購買力平價來估算，將不同國家的商品成本考慮進去。
6. 未參照通貨膨脹（或通貨緊縮）調整的價格。
7. 根據國際貨幣基金組織的數據計算，世界經濟展望數據庫（World Economic Outlook Database），2012 年 4 月。
8. 數據由東京摩根大通的菅野雅明提供。
9. 以購買力平價來看，在 2010 年之前的許多年裡，中國的經濟規模一直大於日本。
10. 根據日本房地產協會（Japan Real Estate Institute）發布的「都市地價指數」，2011 年 3 月的全國平均土地價格比 1991 年的高峰期低 62%，其中商業用地下降 76%，住宅用地則下降 48%。

26. 來自山田昌弘（Masahiro Yamada）提供筆者的意見，於東京，2005 年 2 月。
27. *Nippon: Japan Since 1945.*
28. James Abegglen, *21st Century Japanese Management*, p.15.
29. *Nippon: Japan Since 1945.*
30. 波士頓諮詢公司（Boston Consulting Group）新聞稿，2007 年 5 月 4 日。
31. 例如可參閱 Gavan McCormack, *The Emptiness of Japanese Affluence*。
32. 日本左派人士就美日安全聯盟和其他社會議題的權利進行抗爭，部分是為了分散世人對政治動盪的關注。
33. Buckley, *Japan Today*, p.73.
34. 事實上，正如許多國家所注意到的，發展的追趕階段比經濟成熟時要容易得多。
35. Bill Emmott, *The Sun Also Sets*, p.5.
36. *Nippon: Japan Since 1945.*
37. Ibid.
38. Kenneth Pyle, *The Making of Modern Japan*, p.271.
39. 與筆者往來的電子郵件，2012 年 8 月。
40. Stephen Miller, 'He Chronicled the Rise of "Japan Inc" and its Distinct Brand of Capitalism', *Wall Street Journal*, 12 May 2007.
41. 引自 Emmott, *Sun Also Sets*, p.8。

第六章

1. 關於尾上及她非凡的陶瓷蟾蜍的報導，請參閱 David Ibison, 'What Happened to the Gifted Toad?', *Financial Times*, 30 September 2002; and Steve Burrell, 'How a Lucky Toad Spawned a Bank Scam', *Australian Financial Review*, 19 August 1991。
2. http://www.savills.co.uk/_news/newsitem.aspx?intSitePageId=72418&in tNewsSitePageId=116038-0&intNewsMonth=10&intNewsYear=2011
3. Bill Emmott, *The Sun Also Sets*, p.120.
4. 與克萊德·普雷斯托維茲（Clyde Prestowitz）的通信往來。
5. 到 2008 年的 18 年間，所有額外支出加總約占國內生產總值（GDP）的 28%。Markus

第五章

1. 緒方向筆者述說的回憶，於東京，2011 年 4 月。
2. 緒方四十郎曾任國際關係副總裁，在過去比正式副總裁低一階。
3. 緒方四十郎，未出版的英文回憶錄，根據《遙かなる昭和》，朝日新聞社，2005 年。
4. 當事人告知筆者的內容，於東京，2002 年 7 月。
5. John Dower, *Embracing Defeat*, p.45.
6. 關於如何塑造美國人對日本人的看法，以及日本人對美國人的看法等宣傳，請參閱 John Dower, *War Without Mercy: Race & Power in the Pacific War* 的精采分析。
7. *Nippon: Japan Since 1945*，英國廣播公司紀錄片，彼得．帕納門塔構思及撰述，1990 年。
8. *Lunch with the FT*, Paul Krugman, 26 May 2012.
9. 以購買力平價的基準來評估，考慮到各國的生活費用，南韓已開始逼近日本。
10. 引自 Roger Buckley, *Japan Today*, p.85。
11. *Grave of the Fireflies*（螢火蟲之墓）, 1988.
12. *Nippon: Japan Since 1945.*
13. 美國人確實提供了糧食運輸來緩解飢餓和營養不良。
14. 參閱 Dower, *Embracing Defeat*, pp.525-46。
15. *Nippon: Japan Since 1945.*
16. 引自 Buckley, *Japan Today*, p.5。
17. *Nippon: Japan Since 1945.*
18. Ibid.
19. Michael E. Porter et al., *Can Japan Compete?*.
20. *Nippon: Japan Since 1945.*
21. John Nathan's lovely phrase in *Sony: The Private Life*, p.4.
22. Ibid.
23. Ibid.
24. John Nathan, 'Sony's Boldness Wasn't "Made in Japan" ', *Wall Street Journal*, 11 October 1999.
25. Andrew Pollack, 'Akio Morita, co-founder of Sony and Japanese Business Leader, Dies at 78', *New York Times*, 4 October 1999.

28. 出自浦賀的官員描述，轉引自 Feifer, *Breaking Open Japan*, p.5.
29. Fukuzawa, *Autobiography*, p.109.
30. Ibid., p.91.
31. Feifer, *Breaking Open Japan*, p.4.
32. Pyle, *Japan Rising*, p.78.
33. Ibid., p.75.
34. Ibid., p.78.
35. 筆者訪談，於波士頓，2011 年 5 月。
36. Fukuzawa, *Autobiography*, p.335.
37. Kakuzo Okakura, *The Book of Tea*.
38. Buruma, *Inventing Japan*, p.31.
39. 轉引自 Kenneth Pyle, *The Making of Modern Japan*, p.87。
40. 轉引自 John Dower, *Embracing Defeat*, p.21。
41. 關於戰爭傷亡人數各種估算的詳細討論，請參閱 John Dower, *War Without Mercy: Race & Power in the Pacific War*, pp.293-301。
42. Pyle, *Making of Modern Japan*, p.143.
43. 轉引自 Jonathan Bailey, *Great Power Strategy in Asia: Empire, Culture and Trade, 1905-2005*, p.128。
44. Ibid.
45. Justin Wintle, *Perfect Hostage: Aung San Suu Kyi, Burma and the Generals*, p.104.
46. Buruma, *Inventing Japan*, pp.46-7.
47. 引自 Gordon, *A Modern History*, p.132。
48. Pyle, *Making of Modern Japan*, p.164.
49. Gordon, *A Modern History*, p.170.
50. Pyle, *Making of Modern Japan*, p.187.
51. Ibid., p.178.
52. 引自 Donald Keene, *So Lovely a Country Will Never Perish: Wartime Diaries of Japanese Writers*, pp. 16-17。
53. 唐納德・基恩譯，引自 Keene, *So Lovely*。

2. Gavan McCormack, *Client State: Japan in the American Embrace.*
3. Ian Buruma, *Inventing Japan: From Empire to Economic Miracle*, p.xi.
4. Kenneth Pyle, *Japan Rising: The Resurgence of Japanese Power and Purpose*, p.107.
5. 筆者訪談，於西雅圖，2011 年 4 月。
6. 筆者訪談，於東京，2011 年 10 月。
7. George Sansom, *A History of Japan to 1334*, pp.14-5.
8. Ibid., pp.63.
9. Ibid., pp.51-9.
10. Donald Keene, *The Japanese Discovery of Europe*, 1720-1830, p.27.
11. Andrew Gordon, *A Modern History of Japan*, p.3.
12. Ibid., p.19.
13. 不算入 1945 年以來的 7 年，當時日本直接受美國控制。而暹羅（即現今的泰國）也逃離了被殖民。
14. Jansen, *Modern Japan*, p.64.
15. Ibid., p.92.
16. George Feifer, *Breaking Open Japan*, p.61.
17. Jansen, *Modern Japan*, p. 277.
18. Keene, *1720-1830*, p.16.
19. Ibid., pp.147-52.
20. Buruma, *Inventing Japan*, p.6.
21. 轉引自 Keene, *1720-1830*, p.21。
22. 「穢多」即現今所謂的「部落民」。時至今日，他們仍然飽受歧視，有聲望的家庭有時還會僱用私家偵探調查，以確保自己的後代不會在不知情的情況下和具賤民血統的人成親。
23. 引自 Keene, *Japanese Discovery of Europe*, p.22。
24. Ronald P. Toby, *State and Diplomacy in Early Modern Japan*, p.225.
25. Jansen, *Modern Japan*, p.205.
26. Yukichi Fukuzawa（福澤諭吉）, *The Autobiography of Yukichi Fukuzawa* (trans. Eiichi Kiyooka), p.v.
27. Ibid., p.86.

——比作「砧板上的鯉魚」。飛行員佐佐木八郎（Hachiro Sasaki）在一次特攻任務中殞命，享年 22 歲。引自 Emiko Ohnuki-Tierney（大貫惠美子），*Kamikaze Diaries: Reflections of Japanese Student Soldiers*。

7. Joji Mori（森常治）, *Nihonjin -Karanashi-Tamago no Jigazo* ('Japanese-Self-portrait of a Shell-less Egg'), 1977, Kodansha Gendai Shinsho.
8. *Nippon: Japan Since 1945*，英國廣播公司紀錄片，彼得・帕納門塔（Peter Pagnamenta）構思及撰述，1990 年。
9. See Karel van Wolferen, *The Enigma of Japanese Power*, p.348.
10. David Pilling, '. . . And Now for Somewhere Completely Different', *Financial Times*, 15 February 2008.
11. Pico Iyer, 'Now is the Season for Japan', *New York Times*, 22 March 2012.
12. Alan Macfarlane, *Japan Through the Looking Glass*, p.197.
13. 筆者訪談，於京都，2003 年 9 月。
14. Macfarlane, *Japan Through the Looking Glass*, p.220.
15. Gavan McCormack, *Client State: Japan in the American Embrace*, p.8.
16. John Dower, *Embracing Defeat*, pp.278-9.
17. McCormack, *Client State*, p.13.
18. Diamond, Guns, *Germs and Steel*, pp.426-49.
19. 天普大學（Temple University）的傑夫・金士頓（Jeff Kingston）告知筆者的內容，於東京，2007 年 7 月。
20. Andrew Gordon, *A Modern History of Japan*, p.65.
21. Yoshio Sugimoto（杉本良夫）, *An Introduction to Japanese Society* (2nd edn), p.62.
22. 'Japanese Author Murakami Wins Jerusalem Prize', Agence France Presse, 16 February 2009.
23. 筆者電話訪談，2008 年 1 月。

第四章

1. 為 1825 年德川幕府頒布的一份官方公告中對基督教的描述，引自 Marius Jansen, *The Making of Modern Japan*, p.266。

11. Michael Wines, 'Japanese Town Still Hopes as Reality Intrudes', *New York Times*, 22 March 2011.
12. 引述佐佐木一義向筆者敘述的內容，於陸前高田市，2011 年 8 月。
13. 筆者訪談，於陸前高田市，2011 年 8 月。
14. Carl Hoffman, 'Lessons from Japan', *Popular Mechanics*, 1 August 2011.
15. Gordon Fairclough, 'Hope of the Lone Pine', *Wall Street Journal*, 9 July 2011.

第二章

1. 'Japanese Emperor: I am Praying for the Nation', Korea Herald, 17 March 2011.
2. 重建日本倡議基金會（Rebuild Japan Initiative Foundation）報導，引自 Martin Fackler, 'Evacuation of Tokyo Was Considered after Disaster', *International Herald Tribune*, 29 February 2012。
3. Ibid.
4. Tyler Brule, 'Tokyo with the Dimmer Switch On', *Financial Times*, 19 March 2011.
5. Hiroshi Fuse（布施廣）, 'Saga Over Using Firewood from Tsunami-hit Area in Kyoto Bonfire Shows Cultural Gap', *Mainichi Daily News*（《每日新聞》）, 20 August 2011.

第三章

1. 筆者訪談，於洛杉磯，2009 年 1 月。
2. Jared Diamond, *Guns, Germs, and Steel*, see pp.426-49.
3. 達賴喇嘛傳記作者皮科・艾爾（Pico Iyer）向筆者敘述的故事，於奈良，2012 年 3 月。
4. 在某些方面或許可以說，比起其他文化，日本文化吸收外國影響的能力比較薄弱。正如唐納德・基恩（Donald Keene）所指出，說英語的人雖然使用「機器人」（robot）一詞，但大多不知道這個詞是源自捷克語。而日語中會專門以片假名書寫外來語，因此將永遠作為外國語詞而保存。參閱 Donald Keene, *Seeds in the Heart*, p.10。
5. 2011 年 9 月至 2012 年 12 月擔任首相的野田佳彥喜歡用自嘲的言詞降低期望。
6. 來自筆者在 2006 年參觀廣島和平紀念資料館時的觀察。在另一個充滿壓力的時刻，一名年輕的神風特攻隊飛行員預示了日本在戰爭中的挫敗，將他的國家——或許還有他自己

作者註

林婉華／譯

前言

1. Pico Iyer, 'Now is the Season for Japan', *New York Times*, 22 March 2012.
2. 筆者訪談，於波士頓，2011 年 5 月。
3. 引自 Kenneth Pyle, *Japan Rising*, pp.320-21。
4. Yoshio Sugimoto（杉本良夫）, *An Introduction to Japanese Society* (2nd edn), p.13.
5. Iyer, 'Now is the Season for Japan'.
6. 山崎正和訪談。Masakazu Yamazaki, 'Live Life to the Full, Knowing that it is Fleeting', *Asahi* newspaper（《朝日新聞》）, 14 March 2012.

第一章

1. Joshua Hammer, *Yokohama Burning*, p.62.
2. 'The Genius of Japanese Civilization', *The Atlantic Monthly*, vol.76, no.456 (October 1895), pp.449-58.
3. Joshua Hammer, *Yokohama Burning*, p.64.
4. Kenneth Change, 'Quake Moves Japan Closer to US and Alters Earth's Spin', *New York Times*, 13 March 2011.
5. Ibid.
6. 當事人告知筆者的內容，於陸前高田市，2012 年 6 月。
7. 歐洲太空總署（European Space Agency），2011 年 8 月 9 日，http://www.esa.int/esaEO/SEMV87JTPQG_index_2.html
8. 陸前高田市民及川公俊（Hirotoshi Oikawa）向筆者述說的故事，2011 年 8 月。
9. 筆者訪談，於陸前高田市，2011 年 8 月。
10. Robert Mendick and Andrew Gilligan, *Sunday Telegraph*, 20 March 2011.

Seidensticker, Edward, *Tokyo from Edo to Showa: The Emergence of the World's Greatest City, 1867-1989* (paperback edition, North Clarendon, VT: Tuttle Publishing, 2010)

—, *Low City, High City: Tokyo from Edo to the Earthquake, 1867-1923* (paperback edition, London: Penguin Books, 1985)

Singer, Kurt, *Mirror, Sword and Jewel: A Study of Japanese Characteristics* (London: Croom Helm, 1973)

Smith, Patrick, *Somebody Else's Century: East and West in a Post-Western World* (New York: Pantheon Books, 2010)

—, *Japan: A Reinterpretation* (paperback edition, New York: Random House, 1998)

Sugimoto, Yoshio（杉本良夫）, *An Introduction to Japanese Society* (second edition, Port Melbourne, Australia: Cambridge University Press, 2003)

Takenaka, Heizo（竹中平藏）, *The Structural Reforms of the Koizumi Cabinet: An Insider's Account of the Economic Revival of Japan* (translated by Jillian Yorke, Tokyo: Nikkei Publishing, 2008)

Toby, Ronald, *State and Diplomacy in Early Modern Japan: Asia in the Development of the Tokugawa Bakufu* (paperback edition, Stanford, CA: Stanford University Press, 1991)

Umesao, Tadao, *Seventy-seven Keys to the Civilization of Japan* (paperback edition, Osaka: Sogensha, 1985)

Van Wolferen, Karel（卡爾・伍夫倫）, *The Enigma of Japanese Power*（日本國力之謎）(paperback edition, fourth printing, Vermont, Tokyo: Tuttle Publishing, 1998)

Vogel, Ezra（傅高義）, *Japan as Number One: Lessons for America*（日本第一）(paperback edition, Cambridge, MA, London: Harvard University Press, 1999)

Walker, Stephen, *Shockwave: The Countdown to Hiroshima* (London: John Murray, 2005)

West, Mark, *Law in Everyday Japan: Sex, Sumo, Suicide and Statutes* (Chicago, London: University of Chicago Press, 2005)

Whiting, Robert, *Tokyo Underworld: The Fast Times and Hard Life of an American Gangster in Japan* (paperback edition, New York: Random House, 2000)

Wintle, Justin, *Perfect Hostage: Aung San Suu Kyi, Burma and the Generals* (London: Hutchinson, 2007)

Wood, Christopher, *The Bubble Economy: The Japanese Economic Collapse* (London: Sidgwick & Jackson, 1992)

Zielenziger, Michael, *Shutting Out the Sun: How Japan Created its Own Lost Generation* (paperback edition, New York: Random House, 2007)

Murakami, Haruki（村上春樹）, *After the Quake*（神的孩子都在跳舞）(New York: Alfred Knopf, 2002)

—, *Underground: The Tokyo Gas Attack and the Japanese Psyche*（地下鐵事件）(paperback edition, London: Random House, 2003)

Muruyama, Masao（丸山真男）, *Thought and Behaviour in Modern Japanese Politics* (London, Oxford, New York: Oxford University Press, 1969)

Nathan, John, *Mishima: A Biography* (paperback edition, Cambridge, MA: Da Capo Press, 2000)

—, *Sony: The Private Life* (Boston, New York: Houghton Mifflin, 1999)

Ohnuki-Tierney, Emiko(大貫惠美子), *Kamikaze Diaries: Reflections of Japanese Student Soldiers* (Chicago, London: University of Chicago Press, 2006)

Okakura, Kakuzo *[Tenshin]*（岡倉天心）, *The Book of Tea*（茶之書）(paperback edition, London: Penguin Books, 2010)

Ota, Masahide（大田昌秀）, *Essays on Okinawa Problems* (Gushikawa City, Okinawa: Yui Shuppan, 2000)

Patrick, Hugh, *Japanese Industrialization and Its Social Consequences* (paperback edition, Berkeley, Los Angeles, London: University of California Press, 1976)

Porter, Michael（麥可・波特）et al., *Can Japan Compete?*（波特看日本競爭力）(London: Macmillan, 2000)

Pyle, Kenneth, *Japan Rising: The Resurgence of Japanese Power and Purpose* (New York: Century Foundation, 2007)

—, *The Making of Modern Japan* (second edition, Lexington, MA, Toronto: D. C. Heath, 1996)

Sadler, A. L., *The Ten Foot Square Hut and Tales of the Heike* (North Clarendon, VT: Tuttle Publishing, 1972)

Sansom, George, *A History of Japan to 1334* (paperback edition, ninth printing, Boston, Ruthland, Vermont, Tokyo: Tuttle Publishing, 2000)

—, *A History of Japan 1334-1615* (paperback edition, ninth printing, Boston, Ruthland, Vermont, Tokyo: Tuttle Publishing, 2000)

—, *A History of Japan 1615-1867* (paperback edition, ninth printing, Boston, Ruthland, Vermont, Tokyo: Tuttle Publishing, 2000)

—, *The Japanese Discovery of Europe, 1720-1830* (Stanford, CA: Stanford University Press, 1969)

—, *Modern Japanese Literature* (paperback edition, New York: Grove Press, 1960)

Kelts, Roland, *Japanamerica: How Japanese Pop Culture has Invaded the US* (New York: Palgrave Macmillan, 2006)

Kerr, Alex, *Dogs and Demons: The Fall of Modern Japan* (London: Penguin Books, 2001)

Kingston, Jeff (ed.), *Natural Disaster and Nuclear Crisis in Japan: Response and Recovery after Japan's 3/11* (London, New York: Routledge, 2012)

—, *Contemporary Japan: History, Politics, and Social Change since the 1980s* (Sussex, UK: Wiley-Blackwell, 2011)

—, *Japan's Quiet Transformation: Social Change and Civil Society in the Twenty-first Century* (London, New York: RoutledgeCurzon, 2004)

Koo, Richard, *The Holy Grail of Macroeconomics: Lessons from Japan's Great Recession* (London: John Wiley and Sons, 2011)

Kusama, Yayoi（草間彌生）, *Infinity Net: The Autobiography of Yayoi Kusama*（無限的網：草間彌生自傳）(London: Tate Publishing, 2011)

Macfarlane, Alan, *Japan Through the Looking Glass* (London: Profile Books, 2007)

Magnus, George, *The Age of Aging: How Demographics Are Changing the Global Economy and Our World* (Singapore: John Wiley & Sons, 2009)

McCormack, Gavan, *Client State: Japan in the American Embrace* (paperback edition, London, New York: Verso, 2007)

—, *The Emptiness of Japanese Affluence* (revised edition, Armonk, NY, London: M. E. Sharpe, 2001)

Miyazaki, Manabu（宮崎學）, *Toppamono: Outlaw. Radical. Suspect. My Life in Japan's Underworld* (Tokyo: Kotan Publishing, 2005)

Morita, Akio（盛田昭夫）and Ishihara, Shintaro（石原慎太郎）, *The Japan That Can Say No: Why Japan Will Be First Among Equals* (Tokyo: Kobunsha, 1989)

Morris-Suzuki, Tessa, *Re-inventing Japan: Time, Space, Nation* (paperback edition, New York: M. E. Sharpe, 1998)

Murtagh, Niall, *The Blue-eyed Salaryman: From World Traveller to a Lifer at Mitsubishi* (paperback edition, London: Profile Books, 2006)

Funabashi, Yoichi（船橋洋一）, *Alliance Adrift* (paperback edition, New York: Council on Foreign Relations, 1999)

Gluck, Carol, *Japan's Modern Myths: Ideology in the Late Meiji Period* (Princeton, NJ: Princeton University Press, 1985)

Gordon, Andrew, *A Modern History of Japan: From Tokugawa to the Present* (second edition, New York, Oxford: Oxford University Press, 2009)

Hammer, Joshua, *Yokohama Burning: The Deadly 1923 Earthquake and Fire that Helped Forge the Path to World War II* (paperback edition, New York: Simon & Schuster, 2006)

Hearn, Lafcadio, *Japan: An Attempt at Interpretation* (paperback edition, New York: Cosimo, 2005)

Hersey, John, *Hiroshima* (paperback edition, London: Penguin Books, 1946)

Hodson, Peregrine, *A Circle Round the Sun: A Foreigner in Japan* (London: Heinemann, 1992)

Huang, Joseph, *The Enigma of Japan* (paperback edition, London: Minerva Press, 1996)

Jansen, Marius, *The Making of Modern Japan* (Cambridge, MA, London: Harvard University Press, 2000)

Johnson, Chalmers, *Okinawa: Cold War Island* (Cardiff, CA: Japan Policy Research Institute, 1999)

—, *MITI and the Japanese Miracle: The Growth of Industrial Policy, 1925-1975* (paperback edition, fourth printing, Tokyo: Tuttle, 1992)

Kaji, Sahoko, Hama, Noriko and Rice, Jonathan, *The Xenophobe's Guide to the Japanese* (London: Oval Books, 1999)

Kaplan, David and Dubro, Alec, *Yakuza: Japan's Criminal Underworld* (paperback, Berkeley, Los Angeles: University of California Press, 1995)

Kaplan, David and Marshall, Andrew, *The Cult at the End of the World: The Terrifying Story of the Aum Doomsday Cult* (New York: Crown Publishers, 1996)

Katz, Richard, *Japanese Phoenix: The Long Road to Economic Revival* (New York, London: M. E. Sharpe, 2003)

Keene, Donald, *So Lovely a Country Will Never Perish: Wartime Diaries of Japanese Writers* (New York: Columbia University Press, 2010)

—, *A History of Japanese Literature, Volume I: Seeds in the Heart* (paperback edition, New York: Columbia University Press, 1999)

Kazuo Chiba (Tokyo: Japan Echo, 2005)

Chomin, Nakae（中江兆民）, *A Discourse by Three Drunkards on Government* (translated by Nobuko Tsukui, eighth edition, Boston, MA: Weatherhill, 2010)

Clancey, Gregory, *Earthquake Nation: The Cultural Politics of Japanese Seismicity, 1868-1930* (Berkeley and Los Angeles, CA: University of California Press, 2006)

Curtis, Gerald, *The Logic of Japanese Politics: Leaders, Institutions, and the Limits of Change* (New York: Columbia University Press, 1999)

Dale, Peter, *The Myth of Japanese Uniqueness* (paperback edition, London: Routledge, 1995)

Daly, Herman, *Beyond Growth: The Economics of Sustainable Development* (paperback edition, Boston: Beacon Press, 1996)

Diamond, Jared（賈德・戴蒙）, *Guns, Germs, and Steel: The Fates of Human Societies*（槍炮、病菌與鋼鐵：人類社會的命運）(New York, London: W. W. Norton, 2005)

Dower, John（約翰・道爾）, *Embracing Defeat: Japan in the Wake of World War II*（擁抱戰敗：第二次世界大戰後的日本）(paperback edition, New York, London: W. W. Norton, 2000)

—, *Cultures of War: Pearl Harbor, Hiroshima, 9/11, Iraq* (New York: W. W. Norton, 2010)

—, *War Without Mercy: Race & Power in the Pacific War* (paperback edition, New York: Pantheon Books, 1986)

Emmott, Bill, *The Sun Also Sets: The Limits of Japan's Economic Power* (New York: Simon & Schuster, 1989)

Feifer, George, *Breaking Open Japan: Commodore Perry, Lord Abe, and American Imperialism in 1853* (New York: HarperCollins, 2006)

Fingleton, Eamon, *In Praise of Hard Industries: Why Manufacturing, Not Information Technology, Is Key to Future Prosperity* (Boston, New York: Houghton Mifflin, 1999)

—, *Blindside: Why Japan is Still on Track to Overtake the US by the Year 2000* (London: Simon & Schuster, 1995)

Fujiwara, Masahiko（藤原正彥）, *Kokka no Hinkaku [The Dignity of a Nation]* (Japanese edition, Tokyo: Shinchosha, 2005)

Fukuzawa, Yukichi（福澤諭吉）, *The Autobiography of Yukichi Fukuzawa*（福澤諭吉自傳）(translated by Eiichi Kiyooka, paperback edition, New York: Columbia University Press, 1966)

參考書目

Abegglen, James, *21st Century Japanese Management: New Systems, Lasting Values* (New York: Palgrave Macmillan, 2006)

Adelstein, Jake, *Tokyo Vice: An American Reporter on the Police Beat in Japan* (New York, Toronto: Random House, 2009)

Bailey, Jonathan, *Great Power Strategy in Asia: Empire, Culture and Trade, 1905-2005* (London: Routledge, 2006)

Benedict, Ruth（露絲・潘乃德）, *The Chrysanthemum and the Sword: Patterns of Japanese Culture*（菊與刀：日本文化的雙重性格）(paperback edition, Boston: Houghton Mifflin, 1989)

Bestor, Theodore, *Tsukiji: The Fish Market at the Center of the World* (Berkeley, Los Angeles, London: University of California Press, 2004)

Bix, Herbert（賀伯特・畢克斯）, *Hirohito and the Making of Modern Japan*（昭和天皇：裕仁與近代日本的形成）(paperback edition, New York: Perennial, 2001)

Buckley, Roger, *Japan Today* (third edition, Cambridge, UK: Cambridge University Press, 1999)

Buruma, Ian, *Inventing Japan: From Empire to Economic Miracle* (paperback edition, London: Orion Books, 2005)

—, *The Wages of Guilt: Memories of War in Germany and Japan* (paperback edition, London: Orion Books, 2002)

—, *A Japanese Mirror: Heroes and Villains of Japanese Culture* (London: Jonathan Cape, 1984)

Chambers, Veronica, *Kickboxing Geishas: How Modern Women are Changing their Nation* (New York: Free Press, 2007)

Chandler, Clay et al. (eds.), *Reimagining Japan: The Quest for a Future that Works* (San Francisco: VIZ Media, 2011)

Chiba, Kazuo（千葉一夫）, *Please! Just Let Me Finish . . . : A Posthumous Collection of the Writings of*

國家圖書館出版品預行編目 (CIP) 資料

底氣：逆境求生的藝術，從日本看見自己 / 凌大為（David Pilling）著 ; 陳正芬譯 . -- 二版 . -- 新北市 : 遠足文化 , 2020.08
面； 公分
譯自 : Bending Adversity : Japan and the art of survival
ISBN 978-986-508-060-0(平裝)

1. 民族文化 2. 民族性 3. 日本

535.731 109003949

底氣 逆境求生的藝術，從日本看見自己

Bending Adversity : Japan and the art of survival

作　　者 —— 凌大為（David Pilling）
譯　　者 —— 陳正芬
編　　輯 —— 林蔚儒
總 編 輯 —— 李進文
執 行 長 —— 陳蕙慧
行銷總監 —— 陳雅雯
行銷企劃 —— 尹子麟、余一霞
內文排版 —— 簡單瑛設

社　　長 —— 郭重興
發行人兼出版總監 —— 曾大福
出 版 者 —— 遠足文化事業股份有限公司
地　　址 —— 231 新北市新店區民權路 108-2 號 9 樓
電　　話 —— (02)2218-1417
傳　　真 —— (02)2218-0727
郵撥帳號 —— 19504465
客服專線 —— 0800-221-029
客服信箱 —— service@bookrep.com.tw
網　　址 —— http://www.bookrep.com.tw
臉書專頁 —— https://www.facebook.com/WalkersCulturalNo.1
法律顧問 —— 華洋法律事務所　蘇文生律師
印　　製 —— 呈靖彩藝有限公司

定　　價 —— 新台幣 560 元

二版一刷 2020 年 8 月
Printed in Taiwan